I0132348

Sozialwissenschaftliche Analysen von Bild- und Medienwelten

Sozialwissenschaftliche Analysen von Bild- und Medienwelten

Herausgegeben von
Roswitha Breckner, Karin Liebhart, Maria Pohn-Lauggas

DE GRUYTER
OLDENBOURG

Das Coverbild basiert auf einem Plakat, das Benjamin Fillitz 2016 für den Forschungsschwerpunkt
"Visual Studies" der Fakultät für Sozialwissenschaften der Universität Wien entworfen hat.
Wir bedanken uns herzlich dafür.

ISBN 978-3-11-061364-3
e-ISBN (PDF) 978-3-11-061368-1
e-ISBN (EPUB) 978-3-11-061468-8

Library of Congress Control Number: 2021946546

Bibliografische Information der Deutschen Nationalbibliothek
Die Deutsche Nationalbibliothek verzeichnet diese Publikation in der Deutschen
Nationalbibliografie; detaillierte bibliografische Daten sind im Internet über
http://dnb.dnb.de abrufbar.

© 2021 Walter de Gruyter GmbH, Berlin/Boston
Einbandabbildung: Benjamin Fillitz
Satz: le-tex publishing services GmbH, Leipzig
Druck und Bindung: CPI books GmbH, Leck

www.degruyter.com

Danksagung

Die Herausgeberinnen danken sehr herzlich all jenen, die an den Diskussionen im Laufe der Entstehung dieses Buches beteiligt waren, insbesondere den Mitgliedern des Forschungsschwerpunktes Visual Studies an der Fakultät für Sozialwissenschaften der Universität Wien. Der Fakultät danken wir für die Unterstützung von zwei Workshops, die den Vorüberlegungen zu diesem Buch einen Rahmen geboten haben.

Unser besonderer Dank gilt den Gutachter*innen für sorgfältige und hilfreiche Rückmeldungen in einem double-blind Peer Review Verfahren. Ebenso richtet sich dieser Dank an die Autor*innen, die bereit waren, auf Basis der detaillierten Gutachten und der Rückmeldungen der Herausgeberinnen ihre Beiträge zu überarbeiten.

Für vielfältige und umsichtige redaktionelle Unterstützung danken wir Friederike von Ass und Carolin zum Felde. De Gruyter sei schließlich für das Interesse an diesem Buchprojekt gedankt und für die gute Kooperation während des Produktionsprozesses.

Acknowledgements

The editors would like to express special thanks to all those who were involved in the discussions during the process of drafting and producing this edited volume, especially to the members of the Visual Studies Key Research Area at the Faculty of Social Sciences at the University of Vienna. We also thank the Faculty for supporting two workshops that provided a framework for the preparatory discussions.

Special thanks go further to the reviewers for their accurate and helpful feedback provided in a double-blind peer review process. We would also like to thank the authors who agreed to revise their contributions on the basis of the detailed reviews and the editors' feedback.

For their varied and prudent editorial support, we thank Friederike von Ass and Carolin zum Felde. Finally, many thanks go to De Gruyter for their interest in this book project and smooth cooperation during the production process.

Zur Erinnerung an unsere Kollegin, die Kultur- und Sozialanthropologin Elke Mader (1954–2021), die den Forschungsschwerpunkt Visual Studies von Beginn an unterstützt und bereichert hat.

In memory of our colleague, the cultural and social anthropologist Elke Mader (1954–2021), who has supported and enriched the Visual Studies Key Research Area from the very beginning.

https://doi.org/10.1515/9783110613681-201

Inhalt

Einleitung

Dieses Buchprojekt ist im Rahmen des Forschungsschwerpunktes Visual Studies in den Sozialwissenschaften an der Fakultät für Sozialwissenschaften der Universität Wien entstanden. In diesem seit 2006 bestehenden Forschungsschwerpunkt haben sich – der Struktur der Fakultät entsprechend – Wissenschaftler*innen aus vier Disziplinen versammelt: Kommunikationswissenschaft, Politikwissenschaft, Sozial- und Kulturanthropologie und Soziologie. Es waren und sind vor allem junge Wissenschaftler*innen, die hier einen Ort des Austausches, der Vernetzung und interdisziplinären Diskussion in Form von Workshops, Tagungen, regelmäßigen Treffen gefunden und geschaffen haben. Dabei ist deutlich geworden, wie vielfältig, innovativ und ertragreich sich verschiedene Projekte der Mitglieder in den letzten 15 Jahren entwickelt haben. Dies wollen wir auch einer breiteren Öffentlichkeit zugänglich machen. Entsprechend der Diversität der Disziplinen sowie der thematischen Ausrichtungen der Projekte sind wir in den Diskussionen, die dem Buch vorausgingen, dem jeweiligen Verständnis von Bildern nachgegangen und haben uns über die Gemeinsamkeiten und Unterschiede der in empirischen Projekten entwickelten methodischen Wege ausgetauscht. Letztere sind der Schwerpunkt der Beiträge, so dass dieses Buch auch einen Einblick in gegenwärtig aktuelle visuelle Methodologien und Methoden gewährt.

Manche der in diesem Band versammelten Beiträge sind stärker in disziplinäre Diskurse zur visuellen Methodenentwicklung eingebettet, andere wiederum greifen auf Methodologien und methodische Werkzeuge aus anderen Disziplinen zurück. Diese werden jedoch dem Forschungsgegenstand und der Forschungsfrage entsprechend auf jeweils spezifische Weise kombiniert, adaptiert und weiterentwickelt. Wissensbestände aus den Kunstwissenschaften einerseits sowie den Film- und Medienwissenschaften andererseits spielen bei der Frage nach der Spezifik von Bildlichkeit bzw. der medialen Gestalt von Bewegtbildern eine zentrale Rolle. Damit schließen die Beiträge an bild-, film- und medienwissenschaftliche Diskurse an, welche in den letzten 25 Jahren lebendige und innovative Forschungsfelder haben entstehen lassen. Selbstverständlich ist in diesem Buch keineswegs das ganze Spektrum der Zugänge vertreten, die in den letzten 20 Jahren auch in den Sozialwissenschaften relevant geworden sind. Deshalb ist es auch kein Handbuch, sondern ein Ergebnis der Zusammenarbeit einer Gruppe, die sich in einem institutionellen Setting gefunden hat. Es zeigt vor allem Arbeiten jüngerer Wissenschaftler*innen, worüber wir uns besonders freuen. Entsprechend richtet sich der Band auch vorwiegend an diese Zielgruppe, und vermittelt Einblicke, mit welchen visuellen Methoden zu welchen Themen aus sozialwissenschaftlichen Perspektiven geforscht werden kann.

Wir hatten die Autor*innen gebeten, ausgehend von einer theoretischen Standortbestimmung zu der Frage, wie Bildhandeln und bildliche Kommunikation, respektive visuelle Politik, gesellschaftlicher Bilddiskurs und kultureller Bildgebrauch adressiert werden, den eigenen methodologisch-methodischen Zugang zu präsentieren und an

https://doi.org/10.1515/9783110613681-202

einem konkreten Beispiel dessen Umsetzung zumindest ansatzweise zu zeigen. Die Beiträge beinhalten demnach auch konkrete empirische Analysen unterschiedlicher visueller Medien in unterschiedlichen gesellschaftlichen Kontexten mit verschiedenen thematischen Fokussierungen. Wir hatten den Autor*innen auch freigestellt, ihre Beiträge in Deutsch oder Englisch zu verfassen. Diese Möglichkeit haben nicht nur englische Native Speaker ergriffen, sondern auch manche, die sich im internationalen Diskurs sichtbarer machen möchten. Jeder Beitrag wurde einem double-blind Begutachtungsverfahren unterzogen.

In der Anordnung der Beiträge möchten wir die Vielfalt der Zugänge und Themen sichtbar machen und sie dennoch entlang methodologischer Orientierungen bündeln. Vertreten sind die Visuelle Segmentanalyse, die Dokumentarische Methode, die Visuelle Anthropologie und Ethnographie, die Soziologische Filmanalyse, die diskursanalytisch orientierte Videoanalyse, ein Visual Essay und last but not least zwei Varianten von Fotobefragungen. Thematisch beschäftigen sich mehr als die Hälfte der Beiträge mit Phänomenen in Zusammenhang mit Social Media. Die anderen Beiträge widmen sich verschiedenen visuellen Medienpraktiken etwa in Zusammenhang mit bildlichen Konstruktionsprozessen nationaler Identität, mit der filmischen Darstellung von Sexarbeit, mit den visuellen Spuren eines ehemaligen Konzentrationslagers sowie mit Interventionsmöglichkeiten in sozialpolitische Prozesse.

Die ersten beiden Beiträge bauen im Wesentlichen auf Visuellen Segmentanalysen auf, die in zwei verschiedenen Themenfeldern mit unterschiedlichen Problemstellungen angewendet wurden: in Analysen zum biographisch relevanten Bildhandeln in Sozialen Medien einerseits und zur Konstruktion nationaler Identität in öffentlichen Pressebildern zum Fluchtgeschehen 2015 andererseits.

In ihrem Beitrag „Iconic Mental Spaces in Social Media. A methodological approach to analysing visual biographies" rekonstruiert Roswitha Breckner anhand von Facebook-Fotoalben in welcher Weise in Sozialen Medien durch bildliches Handeln visuell gestaltete Biografien entstehen und in welchem Verhältnis diese zu erzählten Lebensgeschichten stehen. Die Autorin verknüpft dabei Aby Warburgs Konzept des Denkraumes mit Erving Goffmans Konzept der visuell ritualisierten sozialen Interaktion und versteht auf dieser Grundlage kuratierte Bildzusammenstellungen in Social Media als biographisch-ikonische Denkräume. Um das vielfältige Bildhandeln auf Facebook – von Einzelbildern bis zu Bildserien in Alben – methodisch einzufangen, wird die von der Autorin entwickelte Visuelle Segmentanalyse mit der Figurativen Hermeneutik und der Bildclusteranalyse von Michael Müller kombiniert. Die verschiedenen Bildanalysen werden wiederum mit einer biografischen Fallrekonstruktion in einem methodenpluralen Forschungsdesign trianguliert. Dies wird am Fallbeispiel eines Facebook-Accounts in Kombination mit einem narrativ-biographischen Interview mit einer ehemaligen Erasmus-Studentin in Einzelschritten ansatzweise gezeigt.

Johannes Marent zeigt in seinem Beitrag „Symbolic ordering. Reassuring the imagined community of the nation through images of the refugee other" am Beispiel von

Cover-Bildern ausgewählter deutscher und österreichischer Zeitungen die implizite Funktion der Darstellung von Geflüchteten für die Bestätigung von in der Aufnahmegesellschaft dominanten nationalen Identitätskonstruktionen im Prozess des „Othering". Der Autor wendet die Visuelle Segmentanalyse exemplarisch auf zwei Bilder auf Titelseiten der Bild-Zeitung im September 2015 an und rekonstruiert deren Sets kultureller Repräsentationen. Beide Bilder zeigen jeweils verdichtete „symbolische Momente", in denen die Komplexität von Flucht reduziert wird, Unterschiede eingeebnet und Betrachter*innen emotional angesprochen werden. Deutlich wird aus der Analyse die visuelle Konstruktion einer Hierarchie zwischen einer gutwilligen, generösen deutschen Nation und den geflüchteten „Anderen", welche im Gegensatz zur Idee universeller Menschenrechte steht, die den Asylgesetzen zugrunde liegt.

Die folgenden zwei Beiträge von Maria Schreiber „Digitale Ambivalenz? Übergegensätzlichkeiten in der Bildkommunikation auf Social Media" sowie von Gerit Götzenbrucker und Margarita Köhl „,You can tell that we all like each other, right?' Perspectives of togetherness in adolescents' photographs in urban Austria, Malaysia and Vietnam" basieren auf Analysen mittels der Dokumentarischen Methode.

Der Beitrag von Maria Schreiber fokussiert auf das Bildhandeln in den Sozialen Medien Facebook und Instagram und baut auf eine detaillierte rekonstruktive Einzelbildanalyse einer auf Instagram geposteten Fotografie eines jungen Mädchens auf. Diese vergleicht die Autorin systematisch mit einer ergebnisbezogen dargestellten Analyse einer auf Facebook geposteten Fotografie einer Angehörigen der Generation 60+. Dabei präsentiert sie die Logik und Vorgehensweise der Dokumentarischen Methode und zeigt, wie mittels konsequenter Anwendung vor allem ihrer formalen Schritte Ambivalenzen und Übergegensätzlichkeiten im Sinne von Max Imdahl auch am Beispiel sogenannter Alltagsfotografien in Sozialen Medien herausgearbeitet werden können. Diese Aspekte bezieht sie schließlich auf die generell ambivalente und mehrdeutige Struktur visueller Kommunikation in Sozialen Medien. Die Autorin bettet dabei ihre Analysen in einen breiten kommunikationswissenschaftlichen Kontext ein.

Gerit Götzenbrucker und Margarita Köhl gehen nicht von Einzelbildern, sondern von Bildsamples aus drei verschiedenen kulturellen Kontexten aus und nehmen diese vergleichend in den Blick. Anhand einer komparativen kommunikationswissenschaftlich zentrierten Fragestellung interessieren sie sich dafür, wie Zusammengehörigkeit von Teenagern und jungen Erwachsenen in Sozialen Medien inszeniert wird und welche Gemeinsamkeiten und Unterschiede über die kulturell-gesellschaftlichen Kontexte hinweg exemplarisch zu beobachten sind. Ihre Analysen beruhen im Kern auf der Interpretation von Fotos mittels der Dokumentarischen Methode, verbinden diese aber auch mit einer Inhaltsanalyse von Interviewtranskripten sowie mit theoretischen Kategorien in Anlehnung an Pierre Bourdieu. Mit ihrem Beitrag verweisen Sie auf die Bedeutung spezifischer lokaler, sozialer und gesellschaftlicher Muster der Darstellung von Zusammengehörigkeit in Teenager-Peer-Gruppen in einer technologisch globalisierten Kommunikationskultur.

Die nächsten beiden Beiträge folgen Überlegungen zur Konzeption einer visuellen Anthropologie auf der Basis einer praxistheoretisch fundierten Medienethnographie und repräsentieren diese Forschungsfelder in exemplarischer Weise.

Philipp Budka beschäftigt sich unter dem Titel „Kultur- und Sozialanthropologische Perspektiven auf digital-visuelle Praktiken. Das Fallbeispiel einer indigenen Online-Umgebung im nordwestlichen Ontario, Kanada" mit spezifisch anthropologischen Fragestellungen, die er an einer konkreten lokalen Fallstudie verfolgt. Anhand der indigenen Internetorganisation MyKnet.org im Nordwesten der kanadischen Provinz, einer Online-Umgebung exklusiv für die First Nations, analysiert er digitale Praktiken in entlegenen Gegenden und über größere Distanzen hinweg in Hinblick auf Kommunikations- sowie auf individuelle und kollektive Repräsentationsformen und soziale Beziehungen. Im Zentrum des medienethnografischen Beitrags steht die Auseinandersetzung mit ausgewählten Praktiken wie dem Erstellen und Teilen von Grafiken, Collagen und Layouts für Websites. Der Autor nähert sich den damit in Verbindung stehenden Aspekten digital-visueller Kultur mit einem historisch kontextualisierten, praxistheoretischen Zugang, den er mit ethnografischer Feldforschung in komparativer Perspektive verbindet. Dies ermöglicht einen exemplarischen Einblick in die Verwobenheit globaler und lokaler digital-visueller Praktiken sowie in deren Bedeutung für die Konstruktion und Verhandlung digitaler Identitäten.

Hanna Klien-Thomas und Petra Hirzer widmen ihren Beitrag „Wenn Bilder tanzen: Performative Dimensionen von visuellen Medienpraktiken" komplexen transkulturellen und -medialen Verflechtungen, welche als Teil globaler medialer Landschaften (mediascapes) in Bilderwelten eingebettet sind, die aus Hindi-Filmen bekannt sind. Die Autor*innen bringen die transkulturelle Zirkulation indischer Populärkultur (Bollywoodization) mit der performativen Dimension von Bildern in Verbindung. Ausgehend von einem Konzept der aktiven Rezipient*innen und von Rezeption als sozialer Praxis untersuchen sie vergleichend aus medienanthropologischer Perspektive transkulturelle Fankulturen und damit verbundene Hybridisierungsprozesse am Beispiel von Peru und Trinidad. Die Studien stützen sich maßgeblich auf teilnehmende Beobachtung online und offline und eröffnen empirisch fundierte Einblicke in explizite, aber auch verdeckte Aspekte der Lebensrealität und in visuelle Praktiken von Akteur*innen in Prozessen der Bedeutungsgebung und Interpretation bei der Produktion und Rezeption von Medieninhalten. Der ethnografische Forschungszugang ermöglicht zugleich eine Perspektive auf Visualität, die die Beziehung zwischen populärkulturellem Text und lokalem Rezeptionskontext berücksichtigt.

Während in den bisherigen Beiträgen ausschließlich mit fixierten Bildern gearbeitet wurde, zeigen die folgenden zwei Beiträge Zugänge zur Analyse von Bewegtbildern am Beispiel Film und Video.

Irene Zehenthofer und Eva Flicker adaptieren Werkzeuge aus den Film- und Medienwissenschaften für ihren Beitrag „Soziologisches Filmlesen. Methodologische Konzeption und Praxisanleitung anhand der Beispielstudie ‚Sexarbeit in ausgewählten österreichischen Kino-Spielfilmen'". Die Verfasser*innen haben den methodischen Ansatz des Soziologischen Filmlesens entwickelt und folgen dabei soziologischen Konzepten, Wissensbeständen und Fragestellungen. Die Analyse bezieht auch formale, für das Medium Film charakteristische Aspekte systematisch mit ein, wie etwa die Verbindung von Bild, Ton und Musik, spezifische Montagetechniken, Narrationsstrukturen und Figurenkonstruktionen. In verschiedenen Einzelschritten werden die für den jeweiligen Film relevanten inhaltlichen wie formalen Dimensionen anhand eines detaillierten Frageleitfadens rekonstruiert. Soziologisches Filmlesen geht jedoch auch über die Analyse einzelner Filme hinaus und erlaubt in einer filmübergreifenden Zusammenschau einer größeren Anzahl von Produktionen zu einem bestimmten Thema oder aus einem bestimmten Genre qualitative wie auch quantitative Aufschlüsse darüber, wie gesellschaftliche Problemstellungen filmisch behandelt werden und wie dies wiederum als Teil von gesellschaftlichen Diskursen zu verstehen ist.

Karin Liebhart beschäftigt sich in ihrem Beitrag "‚Radikal Feminin'. Eine multimodale Analyse des YouTube Videos ‚Frauen gegen Genderwahn'" ebenfalls mit Bewegtbildern, die sie diskursanalytisch untersucht. Als Fallbeispiel zieht sie ein YouTube Video von Martin Sellner heran, einem zum Zeitpunkt der Analyse zentralen Repräsentanten der „Identitären Bewegung Österreich". Sie konzipiert das Video als eine multimodale Kommunikationsform, deren Spezifik gerade im Zusammenspiel von Bild, Text und Ton liegt. Um die verschiedenen Ebenen zu erfassen schlägt die Autorin vor, Ansätze der Kritischen Diskursanalyse, Zugänge aus der Semiotik und Aspekte der Videosequenzanalyse zu kombinieren, womit die in diesem Video repräsentierten vielfältigen Botschaften und diskursiven Strategien sichtbar gemacht werden können. Sie zeigt, wie über die Verschränkung der textuellen und visuellen Ebene ein Narrativ zu Geschlechterverhältnissen hergestellt wird, das von traditionellen, strikt heteronormativ verstandenen Geschlechterbildern erzählt und für die politische Weltsicht der rechtsextremen Gruppierung „Identitäre Bewegung" und deren sexistische und rassistische Politik funktional und konstitutiv ist.

Die beiden folgenden Beiträge reihen sich in eine Forschungstradition ein, die Bilder, in der Regel Fotografien, nicht als vorgefundenes Bildmaterial untersucht, sondern im Forschungsprozess erst erzeugt. Die Bilderzeugung und ihre Funktion innerhalb des Forschungsprozesses gestalten sich dabei aber unterschiedlich.

Im Beitrag von Bettina Kolb und Laura Lorenz „Photo interview and photovoice. Engaging research participants, empowering voice and generating knowledge for change" werden mit der Partizipativen Fotobefragung sowie mit Photo Voice zwei Zugänge vorgestellt, die eine ähnliche Grundidee verfolgen, aber unterschiedliche Ausführungen vorschlagen. Bei beiden geht es um die Beteiligung und Aktivierung von Forschungsteilnehmer*innen im Hinblick auf (sozial)politisch zu bearbeitende gesellschaftliche Themen und Problemstellungen. In der von Bettina Kolb entwickelten Partizipativen Fotobefragung werden Akteur*innen gebeten, zu einem bestimmten Thema Fotos zu machen, über die dann in einem Einzelinterview detailliert gesprochen wird. Fotos und Interview werden methodisch ausgewertet und die Ergebnisse einem sozialpolitischen Handlungsfeld zur Verfügung gestellt. Im Unterschied dazu verfolgen die Forscherinnen mit Photo Voice primär das Ziel, in gemeinsamen Diskussionen mit Akteur*innen anhand von Fotos die für die Gruppe relevanten Aspekte eines Themas herauszuarbeiten. Die Autorinnen beziehen sich auf ein Projekt in Mexiko im Kontext der Armutsbekämpfung einerseits und auf ein kommunales Projekt in den USA im Kontext der Beseitigung von Barrieren im Stadtraum andererseits.

Den Abschluss bildet der Visual Essay von Margarita Wolf, in dem im Unterschied zur Partizipativen Fotobefragung und zu Photo Voice die Fotos nicht von Akteur*innen in einem gesellschaftspolitischen Feld gemacht, sondern als Analyseinstrument seitens der Forscher*in angefertigt werden. In ihrem Beitrag „Auf Spurensuche. Zur Konzeption eines Visual Essays über ein ehemaliges Konzentrationslager" geht die Autorin der Frage nach, wie Visualität in der sozialwissenschaftlichen Forschung in ein produktives Verhältnis zu Text und Narration gesetzt und methodologisch begründet sowie methodisch kontrolliert in die Darstellung der Ergebnisse einbezogen werden kann. Dies beinhaltet auch reflexive Überlegungen zur Herstellung von Fotografien in einem aufgrund der Geschichte des Ortes besonders herausfordernden Kontext. Weiters fragt die Autorin danach, was allein über Bilder vermittelbar bzw. wo eine Rahmung durch Text erforderlich ist. Das Potential dieser bislang noch wenig etablierten Forschungsmethode zeigt sie in ihrem Visual Essay am Beispiel dreier Fotosequenzen zum ehemaligen Konzentrationslager Gusen in Oberösterreich. Diese eröffnen Einblicke in das Verhältnis von Sichtbarkeit und Unsichtbarkeit des ehemaligen Konzentrationslagers, auf dessen Gelände sich heute eine Wohnsiedlung befindet.

In der Zusammenschau aller Beiträge wird deutlich, welche Bedeutung bewegte und unbewegte Bilder in verschiedenen sozialen, politischen, gesellschaftlichen und kulturellen Bereichen nicht zuletzt im Zuge der Digitalisierung der Bildproduktion einnehmen und wie wichtig es ist, diese unter sozialwissenschaftlichen Perspektiven zu untersuchen. Hierfür liegt bereits eine Vielzahl an theoretischen, methodologischen und methodischen Zugängen vor, von denen einige in diesem Band angewendet und vorgestellt werden.

Wir wünschen eine anregende Lektüre.

Wien, im Juli 2021

Roswitha Breckner
Karin Liebhart
Maria Pohn-Lauggas

Introduction

This book project took shape within the framework of the Key Research Area Visual Studies in the Social Sciences at the Faculty of Social Sciences of the University of Vienna. Scholars from the disciplines of communication studies, political science, social and cultural anthropology, and sociology established this research focus in 2006. Since then, it provided a space for exchange, networking and interdisciplinary discussion in the form of workshops, conferences and regular meetings, primarily for young academics. Over the last 15 years it became abundantly clear that many of the various projects of the members have contributed to innovation and cross-fertilization of visual research. The editors of this volume wish to make these projects visible to a broader public. In line with both the diversity of disciplines and the thematic orientations of the projects, the preparatory phase of the book production was dedicated to a discussion of the respective understanding of images and the exchange of views on the commonalities and differences of the methodological paths developed in the empirical projects. The latter are the focus of the contributions. Hence, the volume also provides an insight into present-day visual methodologies and methods.

Some of the contributions gathered in this volume are more closely embedded in disciplinary discourses on visual method developments, while others draw on methodologies and methodological tools from other disciplines. However, these are combined, adapted and further developed in specific ways according to the research topics and the research questions. Knowledge transfer from art sciences on the one hand and media studies on the other play a central role in the question of the specificity of fixed and moving images. In this way, the contributions connect to discourses in image, film, media and generally visual studies, which have given rise to vivid and innovative fields of research over the past 25 years. Of course, the book by no means represents the entire spectrum of approaches that have become relevant in the social sciences over the last decades. For this reason, it is not a handbook, but a result of the collaboration of a group that has teamed up in an institutional setting. We are particularly happy that the book mainly presents the work of younger academics. In this vein, the volume is also primarily aimed at this target group, and provides insights into the potential of diverse visual methods for social science research.

We asked the authors to present their particular methodological approach, starting from a theoretical position on how visual action and visual communication, respectively visual politics, societal visual discourses or the cultural use of images are addressed. They were also invited to demonstrate at least a rudimentary implementation of the respective approach using a concrete example. The contributions therefore also contain empirical analyses of different visual media in different social contexts with different thematic foci. We offered the authors the option of writing their contributions in German or English. The latter option was not only taken up by native English speakers, but also by some authors who want to increase their visibility in

https://doi.org/10.1515/9783110613681-203

the international discourse. In this way, we hope to contribute to the dissemination of different approaches to visual analysis across different scholarly cultures. Each contribution has been subjected to a double-blind peer review process.

The arrangement of the contributions reflects both the diversity of the approaches and topics and convergences in terms of methodological orientations. The latter comprise Visual Segment Analysis, the Documentary Method, visual anthropology and ethnography, sociological film analysis, discourse-analytically oriented video analysis, two types of participatory photo interviews and the visual essay. About half of the contributions focus on phenomena related to Social Media. The other half is dedicated to various topics such as visual construction processes of national identity or of sex work, the opportunities of intervention in socio-political processes, and visual traces of a former concentration camp.

The first two contributions apply Visual Segment Analysis to diverse thematic fields: biographically relevant pictorial action in Social Media on the one hand, and public press images of the 2015 refugee crisis on the other.

In her contribution "*Iconic Mental Spaces* in Social Media. A methodological approach to analysing visual biographies", Roswitha Breckner uses Facebook photo albums to reconstruct how visually shaped biographies emerge in Social Media through acting with images and how this relates to narrated life stories. The author links Aby Warburg's concept of mental space with Erving Goffman's concept of visually ritualised social interaction. She understands curated image compilations in Social Media as *biographical iconic mental spaces*. To methodically capture the diverse image activities on Facebook – from posting single images to compiling image series in albums – the Visual Segment Analysis developed by the author is combined with Michael Müller's Figurative Hermeneutics and Image Cluster Analysis. These various approaches to image analysis are triangulated with a narrative-biographical interview. The multi-method research design is demonstrated in individual steps using the study of a Facebook account of a former Erasmus student and the reconstruction of her biography as examples.

In his contribution "Symbolic ordering. Reassuring the imagined community of the nation through images of the refugee other", Johannes Marent uses cover images of selected German and Austrian newspapers to show the implicit function of the representation of refugees for the process of "othering" and the confirmation of dominant national identity constructions in the host society. As an illustration, the author applies Visual Segment Analysis to two front-page images of the German newspaper Bild from September 2015 and reconstructs relevant sets of cultural representations. Both images show condensed "symbolic moments" in which the complexity of flight is reduced, differences are evened, and viewers are emotionally addressed. The visual construction of a hierarchy between a benevolent, generous German nation and the refugee "others" becomes apparent. This construction contrasts with the idea of universal human rights that underpins asylum legislation.

The following two contributions by Maria Schreiber "Digitale Ambivalenz? Übergegensätzlichkeiten in der Bildkommunikation auf Social Media" and by Gerit Götzenbrucker and Margarita Köhl "'You can tell that we all like each other, right?' Perspectives of togetherness in adolescents' photographs in urban Austria, Malaysia and Vietnam" are based on analyses using the Documentary Method.

Maria Schreiber's contribution focuses on acting with images on Facebook and Instagram and builds on a detailed reconstructive single-image analysis of a photograph of a young girl that is systematically compared with an analysis of a photograph of a member of the 60+ generation posted on Facebook. By consistently applying the formal steps of this method, the author presents the logic and procedure of the Documentary Method and shows how ambivalences and over-contradictions as defined by Max Imdahl can also be identified in vernacular photographs on Social Media. Finally, she relates these aspects to the generally ambivalent and ambiguous structure of visual communication on Social Media. In doing so, the author embeds her analyses in a broad context of communication studies.

Gerit Götzenbrucker and Margarita Köhl use image samples from three different cultural contexts while taking a comparative look at them. The authors are interested in how togetherness of teenagers and young adults is staged on Social Media and which commonalities and differences can be observed across cultural-societal contexts. Their analyses are essentially based on the interpretation of photos using the Documentary Method, combined with a content analysis of interviews based on theoretical categories drawn from Pierre Bourdieu. The contribution highlights the importance of specific local, social and societal patterns of the representation of togetherness in teenage peer groups in a technologically globalised communication culture.

The next two contributions follow considerations on the conception of visual and media anthropology based on a visual ethnography grounded in practice theory, and represent these fields of research in an exemplary manner.

Philipp Budka explores cultural and social anthropological perspectives on digital-visual practices under the title "Kultur- und Sozialanthropologische Perspektiven auf digital-visuelle Praktiken. Das Fallbeispiel einer indigenen Online-Umgebung im nordwestlichen Ontario, Kanada". He pursues specifically anthropological questions using a concrete local case study about the indigenous internet organisation MyKnet.org in the northwest of the Canadian province, which operated an online environment exclusively for First Nations. The author analyses digital practices in remote areas and over greater distances with regard to forms of communication as well as individual and collective forms of representation, social relations and identity constructions. The media ethnographic contribution focuses on practices such as the creation and sharing of graphics, collages and layouts for websites. The author approaches the digital-visual culture in this area with a historically contextualised practice-theoretical approach, which he combines with ethnographic field research in a comparative perspective. This provides an exemplary insight into the interconnectedness of global and local digital-visual practices and their significance for the construction and negotiation of digital identities.

Hanna Klien-Thomas and Petra Hirzer dedicate their contribution "Wenn Bilder tanzen. Performative Dimensionen von visuellen Medienpraktiken" to complex transcultural and media entanglements, which are embedded in image worlds familiar from Hindi films as part of global mediascapes. The authors connect the transcultural circulation of Indian popular culture (Bollywoodization) with the performative dimension of images. Based on a concept of active recipients and reception as a social practice, they comparatively examine transcultural fan cultures and associated hybridisation processes in Peru and Trinidad from a media anthropological perspective. The studies are largely based on participatory observation online and offline. They open up empirically sound insights into explicit, but also concealed aspects of the reality of life and the visual practices of actors in processes of meaning-making and interpretation in the production and reception of media content. The ethnographic research approach also enables a perspective on visuality that takes into account the relationship between popular culture text and local reception context.

While the contributions introduced so far exclusively focus on fixed images, the following two articles present approaches to the analysis of moving images using film and video as examples.

Irene Zehenthofer and Eva Flicker adapt tools from film and media studies for their contribution "Soziologisches Filmlesen. Methodologische Konzeption und Praxisanleitung anhand der Beispielstudie 'Sexarbeit in ausgewählten österreichischen Kino-Spielfilmen'". The authors have developed the methodological approach of sociological film reading and follow explicitly sociological concepts, knowledge and questions. The analysis also systematically includes formal characteristics of the medium of film, such as the combination of image, sound and music, specific montage techniques, narrative structures and character constructions. In various individual steps, the dimensions of content and form relevant to the respective film are reconstructed by means of a detailed question guide. Sociological film reading also goes beyond the analysis of individual films and, in a cross-film synopsis of a larger number of films on a specific topic or from a specific genre, allows qualitative as well as quantitative insights into how social problems are dealt with in film and how this in turn can be understood as part of social discourses.

In her contribution "'Radikal Feminin'. Eine multimodale Analyse des YouTube Videos 'Frauen gegen Genderwahn'", Karin Liebhart applies a discourse-analytical approach to the analysis of moving images. She examines a YouTube video produced by Martin Sellner, at the time of the analysis a central representative of the "Identitarian Movement Austria". The article presents video as a multimodal form of communication, characterized by the interplay of image, text and sound. The author proposes to combine approaches from discourse analysis, semiotics and video sequence analysis in order to flesh out the messages and discursive strategies represented in this video. The contribution shows how textual and visual levels interlock to produce a narration of traditional, strictly heteronormative gender images and related roles, which are constitutive for the political worldview of the extreme right-wing "Identitarian Movement" and its sexist and racist politics.

The following two contributions are part of a research tradition in which images, usually photographs, are not examined as encountered visual material, but instead are produced during the research process. However, the production of images and their function within the research process vary greatly.

In the article by Bettina Kolb and Laura Lorenz "Photo interview and photovoice. Engaging research participants, empowering voice and generating knowledge for change", two approaches are presented: Participatory photo interview and photovoice, which follow a similar basic idea but propose different research designs. Both are concerned with the participation and activation of research participants with regard to social issues and problems that need to be dealt with (socio-)politically. In the participatory photo interview developed by Bettina Kolb, actors are asked to take photos on a specific topic, which are then discussed in detail in an individual interview. Photos and interview are analysed following interpretive methodological principles, aiming at contributing with the results to socio-political discourses and action. In contrast to this, with photovoice the researchers primarily pursue the goal of working out the relevant aspects of a topic for the group in joint discussions with actors on the basis of photos. The authors refer to a project in Mexico in the context of poverty reduction on the one hand and to a municipal project in the USA in the context of removing barriers in urban space on the other.

The final contribution is the visual essay by Margarita Wolf, in which, in contrast to the participatory photo interview and photovoice, the photos are not taken by actors in a socio-political field, but are made by the researcher as an instrument of analysis. In her contribution "Auf Spurensuche. Zur Konzeption eines Visual Essays über ein ehemaliges Konzentrationslager", the author explores the question of how visuality in social science research can be put in a productive relationship to text and narration, and how it can be included in the presentation of the results in a methodologically justified and controlled manner. This also includes reflexive considerations on the production of photographs in a context that is particularly challenging due to the history of the place. Furthermore, the author also asks what can be conveyed merely by images and in which cases verbal framing is necessary. In her visual essay, she demonstrates the potential of this promising research method using the example of three photo sequences of the former concentration camp Gusen in Upper Austria. These open up insights into the relationship between visibility and invisibility of the former concentration camp on the territory of which there is now a housing estate.

A synopsis of all the contributions makes clear how significant moving and fixed images are in various social, political, societal and cultural areas, let alone in the course of the digitalisation of image production, and how important it is to examine them from social science perspectives. A variety of relevant theoretical and methodological approaches is already available, some of them have been applied in the contributions to this volume.

We wish you a stimulating reading.

Vienna, July 2021   Roswitha Breckner
Karin Liebhart
Maria Pohn-Lauggas

Teil I: **Visuelle Segmentanalyse –**
Ein bildhermeneutischer Zugang
zu privaten und öffentlichen Bildwelten

Roswitha Breckner

1 *Iconic mental spaces* in Social Media. A methodological approach to analysing visual biographies

1.1 Introduction

In present-day societies, everyday action, communication and orientation have a visual dimension that is becoming increasingly relevant. Especially in Social Media, iconic spaces are created in which meaning evolves, with more or less far-reaching symbolic references that can be discovered and reconstructed in social scientific research. Taking quick photographs of oneself, of others, or of a place or situation, and sharing them with a more or less wide audience has become a normal part of daily activities and experiences, and a normal way of keeping in touch with friends, family and/or other groups (see for example van Dijck 2012, Jurgenson 2019). Visual biographies emerge from these daily activities, even if unintentionally. Given the blurred boundaries of what is considered as private or public, the question is what kind of visual biographies are created in these mediatised worlds of visual online-communication, and how social scientists can gain access to what they convey, and to whom, both explicitly and implicitly.

In this article I present an interpretive hermeneutic approach to analysing images. My aim is to provide insights into how biographies are visually created. In particular, I will discuss selected photo albums on Facebook, and show how they are embedded in biographical processes. The considerations start with the theoretical assumption, inspired by Aby Warburg, that by acting and communicating with images of different kinds in many different social contexts, *mental spaces* emerge with more or less wide ranging historical and iconographic references (Warburg 2000). Given this assumption, we can understand how pictorial worlds emerge through producing, sharing, curating, altering or distributing images in which actors are embedded, orient themselves, and develop an attitude towards the world. This takes place in everyday life, in which emblematic images, as well as pure snapshots, are increasingly becoming an essential part of ritualised interaction and social profiles (Goffman 1979). In this sense, visual biographies are created in and as *iconic mental spaces*.

The ways in which images create meaning and thus form a relevant part of social (inter)action can be quite complex. In order to understand how images become a constitutive part of social worlds, various dimensions of these processes must be considered: both the specific iconic meaning of image compilations and individual images; the processes and contexts of production, distribution and viewing; the par-

https://doi.org/10.1515/9783110613681-001

ticularities of the medium in which images appear in certain environments; and last but not least, the seeing subjects and audiences (Rose 2007).

Several methodological approaches have been developed in the social sciences to address various dimensions in which images gain meaning and significance in social, political, societal and historical contexts. Image Cluster Analysis, Figurative Hermeneutics and Visual Segment Analysis are some of these approaches. Image Cluster Analysis (Müller 2016) and Figurative Hermeneutics (Müller 2012) reconstruct how an iconic world is created from the composition of different images, in particular through their montage and style and in constant comparison with other images in other pictorial worlds. Visual Segment Analysis (Breckner 2007, 2010, 2012) reconstructs how the formal organisation of pictorial elements within the composition of a single image, and in specific production, distribution and viewing contexts, gives rise to partly determinable and partly vague or ambivalent meanings and connotations in specific discursive contexts.

In sections 2 of this article, I will introduce the concept of *biographical iconic mental spaces* that mainly draws on the work of Aby Warburg, Victor Turner and Erving Goffman, and biographical research. The concepts and underpinnings of the methodological approaches used in recent research projects called VIS_BIO[1] are briefly presented in section 3. In section 4, various analytical steps of a biographical case reconstruction are demonstrated on the basis of Judith's visual self-presentation, parts of which became visible on her Facebook account. The case reconstruction was complemented by a narrative interview. Finally, section 5 summarises what can be gained by combining the proposed theoretical and methodological approaches in the analysis of the world of images in Social Media.

1.2 The concept of *biographical iconic mental spaces*

The theoretical foundation of the following reasoning is that social worlds are constituted by sense and meaning which arise in symbolisation processes, as suggested

---

1 The research projects "Visual biographies in a connected lifeworld" (2017–2019, funded by the Anniversary Fund of the City of Vienna for the Austrian Academy of Science (OEAW)) and "Biographies in the making in a connected lifeworld" (2020–2023, funded by the Austrian Science Fund (FWF): P 32957-G), examine how visual communication practices in Social Media relate to possibly changing patterns of constructing biographies. The triangulated methodology was created within the first project, which focused on eliciting data from Facebook and Instagram accounts, as well as from biographical and media interviews with 19 research participants. They all agreed to the scholarly analysis of their visual and narrated biographies and to the publication of the results with a declaration of consent. In this project Maria Schreiber, Elisabeth Mayer and Anna Weisser participated. The second project focuses on analysing the elicited material and aims at making generational comparisons between young people aged 14–18 and people over 60. Johannes Marent joined the second project in place of Maria Schreiber who took up another appointment. For more details see: https://visbio.univie.ac.at/en/.

by Ernst Cassirer (2002). Symbolisation takes place in various symbolic forms. It is the basis of the creation of experience and knowledge and happens in language, images, music, rituals, mathematics and the like, and not least through the way different forms are combined with each other. According to the understanding of Susanne Langer (1942), emotional states, patterns of perception, acquired knowledge, concepts and theories of all kinds are interwoven in many different ways as a specific *Gestalt* in such symbolisation processes. With regard to images, this means that both in their material production and in their viewing they are embedded in affective states, in shared and specific knowledge, and in views in the sense of fundamental attitudes towards the world. From this perspective, the aim of image interpretation is to discover how an image shows a viewer something through pictorial symbolisation in a certain context and what performative effects this unfolds.

With Aby Warburg's concept of *mental spaces* (Warburg 1988, 2000; see also Treml, Flach, and Schneider 2014), a differentiated perspective on the *pictorial* aspects of processes of meaning formation by images can be gained. In Warburg's understanding, *mental spaces* created by images can be comprehended as "conscious creation of distance between oneself and the outside world as a basic act of human civilisation" (Warburg 2000, 3, translation from German by the author).[2] The starting point and cause of processes of symbolisation are phenomena experienced as unknown, frightening or disquieting, they are emotionally overwhelming movements and energies that are not rationally controllable, above all phenomena assigned to nature. In dealing with such phenomena by depicting them, a reflexive distance to the not yet understood is created. This is what makes a slowing down of reactions to the stimuli of the outside world possible in the first place, and what Warburg refers to as *space of thought* or *mental space* (*Denkraum*) (see also Gombrich 1984, 302). Warburg conceives this space between subject and object as one in which, according to Claudia Wedepohl (2014, 22), the immediate, above all sensual, perception is processed into experience and, finally, into abstract concepts. In these processes, perceptions that are bound to both the subject and the outside world, which must be literally grasped, refer to each other. Thus, the symbolisation produced by images is embedded not only in cognitive but also in material, corporal and sensual dimensions (see Cassirer 2001, Langer 1942), which, especially in rituals, include the body in a central way. Therefore, by creating a mental space with images the body dimension plays an essential role. Hence, the iconic configuration of magic and myth versus reason and rationality enables us to reflect and pause in the face of threatening and (yet) unexplained phenomena. For Warburg, this tension between pathos and enlightenment, which expresses itself above all in images, drives us to further processes of symbolisation, without the former ever being able to be resolved by the latter. Familiar with Nietzsche, he characterises this tension as Dionysian and Apollonian polarity.

---

2 "Bewußtes Distanzschaffen zwischen sich und der Außenwelt darf man wohl als Grundakt menschlicher Zivilisation bezeichnen." (Warburg 2000, 3)

Cornelia Zumbusch offers another, Foucault-inspired, interpretation of Warburg's concept of *mental space*, which is relevant to my reflections on how people deal with themselves visually while creating their biographies. "The work on the images described by Warburg becomes readable as work on oneself performed in the medium of pictures" (Zumbusch 2014, 246, translated by the author).[3] In her view, in the image a mental space opens up representing the complementary movements of going inside and outside of oneself (Zumbusch 2014, 244). This becomes even more pertinent in situations of crisis, including liminal stages, in which former orientations and action patterns have to be transformed (Turner 1987).

Warburg was the first to combine and compare images from art, advertising, journalism, and even private photography, in order to identify so-called pathos formulae, which he understood as a cultural code for dealing with affective and literal movements, appearing in different epochs and social spheres.[4] Given his approach, Warburg – I assume – would definitely also have looked at mental spaces and pathos formulae emerging in the realm of images distributed by the internet and specifically in Social Media. Without aiming to reconstruct the complexity of historical references and emblematic pathos formulae that appear in the imagery of visual biographies in Social Media, I argue that the tension between Dionysian body-rituals and Apollonian reasoning and reflectivity also is played out in the activities on Social Media. Since communication and interaction on Social Media platforms is currently not yet completely controlled *de jure*, even if efforts have increased to create a legal framework for what is allowed and what is not, spaces have opened up in which normative transgression has become common. As I show in my case analysis, this space is used not least by young people to explore, negotiate and redefine normative boundaries. I therefore argue that this realm, in which acting on and with images predominates, can be understood as an *iconic mental space* in the sense proposed by Warburg.

In these areas (inter)action, scenic performance, emblematic idioms and posing play an important role. Therefore, we need concepts that help us to understand these dimensions more thoroughly than would be possible just with Warburg. Erving Goffman's concepts of *ritualised performative social action* that also takes place in and with images, can easily be combined. From Goffman's perspective, photographs can be interpreted as performative staging of the self, through which social profiles, identities, roles and social situations are framed emblematically by idiomatic gestures (Müller 2018), constellations and background constructions (Goffman 1959, 1979, Autenrieth and Neumann-Braun 2011). Images in this sense are hyper-ritual insofar as they refer

---

3 "Die von Warburg beschriebene Arbeit an den Bildern wird dabei als im Medium der Bilder unternommene Arbeit an sich selbst lesbar." (Zumbusch 2014, 246)

4 Warburg's concept of *mental space* created by images and their role in the historical development of culture and civilisation was based mainly on his understanding of the afterlife of images from antiquity, first in the art of the Renaissance, and subsequently in advertisements and popular culture of the 20th century.

to an actual social situation and its interaction order, but condense it and frame it in a pictorial way. We recognise a family photo, for instance, because those depicted are arranged in a specific way, hinting at bodily actions and gestures that suggest family situations. On the other hand, actual face-to-face family life might be influenced by images seen in visual media and the way people pose there. Thus, images become performative in the processes of ritualising social life and social profiles.

Goffman's understanding of the ritual and ceremonial representation of social profiles can be further sharpened by Viktor Turner's concept of the *dramatic social situation*. In Turner's view, a socially dramatic situation arises from a crisis in group life, in which previous norms are suspended and, after a phase of chaos, new ones must be established.

> The social drama is an eruption from the level surface of ongoing social life, with its interactions, transactions, reciprocities, its customs for making regular, orderly sequences of behavior. It is propelled by passion, compelled by volitions, overmastering at times any rational considerations. Yet reason plays a major role in the settlement of disputes which take the sociodramatic form. Particularly during the redressive phase – though here again nonrational factors may come into play if rituals are performed (performance here being in terms of regularizing process) to redress the disputes. In other words, there is a structural relationship between cognitive, affective, and conative components. (Turner 1987, 90)

Finally, I use theoretical assumptions taken from sociological biographical research. Here, it is argued that the social form of biography evolved in modernity, as a realm where sense-making, orientation, continuation and change takes place in the frame of one's own lifetime, which is related to generational, societal and historical contexts.[5] Biographical processes of making sense are especially intense during periods of radical social change, when institutionalised ways of interpreting social situations are questioned and new ones need to be built. Thus, the concept of biography allows us to take into account societal processes of change in a person's lifetime, and the generational perspective helps to reveal how they are dealt with biographically.

To date, the conceptualisation of biography has been based mainly on linguistic patterns of narrating in which relations between experiences, actions and discourses are constituted. It is only recently that sociologists interested in biography have become aware that meaning-making and orientation also take place visually, for example when pictures are curated and collected in photo albums, in photo boxes or in files on a computer, or when images of those to whom we are close are carried with us, or placed prominently in our homes. In the Social Media, visual practices of sense-making are becoming increasingly relevant, and with them new arenas for biographical construction are emerging which may affect the existing practices of *doing biography*.

Since an *iconic mental space* can result from a single image as well as from a compilation of images, the approach presented in this article combines in-depth analyses

---

5 There is a rich conceptual literature on biographical research that cannot be presented in this article (see for example Rosenthal 2004, Breckner 2015).

of single pictures with analyses of series or compilations of pictures. Before showing the fruitfulness of the combination of these concepts in my case analysis, I will shortly present the methodological approaches of Image Cluster Analysis (Müller 2016) and Visual Segment Analysis (Breckner 2010, 2012, 2018). Both methods are systematically used in the VIS_BIO projects and are complemented by Biographical Case Reconstruction (Rosenthal and Fischer-Rosenthal 2004).

1.3 A triangulated methodological approach

In the projects from which the case example is taken, we start with a structural description of the imagery of the Facebook and Instagram account of each participant. We use both the method for analysing photo albums proposed by the author (Breckner 2010) and Image Cluster Analysis as developed by Michael R. Müller (2016). While looking at how the pictures are organised in compilations, we aim at answering the following questions: Is there a temporal and/or thematic order visible? To what extent does it follow conventions of creating a compilation of photos, such as in a traditional photo album or a Social Media device? What is peculiar? What kinds of events are depicted, and what is missing in relation to what one could expect in a certain compilation? How is the compilation framed, for instance by titles or captions? What is remarkable concerning biographical, generational, gender, class and historical contexts? What kind of image style is used, comparing different Social Media platforms such as Facebook and Instagram?[6] This comparison helps us to identify pictorial similarities and differences that indicate a social issue which is addressed and performed both explicitly and implicitly in the way the photos are designed and placed, and in the way they refer to each other. The pictures may be documentary, in the sense that they depict situations along our classificatory knowledge of social life (i.e. knowing what a family, a group of friends look like). They may also be narrative in the sense that the succession of an event or a development over a period are shown in a series of images. And, not least, the cluster may be compiled according to visual aspects such as colour, ornaments, specific perspectives or recurring motifs produced in a specific iconic style (for more details on these categories, see Müller 2016). Overall, this analysis helps us to understand the kind of visual expression that is formed by the compilation of the images.

After this first structural description, we conduct extensive biographical narrative interviews, followed by external questions concerning the media practices and media history of each participant. The analysis of the interviews is based on the procedures

---

6 In this article, I focus exclusively on the imagery in Facebook photo albums of one user whom I call Judith. To include Judith's visual self-presentation on Instagram would need another analysis, due to platform-specific affordances. Such additional analysis would exceed the limits and scope of this article.

of Biographical Case-Reconstruction (Rosenthal and Fischer-Rosenthal 2004), and is juxtaposed with the first image analyses, which in turn are refined by an in-depth reconstruction of significant single images using Visual Segment Analysis (Breckner 2010).[7]

The aim of Visual Segment Analysis is to find out what issues are expressed pictorially in what way, to whom, and in which contexts. It addresses the processes of visual perception, imagination and action triggered by an image within (discursive) social contexts, processes which are assumed to determine how manifest and latent structures of meaning materialise in a certain case (Oevermann et al. 1987). A case can be defined differently, as a single image, a compilation or series of images of a person, a group or institution, or a specific genre or medium. Interpretation follows the principle of abduction (Peirce 2004, Eco 1972) as introduced in sociology by Ulrich Oevermann (Oevermann, Allert, and Konau 1979). This means that different hypotheses are set up with reference to particular elements of an image (we name them segments) that are considered to contribute to the overall pictorial meaning. The hypotheses are then tested in relation to other segments. In the light of each relation between segments, new hypotheses are created, until the overall meaning of the image becomes evident. If the object of interpretation is an image-text, the picture analysis is first separated and then complemented by hermeneutic text analyses of captions and comments with which the interactional contexts and negotiation of the meanings of the images are reconstructed. The result of a case reconstruction can be generalised by formulating theoretically rich and – in the best case – new hypotheses about specific processes of seeing and acting in the visual world.

The process of creating meaning while looking at an image is not sequentially linear as for instance in a narration or in a discursive argument. Rather, we get an immediate impression of an image in the sense that all elements are simultaneously present (Langer 1942), while the perceiving look jumps around the image area (Baxandall 1991).

> We do not see linearly. We perceive a picture by a temporal sequence of scanning, but within the first second or so of this scanning we have an impression of the whole [...]. What follows is the sharpening of detail, noting of relationships, perception of orders, and so on. And though the sequence of our scanning is influenced as to pattern by both general scanning habits and particular cues in the picture, it is not comparable in regularity and control with progress through a piece of language. One consequence of this is that no consecutive piece of verbal ostention, linear language, can match the pace and gait of seeing a picture as it can match the pace of text: the read text is majestically progressive, the perception of a picture a rapid irregular darting about and around a field. (Baxandall 1991, 72)

---

7 Visual Segment Analysis is based on symbol theories, semantics and picture theories (Boehm 2007, Langer 1942, Mitchell 1994), and is thus related to the theories introduced above. Methodologically, it uses concepts from image science (Boehm 2007, Bredekamp 2010, Belting 2012, Mitchell 1994), complemented by the principles of Interpretive Sociology (Oevermann et al. 1987, Maines 1990).

In order to grasp and follow these processes of perceiving an image, the analysis is organised in steps which address the different dimensions that contribute significantly to the meaning of the image. This can help us to grasp the complexity of an image by focusing on different aspects in a systematic way. The point of departure is the iconic presence of the image. The very first step is to document our perception of it. We do this by using a pen to draw lines around those parts of the image which seem to be important. While looking at it with a pen in our hand, we indicate how our eye moves or jumps across certain areas and how our gaze successively identifies certain parts of the image as meaningful. Then the first impressions are articulated verbally by taking notes, including our bodily and emotional reactions. Together with a first description of compositional and other pictorial aspects (e.g. scenic constellation, foreground, middle ground, background, vanishing points, axes, field lines, contrasts, colours, light, etc.), different segments that are considered to be relevant for the whole composition of the image are defined. In order to reconstruct the meaningful relations between different segments, without deducing their meaning from presuppositions of what the image is about, each segment is then interpreted in isolation from the others, and subsequently in combination with the adjacent segments. On the basis of the potential meaning emerging from the relations between the segments, the composition is scrutinised again in order to understand how implicit meaning emerges, which can be blunt, ambivalent or vague, and how impressions are triggered by the arrangement of segments in a specific perspective, scenic constellation and planimetric construction (Imdahl 1994, see also Rose 2007).

In a next step, the particular characteristics of the medium (photo, collage, drawing, etc.) are considered in relation to the known and knowable contexts in which a picture may be produced and used. Finally, the relation between the image and the accompanying text is explored. The texts that are part of images as captions or inserted text, or accompanying comments, are reconstructed as the specific context or discourse in which the image appears. Following Roland Barthes' *Rhetoric of the Image* and William J. T. Mitchell's concept of *image-text*, the ways of using language within, or in close connection to, images are focused on, in order to understand the relational function of images and texts (Barthes 1984, 1981, Mitchell 1987). Finally, knowledge of the biographical, social and historical contexts in which a particular picture or compilation of images is created and used is introduced as far as considered relevant.

All these different dimensions, in which polysemic meanings of images emerge, are combined in a synthesising interpretation answering the question In what way does this specific picture potentially show whom, what, in which media and socio-historical contexts? The aim of the procedure is to deconstruct the impression we gained from a first quick look, and to reconstruct the latent principles of construction of the image which are not immediately understandable. Thus, a fuller and deeper insight into the meaning of an image enables us to create new knowledge about the visual dimension of a specific social issue in which a certain image plays an important role.

This analytical method can be applied to different kinds of images: photographs, collages, paintings, cartoons, to name but a few, as well as in different social areas such as advertising, vernacular and professional photography, and also art.[8]

1.4 Judith's creation of a *biographical iconic mental space* in Facebook photo albums – A case reconstruction

Among those young women and men aged between 30 and 40 who replied to our call for participation in a biographically oriented Social Media project in 2014 and 2017/ 2018, I chose Judith for an in-depth case reconstruction because in 2014 she had the most 'friends' on Facebook. In order to show the analytical procedure, I focus on the eight photo albums containing a total of 455 photos which Judith arranged and named by herself during the period she was very active on Facebook from 2008 to about 2016. It turned out that in these photo albums the biographical references involving herself and the social relations that were part of her experiential world gained the most visibility. In other words, Judith created a *biographical iconic mental space* by curating her photos. They are not only documents of her daily activities, but also of the challenges she faced in a certain period of her life. During this time, she went through a transitional process that eventually led to a biographical turning point, and in the pictures we see the liminal stages and solutions she developed along her path. I show in what way her use of photos on Facebook, and especially in her photo albums, was part of handling the transition, with reference to the ideas of Warburg, Turner and Goffman.

Following our methodological approach, I first briefly describe the imagery of each self-created Facebook album, based on an Image Cluster Analysis, focusing on the topics as well as the compositional style of each album in the chronological order in which they were created. This is done without context information from the Facebook account or the interview, in order to demonstrate what one can see when looking just at the images in self-compiled albums (sect. 1.4.1). In a second step, I relate the process of creating the albums to Judith's biographical situation, which we know from the Facebook account and also from the biographical interview (sect. 1.4.2). I then turn to two specific albums in which central elements of Judith's biography became apparent. From each of these albums I choose a single photo that I analyse in depth by means of a Segment Analysis in order to clarify observations and hypotheses from the Image Cluster Analysis (sect. 1.4.3). A final interpretation of Judith's visual self-presentation in combination with her narrated self-presentation is offered from a biographical perspective (sect. 1.4.4). In conclusion, I summarise the results to show

---

8 The website Visual Sociology at the Department of Sociology of the University of Vienna provides a variety of examples showing how Visual Segment Analysis has been used in theses addressing different genres and topic areas: https://visuelle-soziologie.univie.ac.at/abschlussarbeiten/.

what broader insights can be gained by using the chosen theoretical approaches and adopting a complex case reconstruction with triangulated methods (sect. 1.5).

1.4.1 Judith's Facebook albums seen as self-curated compilations

The first self-curated album to be seen in Judith's Facebook account in 2014[9] is named "me" in her native language which is neither English nor German (Fig. 1.1). The album contains altogether 34 photos and was successively filled within a period of four years, starting in 2008 and ending in 2012. The first photo is a close-up portrait that is formally outstanding in this and all following compilations. Here, Judith presents herself to the beholder in a direct and sensual manner. A kind of intimacy is created if you look at the picture for a long time, and you start feeling that you know Judith personally. This photo had been removed when I looked at the album two years later. By then, only three photos remained which depict Judith alone. None of them are selfies or portraits. All other photos show Judith in company with one or more persons mostly of about her own age. We see casual pictures of gatherings and trips, but also a graduation as a significant biographical event and status passage. Two different styles of group photo can be distinguished: on the one hand, pictures with a rather conventional staging, and on the other more informal or funny photos, such as those from a photo vending machine. A single photo showing a Christmas situation catches the eye, since it is the only family situation we see, here as well as in all other compila-

Fig. 1.1: Album "me"

---

9 The analysis mainly refers to the first documentation of the Facebook account by screenshots. The changes that took place in the period the account was, and still is, part of the project were included at the point they became relevant in the analysis.

tions. This hints at what we do not see: baby photos and photos from childhood and early adolescence, and hardly any photo of Judith's family. Thus, a difference from traditional photo albums becomes apparent, even though the style of the photos and their compilation is quite similar.

Overall, the album seems to show different aspects of Judith as a person, as well as of her embedment in groups of peers. The contrasting styles hint at a distinction between the informal and the formal parts of her life, and corresponding self-presentations as a 'funny person' and as a 'serious person'.

By contrast, the following photo albums (Fig. 1.2) focus exclusively on the informal part of Judith's life and her embeddedness in groups. This is apparent in the album named "Erasmus" (with 60 photos), which is followed by another one called "Erasmus New Generation" (with 31 photos).

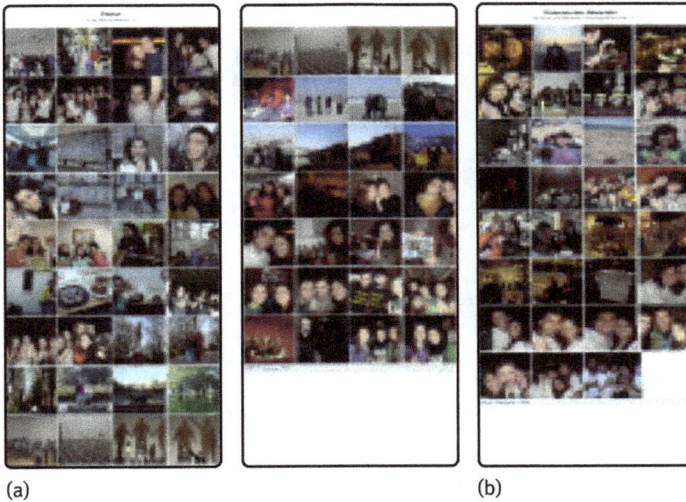

(a)   (b)

Fig. 1.2: (a) "Erasmus"; (b) "Erasmus New Generation"

Here Judith presents herself as being closely and intimately connected with friends from all over the world, showing the kind of gatherings and activities they shared (e.g. celebrating with cakes, at the beach, at a party, dancing, experiments with shadows, etc.). The performance of a happy group life is framed as the formation of a "new generation". This implies that Judith perceives what happened during Erasmus in a wider frame of generational change: something 'new' – implicitly in contrast to the 'old' – developed in this transition period, not only on the individual level, but also on the collective level of generations.

The next three albums that were created focus on single events. We see an album named "Extreme weekend in x" (Fig. 1.3a), "Tour in y" (Fig. 1.3b) and "Christmas in z"

(Fig. 1.3c).[10] More than the previous ones, these albums are narratively compiled in order to document and recount these events in the flow and sequence of them happening, whereas the previous ones – from an outside perspective – focus much more on single moments within an extended period of time ("me" from October 2008–May 2012; "Erasmus" from February 2009–May 2009).

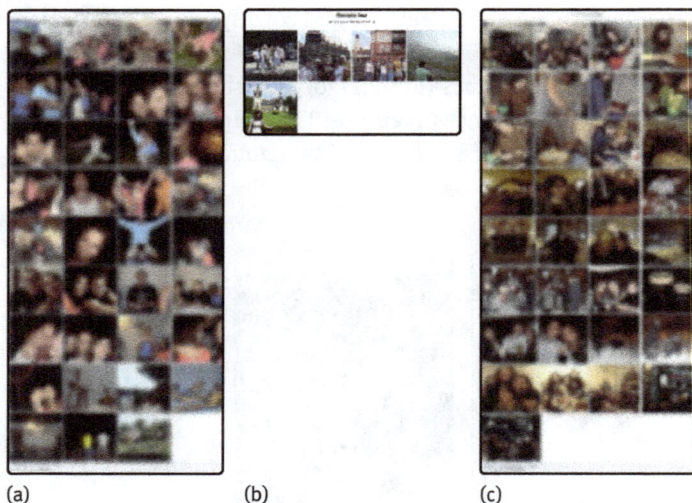

(a)   (b)   (c)

Fig. 1.3: (a) "Extreme Weekend in …"; (b) "Tour in …"; (c) "Christmas in …"

The album called "Extreme Weekend" is the most exceptional in the imagery of Judith's albums. Here the rather conventional style of all the other photo albums is disrupted by photos showing excessive drinking, dancing, grimacing and posing for the camera in a sexualised manner. In Social Media research, this kind of photo has been called gaffe or night-life photography (Astheimer 2010). Apart from the 'crazy posing', exalted body gestures and formations, we also see some photos of calm moments in a relaxed atmosphere close to water with sunbathing and canoeing. The latter give the impression that at the end of that weekend which is described as "extreme", there was a kind of resolution and relaxation from the tensions and exaltations.

In maximum contrast to this album, the "tour" album is the most conventional one, with motifs and photographs in a documentary style. The "Christmas" album then documents casual situations, cooking and preparing food, as well as gatherings around Christmas trees in private and public without any exceptional ways of creating and compiling the photos. Remarkable here is that we see only peers, apparently

---

10 The name and other relevant data such as locations and exact dates of events are anonymised. The challenge of anonymising photos has been solved by blurring faces so that the people are not recognisable.

friends of Judith's, and not, as one might expect on this occasion, her family. In this context again, the relationship with friends within a group is predominant and thus the most important issue.

The next two albums show the 'happy life' explicitly named as "Livin' la vida loca" in reference to the famous party-song performed by Ricky Martin (Fig. 1.4 and Fig. 1.5).

Fig. 1.4: "Livin' la vida loca"

Fig. 1.5: "Livin' la vida loca II"

These are the most extensive photo compilations, showing mainly group activities, such as parties, trips, and gatherings at the beach. We see either pairs or bigger groups of people, with some portraits of Judith and others in between. And again, we see a mix of conventional as well as 'funny' poses, but, in contrast to the "Extreme weekend", not derailed behaviour. The photos are compiled in such a way that they depict persons as well as documenting activities and relations within big groups, rather than following a specific photographic style or visual aesthetics as a way of both individuation and association (Müller 2016). However, the blue colours of sea and sky contrast with red dresses, thus indicating and reinforcing the performed intensity of beach- and party-life.

In summary, we can say that in these albums the dominant impression is of Judith in her early twenties enjoying a group life. One may assume that she is negotiating her relations with friends and groups and visually positioning herself and her performance in a 'new' context. In the albums called "Erasmus", "Erasmus New Generation" and "Livin' la vida loca" I and II, which together comprise most of the photos, exploring and experimenting with the camera and photographic styles becomes much more visible than in the album called "me". Yet in all these image compilations, the performance of a specific kind of togetherness as a group predominates.

1.4.2 The biographical context of the album imagery

In order to understand better what kind of experiences are expressed, tackled and formed in the imagery of these self-compiled albums, we have to turn to the biographical context of Judith. From Judith's Facebook account and from a narrative biographical interview that I conducted with her in 2016, we can see more clearly the biographical situation Judith found herself in when she started using Facebook and compiled these albums.

In October 2008 as a 19-year-old student Judith moved from Bulgaria to Spain under the Erasmus programme. She set up her Facebook account about two weeks after arrival in Barcelona, her destination. The next day, Judith created the first Facebook photo album that was named "me" in her native language. As she states in the interview, her Facebook account was primarily a means to present herself and to get in touch with new friends in the student dorm in Barcelona where they all lived. Most of them came from Bulgaria and Brazil, but also from China and other more or less remote places. It thus was a means of approaching others in a mediatised way without exposing herself to the risk of being rejected in a face-to-face situation. She could also show much more about herself than she would have been able to tell in a first encounter. This mediatised form of communication allowed her to keep her distance while signalling her desire to get to know the others better. Not least, it was also a way for Judith to keep in touch with friends at home from whom she was separated by a long distance with no face-to-face-communication.

Five months after her arrival, in February 2009, Judith produced the album "Erasmus", followed by "Erasmus New Generation". This indicates that she had established relations with other Erasmus students and wished to show this in these albums. They were accompanied by comments and sometimes little dialogues with her friends at home, concerning these photos of her life abroad. It was a period in which new experiences and social relations had to be communicated to those at home, and – as we will see – their relevance for Judith's life had to be tackled.

In July 2009, after finishing her Erasmus year, Judith returned to her hometown in Bulgaria. In August she created the album "Extreme weekend" which is related to her home context. Since this is the most exceptional album, it raises the question what happened at this event. We will come back to this later. In September, she created a small and conventional album of photos from a trip to the mountains in her home country, as if calmness and ordinariness had returned to her life after that "Extreme weekend". In October, Judith continued her studies in her home town. She spent Christmas with friends from Sofia, together with some from abroad with whom she had become acquainted during her Erasmus year. She had kept in touch with them after returning home. It is the only album, in which she creates a direct link between her life abroad and her home context.

Judith graduated in June 2010 at her home university and included some photos from this event in the album "me", but did not create a separate one for this presumably important event and status passage. In September 2010 she moved back to Barcelona and started a two-year master's programme as a regular student, which she extended for a third year. In October 2010, she set up the album named "Livin' la vida loca", which by June 2011 was filled with 200 photos, and was then complemented by "Livin' la vida loca II" with 55 photos. As already mentioned, in these albums only her 'happy life' during the period of her master's studies is depicted. She seems to have immersed herself in an unambiguous way in the sphere of Erasmus life which she had started to help organising. This coincides with her postings where she comments time and again that she should really be focusing on studying for her exams, but prefers to gather with friends to have a drink and some fun. In these albums there is no communication with her friends at home.

These three years, from October 2008 to June 2011, are the densest time of Judith's Facebook activities. In this period, she created all ten photo albums containing a total of 455 photos, which she arranged by herself, and which remained visible to anyone who looked at her profile until 2015. While the albums "me" and "Extreme Weekend" referred to her home context, showing different facets of Judith's life, the imagery from abroad related exclusively to the 'happy life' that was created by that generation at that time. Thus, Judith creates separate albums for the different and significant places of her life. This raises the question whether the challenge of linking these life-spheres is successfully met here. However, even if the respective images were separated in different albums, they were combined in Facebook as a place accessible to all her friends. Thus, Facebook offered a place where presumably different experiential worlds could be shown in parallel. If we look at the albums in the chronological order of their creation, we can see a dynamic of home – abroad – home – abroad, indicating a transition period and even, as we will see later, a biographical turning point.

After graduation in Spain in August 2012, Judith moved to a town in southern Germany, together with her boyfriend, and started a job for which she was well qualified with her master's degree. From then on, her photo activities and style of communication changed significantly: no more parties, no more extensive postings of events, and no new photo albums. Rather, her Facebook account became a platform for posting news connected to her professional life and its political context. However, Facebook continued to be the medium where her involvement in different places with friends from all over the world, and all her experiences during the Erasmus-period and her life abroad, could be gathered and communicated in one space.

After a break of three years, Judith started working on her existing photo albums again when her grandmother joined Facebook in 2015. She wanted to check whether she could show everything to her. As a result, Judith hid the album "Extreme weekend" in order to avoid trouble if her grandma should see the photos of her drinking alcohol in an excessive way, which were posted to a large audience. At that time, Judith feared social control from within her family more than from other (potential) viewers in semi-public spheres.

Today, Judith has switched her daily communication, like many others, to WhatsApp, where she addresses different messages to different groups. She has moved her practice of posting images to a wider audience of friends to Instagram, where she performs a different style of visual self-presentation. And she has completely removed her self-curated Facebook photo albums from sight.[11]

Seen from the perspective of her practice of engaging in and changing her sites of communication in Social Media, Judith is typical of her generation. In this respect, we do not gain more insights than those which are already widely known from media studies (van Dijck 2012, Van House 2011, Walser and Neumann-Braun 2013, Autenrieth and Neumann-Braun 2011). Yet, if we dig deeper into Judith's challenges and responses by looking at her Facebook albums as *biographical iconic mental spaces*, we may better understand what is at stake in the seemingly very common visual self-performance she presents in that period. We can achieve this by Visual Segment Analyses of two photos.

1.4.3 A biographical turning point revealed by Visual Segment Analysis of two photos

As already mentioned, I started the analysis of Judith's *biographical iconic mental space* with the first album "me", which she produced after her arrival in Barcelona in October 2008. The issue of Judith being outstanding in a group was very present there. The photo that I chose for a first Segment Analysis was posted after Judith had set up her Facebook account (Fig. 1.6a). It was placed prominently in the profile and Judith included it the next day as the fourth photo in her photo album "me". Additionally, it served as the background image of Judith's profile for a long time. Let us look more closely at the way she presented herself here in company with others.

First, I saw Judith lying in front of four girls of about the same age. Then my eye jumped to the left (right and left from the viewer's perspective) focusing on the girl in

---

11 These changes, not least in the style of visual acting induced by the change of media technologies, deserve to be explored and presented more extensively than is possible in this article, which focuses on the methodological approach.

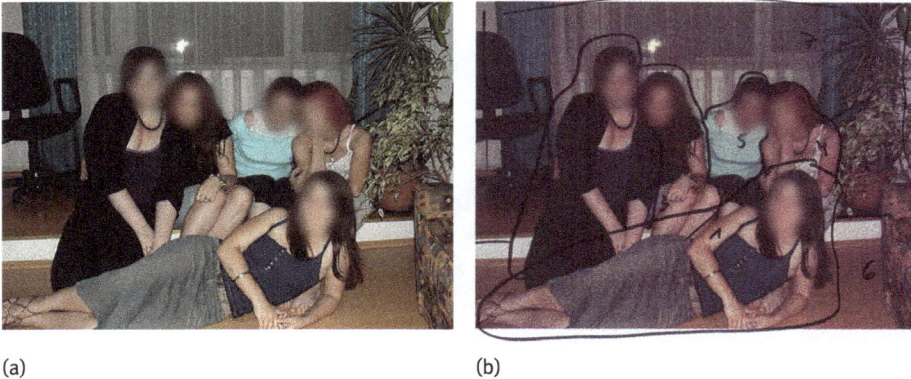

(a)   (b)

Fig. 1.6: (a) The first profile background image; (b) Drawing of the first perception process

the black dress who appeared bigger than the others, moved to the girl huddling next to her, jumped then to the right to the smile of the girl with the red hair, and then to the girl in the light blue shirt. Finally, I looked at the floor in the foreground, and at the background of the picture with curtains, plants and an office chair (Fig. 1.6b).

As my eye jumped over the image, my first impression was that five young girls were posing as a 'girls-group' in a private room. As group they appear casual and easy, even cute, not least because of the relaxed posture and bright smile of the person lying in the front and covering much image space, whereas the two pairs behind are huddled quite close to each other. Even though the photographer ensured that all five are well placed in the picture, it is probably a private photo without much professional ambition.

The most noticeable compositional element in this photo is the choreography of the group. The girls appear as a group with an internal differentiation: Judith as the outstanding figure in the foreground, accompanied by two pairs behind her. The floor and the background show the context in which the photo was taken, but are not central to the composition, which is clearly focused on the group. Thus, the most relevant segments of this picture are the figure in the front, which we know is Judith, and the two pairs of girls behind her.

In a next step, each segment is interpreted first in isolation and then in relation to the other segments. This helps to deconstruct the first impressions and assign meanings to the different parts of the image, and possibly to find new aspects, views and understandings. The analysis proceeds through all segments and all possible combinations until a general hypothesis about the latent and manifest meaning of the image becomes evident.

When looking at Judith separately (Fig. 1.7), she appears as an attractive young woman who is aware and proud of her femininity. Her bodily expression seems to be past adolescent turbulences and dissatisfaction. She appears self-contained and calm.

Fig. 1.7: Segment one

This becomes even more apparent if we compare her with the two girls behind her on the left. They look shy, even timid, and seem to shroud their bodies in dark cloth and by hiding behind each other. The girls on the right, especially the one with the red hair, by contrast, perform a kind of light-heartedness that, compared to Judith, makes them appear younger, even though they may be about the same age.

Fig. 1.8: Group choreography

Looking at the whole group (Fig. 1.8), it becomes apparent that Judith is posing with her friends without being too close to any one of them. We see two pairs of friends physically very close to each other, while Judith binds them together without touching them. She is a kind of a link between them, but remains separate. By posing in the foreground, her position is outstanding, a kind of leading position. Her pose demonstrates confidence in her bodily appearance, and also trust in the photographer whom she looks at but whom we do not know or see.

The background of the photo (Fig. 1.9) seems to be a private room comprising a working and a living area. This is suggested by the office chair and a sofa, flowers, curtains and the step that creates two levels in the room. The room can be assigned to a young person, and we can assume that this is Judith's somehow already mature taste. The objects and their arrangement look like a casual middle-class style.

Concerning the specificity of the picture as a medium, we can say that we see an arranged photo in a private indoor surrounding. The photographer has chosen a cen-

Fig. 1.9: Fore- and background

tral perspective without playing with the composition or format of the image. Thus, there is no exploration of the possibilities of a digital camera and new kinds of self-performance, like the selfies that became common with mobile photo devices at the time the photo was taken around 2007/2008. Overall, we can say that togetherness is staged, even though divisions within the group, from which Judith is somehow detached, are visible.

In this respect, the comments that surround the photo in the album are also interesting. Six months after the photo was posted, one of the young women depicted started to comment on it. She probably scrolled through Judith's album "me" and was reminded of the occasion on which the photo was staged. Judith answers that this picture is on her wall in her room in Barcelona, waiting to be replaced with a new one that will be produced during her next visit home. Eight months later (!), another comment appears asking her to post more pictures of this kind, since after finishing their studies, "everyone goes God knows where". Here the topic of separation is broached with a sad undertone suggesting that they might lose contact with each other. Another three months later, this tone is counteracted with a nostalgic reference to their bodily appearance back then, saying how 'slim' they had been. This shows how closely the photo is related to the bodily appearance of the persons depicted, which is preserved over a long period and triggers nostalgic memories. Four months later, another comment comes back to the initial topic, asking in a grammatically not completely correct phrase how that evening could be repeated. This leads to a rather harsh response by another protagonist of the image: she should have asked "when" and not "how" this evening could be repeated. A bitchy reply followed: "my dearest I am overwhelmed by so much learned creativity [...] as I saw in my inbox a comment of you, I thought you come with a solution for an evening like that, and not that you correct me." Judith does not involve herself in this conflict, after which the conversation stops. It is worth pointing out that these comments extend over a period of more than one year. This underpins the significance of this image for Judith's ties to her friends at home. She has it on her wall in her room in Barcelona and her friends refer to it time and again. Thus, this photo is not just a picture of a passing moment, but of a situation that remains significant over a long period and in different places.

Summing up the interpretation of this photo, we can see that the intention is to perform togetherness, most likely because exactly this is at stake. Even though differences in the relations and even a conflict become apparent through references to this photo in later comments, it is a document of friendship ties that can be taken to another place and hung there on a wall, probably together with other photos. As an indexical trace, this photo thus has a function similar to that of a traditional analogue photo. It performs photographically the togetherness of a group as an act of creating it with an image, ruptures notwithstanding (Bourdieu et al. 1983). Apart from that, the position of Judith within the group is also reflected in her attitude towards the comments: she remains sovereign and does not participate in the quarrel.

This seems to be prototypical of Judith's self-performance in relation to others, as we can see if we compare this photo with other prototypical photos from her profile images (Fig. 1.10).

Fig. 1.10: Comparison of group photos with Judith in outstanding positions

Another image from the album "Extreme weekend" (Fig. 1.11) shows in an even more condensed way the challenge of balancing involvement and detachment in a group that is in a liminal situation (Turner 1987). It is the most outstanding photo in this album and struck me in its disquieting ambivalence.

Fig. 1.11: Photo from the album "Extreme weekend"

We see a young woman, who is not Judith and whom I call Anna, lying on the ground, and five legs and five arms that can be identified as belonging to male persons trying to help her up or to push her down. From the shadowy parts of the photo we can assume that it is at night. The photographer's view is focused on the person lying on the ground in an observing position from above and behind. The person on the ground might not realise that she is being photographed, in contrast to those surrounding her. The whole situation is not clear, only that the person on the ground is not in control of it.

If we look only at her (Fig. 1.12a) we can see that, on the one hand, she looks relaxed with her arms above her head. On the other hand, she has drawn up her legs as if she wants to protect herself.

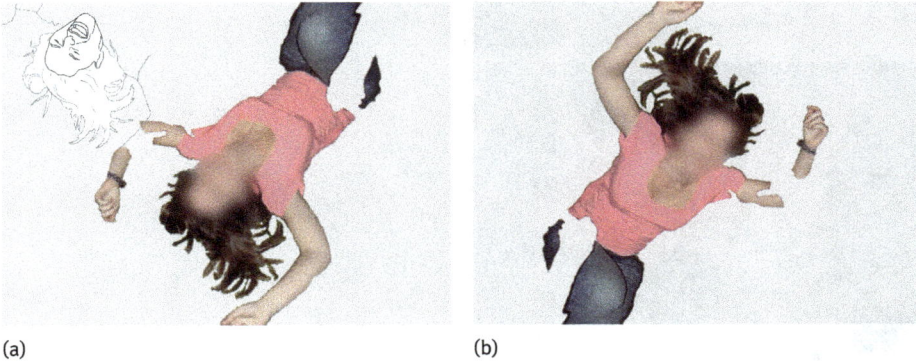

(a)   (b)

Fig. 1.12: (a) Segment one; (b) Variation of segment one

If she and the photographer changed their positions (Fig. 1.12b), which we can imagine by turning the picture over, the whole situation would change to a much more unambiguous gesture of jumping for joy.

However, combined with the surrounding feet and arms, the scene is unclear and potentially worrying (Fig. 1.13).

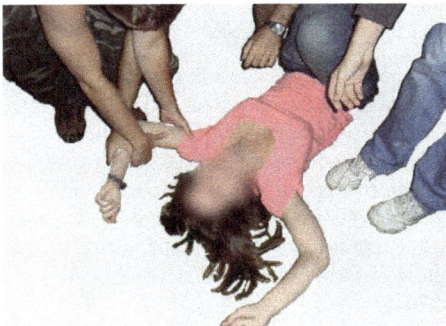

Fig. 1.13: Group choreography

The ambiguity of this photo hints at a situation in which the group has indulged in heavy drinking, and is in a situation not far away from rape. This becomes evident if we compare this image with others in google images. A comparison along the principles of Figurative Hermeneutics (Müller 2012) allows us to interpret the image on the basis of iconic aspects that help to show more precisely what is specific in this image (Fig. 1.14).

Fig. 1.14: Figurative Hermeneutic comparison of the photo by Google Reverse Image Search[12]

---

12 Picture top: This comparison photo appears when Anna's photo is entered into the google image search. The following title is assigned to it: "Rape". The photo appears in various media as evidence of different situations, including here https://www.stern.de/panorama/stern-crime/facebook-vergewaltigung-in-chicago--erste-festnahme-7395606.html (last accessed: 27.09.2020). Picture bottom: This photo also appeared in the google search in connection with the photo of Anna under the title: "brutal rape scenes". However, it probably comes from a report on a demonstration against the rape of a 4-year-old girl in India, in which demonstrators were brutally treated by the police: https://www.news18.com/news/politics/pm-govt-lack-sensitivity-to-deal-with-crime-against-women-bjp-604508.html (last accessed: 27.09.2020).

This image comparison emphasises the violent aspect in the photograph of Anna. The comparative photos show a person being held in a rape scene (top) and a person being helped up after an act of violence (bottom). By contrast, there is no indication of an act of violence in the photograph of Anna, but such an act is pictorially present as a visual possibility. Her hands are relaxed, her 'scream' could be a laugh, but the situation could 'tip over' (for a more detailed interpretation, see Breckner 2018).

But why were this and the other photos from this "Extreme weekend" taken and then posted in Judith's Facebook album, which at that time could be seen by more than 1,000 friends? On the one hand, it is a gaffe-photograph, in the sense of a photograph that crosses normative boundaries. The action is deliberately driven to derailment in order to create interesting motifs. On the other hand, the camera is also the normative eye that makes sure that the situation does not tip over completely. Borrowing from Victor Turner (1987), the normative order of the group was challenged by risking a situation in which one of its members might be seriously violated. On the other hand, the group ensured that this did not happen.

In photos in which Judith is depicted, we can see that she is a very active part of the dynamics, but, in contrast to her friend Anna in the photo above, she keeps control over the situation.

Fig. 1.15: Judith's position in the group

As we can see in this photo (Fig. 1.15), Judith, also in a pink shirt like her friend Anna, is consciously looking at the camera and pointing with her finger at the naked upper body of a man. With her position in front of the three bodies, which are touching each other but not her, and together with the raised finger, she is again in a superior position. Judith thus cares for her position in the group, as well as her integrity as a woman, by taking part in the fun while at the same time remaining aloof from group dynamics that could potentially run out of control.

In almost all the images of this weekend, the group is shown in a liminal situation in which excessive drinking drives them to the boundaries of the normatively acceptable. Judith remains in control not least by taking photographs and posting them afterwards on Facebook. Here, the precarious situation of togetherness as a group, with Judith as prominent protagonist and at the same time distanced, becomes visible in a condensed form. Performing a togetherness that is more or less heavily challenged is an issue that pervades all the photo albums and reaches a peak in the photo of Anna. From the biographical interview with Judith we know that earlier this group had often spent two weeks in that place in the mountains attending workshops with a specific topic organised by the school. After leaving school and becoming scattered in different locations, the friends had decided to meet again informally for this weekend that turned out to be so extreme.

Seen in terms of the concept of social drama developed by Victor Turner (1987), the crossing of boundaries during that "Extreme Weekend" – and in general at such Dionysian parties (Müller 2002) – becomes recognisable as a social process of crisis-like group transformation. Although the photographs do not indicate a groundless excess in the present case, they do indicate the 'tipping point' in such a dynamic that is addressed by Turner.

In conclusion we can see that belonging to a group of peers is the main topic performed in Judith's Facebook photo albums. This is not surprising since biographically it can be understood as part of late adolescence, when life paths change and former group cohesions break up. What comes into play in Judith's case is her decision to study abroad, which opens up new *mental spaces*, while she tries to keep in touch with the group of friends at home. Thus, togetherness is performed as a shared *iconic space* on Facebook, even though fissures in the coherence of the peer group became apparent. In this way the photos play an essential role in Judith's social drama.

1.4.4 Judith's visual life on Facebook compared to the narrative biographical interview

In the narrative biographical interview (Schütze 2008) that I conducted with Judith, I began by asking about her whole life. After a slight hesitation, Judith started to recount it, beginning with her childhood and continuing to the present, in a coherent chronological order. Given my impressions from her Facebook-account, I expected extensive narrations of her experiences during the Erasmus-period and the later master's studies, with a focus on "Livin' la vida loca" and all the fun and group life that Judith had shown in her albums. However, Judith's biographical narrative in the interview was focused on her educational career, starting with kindergarten, then school and university, and ending with her present professional work. She mainly presented her efforts and achievements. Erasmus was also mentioned, but rather as a period in which she extended her knowledge of other cultures and customs through the broad network that she developed with people from all over the world. On being asked what was most important for her during her Erasmus-time, she said that she learned how to make contact easily with strangers, and that she enjoyed the activities that she undertook with her new friends, sometimes in big groups of up to a hundred persons.

The issue of making contact and becoming a member of a group is thus also in the interview related to this period.

What we do not see in the images is what Judith says about her return home after her Erasmus year, which was difficult, especially in relation to her parents. She had to renegotiate her expectations and her freedom to go out, and she realised that she did not want to live at home any longer. She says that in addition, the activities of her friends did not vary enough for her and were boring in comparison to the excitement that she had experienced in Barcelona. Her relationship with her friends at home had changed, and most of all her attitude to the activities with which they performed togetherness. The crisis of togetherness with her former friends is referred to explicitly in her retrospective narration, but implicitly it was visible already in the compilation of her Facebook photo albums.

Against this background, Jusith's account confirms the interpretation that her involvement in groups was a challenge she had to tackle, as seen in all her photo albums, and especially in the album "Extreme weekend", where the liminal situation of the home-friends group is apparent. This weekend might have been an attempt to restore the former intimacy, which was no longer possible in daily life, but only in this liminal situation created by drinking, dancing, joking. The cohesion of the group was at stake, and could only be re-established or completely destroyed after the weekend. For Judith, as we have seen, her decision to leave the country and the fact that her friends from home barely appear in the albums that she subsequently created, make it plausible that this period, and maybe especially that "Extreme weekend", marks a turning point in her biography. She lived after this in Barcelona studying for a master's degree, and found employment later on in other European cities.

While the turning point is present in the photo albums and in the narration, the style of Judith's self-presentation in these two media is very different: the 'funny person' is visible in the albums and the 'serious person' appears in the interview. Thus, there is a complementary structure between the photo albums and the biographical narration. The albums show the excessive moments of her life in the processes of moving abroad and leaving her home context, while the narration reveals a straight and diligent biographer focused on her educational and professional career, something which is barely visible in the albums.

1.5 Conclusion

I have tried to demonstrate the complexity of visual communication in Social Media by combining Aby Warburg's concept of *mental spaces* and their role in creating distance between ourselves and the world, allowing reflection and deliberation, with Erving Goffman's concept of the *ritualised visual performativity* of social life, and Victor Turner's concept of *social drama*. These concepts are complemented by a biographical perspective which enables us to grasp the process-related character of how lives develop in different social contexts by managing societal circumstances and crises. I chose Judith as an exemplary case for analysis because her pattern of visual activities on Facebook seemed very typical of her age-group. She represents the use of Facebook that has been described in media studies (van Dijck 2012, Van House 2011, Jurgenson 2019). Looking at her more closely through an in-depth case reconstruction, we can understand the biographical contexts in which this communication takes place, creating a specific *iconic space* in Social Media.

Through Judith's Facebook activities, especially her photo albums, and the narrative biographical interview, we can see how her visual performance in Social Media coincides with changes in her life. She started her Facebook account at the time she left home for the first time to live abroad as an Erasmus student for a period of ten months. Her Facebook activities became more intense when she returned for three years to the city where she had spent her Erasmus year. While two significant albums remained centred on Judith's home ties, most of the other albums were exclusively related to her life abroad. In Judith's albums, the different contexts in which her life took place in that period were still separated but were co-present in her Facebook account. Their curation followed the chronology of Judith's sojourn. The albums themselves look similar to traditional photo albums with photos from different periods and places. Different people are gathered and arranged on different pages or sections of an album, or even in different albums. In this way, connections between life periods, appearances and belongings are created, but not in a linear way as in a narration, but as overlapping images, leaving space for voids, contradictions and irritations (Breckner 2017).

Another aspect becomes apparent in Judith's case. The *mental space of togetherness* created in Social Media is not just *mental* in a cognitive sense. The togetherness is also created bodily by posting images of groups eating, drinking, dancing, enjoying themselves at the seaside, and so on. This is especially apparent in the photographs that Judith gathered in her photo albums. Here we see a common *body space* with Judith outstanding and at the same time very much part of the crowd. However, fissures, challenges and potential ruptures of social relations are also apparent, in Judith's case only implicitly in her visual self-presentation on Facebook, especially in the album "Extreme weekend", and explicitly in her narration. Thus, the photos and albums which perform excessive moments of Judith's life in that period – and which would not normally appear in a traditional photo album – indicate that this *biographical iconic mental space* is one in which transformation processes and changing orientations take place. They can be acted out visually without risking fundamental ruptures and exclusion from one of the relevant peer communities. These challenges are first met by keeping to a conventional way of relating experiences in different contexts to each other by creating photo albums. Yet, some experiences need to be visually tackled in more expressive ways, as in the album "Extreme weekend".

In more general terms, we can conclude that the emerging *iconic mental spaces* on Social Media are a means of staging togetherness in different peer groups, even if this togetherness is at stake. The iconicity and ritualised performance allow 'keeping things together' even though they are at risk of falling apart. The togetherness created here is not dependent on regular everyday face-to-face-contacts, and thus the people involved may not realise that the common ground has become smaller or even vanished. With this kind of visual communication, distance and involvement can be expressed at the same time. Thus, the handling of ambivalences resulting from societal transformation processes on a large scale (globalisation, migration, mediatisation) is particularly evident in visual actions in Social Media, which in turn are a field of changing visual self-presentation and self-perception.

I have tried to show that a deeper understanding of these latent and complex processes requires triangulated methods that can capture the explicit and implicit meaning expressed and formed in curated compilations of image clusters such as photo albums, in condensed single images, and last but not least in narrative interviews.

References

Astheimer, Jörg. 2010. Doku-Glamour: (Semi-)Professionelle Nightlife-Fotografie und ihre Inszenierungen. In: Neumann-Braun, Klaus and Jörg Astheimer. Eds. *Doku-Glamour Im Web 2.0. Party-Portale und Ihre Bilderwelten*, pp. 163–85. Baden-Baden: Nomos.
Autenrieth, Ulla P. and Klaus Neumann-Braun. Eds. 2011. *The Visual Worlds of Social Network Sites: Images and Image-Based Communication on Facebook and Co.* Baden-Baden: Nomos.
Barthes, Roland. 1981. *Camera Lucida.* New York: Hill and Wang.
Barthes, Roland. 1984. Rhetorik des Bildes. In: Schiwy, Günther. Ed. *Der französische Strukturalismus. Mode – Methode – Ideologie*, pp. 162–170. Reinbek bei Hamburg: Rowohlt.
Baxandall, Michael. 1991. The Language of Art Criticism. In: Kemal, Salim and Ivan Gaskell. Eds. *The Language of Art History*, pp. 67–75. Cambridge: Cambridge University Press.
Belting, Hans. 2012. Body and Image. In: Alexander, Jeffrey C., Dominik Bartmanski, and Bernhard Giesen. Eds. *Iconic Power: Materiality and Meaning in Social Life*, pp. 187–202. New York: Palgrave Macmillan.
Boehm, Gottfried. 2007. *Wie Bilder Sinn erzeugen: Die Macht des Zeigens.* Berlin: Berlin University Press.
Bourdieu, Pierre, Luc Boltanski, Robert Castel, Jean-Claude Chamboredon, Gérard Lagneau, and Dominique Schnapper. 1983. *Eine illegitime Kunst: Die sozialen Gebrauchsweisen der Photographie.* Frankfurt am Main: Suhrkamp.
Breckner, Roswitha. 2007. Pictured Bodies. A Methodical Photo Analysis. *INTER (Interaction, Interview, Interpretation): Bilingual Journal for Qualitative-Interpretive Social Research in Eastern Europe*, 4:125–141.
Breckner, Roswitha. 2010. *Sozialtheorie des Bildes: Zur interpretativen Analyse von Bildern und Fotografien.* Bielefeld: transcript.
Breckner, Roswitha. 2012. Bildwahrnehmung – Bildinterpretation. Segmentanalyse als methodischer Zugang zur Erschließung bildlichen Sinns. *Österreichische Zeitschrift für Soziologie (ÖZS)*, 37:143–164.
Breckner, Roswitha. 2015. Biography and Society. In: Wright, James D. Ed. *The International Encyclopedia of the Social & Behavioral Sciences*, pp. 637–643. Oxford: Elsevier.

Breckner, Roswitha. 2017. Zwischen Leben und Bild: Zum biografischen Umgang mit Fotografien. In: Eberle, Thomas S. Ed. *Fotografie und Gesellschaft: Phänomenologische und wissenssoziologische Perspektiven*, pp. 229–239. Bielefeld: transcript.

Breckner, Roswitha. 2018. Denkräume im Bildhandeln auf Facebook: Ein Fallbeispiel in biographieanalytischer Perspektive. In: Müller, Michael R. and Hans Georg Soeffner. Eds. *Das Bild als soziologisches Problem: Herausforderungen einer Theorie visueller Sozialkommunikation*, pp. 70–94. Weinheim/Basel: Beltz Juventa.

Bredekamp, Horst. 2010. *Theorie des Bildakts: Frankfurter Adorno-Vorlesungen 2007*. Frankfurt am Main: Suhrkamp.

Cassirer, Ernst. 2001. Philosophie der Symbolischen Formen: Erster Teil: Sprache. In: *Gesammelte Werke. Hamburger Ausgabe*, Vol. 11. Hamburg: Felix Meiner Verlag.

Cassirer, Ernst. 2002. *Versuch über den Menschen: Einführung in eine Philosophie der Kultur*. Hamburg: Felix Meiner Verlag.

van Dijck, José. 2012. Facebook as a Tool for Producing Sociality and Connectivity. *Television & New Media*, 13(2):160–176.

Eco, Umberto. 1972. *Einführung in die Semiotik*. München: Fink.

Goffman, Erving. 1959. *The Presentation of Self in Everyday Life*. New York: Doubleday & Company.

Goffman, Erving. 1979. *Gender Advertisements*. New York: Harper and Row Publishers.

Gombrich, Ernst H.. 1984. *Aby Warburg: Eine intellektuelle Biographie*. Frankfurt am Main: Suhrkamp.

Imdahl, Max. 1994. Ikonik: Bilder und ihre Anschauung. In: Boehm, Gottfried. Ed. *Was ist ein Bild?*, pp. 300–324. München: Fink.

Jurgenson, Nathan. 2019. *The Social Photo: On Photography and Social Media*. London/New York: Verso.

Langer, Susanne K.. 1942. *Philosophy in a New Key: A Study in the Symbolism of Reason, Rite, and Art*. Cambridge: Harvard University Press.

Maines, David R. Ed. 1990. *Social Organization and Social Processes*. Hawthorne/New York: Aldine.

Mitchell, William J. T.. 1987. What Is an Image? In: Mitchell, William J. T. Ed. *Iconology: Image, Text, Ideology*, pp. 7–46. Chicago: University of Chicago Press.

Mitchell, William J. T.. 1994. *Picture Theory: Essays on Verbal and Visual Representation*. Chicago: University of Chicago Press.

Müller, Michael R.. 2002. „The Body Electric": Das Problem autonomer Lebensführung und die kollektive Sehnsucht nach Selbstverlust. In: Müller, Michael R., Thilo Raufer, and Darius Zifonun. Eds. *Der Sinn der Politik: Beiträge zur kulturwissenschaftlichen Politikanalyse*, pp. 77–104. Konstanz: UVK.

Müller, Michael R.. 2012. Figurative Hermeneutik. Zur methodologischen Konzeption einer Wissenssoziologie des Bildes. *Sozialer Sinn: Zeitschrift für hermeneutische Sozialforschung*, 13(1):129–161.

Müller, Michael R.. 2016. Bildcluster: Zur Hermeneutik einer veränderten sozialen Gebrauchsweise der Fotografie. *Sozialer Sinn: Zeitschrift für hermeneutische Sozialforschung*, 17(1):95–142.

Müller, Michael R.. 2018. Soziale Anschauung in technisierten Umgebungen: Die Fotografie als Medium visueller Sozialkommunikation. In: Müller, Michael R. and Hans-Georg Soeffner. Eds. *Das Bild als soziologisches Problem: Herausforderungen einer Theorie visueller Sozialkommunikation*, pp. 95–115. Weinheim/Basel: Beltz Juventa.

Oevermann, Ulrich, Tilman Allert, and Elisabeth Konau. 1979. Zur Methodologie einer Objektiven Hermeneutik und ihre allgemeine forschungslogische Bedeutung in den Sozialwissenschaften. In: Soeffner, Hans-Georg. Ed. *Interpretative Verfahren in den Sozial- und Textwissenschaften*, pp. 352–434. Stuttgart: Metzler.

Oevermann, Ulrich, Tilmann Allert, Elisabeth Konau, and Jürgen Krambeck. 1987. Structures of Meaning and Objective Hermeneutics. In: Meja, Volker, Dieter Misgeld, and Nico Stehr. Eds. *Modern German Sociology*, pp. 436–447. New York: Columbia University Press.

Peirce, Charles Saunders. 2004. Aus den Pragmatismus-Vorlesungen. In: Strübing, Jörg and Bernt Schnettler. Eds. *Methodologie interpretativer Sozialforschung: Klassische Grundlagentexte*, pp. 201–222. Konstanz: UTB.

Rose, Gillian. 2007. *Visual Methodologies: An Introduction to the Interpretation of Visual Materials*. London: Sage.

Rosenthal, Gabriele. 2004. Biographical Research. In: Seale, Clive, Giampoetro Gobo, Jaber F. Gubrium, and David Silverman. Eds. *Qualitative Research Practice*, pp. 48–64. London: Sage.

Rosenthal, Gabriele and Wolfram Fischer-Rosenthal. 2004. The Analysis of Narrative-Biographical Interviews. In: Flick, Uwe, Ernst von Kardorff, and Ines Steinke. Eds. *Companion to Qualitative Research*, pp. 259–265. London: Sage.

Schütze, Fritz. 2008a. Biography Analysis on the Empirical Basis of Autobiographical Narratives: How to Analyse Autobiographical Narrative Interviews, Part I. *European Studies on Inequalities and Social Cohesion*, 1:153–242.

Schütze, Fritz. 2008b. Biography Analysis on the Empirical Basis of Autobiographical Narratives: How to Analyse Autobiographical Narrative Interviews, Part II. *European Studies on Inequalities and Social Cohesion*, 2:5–77.

Treml, Martin, Sabine Flach, and Pablo Schneider. Eds. 2014. *Warburgs Denkraum: Formen, Motive, Materialien*. München: Fink.

Turner, Victor. 1987. *The Anthropology of Performance*. New York: PAJ Publications.

Van House, Nancy A.. 2011. Personal Photography, Digital Technologies and the Uses of the Visual. *Visual Studies*, 26(2):125–134.

Walser, Rahel and Klaus Neumann-Braun. 2013. Freundschaftsnetzwerke und die Welt ihrer Fotoalben – Gestern und Heute. In: Wijnen, Christine, Sascha Trültzsch, and Christina Ortner. Eds. *Medienwelten im Wandel*, pp. 151–66. Wiesbaden: Springer.

Warburg, Aby. 1988. *Schlangenrituale: Ein Reisebericht*. Berlin: Wagenbach.

Warburg, Aby. 2000. In: Warnke, Martin. Ed. *Der Bilderatlas Mnemosyne*. Berlin: Akademie Verlag.

Wedepohl, Claudia. 2014. Pathos – Polarität – Distanz – Denkraum: Eine archivarische Spurensuche. In: Treml, Martin, Sabine Flach, and Pablo Schneider. Eds. *Warburgs Denkraum: Formen, Motive, Materialien*, pp. 17–49. München: Fink.

Zumbusch, Cornelia. 2014. Besonnenheit: Warburgs Denkraum als antipathetisches Verfahren. In: Treml, Martin, Sabine Flach, and Pablo Schneider. Eds. *Warburgs Denkraum. Formen, Motive, Materialien*, pp. 243–258. München: Fink.

Johannes Marent

2 Symbolic ordering. Reassuring the imagined community of the nation through images of the refugee other

2.1 Introduction

Images of refugees can be understood as means of symbolic struggles used by different actors, such as media organizations, aid agencies, political parties and civil society, which attempt to convey their understanding of the legitimacy of asylum. In depicting refugees as un/welcome, un/deserving others those images also provide a kind of self-portrayal. They visualize humanitarian organizations, address potential donors and create a sense of identity and alliance among media recipients in receiving countries. This paper asks how the "imagined community" (Anderson 2006) of the nation is negotiated and reaffirmed through images of refugees. In so doing, it investigates the mechanism of 'othering', a dual process of creating a hierarchy by marking differences between an included 'us' and an excluded 'them' (Hall 2013). The article focuses on a very specific situation: the arrival of refugees on 'our' national territory. It will be argued and empirically demonstrated that the depictions of refugees crossing national borders are highly contested, precisely because they interplay with the self-perception of the relevant receiving countries. More than focusing on the refugees, the reasons of flight, the struggles on the road or the integration of refugees, those images bond and relate with the beholder by objectifying a mutual understanding of higher values (i.e. Germany as a solidary nation) that de/legitimate the right of entry.

This article first introduces the theoretical framework and argues that the analysis of images which depict refugees crossing national boarders should strongly reflect what they implicitly depict and what kind of beholder position they create, since they often far less represent refugees themselves than resonate with the designated audience. Hence, the task is to link the depiction of the 'other' with the national in--group formation. Therefore, the paper identifies 'symbolic moments' (complex situations that communicate through images, as they have the capacity to reduce complexity, integrate differences and affect the beholder) during a one-year period (April 1, 2015 to March 30, 2016). It demonstrates that images are used unevenly and the arrival of refugees on German or Austrian national territory is frequently visualized while other moments (i.e. root causes of migration or the integration of refugees) are hardly visually represented on front-pages of national news media. Furthermore, the article focuses on the days with the highest number of images on front-pages of German and Austrian newspapers. Thereby a 'symbolic shift' in the imagery is identified

https://doi.org/10.1515/9783110613681-002

and analyzed using Visual Segment Analysis (Breckner 2010). Subsequently, the results of the interpretation process are discussed and related to the above introduced research questions and current research publications. In focusing on visual stylistics and cultural narratives (i.e. Germany as a generous country) applied in constructing the imagery of refugees, the article builds on research about the interdependence between the depiction of the refugee-other and the identity-formation of the receiving nation (Olsen et al. 2016, Bleiker et al. 2013, Chavez 2001, Estrada, Ebert and Lore 2016). Special emphasis is put on the relationship between refugees, the autochthone population and political representatives, the im/permeability of boundaries, and the legitimation order of hierarchies. The visual aspects are discussed by embedding them within a socio-historic context.

2.2 Politics of representation

The modern nation state is not only a sovereign political and territorial unity, but also an imagined community (Anderson 2006), one which continuously harmonizes identification by subsuming and differentiating internal and external loyalties as well as affiliations (Hall 2005). Boundaries of in/exclusion are constructed in this process. The idea of the nation only gains vivid meaning through a system of representations that forms identification by integrating cultural meaning, values and tradition (Hall 2005, 612). This process of identification becomes tangible in products of visual culture. Stuart Hall examines the boundary-work of the national cultural identity and it's in/exclusion-mechanism by means of different visual media (Hall 2013). Considering images of black athletes in British media, Hall shows that their loyalty to the nation is permanently under scrutiny.[1] Furthermore, their masculinity (notwithstanding whether they are men or women) and sexuality are often stereotypically overemphasized, contesting the perception of their 'Britishness'. In the American context, Hall deconstructs the imagery of Hollywood cinema to demonstrate how cultural narratives limit social roles for people of color. In his descriptions of visual culture Hall evidences how the construction of an imagined community like the nation, however, is never only about allegiance and identification. In addition, the marking of difference produces order (Hall 2013, 226) by purifying (Douglas 1966), which can be understood as a process of cleansing that erases differences within a group or nation by homogenizing and constructing clear boundaries of in/exclusion. The visualization of national identity is a strong form of demonstrating cultural power. To this end Hall

---

[1] A recent example for a questioned loyalty is the public debate about native-born athletes with migrant family backgrounds in the German national soccer team. Mesut Özil and Ilkay Gündogan handed a jersey with the personal note "for my president" to the Turkish president Recep Tayyip Erdogan. This put their loyalty to the German nation under question and after the low performance in the world cup, they resigned from the national soccer team.

argues that "[m]ost modern nations consist of disparate cultures which were only unified by a lengthy process of violent conquest – that is, by the forcible suppression of cultural difference" (Hall 2005, 616).

What makes Hall's perspective central for the following analysis is his analytical perspective. He focuses not only on the construction of 'the other', but keeps in mind the authorization and reception of images when posing the question who speaks for/to whom? He consistently links the construction of difference to the identity formation of the mostly invisible speaker and audience. This understanding is of great importance for analyzing images of refugees crossing national borders. Referring to the imagined community of the nation, refugees crossing the border are perceived as a form of disruption which often leads to attempts of (re)establishing a symbolic order. As symbolic forms (Cassirer 2010), refugee images evoke symbolic boundaries, or "conceptual distinctions made by social actors to categorize" (Lamont and Molnar 2002, 168). Such images are important in a sociological sense as they indicate the nature of group relations and create affective affiliations and distinctions. Furthermore, and this addresses the aspect of power and subordination, they justify social inequalities (i.e. between citizens and non-citizens) by naturalizing hierarchies and universalizing a specific worldview, narrative or language (i.e. the economic, the legal or the humanitarian perspective). Hence, the study of such forms of visual cultures draws attention to the symbolic legitimation of power. This lens is important for understanding how a social structure such as immigration policies can be stabilized. For Pierre Bourdieu, domination, "even when based on naked force, that of arms or money, always has a symbolic dimension" (Bourdieu 2000e, quoted by Swartz 2013, 81). This symbolic dimension legitimates power exactly because it deflects attention from its underlying resources (Swartz 2013, 80). In this regard, the article does not feature the 'crisis' narrative, but focuses on how images of refugees (re)produce hegemonic order through symbolic legitimation practices.

2.3 Symbolic moments. The usage of images on newspaper front-pages

The following section demonstrates that images were used unevenly during events of the so-called European 'refugee crisis' and will show which moments were increasingly depicted. Disruptive and complex situations are often more easily communicated through images, since images have the quality to reduce complexity, integrate differences and strongly affect the beholder (Boehm 2010). Especially in certain situations, which are vague and unclear, the symbolic quality of images delivers re-assurance to designated audiences. How these qualities of images unfold in a specific situation of the 'refugee crisis' is presented later in this article. Before this presentation, the events that demand the 'symbolic power' of images will be discussed.

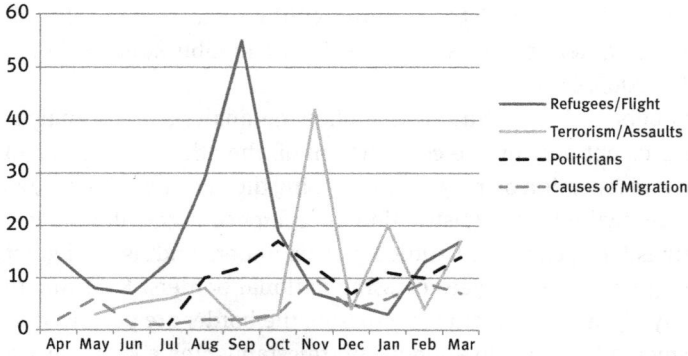

Fig. 2.1: Symbolic moments (source: own analysis)

The following analysis includes front-page images of six daily newspapers from Germany (DE) and Austria (AT) within a one-year period, from April 1, 2015 to March 31, 2016. For each country a tabloid paper (DE: "Bild Zeitung" (BZ), AT: "Kronen Zeitung" (K)), a conservative paper (DE: "Frankfurter Allgemeine Zeitung" (FAZ), AT: "Die Presse" (DP)), as well as a liberal paper (DE: "Süddeutsche Zeitung" (SZ), AT: "Der Standard" (DS)) was selected. 450 images from a pool of 1,991 published front pages were classified as depicting the 'refugee crisis' in Europe. Those 450 images were grouped along the lines of abductive logic into four broad categories. The categories were built after a first brief glance at the whole pool of images. 'Causes of Migration' is used for images of war, draught, political instabilities, etc. in countries of origin. 'Refugees/Flight' is used for images portraying refugees on flight to or within Europe. 'Politicians' is used for images portraying politicians illustrating the decision-making process in connection with issues of migration to Europe. 'Terrorism/Assaults', the fourth and final category, is used for images that visualize terrorist attacks or instances of physical assault that were strongly linked to migration by mass media. The chart below (see Fig. 2.1) provides an overview of the density and shifts of the image communication within this one-year period.

The highest amount of images was communicated in September 2015. Most of the images placed on the front pages showed refugees on European territory. For central European countries like Germany and Austria, these images brought a new quality of proximity to the issue of migration. In the years before, the closest refugees to be seen in mass media were located mostly at the external borders of the European Union. On the evening of September 4, 2015, the German chancellor Angela Merkel and her Austrian counterpart Werner Faymann decided to let refugees who were held back in Hungary enter Germany and Austria. Within a few days, 150.000 refugees arrived in Germany, and 890.000 refugees entered Germany in 2015 in total (BMI 2016). In Austria, a country considerably smaller than Germany, 89.098 asylum applications were filed in 2015 (BM.I 2016).[2] Shortly after opening its national borders, Germany and Austria increased selected security measures. On September 13, 2015, the Schengen Agreement, the open-borders system within Europe, was temporary suspended, as both countries installed controls on their national borders. In October 2015 political decision makers were more often pictured on newspaper front pages. A central political issue, accompanied by several images of political actors, was the dispute over strict upper limits to grant asylum to refugees. This dispute was also fought between sister parties. Angela Merkel (CDU) stressed the right of asylum according to the Refugee Convention, while Horst Seehofer (CSU) wanted the 'burden' for the national community to be limited. Another point of discussion was the fair distribution of refugees among EU member states (September 13, 2015 FAZ; September 14, 2015 FAZ, SZ, DS).

In November 2015, the imagery shifted, as front-page imagery was saturated with coverage of the terrorist attacks in Paris, France. One and a half months later, in the aftermath of the numerous sexual assault cases against women during New Year's Eve celebrations in Cologne, Germany, newspapers depicted the city's train station and central cathedral (January 07,2016 SZ; January 9, 2016 FAZ; January 10, 2016 FAZ). They were used as symbols for Western values that were harmed by foreign men (Hark and Villa 2017). In March 2016 images of terrorism again filled the front pages of German and Austrian newspapers, as a metro station and the airport in Brussels, Belgium, were targets of attacks. These three events were all accompanied with images on the front pages (see Fig. 2.1). Many of the articles concerned with those violent acts stated a caesura in the 'refugee crisis' as journalists and/or politicians linked terrorist attacks and sexual assaults with the issue of migration to Europe (November 16, 2015 FAZ, SZ, DP, DS; January 5–11, 2016 FAZ; March 23–24, 2016 FAZ). This connection between immigration and the increased threat of terrorist attacks was heavily contested by scholarly discourse, with Ignatieff writing, "The Paris and Brussels attacks were not committed by refugees, but by citizens, by young men and women born in Europe" (Ignatieff 2017, 225). However, the otherness of the attackers was read into their migratory family history. Thus, questions of how many 'foreigners' a national community can integrate without creating 'parallel societies' were raised in public media. Similarly, in the case of the violators of Cologne, their otherness was seen within their cultural values which, according to media commentators from the right as well as the left, do not match with the liberal and democratic values which form the foundation of Western democratic states.

In March 2016, images of 'Refugees/Flight' were on the front pages as well, as the route through the Balkan states became increasingly fenced off, holding up refugees in Macedonia. Newspapers often showed clashes between refugees trying to cross borders and authorities preventing them from doing so (March 1, 2016 FAZ,

---

2 Germany had 81.2 million inhabitants in 2015, Austria 8.59 million. Both countries have taken in slightly more than 7% refugees compared to their population.

BZ, DS). Focusing on what kind of images were most present in certain months of the so-called year of the 'refugee crisis', the figure above indicates that causes of migration played the least important role in depicting refugees' flight to Europe. The figure above demonstrates, images were not used evenly and depicted certain types of events/people (refugees/flight, terrorist attacks/assaults) more often than others (politicians, causes of migration).

The second step of the analysis focuses on the period of September 5–7, 2015. As this paper focuses on how the imagined community of the nation is negotiated and reaffirmed through images of refugees, these days become highly relevant because refugees are entering the national territories of Germany and Austria, which is shown in the 13 images illustrated below. These days also represent the period with the densest amount of images on the newspaper front-pages (in total about 50). The analysis will demonstrate how the symbolic potential of images unfolds within the image-communication. This potential can be seen especially in the coherent depiction of contradictions.

2.4 Crossing borders. Negotiating the right of entry

The figure below (see Fig. 2.2) gives an overview of the images used between September 5–7, 2015. September 5, 2015 was the day on which refugees, who had been held back in Hungary, started walking towards Austria and Germany. September 07, 2015 was the day on which their arrival was documented on newspaper front pages. Taking a closer look at the formal stylistics of the images, one can identify a shift in German media while the style of the images in Austria remained unchanged. In the case of German media, the perspective moved from an aerial to a ground-level view. Refugees, previously represented as an amorphous, masculine mass, became personalized via depictions of women and children just one day later. Germans, beforehand invisible, became donors (BZ 07.09.2015) applauding welcomers (FAZ 07.09.2015) and were visually symbolized through the German flag (SZ 07.09.2015). Interestingly, all three of the considered German newspapers, despite differences in their political vision and targeted readership, performed the same shift of imagery. What does this stylistic shift indicate on a symbolical level?

On the first glance the paper boat, depicted on a German newspaper (FAZ 06.09.2015) is a symbolic outlier. However, the boat in the visual depiction of refugees mostly symbolizes the 'anonymous mass' of refugees (Bleiker et al. 2013). This construction is used here allegorically, while a bird's eye perspective is used in the same way as the collective imagery of all other weekend editions.

As regards the formal criteria perspective and composition, the switch in the German newspapers took place within three days (over the course of a weekend), from Saturday, September 5, 2015, to Monday, September 7, 2015. The 'anonymous mass', which is represented on the images used for the covers of the weekend editions, is

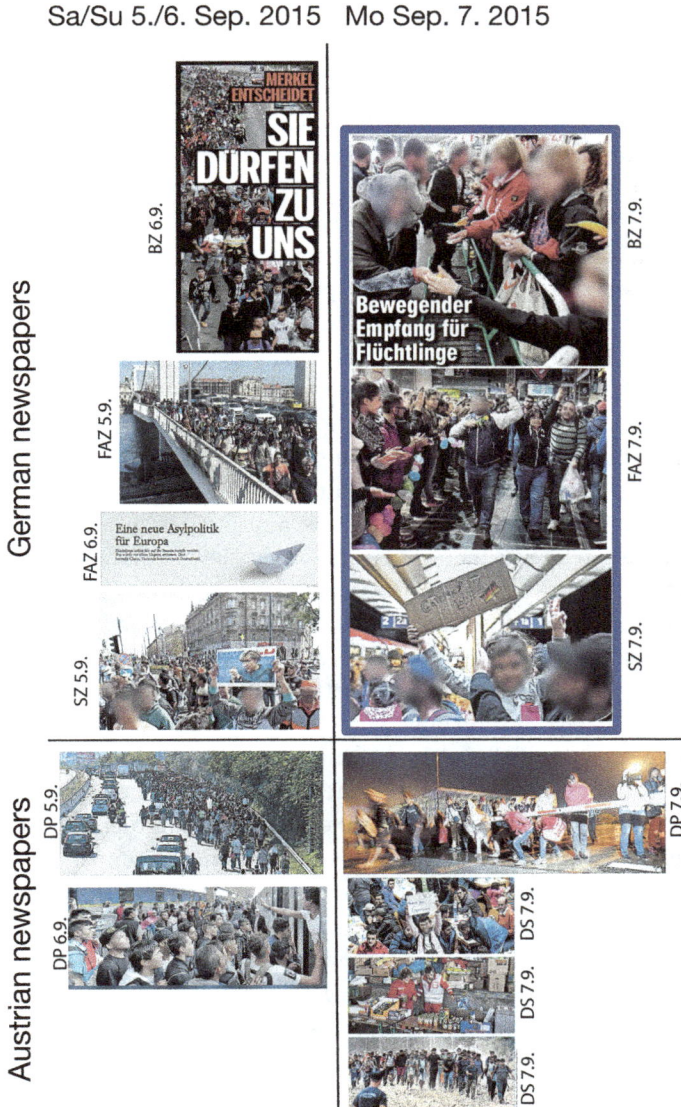

Fig. 2.2: Flight and arrival

'individualized' in the Monday editions of the German newspapers. To explain the symbolic shift in imagery, the following in-depth analysis focuses on two exemplary images – one from the weekend edition and one from the Monday edition of the German newspapers.

Both of the images chosen for the in-depth analysis were published on the front page of the German tabloid newspaper "Bild Zeitung". In using the same newspaper, stylistic differences in layout and use of images can be controlled. As seen below (see Fig. 2.3), both images are actually image-texts (Mitchell 1994). Text elements are not only used as headline and caption devices, but also to superpose visual elements as well. Image one was published on September 9, 2015 and image two on September 7, 2015. The differences resulting from the national contexts of Germany and Austria will be reflected later in this article in order to explain why the symbolic shift has not occurred in Austria on September 7, 2015.

The following in-depth analysis uses the Visual Segment Analysis method (Breckner 2010). This method is explorative and generates hypotheses. The first step focuses on the process of perceiving the image, its elements and its Gestalt. With an extensive interpretive approach in the beginning, the method avoids fixing the meaning of the image through contextual knowledge. Therefore, it is able to grasp potential meanings and the affective potential images have in their everyday perception. The context-information is introduced after the interpretation process to show which of the potential meanings is unfolded and realized in a certain social context. This method is especially useful to capture the latent meaning of images and grasp counterintuitive meanings. For instance, the two images that will be analyzed below could be quickly subsumed under common categories such as 'anonymous mass' that is seen to create rather negative associations or 'Individualization' that is often described to create affirmative sentiments (Bleiker et al. 2013, Chavez 2001, Falk 2010). However, the following analysis demonstrates that the symbolic potential of these images cannot be fully explored by using such categorization only.

Visual Segment Analysis starts with the documentation of the perception of the image, identifying different segments that are relevant for the whole composition of the image. These segments are then analyzed separately as well as in their interrelation in an extensive process of interpretation. As this is best done in groups, I contrasted my own interpretations with those of colleagues and students. Finally, the context of the image in which it circulated is scrutinized and reflected in relation to wider social contexts of the visual culture of a society. Looking at the context, the conditions of the image production, its distribution and perception by a certain public become the focus of analysis. Societal contexts and socio-historical developments and discourses, specific genres and styles or conventions of representation, specific milieus and public as well as private surroundings of the appearance of images are analyzed. In the case of the following analysis, the political and legal context is specifically taken into consideration as well as the textual media narratives that interplay with the visualization. All these different dimensions in which an image emerges are combined in a synthesizing interpretation answering the question "How something becomes visible and understandable for whom by looking at the picture in its specific materiality in a certain material and discursive context?" (Breckner 2010).

In the following, the process of perception for each of the two images is presented (see Fig. 2.4). This process is essential for building the segments for the interpretation. For image one (BZ September 6, 2015) my perception proceeded as follows: At first my

Fig. 2.3: Selected images for in-depth analysis

Fig. 2.4: Process of perception

Fig. 2.5: BZ Sep. 6 2015, segment 1

view fell on the bold text "SIE DÜRFEN ZU UNS" that overlaps the visual image. Then I discovered the crowd of people in the front of the image. Almost simultaneously, I recognized the crowd as a queue that winds through the whole image. Only after I examined the queue for some time did my attention fall on the second textual element in the images ("MERKEL ENTSCHEIDET"). As regards image two (BZ September 7, 2015) I perceived the following: The two arms reaching for each other in the foreground of the image instantly captured my attention. From there my gaze wandered first to the woman, then back to the boy who reaches out for her arms. After that, I recognized the blond woman next to the boy, then the second blond woman and finally the group of young boys in the upper left side of the image. From there my view jumped down to the textual element on the bottom left side of the image. At last, I examined the background that I perceived as cluttered and cramped.

As the following interpretation is result-oriented, not all lines of interpretation are demonstrated, but rather those which are significant for answering the research questions outlined above. For the first image the interpretation of the segments will follow the order of perception to make the research process tangible. Since the sequential order of looking differs among beholders, there is no objectifiable decision about which element to begin with and with which to proceed. However, the processes of perception can give a hint about the relevance of certain segments for the whole image. To accelerate the process of analysis, one can begin with those segments which are crucial for the image. The interpretation of the second image will then combine segments and summarize the main results.

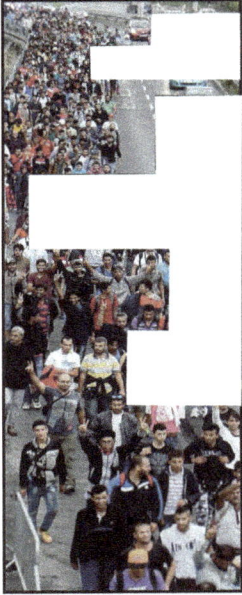

Fig. 2.6: BZ Sep 6 2015, segment 2

"THEY ARE ALLOWED TO COME TO US": This first segment of the image immediately gains the viewer's attention, confronting them with a fact. 'Allow' connotes authority as well as generosity. However, in the isolated segment it is still unclear who has the authority to make this decision. The segment also contains a valuation: Nobody *has* to come, on the contrary, it is a pleasure to do so.

The second segment, the crowd of people, stretches from the upper left side to the bottom of the image. It constructs a social group through spatial proximity, gender (all identifiable persons appear to be male) and gesture (victory/peace). However, there are no further identifiers. It remains unclear whom this group represents. Because the group has no beginning or ending and encompasses approximately 2/3 of the image, it creates the association of endlessness and domination. The scenery as well as the perspective places the beholder in the position of a distant observer. The bird's eye perspective creates physical distance, and the gazes of the identifiable persons in the front of the segment become evasive as the marching direction of the group passes the beholder's standpoint.

"MERKEL DECIDES". The third segment operates with personification. It doesn't speak of the chancellor (political function) or the German government (political body) but of MERKEL. It suggests that MERKEL decided more or less alone. This invites questions such as, was there a disagreement within the government or a kind of urgency that left MERKEL to decide alone? In a democratic state such a personification of a decision goes hand-in-hand with delegitimization, as it is authoritarian to decide without any consultation. However, it also strengthens the influence of MERKEL as she

Fig. 2.7: BZ Sep 6 2015, segment 3

has the power to do so. The use of the present tense is essential in the construction of the meaning. The segment's processual nature suggests that the last word has not yet been spoken. As the decision is not finalized it is still reversible, and, thus, limits the binding character of the decision.

Looking at the image as a whole (see Fig. 2.3), it constructs a distant social inter-action. THEY are a rather undefined yet active group. THEY fill up almost the entirety of the image and the beginning and the end of the march is not in sight. THEY represent a mass. THEY have the allowance to come. However, THEY have no legal entitlement, but rather receive the generosity of a single person: MERKEL. In the context of the whole image and the interplay between the three segments analyzed above it becomes clear that US addresses the beholder of the image and refers to the German citizens. US, therefore, is specified, unified, passive and obligated. In the part of the heading "THEY... COME TO US" a clear boundary is constructed between US – the passively receiving German citizens – and the active MERKEL. The latter stands completely alone, as there is a divide between her and the German citizens as well as her political allies. MERKEL is characterized as active and generous towards THEM, and authoritarian towards US and her political partners. In the second image the act of generosity is also visually depicted in a prominent way.

In the second image the focus is on the symbolic gesture of giving. The invisibility of the gift underpins its symbolic dimension.

The group dynamic is constituted by a giver, symbolized by the blonde boy who is located in the foreground of the image and slightly out of focus, a recipient, em-

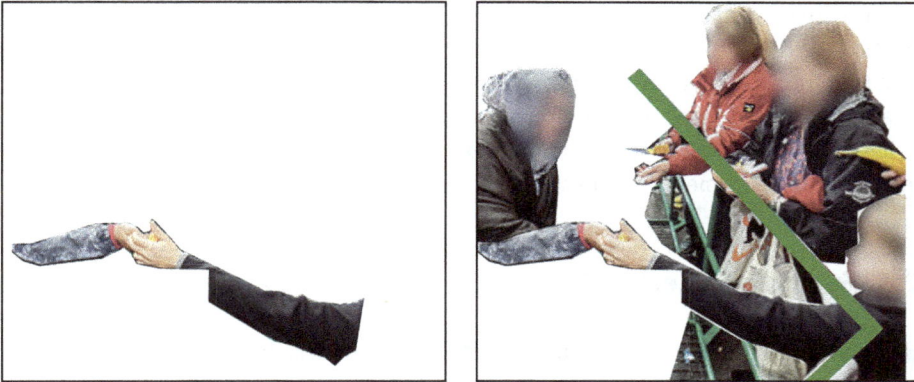

Fig. 2.8: BZ Sep 7 2015, segment 1, segment combination and scenic composition

Fig. 2.9: BZ Sep 7 2015, image-text

bodied by the woman with head scarf who is in the focus of the image, and a wider audience, represented by the women on the right side of the barrier. The recipient of the gift performs a kind of self-degradation as she bows down and demonstrates discretion by maintaining distance from the barrier. This barrier forms a significant part of the scenic composition (cf. Imdahl 1994). It divides guests from hosts, and the standpoint of the camera is on the side of the hosts. Aside from this separating element there are many integrating factors as the camera standpoint is on eye-level, and the gestures and gazes of the depicted persons are interacting. The giver and the other women on the right side of the barrier are more active, leaning forward and pressing closer towards the barrier. The women on the right towers above the woman with the head scarf. Aside from body language and location, difference is also constituted by clothing and phenotype. The hair of the women on the right side is more visible and lighter in color. They wear outdoor jackets that differ from the batik patterned clothes and the brown gown of the woman with the head scarf.

The image-text says "A Moving Welcome for Refugees". In difference to image one (BZ 06.09.2015) it is not an essential segment of the image but rather functions as a caption that frames the visual elements. It specifies the social role of the woman with the head scarf as a refugee and the four teenage boys in the background (see Fig. 2.3). It offers a description of the social context, a reception for refugees, and it adds an emotionalizing element, as it describes the welcome as 'moving'.

2.5 Symbolic ordering. The virtue of generosity

Having looked at the various elements of these two images in detail, the initial question of how the imagined community of the nation is reaffirmed through images of refugees crossing national borders can be discussed. Here an emphasis is placed on how the relationship between identified social categories like citizens, refugees and governing politicians are visualized and how the right of asylum is negotiated.

The symbolic structure of the first image suggests that the refugees' right of entry was granted by the sheer generosity of the German chancellor. This narrative overshadows the consideration of the German Basic Law (Grundgesetz (GG)) that politicians like Merkel had in mind when deciding to open the borders for refugees. This law, which is consistent with the Refugee Convention (1951), requires Germany to grant asylum to all persons with well-founded fear of persecution (Art. 16a GG). In the aftermath of the decision from September 4, 2015, the Basic Law was Merkel's strongest defense against criticism, which came at her from within her own ranks as well. In the image this legal duty is clearly missing as it stresses the 'purely personal' generosity of the chancellor. The distant beholder feels as part of a group ("das Volk") that was left alone, not considered by the chancellor, facing a celebrating mass of men, which represents refugees in the first image. In this reading, the gesture of the approaching people appears as a sign of victory, without any form of gratefulness. The first image conveys a criticism of Merkel's decision and veils the right of asylum. The second image, on the contrary, creates a specific narrative of integration. It dispenses with the narrative of obligation, overshadowing both the language of law as well as of authority (MERKEL DECIDES). In so doing, it re-appropriates the virtue of generosity. German citizens become part of an active welcoming committee. The figure of the refugee transforms from a triumphant male mass into a woman full of gratefulness and adolescent boys who appear rather shy. The impersonal relationship visualized in the first image is modified into a personal one. However, the figure of the refugee is not depicted as an equal one, as a clear line of demarcation and a clear depiction of hierarchy remains legible. Therefore, in both images a form of othering can be identified. While the first image uses a clear denomination (THEY vs. US), the second image illustrates 'German-ness' with a light skinned and blonde welcoming committee.

Contrasting both images, it becomes clear that a certain kind of generosity is criticized while another one is welcomed. The first image delegitimizes an involuntary

and enforced generosity. The second image celebrates a seemingly unsolicited gra-
ciousness embodied by citizens, and thus neglects structural forces like the urgency
of the moment and the binding legal requirements. The visual and textual elements of
the image are stressing the emotional aspect of gift-giving, while possible intentions
of the donors are not addressed within the image. However, following Marcel Mauss
(1990), gift-giving is hardly ever purely unintentional. Indeed, it often carries social
duties. The duty lies not only in reciprocity, but as well in the duty to give and in the,
often overseen, duty to receive. Gift-giving in a Maussian sense is not only a charitable
praxis, where somebody gives something. The sociological essence of the praxis lies
in forming relationships. The gift creates commitments and responsibilities between
groups. The gift symbolized in the image analyzed above can be read as such a rite of
initiation. The refugee in the second image is accepted insofar as she accepts the gift.
In doing so, the assigned social role as a grateful and subordinate person is accepted.
The role is taken for as long as the gift is not responded. The psychological and social forces for refugees to be such an object of philanthropy are discussed by Barbara
Harrell-Bond (1999), among numerous others. She argues that refugees often report
feelings of shame and degradation when encountering such forms of generosity. The
aspect of power and authority of giving and the significance of the phase between receiving and responding to the gift is highlighted by Pierre Bourdieu (2006). For him
the gift creates a collective expectation of gratitude and reciprocity, and the interval
between the gift and the counter-gift creates a time of "legitimate domination, as sub-
mission that is accepted or loved" (Bourdieu 2006, 198). The symbolic power of the gift
lies exactly in the misjudgment of its structural forces and its potentially pre-reflective
intentions of ensuring a continuity of asymmetric social relationships knowing that
refugees can't give back for a long time.

  In the case of refugee reception, not only the power dynamics of the gift are of
significance, the same applies to the moral language the gift evokes. Ignatieff distinguishes the language of the gift from the language of the law as follows:

> Rights universalize, gift-giving particularizes. A gift given to everyone is no longer a gift. Rights
> equalize. Gift-giving discriminates. Rights are compulsory. Gifts are discretionary. In what I would
> call the 'ordinary virtue perspective', the value system of most ordinary people, obligations to
> strangers come under the category of gifts. […] Asylum is understood as a gift relationship be-
> tween a citizen who gives and a stranger who receives. It is a particular, individualized relation-
> ship, person to person, even when mediated or transacted by the state. (Ignatieff 2017, 229)

As already mentioned, both images clearly do not support the universalizing idea of
rights, as they create a clear boundary between refugees and citizens. Refugees are
not depicted as equal human beings with the same rights as citizens. Hospitality is
offered to certain people. Those welcomed have to show gratitude and subordination
to deserve the gift. The images distributed in September 2015 in German news media
did not merely celebrate a 'Willkommenskultur'; they also subverted the immigration
agenda of the German chancellor. As the analysis of the two images above shows, they

should be seen as a subtle but powerful inversion of the political agenda. Both images deconstruct the narrative of universal obligation towards refugees and work against the equalizing of refugee and citizen. This subtle inversion in the media, however, did not stop the positive perception of German immigration policy and the efforts made by international civil society (Heins and Unrau 2018), because media images such as those analyzed above neglect the power dynamics and selectivity behind the celebrated refugee reception. At first glance we see a "A Moving Welcome for Refugees". Less so do we recognize that the narrative of the gift-giving deflects from the obligation (binding law) and the compelling circumstances. In the second image the agency moves from Merkel towards the welcoming people. Thus, the imagined community of the nation gains symbolic capital without softening its boundaries and granting universal rights. This symbolic order, at the same time, created approval among citizens towards immigration and a critical distance towards the political agenda and decision of Angela Merkel, who cited the Basic Law as an argument for her decision.

The language of generosity also strengthened the difference between Germany and other, less generous, nation states. During the events of the first week of September 2015, German media harshly criticized the treatment of refugees by the Hungarian government. This included not only the initial care for refugees, but also the selective preference of refugees with Christian faith before those with Islamic faith, the populist installment of border controls that criminalized the claim for asylum, and the strict refusal of an obligatory quota for the in-taking of refugees. Taking the articles into consideration, which accompanied the images on the front pages, the march of refugees from Hungary to Germany/Austria was narrated as 'second flight' from bondage and inhumanity to freedom. The narratives thereby made use of metaphors such as "Exodus" into the "Promised Land" ("Gelobte Land") and "Migration of People" ("Völkerwanderung") (FAZ 05.08.2015, 06.09.2015 DP, FAZ, BZ, 07.09.2015 SZ). In the Sunday edition from September 6, 2015, the "Frankfurter Allgemeine Zeitung" enacts German values as a pull-factor, attracting all those who seek a good life, especially those who live under lack of freedom and economic decline:

> No, Germany doesn't need to put candles into the windows to attract refugees. It is a lighthouse. Germany doesn't need to make promises to them. It is the promise. It is clear why Poland and Hungary insist on voluntariness to accommodate refugees. Refugees rarely want to go there anyway. However, millions of Polish people migrated in the last years to England and Germany. Because they were looking for the good life.[3] (FAZ 06.09.2015, translation by the author)

---

3 Original German Quotation: "Nein, Deutschland muss den Flüchtlingen keine Kerzen ins Fenster stellen. Es ist ein Leuchtturm. Deutschland muss ihnen keine Versprechen machen. Es ist das Versprechen. Klar, Polen und Ungarn pochen jetzt auf Freiwilligkeit bei der Aufnahme von Flüchtlingen. Es wollen ja auch kaum Flüchtlinge dorthin. Hingegen sind in den letzten Jahren Millionen Polen ausgewandert, und zwar vor allem nach England und Deutschland. Weil auch sie dort ihr Glück gesucht haben." (FAZ 06.09.2015)

This statement highlights how the staging of different values between nations constitutes the imagined community of the German nation and suggests that not even a nation state's 'own' people want to stay within countries like Poland and Hungary. What isn't mentioned, however, is that Polish people were also not entirely welcome in England or Germany either. Contrary to Germany, the Austrian media did not celebrate the refugee reception on front pages during this considered time period (see Fig. 2.2). This can be understood as an even more cautious position towards the reception of refugees. Austrian press media rather documented the sufficient transfer from the Eastern borders of Austria to Germany than celebrating its own hospitality. This drew a narrative of a cooperative country of transit.

2.6 Discussion

The argument made follows an analytical framework that conceptualizes images of border crossing refugees on national news media as a self-depiction of the imagined community of the nation. In so doing, the article emphasized symbolic ordering, understood as a process of reaffirming and securing boundaries of belonging and negotiating national values. What speaks for the idea of images creating symbolic order, while the discourse-forming term was 'refugee crisis' (Betscher 2017, 117, Holzberg, Kolbe and Zaborowski 2018), suggesting a state of emergency? One of the more dramatic images on the front pages in September 2015 was the first image analyzed in this paper. However, neither this nor the other images distributed in the analyzed corpus of front pages of German and Austrian newspapers or magazines (see Fig. 2.2) document any sense of a loss of control.[4] In image one (Fig. 2.3), people walk more or less evenly on the side of a highway. A significant sign of control is the barrier in front of them, suggesting that preparations were made for the arrival of the refugees. Such a barrier is well visible in the second image too (Fig. 2.3). These details, as well as the results of the analysis show that the 'crisis-narrative' was modified by the accompanying visual imagery in the evaluated data corpus. Images of masses of people marching on highways or through the countryside of Germany and Austria did not primarily visualize disorder. Neither were the images that celebrated the 'Willkommenskultur' (Almstadt 2017, Lünenborg and Maier 2017) in line with Merkel's immigration policy. Rather, the images on front-pages of daily newspapers created a symbolic order as a subtle but powerful intervention in the political agenda and the formation of a social boundary. The analysis indicated a significant symbolic shift in the visual depiction of the events from September 5–7, 2015. This observation was accompanied by a segment analysis of two images that represented the two ends of this symbolic shift. They construct the

---

4 This is not to say that such images did not appear in other news media or in some of the articles within the analyzed newspapers.

imagined community of the nation, signifying the relationship between citizens and refugees and differentiating the nation from other nation states. The analysis deconstructed the well-masked power dynamics and justification of subordination. It has also shown that the idea of universal human rights is clearly avoided. The support of the idea of the sovereignty of the nation state and the naturalization of the hierarchy between citizens and refugees is packaged into a language of generosity and handed over by a blonde boy as an invisible gift.

The critical question this raises then is how can the media depict people fleeing in a way that emphasizes their situation and present them as people with legal rights? It is precisely those images that bypass the universal language of human rights and establish a narrative of generosity that are more likely to be accepted by the wider public audience (Ignatieff 2017). Thus, they are more likely to generate a positive attitude towards immigration. Ignatieff writes, "[t]hose who wish to defend generous and humane refugee and asylum policies may not like this 'ordinary virtue perspective', but it is essential to engage with it if democratic consent for asylum is to survive the populist onslaught" (2017, 230).

Against Ignatieff's advocacy for the language of generosity, the question of its sustainability can be raised. Does it only generate positive sentiments in the first encounter of reception, or can it generate long lasting social ties? Referring to Mauss (1990) and Bourdieu (2006), I argue that a gift-relationship raises high expectations on both sides. The receiver of the gift is looking for a possibility to return it, setting him free of the duty and subordination. The giver, if wanting any form of return at all, demands eternal gratitude. If the social pressure and the asymmetric hierarchy cannot be dissolved, social ties are challenged. Thus, Lilie Chouliaraki and Tijana Stolic (2017) advocate for a substantially new way of depicting people in flight, putting aside the obligatory tone of the language of universal rights as well as the language of generosity that subordinates the refugee. The core of their criticism targets the exact observation that was outlined in the introduction of this paper, that images of refugees communicated through mass media are hardly about the refugees themselves. They address 'us', be it the imagined community of the nation or the potential donors or members of a humanitarian aid organization. They do so in referring to common values of the in-group. A new way of depicting refugees has to start with stopping to speak "about them through 'our' own stories" (Chouliaraki and Stolic 2017, 1174).

References

Almstadt, Esther. 2017. Flüchtlinge in Printmedien. In: Eppenstein, Thomas and Cinur Ghaderi. Eds. *Perspektiven auf Flüchtlinge und Fluchtdynamiken. Eine Einführung*, pp. 185–202. Wiesbaden: Springer VS.
Anderson, Benedict. 2006. *Imagined Communities: Reflections on the Origin and Spread of Nationalism*. London: Verso Books.

Betscher, Silke. 2017. Blickregime und Grenzregime. In: Paul, Gerhard. Ed. *Arbeit am Bild: Visual History als Praxis*, pp. 114–136. Göttingen: Wallstein.

Bleiker, Roland, David Campbell, Emma Hutchison, and Xzarina Nicholson. 2013. The Visual Dehumanisation of Refugees. *Australian Journal of Political Science*, 48:398–416.

BMI. 2016. *890.000 Asylsuchende im Jahr 2015. Bundesministerium für Inneres*. https://www.bmi.bund.de/SharedDocs/pressemitteilungen/DE/2016/09/asylsuchende-2015.html. Accessed: 05.12.2020.

BM.I. 2016. *Asylstatistik 2015. Republik Österreich: Bundesministerium für Inneres*. https://www.bmi.gv.at/301/Statistiken/files/Jahresstatistiken/Asyl_Jahresstatistik_2015.pdf. Accessed: 05.12.2020.

Boehm, Gottfried. 2010. *Wie Bilder Sinn erzeugen: Die Macht des Zeigens*. Berlin: Berlin University Press.

Bourdieu, Pierre. 2006. *Pascalian Meditations*. Cambridge: Polity Press.

Breckner, Roswitha. 2010. *Sozialtheorie des Bildes: Zur interpretativen Analyse von Bildern und Fotografien*. Bielefeld: transcript.

Cassirer, Ernst. 2010. *Philosophie der symbolischen Formen. Band I*. Hamburg: Felix Meiner Verlag.

Chavez, Leo R. 2001. *Covering Immigration: Popular Images and the Politics of the Nation*. Berkeley: University of California Press.

Chouliaraki, Lilie and Tijana Stolic. 2017. Rethinking Media Responsibility in the Refugee 'Crisis': A Visual Typology of European News. *Media Culture & Society*, 39:1162–1177.

Douglas, Mary. 1966. *Purity and Danger: An Analysis of Concepts of Pollution and Taboo*. New York: Praeger.

Estrada, Emily P., Kim Ebert, and Michelle H. Lore. 2016. Apathy and Antipathy: Media Coverage of Restrictive Immigration Legislation and the Maintenance of Symbolic Boundaries. *Sociological Forum*, 31:555–576.

Falk, Francesca. 2010. Invasion, Infection, Invisibility: An Iconology of Illegalized Immigration. In: Bischoff, Christine, Francesca Falk, and Sylvia Kafehsy. Eds. *Images of Illegalized Immigration: Towards a Critical Iconology of Politics*, pp. 83–100. Bielefeld: transcript.

Hall, Stuart. 2005. The Question of Cultural Identity. In: Hall, Stuart, David Held, Don Hubert, and Kenneth Thompson. Eds. *Modernity: An Introduction to Modern Societies*, pp. 596–632. Oxford: Blackwell.

Hall, Stuart. 2013. The Spectacle of the 'Other'. In: Hall, Stuart, Jessica Evans, and Sean Nixon. Eds. *Representation*, pp. 215–271. London: Sage.

Hark, Sabine and Paula-Irene Villa. 2017. *Unterscheiden und Herrschen: Ein Essay zu den ambivalenten Verflechtungen von Rassismus, Sexismus und Feminismus in der Gegenwart*. Bielefeld: transcript.

Harrell-Bond, Barbara. 1999. The Experience of Refugees as Recipients of Aid. In: Ager, Alastair. Ed. *Refugees: Perspectives on the Experience of Forced Migration*, pp. 136–168. London: Pinter.

Heins, Volker M. and Christine Unrau. 2018. Refugees Welcome: Arrival Gifts, Reciprocity, and the Integration of Forced Migrants. *Journal of International Political Theory*, 14:223–239.

Holzberg, Billy, Kristina Kolbe, and Rafal Zaborowski. 2018. Figures of Crisis: The Delineation of (Un)deserving Refugees in the German Media. *Sociology – the Journal of the British Sociological Association*, 52(3):534–550.

Ignatieff, Michael. 2017. The Refugee as Invasive Other: Social Research. *International Quarterly*, 84:223–231.

Imdahl, Max. 1994. Ikonik: Bilder und ihre Anschauung. In: Boehm, Gottfried. Ed. *Was ist ein Bild?*, pp. 300–324. München: Wilhelm Fink.

Lamont, Michèle and Virág Molnar. 2002. The Study of Boundaries Across the Social Sciences. *Annual Review of Sociology", volume="28*, pp. 167–195.

Lünenborg, Margreth and Tanja Maier. 2017. *Wir und die Anderen? Eine Analyse der Bildberichter-stattung deutschsprachiger Printmedien zu den Themen Flucht, Migration und Integration*. Gütersloh: Bertelsmann Stiftung.

Mauss, Marcel. 1990. *The Gift: The Form and Reason for Exchange in Archaic Societies*. London: Routledge.

Mitchell, William J. T. 1994. *Picture Theory: Essays on Verbal and Visual Representation*. Chicago: University of Chicago Press.

Olsen, Christopher, Rowan El-Bialy, Mark Mckelvie, Peggy Rauman, and Fern Brunger. 2016. "Other" Troubles: Deconstructing Perceptions and Changing Responses to Refugees in Canada. *Journal of Immigrant and Minority Health*, 18:58–66.

Refugee Convention. 1951. *Convention and Protocol: Relating to the Status of Refugees*. UNHCR. https://www.unhcr.org/3b66c2aa10. Accessed: 05.12.2020.

Swartz, David. 2013. *Symbolic Power, Politics, and Intellectuals: The Political Sociology of Pierre Bourdieu*. Chicago: University of Chicago Press.

**Teil II: Dokumentarische Methode
in medienwissenschaftlicher Perspektive**

Maria Schreiber

3 Digitale Ambivalenz? Übergegensätzlichkeiten in Bildkommunikation auf Social Media

3.1 Einleitung

Durch die Verbreitung von Smartphones und Social Media haben die Intensität und der Umfang von Bildkommunikation als Modus alltäglicher zwischenmenschlicher Verständigung zugenommen. Aus kommunikationswissenschaftlicher Perspektive interessiert etwa die Frage, wie in komplexen medialen Umfeldern wie etwa Facebook, Instagram oder WhatsApp Bilder gezeigt und Bildbedeutungen hervorgebracht und ausgehandelt werden und wie sich visuelle und mediale Logik dabei gegenseitig konstituieren. Im Sinne der Studien zur visuellen Kultur (Schade und Wenk 2011) werden also Praktiken der Sichtbarmachung untersucht. In diesen Praktiken werden sowohl die Bilder selbst als sinnhafte kommunikative Elemente wie auch ihre Einbettung in bestimmte mediale Umgebungen und schließlich die auf sie bezogene Anschlusskommunikation relevant.

Der vorliegende Beitrag beschäftigt sich mit der Frage, wie spezifisch ikonische Charakteristika der Simultanität und Übergegensätzlichkeit von Bildern innerhalb der medialen Logik von Social-Media-Plattformen hervortreten können. Die dabei zugrundeliegende These ist, dass das sichtbare Aushandeln von Bild-Bedeutungen in diesen Räumen ein Potenzial von Visualität besonders deutlich macht – nämlich jenes, soziale und emotionale Spannungsverhältnisse bzw. Widersprüche simultan zeigen zu können. Der Begriff der Ambivalenz wird dabei verstanden als uneindeutiger Seinszustand, als Zwiespältigkeit[1] und weist insofern Nähe zum Begriff der Übergegensätzlichkeit auf, der in Abschnitt 2.1 im Detail ausgeführt wird. Beide Begriffe haben mit jenen der Polaritäten, Widersprüche und Spannungsverhältnisse gemeinsam, dass sie das Vorhandensein von (mindestens) zwei Bedeutungsgehalten beschreiben, aber jeweils unterschiedliche Verhältnisse bzw. Beziehungsqualitäten dieser Bedeutungsgehalte zueinander herstellen. Diese können mehr oder weniger widersprüchlich, spannungsgeladen oder auch gleichgültig-neutral sein. „Digitale Ambivalenz" beschreibt daher das Phänomen, wie ein digital-mediales Umfeld und besonders Social-Media-Plattformen mögliche Uneindeutigkeiten (hier vor allem in

---

[1] Laut Duden bedeutet Ambivalenz Zwiespältigkeit, Spannungszustand; Zerrissenheit [der Gefühle und Bestrebungen]. Siehe https://www.duden.de/rechtschreibung/Ambivalenz (Zugegriffen: 14.07.2020). Ursprüngliche Wortbedeutung von Ambivalenz: aus dem Lateinischen: „ambo" beide, „valere" gelten.

https://doi.org/10.1515/9783110613681-003

Bezug auf Bilder) durch ihre Logik und Struktur (siehe Abschn. 2.2) noch steigern und hervorkehren.

Ausgangsbasis waren dabei empirische Befunde: Anhand von drei Fallbeispielen, einem Selfie eines 14-jährigen Mädchens und zwei Selfies einer 78-jährigen Frau, möchte ich aufzeigen, inwiefern durch ihre spezifische Gestaltung bildlich eine „Sinnkomplexität der Übergegensätzlichkeit" (Imdahl 1980) zum Vorschein kommt.

Die beiden ersten Bilder zeigen Spannungen, die sich auf lebensphasenspezifische körperliche Veränderungsprozesse des Erwachsen-Werdens und Alt-Werdens beziehen. Diese Spannungen werden nur teilweise in den Kommentaren der User*innen zu den Bildern aufgegriffen. Anhand eines weiteren Beispiels, eines Selfies der älteren Frau mit Hund, werde ich verdeutlichen, wie im Kontext von Facebook in den Kommentaren mit jenen Ambivalenzen umgegangen wird, die in den Bildern und Bildunterschriften aufgeworfen werden. Entlang der Beispiele werde ich diskutieren, welche Bedeutungen sich hier jeweils gegenüberstehen, inwiefern durch das halböffentliche Zeigen der Bilder möglicherweise auch Denkräume fassbar gemacht werden (Breckner 2018) und wie ikonische und mediale Logiken (Schreiber 2020) dabei zusammenspielen.

Methodisch folge ich dem Vorgehen der dokumentarischen Methode (Bohnsack 2011, Przyborski 2017). Mit ihrem Fokus auf die ikonologische Ebene und den impliziten Bildsinn eignet sich die dokumentarische Methode besonders für die Rekonstruktion jener Aspekte, die in aktuellen kommunikationstheoretischen Auseinandersetzungen als essenzielle Herausforderungen skizziert werden: Medienpraktiken als Alltagspraktiken zu denken und dabei die Relevanzsetzungen der Beforschten zuzulassen und hervorzubringen und die habituelle Verfasstheit alltäglicher (korporierter) Praktiken in den Blick zu nehmen. Bevor ich auf meine Analyse näher eingehe, werde ich eine theoretische Hinführung zu Bildern in Sozialen Medien vornehmen.

3.2 Theoretische Verortung

3.2.1 Ikonische Logik: Simultanität und Übergegensätzlichkeit

Im Gegensatz zur diskursiven, argumentativen Logik und sequentiellen Struktur der Sprache wird Bildern zugeschrieben, einen assoziativen und präsentativen Modus der Kommunikation zu forcieren (Heßler und Mersch 2009, Boehm 2007). In Anlehnung an Aby Warburg können Bilder als etwas gesehen werden, dem es möglich ist, Polaritäten, etwa jene zwischen Magie/Mythos und Vernunft/Rationalität, zu gestalten. Eine Spannung zwischen Pathos und Aufklärung könne sich vor allem in Bildern ausdrücken (Breckner 2018, 83, Zumbusch 2014).

Im vorliegenden Beitrag interessiert dieses Potenzial von Bildern, durch ihre simultane Struktur Spannungsverhältnisse bzw. Ambivalenzen (Lobinger 2012, Müller und Geise 2015) in einem einzelnen Bild zu zeigen, sowie Widersprüche und Grenz-erfahrungen (Soeffner 2000, 49) sichtbar zu machen.

Basierend auf Max Imdahl (1980) wurde die „Übergegensätzlichkeit" von Bildern vor allem im Kontext der dokumentarischen Methode der Bildinterpretation ausgear-beitet und näher beschrieben (Bohnsack 2011, 36 ff.). Imdahl zeigte am Beispiel der Komposition und Anordnung der Figuren im Gemälde „Gefangennahme" von Giotto, dass „Einheit und Totalität" (1980, 107) des Bildes möglich machen, „Ausdrucksfor-men der Unterlegenheit und Überlegenheit [der Figur von Jesus, Anm. M. S.] als gegen-sätzliche Sinnqualitäten zur Anschauungseinheit" (Imdahl 1980, 107) ineinander zu vermitteln. Durch die simultan sichtbaren, scheinbar widersprüchlichen Bedeutun-gen wird das Bild verdichtet und interessant. Dazu führt Ralf Bohnsack in Bezugnah-me auf Roland Barthes aus: „Während die konnotative Botschaft (oder im Sinne von Barthes) der entgegenkommende Sinn stereotypisiert, bricht die ästhetische Botschaft bzw. der stumpfe Sinn diese Stereotypisierungen durch Ambiguitäten, Widersprüch-lichkeiten oder Gegensätzlichkeiten auf" (2011, 36). Übergegensätzlichkeit erzeugt al-so Spannung, sie wird als Potenzial verstanden, dass sich in Bildern realisieren kann, aber nicht muss.

Das Bildganze macht sich in jeder Relationierung von Verschiedenem oder gar Wi-dersprüchlichem bemerkbar, insofern es das je Verschiedene oder Widersprüchliche als dialektisch vermittelte Einheit aufweist und damit in jedweder Relation die simul-tane und spannungsvolle Bildtotalität anschaubar werden lässt (Imdahl 1980, 108).

Eine Eigenschaft, die zweidimensionalen Bildern durch ihre Struktur eigen ist, ist es also, Verschiedenes oder Widersprüchlichkeiten als Einheit zeigen zu können, als spannungsvolle Totalität. Was Warburg (1932) abstrakter mit Polaritäten fasst, scheint bei Imdahl stärker konkret-kompositorisch gedacht worden zu sein. Beide interessie-ren jedoch weniger die extremen Pole oder Gegensätze jeweils für sich, sondern eben deren Begegnung, die Zusammenschau, das Spannungsmoment, wenn sie gemein-sam sichtbar werden.

Im Kontext der dokumentarischen Methode wurden an unterschiedlichen Stel-len in Interpretationen zu zeitgenössischen Bildern Übergegensätzlichkeiten heraus-gearbeitet, die unmittelbar sozial relevant werden können (u. a. anhand von Werbe-bildern siehe Bohnsack 2011, von Pressefotos siehe Kanter 2016 oder von privaten und kommerziellen Bildern im Vergleich siehe Przyborski 2017). Im Kontext der sozialwis-senschaftlichen Frage nach Identität und körperlicher Selbstpräsentation im Medium Bild konstatiert Aglaja Przyborski (2017, 178): „Das Medium Bild eignet sich mit sei-nen Möglichkeiten zur simultanen Darstellung der Pole einer derartigen Übergegen-sätzlichkeit und seiner Möglichkeit zur Artikulation imaginärer Vorstellung besonders gut für die Kommunikation von Identitätsnormen", da diese ambivalent und prozess-haft sind. Dieses Potenzial der Artikulation imaginärer Vorstellung wird auch in den Fallbeispielen empirisch rekonstruiert.

3.2.2 Logik von Social Media

Schon zu Beginn der Internetforschung wurde die Frage gestellt, inwiefern digitale Kommunikation in „virtuellen" Welten es ermöglicht, die eigene Identität zu verändern bzw. andere Identitäten anzunehmen (etwa Marwick 2013, Turkle 1995). Vielfach hat sich gezeigt, dass die online repräsentierten Identitäten doch meist sehr nahe an jenen sind, die auch offline kultiviert werden (vgl. Baym 2015). Identitäten werden grundsätzlich als dynamisch, sozial konstituiert und interaktiv verhandelt verstanden. Dadurch, dass die Arbeit am Selbst nun auch in Social Media stattfindet, verändert sich die Speicherbarkeit, Sichtbarkeit und Dokumentierbarkeit von textuellen und visuellen Äußerungen, die Identitäten produzieren (Marwick 2013, Boyd 2011). Zudem werden diese damit auch leichter manipulier- und transformierbar: „The materiality of the individual's online presence – layout, uses of images and text, connection to other's [sic] sites through networking functions – is in flux. Indeed, it is the flux that keeps people returning, to see the latest uploaded image file or text update, to check the ‚status' of others." (Whitlock und Poletti 2008, xviii)

Durch das Aufkommen von Smartphone-Fotografie ist die beschriebene Materialität der Onlinepräsenz vor allem eine visuelle geworden. Die Arbeit am Selbst wird also vor allem bildlich sichtbar gemacht, und dass dieses Selbst „in flux" ist, ist ein wichtiger Aspekt der Logik von Social Media. Es ist reizvoll bzw. spannend, anderen online bei ihrer Identitätsarbeit zuzusehen. Zudem ermöglicht die Mutabilität von digitalen Räumen, also deren Unbeständigkeit und Formbarkeit, spezifische Aspekte der eigenen Persönlichkeit für manche sichtbar zu machen und für andere unsichtbar (Thiel-Stern 2012). So wird etwa auf Plattformen wie Xing das beruflich-professionelle Ich präsentiert und auf TikTok die albern-musikalische Persönlichkeit.

Eine weitere Eigenschaft von Social Media ist, dass text- oder bildförmige Äußerungen von der Teilöffentlichkeit auf der jeweiligen Plattform nicht nur betrachtet, sondern auch kommentiert und geliked werden können. In Bezug auf ein Bild kann es etwa mehrere Kommentare geben, welche unterschiedliche Lesarten und Deutungen enthalten, sich verstärken, widersprechen oder auch nicht berühren können, wie ich in Abschnitt 4 zeigen werde. Diese stehen nebeneinander oder werden mitunter selbst gewertet und gewichtet, etwa durch Likes.

Auch Mark Deuze (2006) fasst die wesentlichen Modi digitaler Kultur als Partizipation, Remediation sowie Bricolage und verdichtet damit die bereits genannten Aspekte: Digitale Medien und besonders Social-Media-Kommunikation intensivieren die Dynamik und Wandelbarkeit von Identität und Originalität (Remediation) und machen sie verstärkt sichtbar. Darüber hinaus ermöglichen sie es, unterschiedliche Aspekte von Identität unterschiedlichen Teilöffentlichkeiten zu zeigen (Bricolage) und forcieren schließlich eine kollaborative Aushandlung von Bedeutung (Partizipation). Ambivalenz, also die Gleich-gültigkeit, Uneindeutigkeit und Dynamik von Bedeutungsgehalten, ist selbstverständlicher modus operandi von digitaler Kultur: Bedeutungen und Informationen werden laufend neu angeordnet, gerahmt und für unterschiedliche Publika neu sortiert. Dabei spielen Algorithmen eine wesentliche Rolle (Stalder 2016, 167 ff.). Digitale Ambivalenz wird also sozusagen technisch-strukturell ermöglicht. Für die empirischen Fallbeispiele stellt sich die Frage, welche spezifischen Ambivalenzen in Bezug auf die gezeigten Personen jeweils sichtbar gemacht und kollaborativ ausgehandelt werden.

3.2.3 Selfies als spezifisches visuell-mediales Genre

Bei allen im Beitrag analysierten Bildern handelt es sich um Selfies, die als spezifisches Bildgenre viel diskutiert werden. Ein Selfie lässt sich mit Katrin Tiidenberg (2018, 19) als eine Konfiguration von fotografischem, selbst-repräsentativem und digital-vernetztem Objekt definieren. Es finden in Selfies dementsprechend mehrere mediale und soziale Aspekte zusammen: Fotos wird eine Abbild-Funktion zugeschrieben (Hand 2012, 28), das heißt, sie zeigen etwas, was sich irgendwann so vor der Kamera befunden hat. Die Selbstrepräsentation bedeutet, dass die in einem Selfie dargestellte Person oder die dargestellten Personen selbst die Kontrolle über die Art und Weise der Darstellung hat/haben. Die digitale Vernetztheit des Bildes bedeutet zudem, dass das meist mit dem Smartphone erzeugte Bild potenziell direkt in Social Media geteilt werden kann, wo es gesehen wird und auch Anschlusskommunikation erfolgen kann. Selfies wohnt damit die Antizipation einer Sichtbarmachung und Kommunikation rund um das Selbst-Bild inne. Gleichzeitig nimmt das Selfie im digitalen Raum eine Stellvertreterfunktion ein, die jedem Porträt eigen ist, wie Belting in Bezug auf Abbilder von Gesichtern allgemein konstatiert: „Das Porträt [...] bot ein gemaltes Gesicht als interface an, um dem Betrachter nahezulegen, mit dem Porträt anstelle des echten Gesichts zu kommunizieren" (Belting 2013, 136). In Selfies spielen schließlich immer die an der Bildproduktion beteiligten Technologien sowie der antizipierte Blick der anderen auf sich selbst eine Rolle (Müller 2011, 96, Walker-Rettberg 2014, 84). Dazu kommt, dass es sich bei Selfies um Körperbilder handelt, in denen zwei Ebenen zusammenfallen: einerseits die körperliche Selbstdarstellung durch Mimik, Gestik und Pose und andererseits die bildliche Einbettung und Rahmung dieser körperlichen Selbstdarstellung. Gerade in Bezug auf (vor allem weibliche) Körperbilder halten sich hegemoniale und heteronormative Stereotypen hartnäckig (Silverman 1996, Schade und Wenk 2011, Hentschel 2001). Können Körperbilder und speziell Selfies trotzdem auch Spielräume für Imaginationen in Bezug auf Körperlichkeit und Geschlechtlichkeit eröffnen?

3.2.4 Bilder als Medien der Arbeit am Selbst?
Imagination, Diskrepanz und Spannung

Nach Tiidenberg (2018, 62) werden Selfies durch ihre repräsentative Eigenschaft zum fotografischen Ausdruck von persönlichen Identitäten, die sich aber immer auf kulturelle und soziale visuelle Konventionen beziehen müssen, um verständlich und anschlussfähig zu bleiben. Als grundlegende soziale Funktion von Selfies benennt sie „to belong and become", eine Doppeltheit, die auch für die hier vorliegende Analyse relevant ist. Denn sie beschreibt damit bereits, dass Selfies gleichzeitig Zugehörigkeit („belong"), aber auch für die Zukunft imaginierte Zugehörigkeit („become") zeigen können. Gerade diese projektive Funktion der Imagination scheint für Medien- bzw. Bildpraktiken in digital mediatisierten Gesellschaften zentral (Appadurai 2010, 7). Sozialwissenschaftlich interessant sind dabei etwa die Darstellung von Zugehörigkeit zu bzw. Imagination von bestimmten Lebensphasen, Geschlechtern, Milieus, Professionen, Subkulturen, Stilen oder Ästhetiken.

Wie auch Przyborski ergänzend beschreibt, sind Bilder prädestiniert „für die Darstellung der diskrepanten Anforderungen virtualer sozialer Identitäten" (2017, 289). Dies liegt in „ihrem hohen Potenzial, Widersprüchliches simultan zur Darstellung zu bringen, also im Potenzial der Darstellung von Übergegensätzlichkeit als Spezifikum des Bildes." Das ist wiederum anschlussfähig zur oben erwähnten Warburg'schen Konzeption des Bildes als Medium des Ausdrucks von Polaritäten. Im Anschluss an Roswitha Breckner (2018), die sich auf Cornelia Zumbuschs (2014) Interpretation von Warburg bezieht, können Bilder somit als Medien der Selbstverständigung in einer Krisensituation konzipiert werden, als symbolische Be- und Verarbeitung von Spannung, und damit als im Medium der Bilder unternommene Arbeit an sich selbst.

Im Folgenden möchte ich diese Eigenschaft anhand der empirischen Fallbeispiele aufzeigen und diskutieren, inwiefern darin soziale und identitätsbildende Imaginationen und damit verbundene Ambivalenzen zum Vorschein kommen und thematisiert werden.

3.3 Wenn Ambivalenz im Bild sichtbar wird: Zwei Selfies im Vergleich

Die hier diskutierten Fallbeispiele stammen aus meinem Dissertationsprojekt zu digitalen Bildpraktiken (Schreiber 2020). Zu den Bildern liegen sowohl umfassende Kontextinformationen als auch die Verwendungserlaubnis vor – zwei Faktoren, die besonders für Forschungen mit und an privaten Bildern essenziell sind. Ausgewählt wurden aus dem Pool vorhandenen visuellen Materials drei Bilder nach den Prinzipien des minimalen und maximalen Kontrasts (Przyborski und Wohlrab-Sahr 2014, 181): In einem ersten Schritt werden zwei Selfies, eines von Anna auf Instagram und eines von Fanny auf Facebook, analysiert und verglichen. Die Screenshots kontrastieren einerseits maximal im Sinne des unterschiedlichen Alters ihrer Protagonistinnen, andererseits minimal im Sinne des gleichen Genres und der Gestaltung als Selfies, welche die Gesichter in Grautönen zeigen. In einem weiteren Schritt (Abschn. 4) wird ein zweites

Beispiel von Fanny herangezogen, um die Anschlusskommunikation zum Bild genauer zu diskutieren.

Die Bilder wurden im Kontext anderer Publikationen im Lichte anderer Fragestellungen interpretiert und diskutiert (Schreiber und Kramer 2016, Schreiber 2020), sollen aber hier nun spezifisch in Hinblick auf die Frage nach möglichen Ambivalenzen von digitaler Bildkommunikation analysiert werden.

Das Vorgehen der dokumentarischen Bildinterpretation (Przyborski und Wohlrab-Sahr 2014, Bohnsack 2011) wird zunächst kurz skizziert und dann anhand des ersten Bildes schrittweise dargestellt. Bei den weiteren Bildern geschieht dies aus Platzgründen stark verdichtet.

Grundlage für das Vorgehen in der dokumentarischen Bildinterpretation ist Panofskys Ikonografie-Ikonologie-Modell, in dem Stil und Ästhetik als Bedeutungsträger für implizites Wissen verstanden werden. Das Bild wird sozialwissenschaftlich relevant, weil es somit als Dokument für den Habitus des/der abbildenden oder abgebildeten Bildproduzent*in verstanden wird und damit Zugang zu korporiert-ästhetischen Orientierungen ermöglicht, die etwa in Interviews nicht rekonstruiert werden können. In der formulierenden Interpretation werden Handlungen, Dinge, Situationen basal beschrieben (vorikonografische Ebene) und in kommunikativ-generalisiertes und fallspezifisches Kontextwissen (ikonografische Ebene) eingeordnet. In der reflektierenden Interpretation (ikonologische Ebene) wird das Wie der Darstellung rekonstruiert und damit der Wesenssinn, der Habitus der Abbildenden und Abgebildeten. Dies geschieht auf Basis der Rekonstruktion der Gesamtkomposition. Dabei spielen die perspektivische Projektion, die szenische Choreografie und die planimetrische Komposition des Bildes (Imdahl 1980) eine Rolle. Die einzelnen Elemente des Bildes werden in ihrer Relation zueinander interpretiert. Das Einzeichnen der Kompositionslinien kann dabei helfen, Fokussierungen und Verdichtungen im Bild deutlich zu machen bzw. Relationen von Dingen zu erkennen. Der Bildtext wird als eigene Sinneinheit interpretiert und in die ikonologische Gesamtinterpretation miteinbezogen.

3.3.1 Anna auf Instagram

3.3.1.1 Formulierende Interpretation: Vorikonografie

Das Bild ist in Graustufen gehalten. Eine hellhäutige, als Mädchen identifizierte Person befindet sich vor einem hellen, gräulichen Hintergrund und blickt die Betrachtenden direkt an. Ihr Gesicht und ihr Oberkörper ab dem Brustbein sind zu sehen. Ihre linke Schulter (von der Betrachterin aus gesehen rechts) ist ebenfalls sichtbar. Ihre Haare sind am Hinterkopf zusammengebunden, einzelne Strähnen der dunklen Haare stehen lose und leicht gelockt von ihrem Gesicht ab, ihre Augen sind offen, ihre Lippen geschlossen. Sie neigt den Kopf leicht nach links. Sie trägt dunkle Kleidung, ein Oberteil mit einem U-förmigen Ausschnitt, dessen tiefster Punkt etwa am Brustbein liegt. Dort ist auch ein kegelförmiger Schatten zu sehen. Die Naht des Ausschnitts berührt die untere Bildkante. An ihrer linken Schulter befindet sich eine helle runde fingerbreite Form, von der ein Band nach unten hängt, welches etwas heller ist als das Oberteil. Der Schattenverlauf legt nahe, dass Licht von rechts oben auf die Szene fällt. Das Mädchen nimmt etwa zwei Drittel der Bildfläche ein, während ein Drittel rechts leer bleibt und lediglich einen hellen Hintergrund zeigt.

3.3.1.2 Formulierende Interpretation: Ikonografie

Das quadratische Porträtbild in Graustufen zeigt Anna[3], ein 14-jähriges Mädchen, sie hat es auf ihrem Instagram-Account gepostet.

Die locker zusammengebundenen Haare mit abstehenden Strähnen verweisen auf einen sportlich-entspannten Frisuren-Stil, der durch das Zugband des Oberteils verstärkt wird. Bänder dieser Art findet man typischerweise bei Hoodies (Jacke aus Sweaterstoff mit Reißverschluss und Kapuze) oder Kapuzenpullis. Die Falte auf ihrer rechten Schulter könnte ein Kragen oder Teil einer Kapuze sein. Nicht genau erkennbar, aber möglich ist, dass sie eine solche Jacke offen über einem Oberteil trägt (Naht auf Brusthöhe neben Bändchen).

Hoodies bei Mädchen sind sportlich konnotiert (amerikanische Alltagskleidung, HipHop) und meist nicht besonders körperbetont geschnitten. Modisch bricht das eher sportlich konnotierte Band/die Sweaterjacke mit dem U-förmigen, femininen und relativ tiefen Ausschnitt des (darunter getragenen) Oberteils. Zweiteres steht für betonte Feminität, verweist auf die Brüste, die im Bild nur durch einen kleinen Schatten angedeutet sind. Der (Kleidungs-)Ausschnitt berührt den Bild-Ausschnitt.

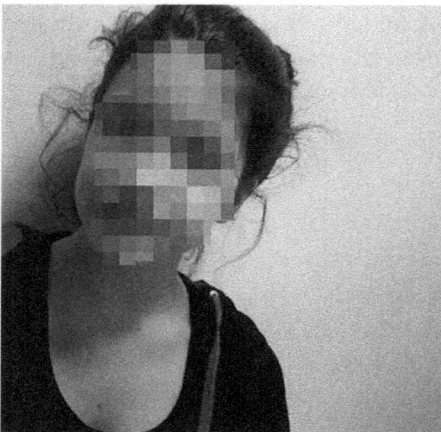

Abb. 3.1: Selfie von Anna, verpixelt[2]

---

2 Die Bilder wurden von Anna und Fanny für Forschungs- und Publikationszwecke zur Verfügung gestellt und stammen von ihren Accounts auf Instagram (Anna) bzw. Facebook (Fanny).
3 Alle Namen sind maskiert, Bilder zur Anonymisierung verpixelt.

3.3.1.3 Reflektierende Interpretation

Ausschnitt/Format: Der Bildausschnitt verweist auf ein Brustbild bzw. eine Büste, das Gesicht ist frontal zu den Betrachtenden gerichtet. Fokussiert werden durch den Bildausschnitt und die Kopfhaltung das Gesicht und vor allem der Blick, mit dem die Betrachtenden angeblickt werden. An der oberen Bildkante ist ein kleiner Teil des Kopfes abgeschnitten. Damit kann das Bild als Close-Up, also als die modernste Form des Porträtausschnitts, eingeordnet werden, wobei hier für ein Close-Up untypisch relativ viel Körper zu sehen ist. Das Porträt changiert somit zwischen klassischem Schulterbild und modernem fotografischen Porträt. Das Bild ist quadratisch. Legt man ein Drittel-Raster über das Bild (siehe Abb. 3.2, linkes Bild), wird sichtbar, dass das Bild auch teilweise dieser Logik der Bildkomposition entspricht: Das rechte Drittel ist leer.

Farbkontrast: Die dunkelste Fläche ist das Oberteil, das einen Kontrast zur hellen Haut und dem hellen Hintergrund bildet. Es lässt einerseits die „innere" Kontur des Ausschnitts deutlich hervortreten – Kontrast nackt/bedeckt; andererseits die „äußere" Kontur des Körpers gegenüber der diffus-abstrakten Umwelt. So wie die dunkle Kleidung den Ausschnitt rahmt, rahmen die dunklen Haare Annas Gesicht, aber durch die Strähnen wird es sanfter eingefasst. Die Graustufen abstrahieren das Sujet, verweisen auf die mediale Vermittlung, nämlich auf die Fotohaftigkeit des Bildes (Flusser 1984, 15). Anna trägt ein ausgeschnittenes, enganliegendes dunkles Shirt. Der Ausschnitt berührt die untere Bildkante und ein leichter Schatten lässt einen Ansatz der Brüste erkennen. Dieser Anklang von erwachsener oder geschlechtsreifer Weiblichkeit wird konterkariert durch die Jacke, ein Hoodie mit Kapuze und Bändchen, die sportlich-leger und kindlich konnotiert ist.

Szenische Choreografie/Planimetrie (siehe Abb. 3.2): Die eine V-Form ergebenden geraden Linien markieren die Außenkanten von Annas Gesicht. Sie machen deutlich, dass ihr Gesicht flächenmäßig wenig Raum einnimmt und schräg in das Bild hineinragt. Auch die Kurve, die ihre Schultern gegenüber dem Hintergrund begrenzt, mar-

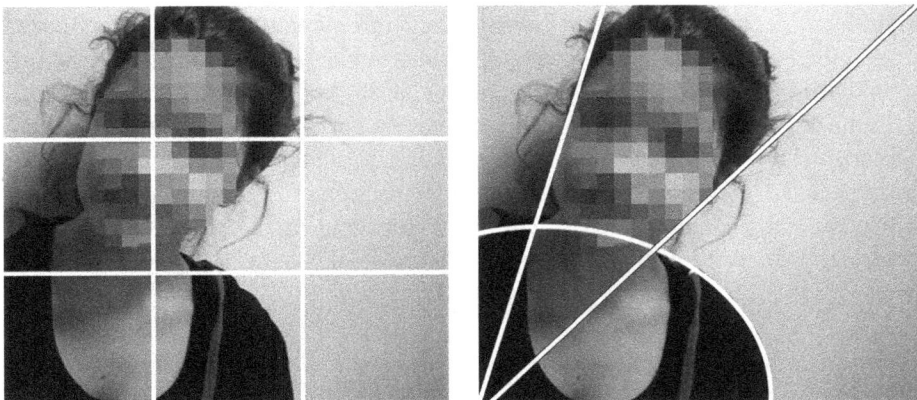

Abb. 3.2: Selfie von Anna, verpixelt, Drittelkomposition (links) und Planimetrie (rechts)

kiert das flächig Hineinragende. Planimetrisch fokussiert sind also die Außenlinien des Körpers in Relation zum Hintergrund; die „innerkörperliche" Komposition in der Fläche ist weniger markant. Gleich einer Papierfigur im Schattentheater zeigt sich Anna als aufragende Gestalt vor neutralem Hintergrund.

Perspektive: Das Bild zeigt Anna aus einer Zentralperspektive, der geneigte Kopf und der direkte Blick in die Kamera, perspektivisch auf Augenhöhe mit der Kamera, signalisieren eine offen-kommunikative (Körper-)Haltung zu den Betrachtenden.

3.3.1.4 Ikonisch-ikonologische Gesamtinterpretation

Annas Porträt zeigt auf verschiedenen Ebenen ein Weder-noch: Weder ist es ein eindeutig klassisches Porträt, noch ein Close-Up, weder ist sie eindeutig sportlich gekleidet, noch eindeutig sexy; Anna erscheint als eine eher unspezifische Figur vor einem neutralen Hintergrund. Die Komposition fokussiert das flächige Erscheinen des Mädchens; auch das frontale Anblicken der Betrachtenden stützt diesen Eindruck. Die Komposition konstituiert ein Hineinragen des Körpers ins Bild, gleichsam ein Aufpoppen, ein „Hallo, hier bin ich" der Figur.

Der Bildausschnitt sowie die Positionierung des Körpers im Bild verdecken zudem, dass es ein Selfie ist. Der Arm, der die Kamera bzw. das Handy hält, ist nicht sichtbar. Doch aus Kontextinformationen aus dem Interview mit Anna geht eindeutig hervor, dass es sich um ein Selfie handelt.

Die kompositorische Balance des Bildes und Positionierung des Körpers legen eine Art ästhetische Grundkompetenz bzw. absichtsvolle Inszenierung nahe. Anna zeigt sich also als versierte Selfie-Herstellerin, die sich den Betrachtenden zu sehen gibt, dabei aber zweidimensional bleibt, sowohl kompositorisch als auch metaphorisch. Sie lässt nicht tief blicken, ihr freundlich-neutraler Gesichtsausdruck zeigt keine spezifische Emotion, Körperhaltung und Hintergrund verweisen auf keinen spezifischen Kontext und auf keine spezifische Tätigkeit, ja sogar die Farben wurden dem Bild genommen. Trotzdem sehen wir ein Bild von Anna, die sich als flächige Figur in den Bildrahmen schiebt und nicht viel von sich bzw. ihrer Identität und Individualität zu sehen gibt. Ebenso bleibt der Körper größtenteils verdeckt, jedoch wird mit dem Ausschnitt des Oberteils schon angedeutet, dass eine körperliche Veränderung ansteht.

Eine Übergegensätzlichkeit, ein gleichzeitiges Vorhandensein gegenläufiger Bedeutungen, zeigt sich also am konkreten Bildinhalt, nämlich dem kindlich-weiblich gekleideten Körper, im Weiteren in der Positionierung des Körpers im Bild und schließlich in der Bildherstellung und -gestaltung als nicht eindeutiges Selfie. Die Polaritäten lassen sich somit zusammenfassen als Übergegensätzlichkeit von Verdecken und Zeigen.

Bildtext: Der von Anna zu dem Bild gepostete Bildtext lautet wie folgt:
„What day is it today?" „It's today!" „Oh, my favorite day!" ^^*Winnie Pooh & Piglet.*

Anna verwendet hier den Text eines populären Internet-Memes und verweist damit auf eine kindliche Lebenswelt, die von fiktionalen, anthropomorphen Charakteren (unter anderem ein Bär und ein Schwein, die hier sprechen) bevölkert wird. Indem Anna den Dialog unkommentiert zitiert, validiert sie ihn als für sie relevant und sinnhaft. In dem Zitat drückt sich aus, dass die Einordnung in eine zeitliche Struktur von Wochentag und Datum verweigert wird. Darin dokumentiert sich eine kindliche Entwicklungsphase bzw. adoleszente Lebenswelt, in der ein Leben „in den Tag hinein" viel eher möglich ist als im Erwachsenenleben. Der Bildtext unterstreicht somit die kindlichen Aspekte des Bildes.

3.3.2 Fanny auf Facebook

Das Bild zeigt eine ältere Frau, die in einem großen dunklen Sessel sitzt und sich selbst fotografiert. Die zeltförmigen planimetrischen Linien (in blau) markieren den perspektivischen Sog in Richtung Kamera, die von den angehobenen Armen gehalten wird. Auch die gebogenen Linien entlang der Schultern und des Sessels (orange markiert) zeigen, wie der Körper kompositorisch geschützt und gestützt wird. Ihr Körper scheint einerseits auf den Sessel zu fallen, andererseits scheint sie sich selbst nach hinten in den Sessel zu lehnen. Hier deutet sich bereits eine Übergegensätzlichkeit an. Der Bildhintergrund verweist mit Polster, Bild und Vorhang auf ein häusliches und vertrautes Umfeld.

Abb. 3.3: Selfie von Fanny, verpixelt

Abb. 3.4: Baby in Kindersitz. „Ready for my first car ride" (Quelle: Flickr)⁴

Abb. 3.5: Die Holländerin Ria Van den Brand bei ihrer ersten Achterbahnfahrt (Quelle: Screenshot YouTube)⁵ 13.07.2020.

Zieht man im Sinne der figurativen Hermeneutik (Müller 2012) Vergleichsbilder heran, etwa von Kindern in Kindersitzen (Abb. 3.4) oder von Menschen in fahrenden Objekten, wie etwa einer Hochschaubahn (Abb. 3.5), wird deutlich, dass in Fannys Bild Elemente dieser Motive sichtbar werden: Das beschützte Zurücklehnen in einem Sessel, in den die Person bei einer kräftigen Bewegung jedoch von der Flieh- oder Schwerkraft gedrückt wird.

Es zeigt sich also in dem Bild ein fragiles Exponieren, ein nicht ganz souveränes Posieren, eine Spannung zwischen Bewahren der Kontrolle über die Inszenierung und gleichzeitigem Kontrollverlust, von äußeren Kräften gezogen und gedrückt werden. Wieder wird die Übergegensätzlichkeit sowohl kompositorisch als auch inhaltlich deutlich – sie zeigt sich im Gezogenwerden und Dagegenhalten und in der Spannung zwischen kokettem Posieren und überfordertem Gebettet-Sein.

Fanny lächelt ein Fotolächeln, leicht schief bzw. gequält. Dies könnte darauf verweisen, dass die Praxis als mühsam empfunden wird. Trotzdem dokumentiert sich auch der Spaß an der Sache, die Freude am Zeigen des Selbst: Sie ist dabei fast auf Augenhöhe mit der Kamera, aber eben nicht ganz – die Kamera blickt auf sie herab. Selbst ein Foto von sich zu machen zeigt sich als etwas, das Freude bereitet, aber auch

---

4 https://www.flickr.com/photos/dharrels/3037798388/, Foto: Dan Harrelson (CC BY 2.0 – https://creativecommons.org/licenses/by/2.0/legalcode). Es wurden keine Änderungen durchgeführt.
5 Screenshot von https://www.aargauerzeitung.ch/panorama/vermischtes/fuer-spass-ist-man-nie-zu-alt-oma-ria-faehrt-zum-ersten-mal-mit-der-achterbahn-127879114 (Zugegriffen: 13.07.2020).

anstrengend ist. Man braucht dafür eine Stütze und Einbettung, die den alten, nicht-Selfie-routinierten Körper gleichzeitig bettet und exponiert. Es zeigt sich damit eine leichte habituelle Unsicherheit in der Praxis des Selfie-Machens. Fanny hat zu dem Bild keinen Bildtext gepostet.

3.3.3 Komparative Analyse der Bilder

Vergleicht man nun die beiden Bilder, zeigen sich Gemeinsamkeiten und Unterschiede auf mehreren Ebenen, auf die ich im Folgenden eingehen werde.

Selfies sind immer Metabilder in dem Sinne, dass sie ihre eigene Herstellung thematisieren: „Ich mache ein Foto von mir während ich ein Foto mache". Produzent*in und Abgebildete*r fallen ineinander – aber die vorliegenden Bilder thematisieren die Art ihrer Herstellung unterschiedlich und unterschiedlich stark.

Während bei Fanny eine gewisse Anstrengung mit dieser Doppeltheit des Fotografierens und Fotografiertwerdens einhergeht, bleibt die Doppeltheit bei Anna fast unsichtbar. Das Mädchen wirkt souveräner in ihrer Praxis. Sie ist auch nicht angewiesen auf eine Stütze oder eine Einbettung ihres Körpers; er steht von selbst, der Hintergrund bleibt leer und vage. Fannys Körper hingegen wird gebettet und exponiert von einem Sessel, der viel Raum im Bild einnimmt.

Der Kontrast in der Gemeinsamkeit in Bezug auf die Farbe der Bilder bzw. die nicht vorhandene Farbe wird deutlich, wenn man mit umgekehrter Bildersuche von Google nach jeweils ähnlichen Bildern sucht (Abb. 3.6). Dabei gibt man statt Suchbegriffen die Bilddatei selbst ein, der Algorithmus scannt das Bild und sucht nach visuell möglichst gleichen bzw. ähnlichen Bildern.

Die Bilder, die Fannys Bild ähneln, sind insgesamt wesentlich dunkler, Kopf und Körper verschwimmen farblich stärker mit dem Hintergrund, der meistens ebenfalls dunkel ist und meist nicht leer, sondern etwas zeigt wie etwa eine Ziegelwand. Jene Bilder, die Annas Bild ähnlich sind, weisen einen neutralen und hellen Hintergrund auf, die Silhouette des Kopfes hebt sich stark gegen diesen Hintergrund ab. Interessanterweise finden sich in der ersten Gruppe auch viel mehr mimisch und gestisch ausdrucksstarke Porträts im Sinne von unterschiedlichen (eher bedrückt-ernsten) Emotionen und Personen, die gezeigt werden, oder konkrete Handlungen wie etwa Rauchen. In der zweiten Gruppe finden sich fast nur klassische Porträts, also Aufnahmen des Kopfes und des Gesichts mit Blick der Person in die Kamera, zudem sehen sich die (fast nur weiblichen) Personen auch eher ähnlich als jene in der ersten Gruppe.

Warum ist dieser Vergleich interessant? Ein solches Vorgehen stellt aus meiner Sicht noch einmal deutlich die ikonischen Unterschiede der beiden Bilder heraus, vor allem was den Kontrast und die Farbsättigung betrifft, jene Parameter, die für den Algorithmus der umgekehrten Bildersuche relevant sind. Obwohl es sich bei beiden Bildern um schwarz-weiß Selfies handelt, sind jeweiliger Stil und Ästhetik sehr unterschiedlich. Fannys Bild generiert fast cineastische, ausdrucksstarke Bilder, die an

Abb. 3.6: Ergebnisse der umgekehrten Bildersuche von Google für beide Selfies

alte Schwarzweißfilme erinnern. Im Gegensatz dazu sind jene Bilder, die Annas Bild ähnlich sind, reduziert-neutrale Bilder mit einer sterilen Anmutung, die an die Modefotografie der 1990er-Jahre erinnern, oder an Automatenfotos bzw. alte Passbilder.

In diesem ikonisch-spielerischen Vergleich zeigt sich zudem, dass die Übergegensätzlichkeiten ikonisch-stilistisch verankert sind: das Zurückgenommen-Verdeckte bei gleichzeitiger klarer Identifizierbarkeit in Annas Bild und das Aktiv-Ausdrucksstarke bei gleichzeitigem passivem Gebettet-Sein in einem konkreten Kontext von Fannys Bild.

Die Übergegensätzlichkeiten der beiden Bilder kann man als lebensphasen- und wahrscheinlich auch als generationentypisch fassen. Anna war zum Zeitpunkt der Aufnahme 14 Jahre alt, also mitten in der Adoleszenz, in der der körperliche Übergang vom Mädchen zur Frau eine große Rolle spielt und sich jeden Tag bemerkbar macht, sowie geschlechtliche Inszenierung auch in der Wahl der Kleidung eine Rolle spielt. Hier kommt deutlich zum Vorschein, was Tiidenberg (2018, 62) mit der Eigenschaft von Selfies „to belong and become" meint: in diesem Fall das Mädchen-Sein und Frau-Werden von Anna.[6]

---

6 Diese Phase und das dazugehörige Gefühl wird auch von Britney Spears in „Not a girl" besungen: „I am not a girl, Not yet a women. All I need is time, A moment that is mine, While I'm in between, I'm not a girl."

Fannys Exponiertheit und gleichzeitiges Eingebettet-Sein ist ebenfalls eine Spannung, die für eine alte Frau im Lehnsessel (belonging), die sich mit digitaler Technik auseinandersetzt (becoming), nicht überraschend ist. Ihr Umgang mit dem Genre des Selfies und dem Gerät Smartphone ist noch nicht habituell sicher. Sie übt sich ein, auch in die Praxis des öffentlichen Sichtbarmachens, also der Antizipation, dass das Bild, das sie gerade macht, mehreren Betrachtenden auf einer Online-Plattform zugänglich sein wird. Anna wirkt in dieser Praxis schon etwas versierter und zeigt sich neutral-unantastbar vor einem neutralen Hintergrund in einer klassischen Zwei-Drittel-Komposition.

Wie im Abschnitt 3 bereits ausgeführt, sind Selfies eine typische Form von Bildern auf Social Media; sie zeigen eine grundsätzlich kommunikative Haltung der Abgebildeten. Es dokumentiert sich visuell ein in-Kontakt-treten mit den Betrachtenden durch Komposition und Körperhaltung. Im Sinne der dokumentarischen Methode ist das Bild zudem der Ausgangspunkt eines Diskurses. Es wird also in dem Bild ein Orientierungsgehalt aufgeworfen, auf den sich die Anschlusskommunikation beziehen kann. Interessant an den vorliegenden Bildern ist, dass dieser Orientierungsgehalt jeweils nicht eindeutig, sondern eben übergegensätzlich ist, also Bedeutungsgehalte aufgeworfen werden, die sich entgegenstehen: Bei Anna Kind/Frau und Verdecken/Zeigen, bei Fanny Gezogenwerden/Dagegenhalten und kokettes Posieren/überfordertes Gebettet-Sein. Es stellt sich also die Frage, auf welche Bedeutungsgehalte in der Anschlusskommunikation Bezug genommen wird und ob Spannungen thematisiert werden.

3.3.4 Komparative Analyse der Anschlusskommunikation auf Social Media

Annas Bild wurde auf Instagram gepostet, Fannys Bild auf Facebook – damit jeweils auch auf für die Altersgruppe typischen Plattformen, auf denen üblicherweise mit nicht näher definierten Halböffentlichkeiten und nicht mit dem intimen Freundes- und Familienkreis kommuniziert wird. Obwohl in den Bildern eine Ambivalenz zwi-

Abb. 3.7: Die Selfies im Kontext von Instagram (links) und Facebook (rechts)

schen Kind- und Frau-Sein bei Anna und eine Ambivalenz zwischen versiertem und überfordertem Umgang mit der Technik bei Fanny sichtbar sind, werden diese Spannungen von anderen User*innen unkommentiert gelassen. Möglicherweise liegt das daran, dass ein Explizit-Machen von Annas Mädchenhaftigkeit und Fannys Überforderung nicht sozial erwünscht ist und somit unausgesprochen bleibt.

So wird in den Kommentaren etwa Annas Ausschnitt nicht erwähnt, sondern ihr Bild einfach als „schön" bezeichnet, lediglich ein User tastet sich mit dem Kommentar „hübsches Schlüsselbein" Richtung Ausschnitt heran. Auf das Winnie-Pooh-Zitat wird in den Kommentaren kein Bezug genommen. Bei Fanny wird die Tatsache, dass es sich bei dem Bild um ein Selfie handelt hervorgehoben und gelobt, die Besonderheit des Bildes also positiv kommentiert und ihre damit verbundene Anstrengung gewürdigt.

Die Medialität und Abbildfunktion der beiden Körperbilder wird interessanterweise unterschiedlich stark thematisiert. Das wird daran deutlich, dass in den Kommentaren die abgebildete Person entweder direkt adressiert wird („Du", „Schön bist du"), oder in der dritten Person angesprochen wird („So eine Schöne", „Hallo meine liebe coole Tante") oder das Bild als Objekt benannt wird („ein Selfie", „tolles Bild"). Die mediale Stellvertreterfunktion, die Porträts inhärent ist und Selfies speziell, wird hier somit auch in den Kommentaren deutlich: Ein Selfie kann offenbar gleichzeitig ein Bild und ein reales Gegenüber sein, mit dem oder über das man spricht – hier kommt quasi eine mediale Übergegensätzlichkeit zum Ausdruck[7]!

Bei den ersten beiden Bildern liegt die Ambivalenz in erster Linie in den Bildern und wird in der Anschlusskommunikation kaum thematisiert; diese fällt zudem in beiden Fällen kurz aus. Um genauer zu beleuchten, wie die kollaborative Aushandlung von Bedeutung in Kommentaren zum Bild auf Social Media mitunter divergieren kann, werde ich deshalb ein drittes Beispiel vorstellen.[8]

3.4 Wenn Ambivalenz in der Anschlusskommunikation thematisiert wird: Bild-Text-, Text- Text- und Bild-Bild-Bezüge

Bildinterpretation: In dem Bild sehen wir Fanny mit ihrem Hund im Freien in einem Park oder Wald. Fanny blickt lächelnd in die Kamera, ihr Haar ist zerzaust, ihr Gesicht faltig, sie trägt farbenfrohe, funktionale Kleidung. Die Hündin befindet sich auf Augenhöhe leicht hinter der Frau versetzt, ihre Körper berühren einander. Frau und Hund nehmen etwas mehr als die untere Hälfte des hochformatigen Bildes ein. Die Komposition des Bildes ist eine klassische X-Komposition, wie sie für Selfies von zwei

---

7 Auf diese mediale Spannung von körperlicher Präsenz bzw. Absenz kann an dieser Stelle nicht näher eingegangen werden, da das den Rahmen des Beitrags sprengen würde (vgl. dazu Belting 2001, Villi 2015).
8 Teile dieses Textes finden sich in Schreiber (2020, 110 ff.)

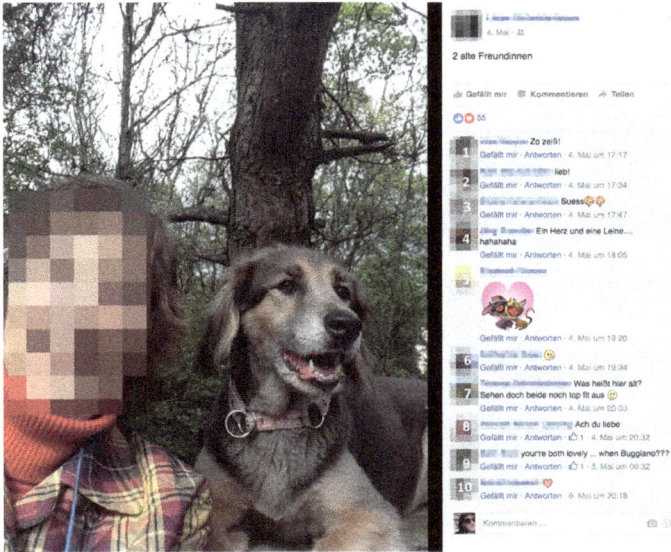

Abb. 3.8: Fannys Selfie mit Hund im Kontext von Facebook

Personen typisch ist (Schreiber 2015). In diesen nehmen die zwei Körper oder Gesichter der abgebildeten Personen meist gleich viel Raum im Bild ein und sind auch auf gleicher Höhe positioniert bzw. die Köpfe werden zueinander geneigt. Die Planimetrie fokussiert also die Parallelität der abgebildeten Wesen, es dokumentiert sich ein Zusammensein der beiden trotz ihrer Unterschiedlichkeit; sie sind Weggefährtinnen. Es stellt sich die Frage, inwiefern der Hund als Begleiter im Alltag möglicherweise einen menschlichen Begleiter ersetzt.

Versteht man das Bild als Proposition dieses Bedeutungsgehalts, liegt die Ambivalenz darin, dass die Gleichwertigkeit der Abgebildeten zwar kompositorisch im Bild angelegt ist, aber durch die menschlich-tierische Unterschiedlichkeit der dargestellten Lebewesen nicht ganz gegeben ist. Im Unterschied zu den ersten beiden Bildern bezieht sich die hier gezeigte Übergegensätzlichkeit des Ungleich-Gleichseins also nicht auf eine gezeigte Person, sondern auf die soziale Beziehung zwischen zwei gezeigten Wesen.

Bildtext: Die Bildunterschrift „2 alte Freundinnen" abstrahiert die Beziehung der beiden Abgebildeten, es gibt kein konkretes „Ich und x" oder „Name und Name". Das Bild steht sozusagen für eine abstrakte Idee von „2 alte Freundinnen", ein Motiv, ein allgemeines Verhältnis bzw. den Zustand, wie zwei alte Freundinnen eben aussehen können. Wobei die Zahl 2 und nicht das ausgeschriebene „zwei" verwendet wird, was noch mehr einen inventarisierenden und rechnerisch-zählenden Kontext suggeriert. Darin dokumentiert sich eine Distanzierung, ein Blick von außen. Zudem kann das Adjektiv „alte" sowohl eine lange Dauer der Freundschaft als auch fortgeschrittenes Lebensalter der Freundinnen beschreiben.

Abb. 3.9: Planimetrie

Anschlusskommunikation in den Kommentaren: Zehn Kommentare wurden innerhalb kurzer Zeit nach dem Upload des Bildes verfasst. Einige validieren bzw. erkennen das Freundinnenpaar eher liebevoll-verniedlichend an (Abb. 3.8., Kommentar 1, 2, 3, 6, 10). In Kommentar 5 wird das Bild mit einem Emoticon-Äquivalent kommentiert, das zwei hundeähnliche Tiere zeigt, die sich freundschaftlich (ohne Augen- und Lippenkontakt) umarmen. Es dokumentiert sich darin eine visuelle Bezugnahme in Form einer comichaften Paraphrasierung des Bildes, ein verdichtetes Herausstellen bestimmter verkörperter Aspekte der im Bild gezeigten Beziehung.

In Kommentar 7 wird das von Fanny proponierte Thema Lebensalter aufgenommen, in der Negierung „sehen doch beide noch topfit aus" wird aber auch die Möglichkeit des Nicht-fit- und Altseins impliziert, denn „doch/noch" betont eigentlich, dass es auch anders sein könnte. Die Parallelität wird mit „beide" betont, der Kommentar bleibt aber auch bei der distanzierten Außenperspektive, in dem er formuliert „sehen beide", und nicht „du/ihr seht".

Im Gegensatz dazu stehen die Kommentare 8 und 9, in denen Fanny direkt adressiert wird: einmal sie einzeln durch „Ach du liebe", wobei „du liebe" durch das „Ach" hier etwas Bemitleidendes, Kümmernd-Herablassendes hat. Einmal werden beide Abgebildeten adressiert – „you are both lovely" – und es wird englischsprachig auf ein zukünftiges Zusammentreffen an einem Ort in Italien verwiesen. Kommentar 6 und 10 enthalten ein küssendes Emoji und ein Herz-Symbol, es wird also rein visuell reagiert. Wie die umarmenden Hunde im Kommentar 5, betonen diese Reaktionen körperlich-affektive Komponenten (Beißwenger und Pappert 2020, 111), während die längeren Textkommentare eher argumentativ-inhaltlich auf das von Fanny gepostete Bild-Text-Ensemble reagieren.

Die im Bild aufgeworfene Übergegensätzlichkeit des Ungleich-Gleichseins wird im Bildtext quasi vertuscht, mit „2 alte Freundinnen" wird das Gemeinsam- und Gleichwertig-Sein fokussiert und mit dem Alter kokettiert. Diese im Bildtext proponierte Gleichartigkeit der im Bild sichtbaren Wesen wird in der Anschlusskommunikation zwar größtenteils, aber nicht uneingeschränkt validiert, z. B. in Kommentar 4: „Ein Herz und eine Leine" – hier wird das Ungleichgewicht, die Ambivalenz der Mensch-Tier-Beziehung thematisiert, der Hund kann keine „Seele" haben, aber sehr wohl eine „Leine" und ist damit immer zu jemandem gehörig bzw. nur in Relation zum Mensch zu sehen und nicht als autonomes Wesen. Mit dem ausgeschriebenen Lachen („hahahaha") wird angezeigt, „nimm mich nicht allzu ernst"; es dokumentiert sich jedoch darin auch Unsicherheit bezüglich der ironischen Provokation.

Die Likes und Kommentare sind grundlegende Zeichen dafür, dass etwas gesehen wurde; aber die Art und Weise, *wie* etwas validiert bzw. weiter und anders gerahmt wird, ist jeweils interessant. Großteils wird das abgebildete Paar als Paar anerkannt, die Ambivalenzen in Bezug auf die Gleichwertigkeit der abgebildeten Wesen, die sich im Bild und jene, die sich in Bezug auf das Alter im Bildtext andeuten, ziehen sich jedoch auch in den Kommentaren weiter.

Komparative Analyse: Während bei den ersten beiden Bildern die Ambivalenz vor allem in der jeweiligen Körperlichkeit und Identität der Akteurinnen hervortritt, liegt die Ambivalenz des dritten Bildes in der Form einer sozialen Beziehung bzw. der Frage, ob eine Freundschaft mit einem Hund möglich ist. Diese Frage wird im Bildtext von Fanny („2 alte Freundinnen") positiv beantwortet, in den anschließenden Kommentaren aufgegriffen und dort unterschiedlich bewertet. Die ersten beiden Bilder werden in den Kommentaren lediglich positiv validiert, Spannungen werden nicht angesprochen.

Übergegensätzlichkeit kann sich bildlich also sowohl individuell in Bezug auf Identität und Körperlichkeit, als auch sozial in Bezug auf Beziehungsformen ausdrücken. Inwiefern Spannungen oder Ambivalenzen von den Postenden selbst im Bildtext aufgegriffen werden, oder von anderen in den Kommentaren, ist unterschiedlich und hängt vermutlich mit der sozialen (Nicht-)Erwünschtheit des Explizit-Machens dieser Spannungen zusammen.

3.5 Conclusio

Wie ich gezeigt habe, dokumentieren sich in den ersten beiden Fallbeispielen unterschiedliche Ambivalenzen in Bezug auf die jeweilige Lebensphase, in der sich das Mädchen bzw. die Frau befinden. Die Sinnkomplexitäten der Übergegensätzlichkeit beziehen sich vor allem auf den körperlichen Reife- bzw. Alterszustand der Abgebildeten und die damit zusammenhängende Kompetenz des Selfie-Machens. Es zeigt sich, dass im Medium Bild Arbeit am Selbst geleistet wird.

Darüber hinaus wird vor allem im dritten Fallbeispiel deutlich, dass durch die Sichtbarmachung von Interaktionen auf Social Media tatsächlich kollaborative Aus-

handlungsprozesse bzw. auch widersprüchliche Deutungsangebote oder Sinngehal-
te nebeneinander existieren und stehen bleiben können. Insofern wird deutlich, dass
die spezifische mediale Umgebung von theatralen sozialen Netzwerken wie etwa Facebook oder Instagram das Existieren von Übergegensätzlichkeiten und Ambivalenzen
hervorstreichen können.

Das Bild ist auch in Form des Selfies bestens geeignet, Übergegensätzliches simultan zu zeigen. In den ersten beiden Beispielen bleibt dies weitgehend unkommentiert.
In der diskursiv-sprachlichen oder auch bildlichen Bezugnahme (etwa durch Emoticons) in den Kommentaren zum dritten Beispiel wird schließlich sichtbar, dass es dieser
mediale Kontext ermöglicht, mehrere Deutungsangebote zu einem Bild und damit auch
zur Identität der abgebildeten Person nebeneinander existieren zu lassen. Das Besondere am Kontext von halböffentlichen Social Media wie Facebook oder Instagram ist,
dass die unterschiedlichen Deutungsangebote zu Bildern sichtbar festgehalten werden
und auch gespeichert bleiben, während in analogen Rezeptionskontexten, wie etwa
dem Betrachten von Fotoalben unterschiedliche Deutungen mündlich stattfinden und
somit flüchtig bleiben, nicht dokumentiert und nicht für andere sichtbar sind.

Was bedeutet das in einem größeren Zusammenhang? Ambivalenz im Bild wird
in Social-Media-Kontexten nicht verdeckt, sondern gleichsam ausgestellt und darüber
hinaus zur halböffentlichen Debatte gestellt. Die oben ausgearbeiteten Spezifika visueller und medialer Logik arbeiten dabei verstärkend zusammen und forcieren bzw.
steigern damit die digitale Ambivalenz von Bildern in Social Media.

Im vorliegenden Beitrag konnte das Phänomen der digitalen Ambivalenz vor allem auch empirisch fundiert werden. Auf theoretischer Ebene finden sich ähnliche
Befunde schon länger in Analysen zu digitaler Bildlichkeit: Für Mitchell etwa (1992, 8)
sind Bilder das ideale Kommunikationsmedium für postmoderne Unbestimmtheiten,
denn ihre „fragmentation, indeterminancy, and heterogenity [...] emphasizes process
or performance rather than the finished art object". Im Kontext von privater Fotografie geht es zwar nicht um Kunstobjekte, sondern um Fotografien, in denen (korporiert
und bildlich) verdichtet und festgehalten wird, was in sozialen Praktiken nur flüchtig
präsent ist (Goffman 1987, 10). Trotzdem sind Prozess und Performanz ebenso relevante Eigenschaften von Bildern von Identität und Sozialität – denn auch hier geht
es gerade in digitalen Kontexten nicht um ein fertiges Objekt, sondern um etwas, das
veränderbar ist. So arbeitet auch Martin Hand (2012, 85) in seiner Analyse von „ubiquitous photography" eine Prävalenz der Veränderbarkeit heraus und betont den engen
Zusammenhang zwischen technologischen und kulturellen Phänomenen: Es sei „not
clear whether condition of modifiability arises primarily through the technology or
through a culture which seems to value such modifiability, especially in terms of self
identity and consumption".

Jeder Zeit also ihre Medien? Unklar bleibe laut Hand, inwiefern „the proliferation
of malleable images promote a culture of routine deception or a heightened critical
reflexivity about visual mediation and the ambivalence of authenticity" (2012, 78).
Katharina Lobinger (2016, 14) stellt eine ganz ähnliche Frage konkret auf Selfies bezogen, nämlich, ob dieses Genre eine emanzipatorische Selbst- Reflexion oder eine

Kommodifizierung des Selbst forcieren würde. Der Frage der Selbstvergewisserung bzw. -reflexion widmet sich, wie weiter oben erwähnt, auch Breckner (2018) anhand der Interpretation und theoretischen Reflexion eines Facebook-Albums, auf dessen Basis sie dem Bild das Potenzial zum „Medium der Selbstverständigung in einer Krisensituation" (Zumbusch 2014, 246 zit. n. Breckner 2018, 83) zuschreibt. Auch die hier diskutierten Bilder können als Medien der Selbstverständigung in mehr oder weniger krisenhaften Situationen interpretiert werden, die durch ihr Vorhandensein Denkräume fassbar machen („Ich werde eine Frau", „Ich werde jemand, die Selfies macht") und darüber hinaus zur Diskussion stellen.

Wie an den Beispielen gezeigt werden konnte, fungieren Social Media wie Facebook und Instagram gewissermaßen als Ausstellungsräume für Identitätsentwürfe. Körperbilder eröffnen dabei Spielräume für Imaginationen in Bezug auf Körperlichkeit und Geschlechtlichkeit. Selbstbilder werden zu bestimmten Zeitpunkten einem bestimmten Publikum gezeigt und damit zur Diskussion gestellt. Die Struktur der medialen Umgebung trägt dazu bei, dass ein Bild im Kontext von Social Media als Update, das temporäre Gültigkeit besitzt, gezeigt und gelesen wird. Anders als in analogen Kontexten können daher Identitätsentwürfe und deren immanente Ambivalenzen auf Social Media live und vernetzt mitverfolgt sowie gedeutet und kommentiert werden. Zudem ist das, was gezeigt wird, jederzeit bearbeitbar und damit auch löschbar. Diese „condition of modifiability", wie Hand (2012, 85) es nennt, ist dem Digitalen inhärent. Diese strukturellen Eigenschaften und Aspekte digitaler Medien verstärken und betonen somit die Eigenschaft von Bildern, Ambivalenzen und Übergegensätzlichkeiten simultan zeigen zu können.

Inwiefern diese in den Bildern verorteten Eigenschaften dann tatsächlich vom jeweiligen Publikum aufgegriffen, kommentiert und interpretiert werden, ist, wie gezeigt wurde, jeweils unterschiedlich und im konkreten Fall zu untersuchen. Grundsätzlich ist in Bezug auf Social-Media-Kommunikation ein „positivity bias" festzustellen, was bedeutet, dass eher positive als negative Situationen und Emotionen geteilt werden (Reinecke und Trepte 2014). Ob und wie wiederum auf das Teilen von (sensiblen) Informationen reagiert wird, ist von einer Vielzahl von Faktoren abhängig (Andalibi und Forte 2018).

Im Sinne der rekonstruktiven Sozialforschung muss die Frage nach den Formen und Spielarten digitaler Ambivalenz jeweils kontextspezifisch und fallbezogen an konkretem empirischen Material beantwortet werden, das auf jeden Fall über visuelles Material hinausgehen muss, um neben der visuellen Dimension jene der Praxis und der medialen Einbettung erfassen zu können (Schreiber 2020). Empirische Forschung zu Bildkommunikation auf Social Media sollte daher neben Bildermaterial immer auch andere Daten miteinbeziehen, etwa Screenshots, Interviews und/oder ethnografische Analysen.

In diesem Beitrag konnte rekonstruiert werden, wie Social Media das Aushandeln von Bild-Bedeutungen sichtbar machen und ein Potenzial von Visualität besonders deutlich hervortritt und ausgeschöpft wird – nämlich jenes, soziale und emotionale Spannungsverhältnisse bzw. Ambivalenzen simultan zeigen zu können.

Literatur

Andalibi, Nazanin und Andrea Forte. 2018. Responding to Sensitive Disclosures on Social Media: A Decision-Making Framework. *ACM Transactions on Computer-Human Interaction*, 25(6):1–29. https://doi.org/10.1145/3241044.

Appadurai, Arjun. 2010. *Modernity at Large: Cultural Dimensions of Globalization*. Minneapolis/London: Unisversity of Minnesota Press.

Baym, Nancy K. 2015. *Personal Connections in the Digital Age*. Cambridge: Polity Press.

Beißwenger, Michael und Steffen Pappert. 2020. Small Talk mit Bildzeichen: Der Beitrag von Emojis zur digitalen Alltagskommunikation. *Lili – Zeitschrift fur Literaturwissenschaft und Linguistik*, 50:89–114.

Belting, Hans. 2001. *Bild-Anthropologie*. München: Fink.

Belting, Hans. 2013. *Faces: Eine Geschichte des Gesichts*. München: Beck.

Boehm, Gottfried. 2007. *Wie Bilder Sinn erzeugen: Die Macht des Zeigens*. Berlin: Berlin University Press.

Bohnsack, Ralf. 2011. *Qualitative Bild- und Videointerpretation: Die dokumentarische Methode*. Opladen: Budrich.

Boyd, Danah. 2011. Social Network Sites as Networked Publics. In: Papacharissi, Zizi. Hrsg. *A Networked Self: Identity, Community, and Culture on Social Network Sites*, S. 39–58. New York: Routledge.

Breckner, Roswitha. 2018. Denkräume im Bildhandeln auf Facebook: Ein Fallbeispiel in biographieanalytischer Perspektive. In: Müller, Michael R. und Hans-Georg Soeffner. Hrsg. *Das Bild als soziologisches Problem*, S. 70–94. Weinheim/Basel: Beltz Juventa.

Deuze, Mark. 2006. Participation, Remediation, Bricolage. *The Information Society: An International Journal*, 22:63–75.

Flusser, Vilem. 1984. *Towards A Philosophy of Photography*. Kapitel Intoductory Notes, S. 1–39. London: Reaktion Books.

Goffman, Erving. 1987. *Gender Advertisements*. New York: Harper Torchbooks.

Hand, Martin. 2012. *Ubiquitous Photography*. Cambridge: Polity Press.

Hentschel, Linda. 2001. *Pornotopische Techniken des Betrachtens: Raumwahrnehmung und Geschlechterordnung in visuellen Apparaten der Moderne*. Marburg: Jonas-Verlag.

Heßler, Martina und Dieter Mersch. 2009. *Logik des Bildlichen: Zur Kritik der ikonischen Vernunft*. Bielefeld: transcript.

Imdahl, Max. 1980. *Giotto, Arenafresken: Ikonographie, Ikonologie, Ikonik*. München: Fink.

Kanter, Heike. 2016. *Ikonische Macht: Zur sozialen Gestaltung von Pressebildern*. Opladen: Budrich.

Lobinger, Katharina. 2012. *Visuelle Kommunikationsforschung: Medienbilder als Herausforderung für die Kommunikations- und Medienwissenschaft*. Wiesbaden: Springer VS.

Lobinger, Katharina. 2016. Zwischen Selfie-Shaming und Selfie-Celebration: Kontroverse Perspektiven auf vernetzte Körper- (Selbst)bilder. In: Schwarz, Susanne, Tanja Gojny und Kathrin S. Kürzinger. Hrsg. *Selfie – I like it: Anthropologische und ethische Implikationen digitaler Selbstinszenierung*, S. 43–56. Stuttgart: Kohlhammer.

Marwick, Alice E. 2013. Online Identity. In: Hartley, John, Jean Burgess und Axel Bruns. Hrsg. *A Companion to New Media Dynamics*, S. 355–364. Hoboken: John Wiley & Sons.

Mitchell, William J. 1992. *The Reconfigured Eye: Visual Truth in the Postphotographic Era*. Cambridge: MIT Press.

Müller, Marion und Stephanie Geise. 2015. *Grundlagen der visuellen Kommunikation: Theorieansätze und Analysemethoden*. Konstanz: UVK.

Müller, Michael R. 2011. Das Körperbild als Selbstbild. In: Müller, Michael R., Hans-Georg Soeffner und Anne Sonnenmoser. Hrsg. *Körper Haben: Die symbolische Formung der Person*, S. 87–106. Weilerswist: Velbrück.

Müller, Michael R. 2012. Figurative Hermeneutik: Zur methodologischen Konzeption einer Wissenssoziologie des Bildes. *Sozialer Sinn: Zeitschrift für hermeneutische Sozialforschung*, 13:129–161.

Przyborski, Aglaja. 2017. *Bildkommunikation: Qualitative Bild- und Medienforschung*. Oldenbourg: DeGruyter.

Przyborski, Aglaja und Monika Wohlrab-Sahr. 2014. *Qualitative Sozialforschung*. München: Oldenbourg Verlag.

Reinecke, Leonard und Sabine Trepte. 2014. Authenticity and Well-Being on Social Network Sites: A Two-Wave Longitudinal Study on the Effects of Online Authenticity and the Positivity Bias in SNS Communication. *Computers in Human Behavior*, 30:95–102.

Schade, Sigrid und Silke Wenk. 2011. *Studien zur visuellen Kultur: Einführung in ein transdisziplinäres Forschungsfeld*. Bielefeld: transcript.

Schreiber, Maria. 2015. Freundschaftsbilder – Bilder von Freundschaft: Zur körperlich-ikonischen Konstitution von dyadischen Beziehungen in Fotografien. In: Bohnsack, Ralf, Burkard Michel und Aglaja Przyborski. Hrsg. *Dokumentarische Bildinterpretation: Methodologie und Forschungspraxis*, S. 241–260. Opladen: Budrich.

Schreiber, Maria. 2020. *Digitale Bildpraktiken: Handlungsdimensionen visueller vernetzter Kommunikation*. Wiesbaden: Springer VS.

Schreiber, Maria und Michaela Kramer. 2016. Verdammt schön: Methodologische und methodische Herausforderungen der Rekonstruktion von Bildpraktiken auf Instagram. *Zeitschrift für qualitative Sozialforschung*, 17:81–106.

Silverman, Kaja. 1996. *The Threshold of the Visible World*. New York: Routledge.

Soeffner, Hans-Georg. 2000. *Gesellschaft ohne Baldachin: Über die Labilität von Ordnungskonstruktionen*. Weilerswist: Velbrück.

Stalder, Felix. 2016. *Kultur der Digitalität*. Berlin: Suhrkamp.

Thiel-Stern, Shayla. 2012. Collaborative, Productive, Performative, Templated: Youth, Identity and Breaking the Fourth Wall. In: Lind, Rebecca Anne. Hrsg. *Produsing Theory in a Digital World*, S. 87–103. New York: Peter Lang.

Tiidenberg, Katrin. 2018. *Selfies: Why We Love (and Hate) Them*. Bingley [UK]: Emerald.

Turkle, Sherry. 1995. *Life on the screen: Identity in the Age of the Internet*. New York: Simon & Schuster.

Villi, Mikko. 2015. „Hey, I'm here Right Now": Camera Phone Photographs and Mediated Presence. *Photographies*, 8:3–22.

Walker-Rettberg, Jill. 2014. *Seeing Ourselves Through Technology*. New York: Palgrave Macmillan.

Warburg, Aby. 1932. *Gesammelte Schriften*. herausgegeben von der Bibliothek Warburg. Online abgerufen Bibliothèque nationale de France, https://gallica.bnf.fr/ark:/12148/bpt6k922852 (12.07.2021).

Whitlock, Gillian und Anna Poletti. 2008. Self-Regarding Art. *Biography*, 31:V–XXXIII.

Zumbusch, Cornelia. 2014. Besonnenheit: Warburgs Denkraum als antipathetisches Verfahren. In: Treml, Martin, Sabine Flach und Pablo Schneider. Hrsg. *Warburgs Denkraum: Formen, Motive, Materialien*. München: Fink.

Gerit Götzenbrucker und Margarita Köhl

4 "You can tell that we all like each other, right?" Perspectives of togetherness in adolescents' photographs in urban Austria, Malaysia and Vietnam

4.1 Introduction

Generally, youth can be regarded as a transitory phase between childhood and adulthood, which is characterized by the search for autonomy, identity, social recognition and self-efficacy (Würfel and Keilhauer 2009, 103). Digital technologies can support these needs of young people. They might be appropriated in accordance with globalized discourses of hierarchy with regards to gender relations and concepts of age. Furthermore, the evolving cultural forms and distinctive styles of visual self-creation on Social Media (Schreiber and Götzenbrucker 2018) constitute stylistic resources forming the basis for the expression of youth sociabilities.

This paper is based on a cross-cultural study focusing on practices and meanings of *digital imaging* among youth in urban areas in Vietnam, Malaysia and Austria. The three countries under investigation were chosen as they were partners in ASEA Uninet Studies and may differ with regards to their historical, cultural, socio-economic and political background and the configurations of modernity (Yi 2015, Mohammed Salleh 2012, 27, Huber 2005, 70) – influencing representations of togetherness and identities. As young people in Asia and Europe live in hybrid worlds, embedded into immediate and embodied economic and political relations, practices of visual impression management are expected to reflect highly complex subject positions (Nilan and Feixa 2006) in relation to togetherness.

Due to the rising complexity of digital cultures, a qualitative, reconstructive approach was chosen to analyse the role digital peer photography plays in the context of managing peer relations. Distinction through symbolic demarcation to outline a specific position can be viewed as an important mechanism of youth communicative styles (Vanden Abeele 2016). Youth in the digital age live in highly mediatized and visualized worlds, where multimodal artefacts such as digital photographs and other audio-visual material represent adequate forms of expression and reinforcement of identities. The contribution aims at answering the question, how globally available technologies shape young people's visual practices of togetherness. Hence, this paper discusses observable practices and patterns of visually constituting togetherness based on what Pierre Bourdieu (1983) refers to a groups' ethos under the conditions of technological and communicative affordances in global Social Media.

https://doi.org/10.1515/9783110613681-004

After outlining the theoretical framework this paper focuses on an interpretative visual research setting to uncover togetherness. Data collection, analysis and interpretation are outlined and lead to four clusters of visualized togetherness, which are comparatively discussed on the example of nine selected photographs.

4.2 Theoretical considerations

4.2.1 Technological affordances shaping practices and meanings

Urban youth around the globe experience multi-levelled living environments encompassing their local surroundings in the sense of immediate and embodied economic and political conditions, as well as online environments like Social Media, which shape their perceptions of technology as well as related practices. In addition, the automatization of the production of photographs, which Bourdieu (1983) already described with regards to the camera, has expanded enormously due to the development of the *easy-to-use interfaces* of today's camera phone.

Meanwhile, communicating visually via online platforms and services has become the dominant everyday mode of interaction among young people (JIM 2018, 38, Global Digital Report 2019). According to Nancy Van House and her colleagues (2004), digital photographic imaging and sharing can aim at constructing personal and group memory, assist in creating and maintaining social relationships, and also serve purposes of self-expression and self-presentation. Producing pictures (such as group photos) and sharing them aids in establishing intimacy (Miguel 2016) but also in regulating temporal, spatial, and situational aspects among the people involved (Lasén 2015, 72).

Additionally, the camera phone enables a form of *visual co-presence* fostering a feeling of togetherness, which is based on the "synchronous gaze" (Villi and Stocchetti 2011, 108) of the sender(s) and the receiver(s) of a photo. This points to the fact that digital photos have relevance for practices of relating among young people: Perpetually *sharing experiences visually* constitutes what Nick Couldry (2006, 114) refers to as "group-liveness", which is based on being part of image streams, connecting individuals and groups via devices, interfaces, and algorithms (Reissmann 2017, 259). Media technologies do not only generate new practices of media usage, but also shape the constitution of individual as well as collective identities (Ang 1986, Walkerdine 2011).

As the distinction between media users and producers vanishes in times of the Web 2.0, understanding "doing togetherness", i.e. the performative production of a group, shifts into focus. The technological affordances of image-centred platforms and services profoundly shape this performativity among young people.

Recently, image-centred platforms and applications such as Instagram have gained relevance (Statista 2020). Survey data collected in Austria shows that WhatsApp is the most popular app among young people (97% of 16 to 24 year olds use WhatsApp daily), 62% use Instagram, more than half use Facebook and nearly 40% use Snapchat (Jugendkultur.at 2018). In Malaysia and Vietnam Chat communication is also highly popular. Data collected in Vietnam (Global Digital Report 2019) shows that Facebook is still the second most popular platform after YouTube (95% of internet users aged 16 to 64 years), followed by Facebook Messenger and Zalo. Apps such as Viber (28%) and Line (23%) are more popular than WhatsApp (20%). Snapchat was not available in Vietnam in 2016. Instagram is meanwhile used by half of the population of internet users but was only used by 9% in 2016. Our research partners reported that Malay youth preferably use Insta-Stories instead of Snapchat as an ephemeral media service.

Several dimensions become theoretically and empirically relevant when studying how pictures are produced for Social Media (technology, content, users, socio economic structures etc.). Jose van Dijk (2013) distinguishes five categories which help understand the technological dimension: Software architecture, (meta)data, algorithms, protocols, interfaces and defaults that reveal how communication and social practices are structured, and how they engender possibilities and constraints for producing, editing, and sharing photographs.

Viewed from this perspective interfaces and defaults profoundly shape the use of technology (hardware and software) as users can only perceive the front end of the interface. Thus, the software represents processes and hidden structures (e.g. image sharing automatisms). Visible user interfaces contain technical and regulator features (buttons, scroll bars etc.), which actively steer connections between users and content. Interfaces, both internal and visible, are an area of control where the meaning of coded information gets translated into directives for specific user actions. This is evident in specific image details/formats or body modification and beautification filters to e.g. rejuvenate the face, which are suggested by algorithm-based services. These "sociotechnical or sociomaterial configurations" (Wajcman 2007) may create cultural ideals, orders, or (gender) power relations.

4.2.2 Visualizing togetherness. Motives and representations

In not anonymous – nonymous – online environments digital photographs support users in producing identities implicitly by showing rather than telling. Young people produce and share "we-fies" and/or group photos to either re-affirm existing relationships (friendships, family relations, relations with colleagues etc.) or establish new relations. In the first case digital photographs function as representations of offline-based relationships – also referred to as anchored relationships (Zhao 2006). Furthermore, depicting social connectedness and popularity among friends serves for boosting one's own identity (Zhao, Grasmuck, and Martin 2008, 1827), and has shifted from representational towards performative practice (Cruz and Thornham 2015, 6). In line with this argument, we consider digital group photographs not only as representative images of bodies in relation to each other, but also as socio-technical phenomena generating this relation.

Focusing on the family context, Bourdieu (1983, 17) already stresses the function of photography to mark membership, which also applies to other groups such as peer groups. The act of taking a photograph mediatizes *a group's ethos*: "the internalization of objective and common regulatories", which means that "the group places this practice under its collective rule, so that the most trivial photograph expresses, apart from explicit intentions of the photographer, the system of schemes of perception, thought and appreciation common to the whole group." Bourdieu (1983) outlines that group photos can be regarded as visualizations of cultural capital as they encompass signifiers of socialization, education, rituals, expertness, religion, style as well as social capital evident in social relationships such as colleagues, sports teams, best friends and peer relations. He views the act of taking, preserving or viewing photographs as satisfying in five ways (Bourdieu 1983, 26): (1) It protects against the passing of time (*reminiscence*), (2) serves as a tool for communication and the *expression of feelings*, (3) supports *self-realization* and (4) the *gain of prestige*. (5) *Distraction* or *escapism* might be another gratification.

Besides exploring the motives for producing and sharing photographs online along these categories, we aim at gaining insight into the individual or collective practices as elements of the (conjunctive) space(s) of experience.

The *habitus* is the intermediary instance between the individual's internalized structures – also referred to as systems of dispositions – and observable behaviour. As a principle, habitus encompasses the internalization of external constellations and its embodiment in body hexis, which is reflected in "the form of a pattern of postures that is both individual and systematic, because linked to a whole system of techniques involving the body and tools, and charged with a host of social meanings and values" (Bourdieu 1977, 87).

Ralf Bohnsack's documentary methodology (2010, 270) – based on the sociology of knowledge (Mannheim 1980) – stresses a shift in photo analysis and interpretation from "What?" to "How?". Pre-iconographic and iconographic steps lead to the formal composition that indicates the iconological dimension of interpretation. This is due to the "immanence" of images in the sense of implicit knowledge which is a pre-condition of decoding and understanding.

Representations of togetherness are part of shared experiences in living environments and social context, based on "conjunctive knowledge", where images serve as an idea of representing togetherness. Thus, individual or collective components of the habitus are represented in gestic, scenic, familial, temporal, class-specific or cultural components, which are decoded via background knowledge. A group represents a conjunctive field of experiences (Bohnsack 2003, 249).

This leads to the overall research question guiding this study: How can we address practices of togetherness in digital photographs triggered by globally available platforms and services?

The following section outlines the qualitative interpretive method, which was applied to tackle internalized structures of togetherness.

4.3 Qualitative interpretative methods to uncover togetherness

In order to investigate how different levels of meaning interact in the process of collective meaning-making across different platforms and services, a qualitative research design was chosen. We started with two research seminars at the University of Vienna to explore technologically bound effects in youth photography. After the initial phase, University research partners in Kuala Lumpur and HoChiMinh City were asked to cooperate in the frame of ASEA Uninet Program, which we contribute to frequently.[1] Thus, pragmatically three different research contexts in potentially differing countries and cultures were addressed. Due to restricted resources (marginal funding) we started with a lean set of interviews and planned further collaboration.

Our partners selected the interviewees and conducted all interviews, following our (via video-conference collaboratively elaborated) interview guidelines. Also, the transcript, the collection of photo data, and the informed consent sheets were processed by our partners in the field and shared by means of a data cloud. Data analysis started during a one week-workshop in Vienna and was finalized in continual cooperation online.

4.3.1 Data collection

The study concentrates on the articulation of togetherness on social network sites (Facebook), photo sharing platforms (Instagram) and chat apps (Line, WhatsApp) through practices of taking, presenting, and sharing photos. In sum, 25 semi-structured interviews including narrative elements with young adults between 14 and 26 years (average age 21 years) were conducted following the principle of theoretical sampling (Glaser and Strauss 1967).

After an introductory interview phase, interviewees were asked to select one selfie/portrait and one group photo each. The photos formed the starting point for photo elicitations (Harper 2000) tackling the interviewees' biographical and cultural background, as well as the context of photo production. This method of using photos

---

1 Thanks to Dr. Sabariah Mohamed Salleh, School of Media and Communication Studies, Faculty of Social Sciences and Humanities/National University of Malaysia, and Dr. Trieu Le Thanh as well as Huynh Minh Tuan, Faculty of Journalism and Communications/Vietnam National University HCMC.

as interview stimuli was found appropriate to explore the mediated pictorial contexts and the role the visual plays in the process of group identity and construction of to-getherness in more detail. Photo elicitation has been found to be an adequate method to incite young people to share their perspectives (Capello 2005) and to link up the interviewees' and researchers' perspectives (Wagner 2002). In a further step, it was also used to validate the results of the reconstructive image analysis.

The sample consists of six young adults born and raised in urban areas in Malaysia and six in Vietnam, as well as 13 in Austria which might be considered as critical (an equal number of interviews in each of the cooperating countries was planned, but failed due to restricted financial resources). Nine interviewees are male, 16 are female. Seven interviews focus on practices of digital imaging using Facebook as a platform, seven interviews display practices of messaging using messengers such as WhatsApp or Line. Seven interviews centre on practices relating to Instagram.

All interviewees are technologically savvy and well equipped. They use smart-phones frequently, also for taking, storing and sharing digital photographs. Four of the participants from Austria are married, one female Malay is living in a partnership, all others are single. The whole sample is well educated (18 persons are students, three are pupils), nine of them have already completed college and four hold a university degree. The respondents come from urban areas and/or are in training there.

In the course of the interviews, the respondents were asked to self-select one of their "ideal" group photos or "we-fies" and a portrait photo or "Selfie" from their photo collection (saved on their smartphone) and make it available for the study. 25 group photos were collected and clustered along displayed habits of togetherness. While we excluded three photos as representing more work-related contacts, 22 remained in the sample and were assigned to at least four clusters. Nine analysed group images repre-sent these clusters of habitual togetherness to be presented within this paper. These photos show real groups, for the members know each other from educational (school, study), work or leisure contexts (peer group). In all groups, the contact goes beyond the professional or training-related context. All groups form sub-groups ("cliques") within the context in which they meet. The conjunctive spaces of experience of the respondents as members of a mediatized living environment show overlap zones (rit-uals of togetherness, in urban settings), but their social experience differs somewhat in terms of their life-worlds (Sunnism, Confucianism, and secular conventions). Sunni religious rituals and norms for instance are embedded in everyday life, such as body distance or moral clothing conventions. Therefore, the study aimed at identifying sim-ilarities and differences of the layering of experiences of togetherness in the course of the analysis of the material.

The process of selection and authorization, as well as the question of what an image stands for in the respective research context, are considered central when ex-amining and using images (Przyborski and Wohlrab-Sahr 2014). Following Bourdieu (1983), the photographic image is conceptualized as an instrument of group integra-tion and as a document of its identity. Thus, the cognitive interest lies in comparing how a moment of "being photographed together" is documented in the mediatized worlds of young adults from Malaysia, Vietnam and Austria.

The interviews were carried out in the national languages (Bahasa Malay, Vietnamese and German). The transcribed texts were then translated into English to ensure common interpretation conditions. Adhering to an ethical research approach (Markham and Buchanan 2015) the respondents were asked for giving informed consent to the use of the photos and interview data.

The next section outlines the layers of qualitative data interpretation: visual analysis, and analysis of interview texts. For reasons of privacy, the names of the interviewees were anonymized and eyes, though disposed pixeled.

4.3.2 Data analysis and interpretation⸳

The approach of this study did not only require to apply narrative and visual methods in data collection but also in data analysis and interpretation. Following art historical approaches (Belting 2001, Panofsky 1932), pictures in this study are not only regarded as representing, but also as constituting and producing social reality. The sets of collected data (interview statements, photos, screen shots) were consequently analysed following a multi-stage model.

To tackle the question, how a *group's ethos* is documented in the moment of taking a photograph together, the visual material (digital group photos as well as screen shots of the photos shared via/posted on the respective service/platform) was analysed applying the Documentary Method of Visual Analysis developed by Bohnsack (2010, 2011). Such approach aims at a reconstruction of group-specific areas of experience (Bohnsack 2007), which can differ depending on the socialization history and stratification of experience of the interviewees in terms of educational milieu, gender and generation (Bohnsack 2007, 115).

While one way of understanding pictures and their making (motives) is to interpret and explain the world they depict, the iconographic-iconologic approach choses a more extensive perspective also considering the importance of pictures for guiding practical action. Photographs are therefore regarded as providing access to "orientative knowledge" (Przyborski and Wohlrab-Sahr 2014, 327), also referred to as atheoretical knowledge (Mannheim 1980). More precisely, analysing the manifest content of the picture, which Imdahl (1996, 89) referred to as "recognizing view", tackles the immediate context of the photo, while analysing the implicit or culturally encoded details of a picture – the "seeing view", refers to the second step.

In the first step, the visual components of the photographs were described focusing on the pre-iconographical level (*formulative interpretation*: "What?").

The second step consisted of a *reflective analysis* ("How?"). This comprises the examination of the formal structure of the picture by focusing on the question of how people and things are positioned in relation to each other (arrangements). This compositional structure includes the dimensions of *planimetric structure* (how the picture is segmented in terms of position, space, colour), the *perspective projection* (which perspective of the camera?), *scenic choreography* (arrangement of bodies, gestures and gazes, referring to social scenarios and their legitimacy), and at least *iconologic and iconic* levels of interpretation – working on group ethos and group habitus.

Additionally, *poses and body positions* were uncovered via Goffman's (1979, 84) modes of displaying sexes in Western ads as "hyper-ritualization of social scenes", for poses are not be regarded as "natural" reflections, but rather as cultural constructions proliferating gender-stereotypical performances by identifying following codes (Goffman 1979, 29): *Females touch* objects, surfaces or self-touch their bodies; *relative size* displays male persons often larger than female ones to indicate "social weight – power, authority, rank" (Goffman 1979, 28); or females receiving help from men and being instructed; *family representations* tend to show mother-daughter relationships with the former showing more physical closeness; the "ritualization of subordination" refers to a classic stereotype of deference (tilting of the head, smiling), while holding the body straight. "Licensed withdrawal" (Goffman 1979, 46) means that women are pictured in a state of withdrawal or introversion.

Meanwhile, the male body has also become "an object of the gaze, rather than simply the bearer of the look" as Rosalind Gill (2007) points out. This leads to a disruption of conventional patterns of looking and manifests in heightened body awareness as well as practices of shaping the body surface.

The final step comprised comparison and built the connecting point for the results of the qualitative content analysis (Mayring 2000) of photo elicitation texts and interview data, which was carried out based on the *motivational* categories formulated by Bourdieu (1983, 26): reminiscence as a preventive against oblivion, communication and the expression of feelings, self-realization and gain of prestige as well as distraction or escapism.

Combining visual analysis with qualitative content text analysis – for the text and elicitation serves as an additional layer to deepen our understanding of the images – enabled us to tackle the implicit dimensions of "embodied" knowledge interacting with the explicit or what Giddens (1984, 429) referred to as "discursive consciousness" of the participants condensing in processes of individual (semi-structured interviews with narrative elements) and collective meaning-making (captions, mutual attributions and comments).

In a progressive process of analysing the visual and textual layers and final interpretation, typical cases were created to reach a comparison of practices to explore the negotiation of togetherness.

Comparison by formulating contrasting comparison horizons (Bohnsack 2003, 251), which is central to the Documentary Method, was carried out in a further step. The comparison horizons were initially formed (team formation, informal friendship, spontaneous happening) rather intuitively focusing on formal aspects. In the course of the research process, empirically based comparison horizons were iteratively developed (Bohnsack 2003, 251).

A first clustering of the entire image material was carried out by the entire research team, consisting of researchers from Vietnam, Malaysia and Austria as part of a workshop held in Vienna. Formal composition, gestic expression, interactional dynamics and the relation of the bodies of the depicted protagonists were identified as central categories for comparing togetherness at this point. Our paper draws on the following four clusters:

1. *Informal gestic-mediated togetherness:* In this cluster informal friendship is displayed, underlined by posing and personal style. We see well curated pictures with a clear aesthetical focus, somewhat representing upward orientation in society;
2. *Institutionalized, formal togetherness:* Photographs in this cluster comprise professional, respectively non- or semi-private contexts such as rituals in sports, and are oriented on professional team photography;
3. *Bodily constituted informal togetherness:* These well curated intimate photographs in the cluster are influenced by friendship practices represented by different body formations/(standing behind, beside each other or together) and representing conventional amateur photographical practices;
4. *Haptical togetherness:* A rather spontaneous and informal happening is captured for the moment and can be defined as a common youth cultural attitude, for digital cameras are available at all times.

4.4 Results of the photo analysis. Visual practices of togetherness

What follows is a thorough discussion of togetherness and embodiment of group ethos drawing on prototypical examples of these clusters of group visualizations which were chosen based on the principle of contrast in common (Bohnsack 2001). The selected photographs represent a specific common frame, such as a "team" or "girls' group".

Nine photos will be presented and discussed, following the formulative interpretation "What?" and the reflective analysis "How?" such as planimetric structure, projection, and iconology. Moreover, Goffman's poses and body positions are mentioned, and self-descriptive textual elements of the interviewees (photo elicitation) draw on Bourdieu's motives – in completion to our academic ascription.

4.4.1 Informal gestic-mediated togetherness

Picture 4.1a[2] was produced by Joxxxx, a 15-year-old girl living in Vienna. It shows three young women with blond long hair wearing wool caps with various embroidered lettering (saying "Love", "Selfie", "Angela") who stand in front of a building during sundown in an urban setting. They make various gestures with their hands, with the person in the foreground tapping their cheek with a finger, the person in the middle of the picture forming a "V" with their middle and index fingers and the person in the background tapping on her mouth. The young women stand upright and are dressed in casual warm clothes. This photo in square format fulfils a mirroring function as the lettering can be read in a back-to-front manner, and was posted on Instagram.

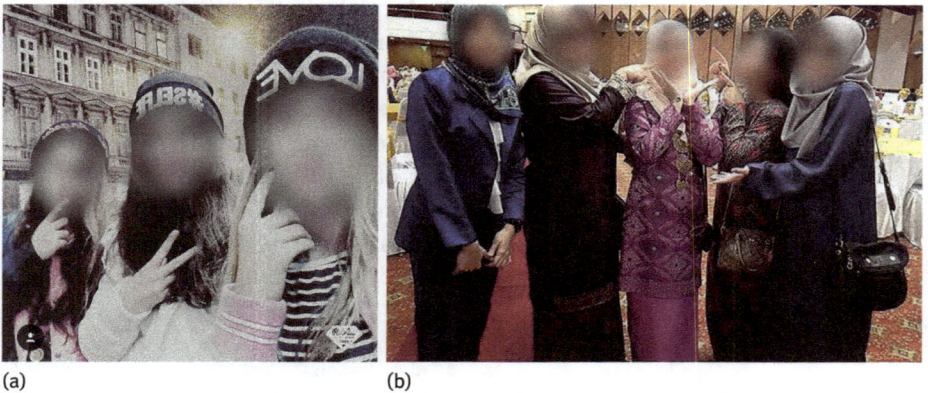

(a)   (b)

Fig. 4.1: (a) Austria (Instagram); (b) Malaysia (Instagram)

While enacting their connectivity posing almost simultaneously, the photo displays a rather flat, but light upward hierarchy between the bodies, standing one after another. The front body of the photographer is (technologically triggered by camera-distance and perspective while photographing oneself) more prominently enacted than the middle and backmost. Their gaze is directed downwards to the viewer. The photo's perspective is type of a non-centred, half total, and some "worm's eye view" (conventionally used with "we-fies").

This group photo conveys an impression of unity in dissimilarity or individuality of people depicted: While caps, fashion and hair have a similar style, they differ in small details. This simultaneity of unity and difference is also stressed through the variation of self-involved gestures each person carries out. The gesture "V" as victory and touching their faces by hand and finger makes them looking both: cute and cool.

---

2 The researchers were given approval for the publication of the photos (informed consent).

Togetherness is documented in the parallelism in the clothing of the three young women, their identical posture and their arrangement offset one behind the other. The fact that it is not a full-body image, that the women are physically close together and stand upright, conveys common strength. The staged choreography documents the practice of staging oneself in a circle with others for a stage – in this case Instagram. The similar but not identical gestures support their individuality in the community. The lighting supports the stage-like appearance of the scene. Despite the visual closeness, a certain gap or space remains between them. There is no eye contact between the depicted protagonists as they look directly at the viewers and are more related to them than to each other. The young women's closeness to the viewer, their upright posture and their uniformity suggest stability, self-confidence and strength. The focus of the beholder is on the faces and hoods of the depicted.

In terms of specific forms of self-presentation, a "feminine touch" (Goffman 1979) – the people in the foreground and background touch each other – could be emphasized, which gives them a fragility that contrasts with the overall strength conveyed. This "feminine touch" is juxtaposed by its self-relatedness (no interaction) and their straight posture, which is stressed by the gap between them.

The composition in style and habit relies on role models in male pop culture such as "Boy Groups". "Coolness" and strength as embodied practices of prestige (Bourdieu 1983) in these youth cultures is reflected in this enacted scene. Moreover, fashion photography may have influenced the arrangement of their bodies in unisex fashion – not especially women's wear.

Although the persons stand quite close to each other, there is still a small but noticeable in-between space left between them and they do not touch each other. This spatial constellation also reflects the degree of felt proximity between the three women, who describe themselves as friends but not best friends: "Yes, I was happy there. So, there were a lot of photos and I chose the best of them. I was out with my friends in the city, they are good friends but they are not my best girlfriends. Yes, that's exactly what my girlfriend did, she made a selfie of our group."

As the scene was enacted for being photographed, taking a photograph and being photographed at all is part of friendship rituals among youth, serving for self-realization (Bourdieu 1983) and creating a positive atmosphere, as the respondent describes "[...] yeah, we do click click click all the time and the best shot will be selected." The picture, which was shared, but not "hash-tagged" on Instagram, is the interviewee's picture with the most "likes", which she highly appreciates. The picture stands for itself as a statement. This points towards the significance of visual "exploitability" for accumulating popularity which also reflects a quantification of friendship. In this view, Goffman's (1979, 84) hyper-ritualization becomes particularly clear. The photo can also be identified as a result of social upper middle-class habitus, for it refers to successful Instagram influencer's posing.

Picture 4.1b shows five young women wearing festive dresses in a ceremony hall. It was taken with Pxxx, a 21-year-old student of Communication Science in Kuala

Lumpur, Malaysia. Except one, all women wear a scarf. The persons' colourful, but subtle clothes and the upright, linear positioning conveys a formal impression, which is further highlighted by the picture section. The protagonists' gestures as well as their pose is turned towards each other. The photo was taken by a third person and posted on Instagram (95 likes).

All five bodies are positioned equally in one line. The gaze is – except one – directly on eye level to the viewer. The photo' perspective is type of centred and symmetric, with bodies almost displayed in total.

The image can be divided into two areas: the upper area (above the waist and left hand of the outmost right person), characterized by affective intensity, movement and individuality, contrasts with the lower, stable, immovable part of the body of the depicted.

What is striking is the dynamics of the gestures that four of the women perform: a woman makes a "duckface" while pointing with her index finger at a person who reciprocates the gesture with her two index fingers. The depicted people not only interact with the viewer, but also interact with each other. In addition, the two of them are not facing the camera, but are facing the person positioned centrally. The people flanking the group look into the camera and are rather turned towards it. Overall, the strictly vertical body axis of the depicted contrasts with their heterogeneous gestures and facial expressions. Considering people's formation, physical distance is small, but still existent. Physical contact is only established through hand interaction.

The young woman, who does not wear a hijab, opposes the distant attitude through a pronounced gesture of assignment and is the only one who turns away from the viewer. The two women in blue frame the three main actors. The selected image section allows the background to shine through only marginally, which means that it plays a subordinate role in the staging. The rigid arrangement of the protagonists is in contrast to their witty facial expressions and the high intensity of affect in the upper third of the picture that results from the dynamics of the gestural interaction. This ambivalence may give insight into the group's cultural habitus, which could be described as "playful traditionalism" in the view of the interpreter, for the hijab is not worn by all of the depicted women in everyday life.

The objective of taking this picture was to capture and share the highly estimated moment of getting together (it serves for memory, mainly oriented on professional wedding photography). It is not the celebration of the wedding, the act of celebrating that is in the centre of attention, but the group of friends staging their togetherness as a reminiscence (Bourdieu 1983).

The interviewee describes the picture as "perfect" although the tops of the head are cropped, which points to the fact that in this case "perfect" refers to properly displayed "[…] *in my opinion, my perfect photo is like okay everyone is beautiful. Lighting okay. No weird pictures. Then upload.*" Sharing it on Instagram earned 95 likes, which can be seen as a "security" for maintaining their friendships. Communicating and manufacturing togetherness with an absent friend (*"[...] missing Tika. Tika is not here.")* is moreover a strong expression of feelings (Bourdieu 1983).

In picture 4.1 an urban setting functions as the stage of enacting togetherness in the frame of "self-realization". This "we-fie" can be regarded as prototypical for a photographic genre induced by smartphone photography. The gestic and moment-like staging for being photographed is at the centre as the enactment of togetherness. It is not a moment that has to be documented, but a moment that is exclusively established for being able to take a photograph. The case of photo 4.1b is slightly different: A specific festivity shall be captured. But, here again it is not the happenings taking place at the wedding that are depicted, but a group of young women staging their togetherness ("friendship reminiscence" and "expression of feelings") also implying an absent friend via gestures, directed towards the absent friend and among each other. The festivity is the cause for taking the photograph, but not the primary content of photo.

4.4.2 Institutionalised, formal togetherness

Showing 13 young men, the group-photo 4.2a was made with friends on a sports-trip to Bali. They are sitting in two rows (six persons each) on two benches one behind the other at the airport. One young man is sitting in front of the group with crossed legs. The casual sporty clothes (T-shirts, some wear shorts and sandals) stress the vocational context. The photo was made by a third person for the foremost protagonist MUxxxx, a 24-year-old student in Kuala Lumpur, to be uploaded to Instagram

(a)   (b)

Fig. 4.2: (a) Malaysia (Instagram); (b) Austria (Facebook)

(163 likes). Thus, a classic photography frame was used for this group photo instead of a group-selfie. The photo is presented within the software's interface.

The planimetric composition of the picture is featured through horizontal and vertical lines. On the pre-iconographic level, there are homologous elements such as the almost identical hand position and the similar facial expression of the protagonists. All protagonists look into the camera, facing the viewer on eye-level. The photo was taken from a standing position by a third person and has some "bird-perspective", most bodies are displayed in total. It is a rather conventional representation of a team, with the inclusion of the depicted being supported by complete alignment. The central person in the foreground is the "owner" of the photo, for it was taken under his advice; which makes him moreover a leading and team-connecting actor. In addition, there is a visual density and strong limitation to the frame specified by Instagram as the format, which allows the proximity between the people to emerge as the dominant feature of the image:

Although – as declared in the interview – the depicted persons are very good friends – all of which should be displayed and no one's head cut off – there is no active body contact among them; sitting close together to be in the picture-frame (the two persons in the edges of first row are cut off anyway). Almost all of them perform a uniform gesture – their hands folded chaste in their lap. However, the laughter and friendliness is not underlined by further gestures. The distant non-touching of the bodies refers to a culturally bound convention (of Malay Sunnism). Thus, the photo evokes an impression of uniformity and distant connectedness.

The style is strongly oriented on the conventional inventory of – mostly male – team photography which serves purposes of heightening prestige (team spirit) as well as preserving memories (Bourdieu 1983) which are mentioned by the interviewees. The strictness documented in the planimetric composition is somewhat weakened by the smiling facial expression of the protagonists.

According to Goffman (1979), the photo indicates a rather male habitus by showing togetherness without self-touching faces or objects – despite body touches are quiet common in sports team photography.

Eighteen young men on another rather conventional group photo 4.2b, taken by Moxxxxxx, 18-year-old merchant apprentice in Vienna, are standing, sitting and lying on an urban located grass sport field during evening time. The twelve standing persons put their arms around each other's shoulders, one person makes a big gesture with both outstretched arms, another makes a fist, and one raises his left hand. Five young men are sitting, one in the blue jersey jumps into the picture scene. The photo was posted on Facebook.

The photo is divided into two parts, with the upper image area differing from the lower image area in terms of the planimetric composition. If you separate the picture with a horizontal line running through the centre of the picture, it becomes clear that the upper half is characterized by the vertical arrangement of the depicted, while the protagonists in the lower part of the picture are arranged in a star shape.

The photo was taken by a third person from a standing perspective with a light bird view on the bodies. All except two protagonists are looking into the camera, ten are smiling. They are happy because they won a soccer match.

This picture represents an enacted, staged photo, but is vivid due to the boys' gestures of victory and exuberance. Movement is suggested through the blurred look of the hands as well as the goalie jumping in dynamically in the front. The blue sports jacket in the foreground underlines the spontaneous shot as a capture of feelings (Bourdieu 1983) and emotions after winning a soccer match; gestures like "flying" and a fist as a sign of victory. Despite the photo was not edited, it was uploaded on Facebook and serves for the interviewee's memory.

It is dedicated to group cohesion and togetherness, epitomizes the will to succeed, and captures a victory mood (sports culture-bound expression of the team spirit). Soccer is framed as a men's sport in a (e.g. Turkish) migrant milieu as the interviewee outlines while referring to a working-class habitus.

Like team photo 4.2a, this photo also imitates the professional style of team photography by showing formal, "professional" institutional togetherness aiming at accumulating social capital by displaying strong bonds (prestige) and preserving memories (Bourdieu 1983).

The striking difference between the two photos lies in their dynamics. While the planimetric composition of photo one is dominated by horizontal and vertical lines (rather static), photo two shows a transition from a horizontal-vertical to a star-shaped visual structuring, as the field lines show (dynamic). Togetherness is represented within team settings – on the one hand enabled through "ready to hand" smartphone equipment to capture a moment in time while posting and sharing with others, but demonstrating different dynamics. On the other hand, a photographer directs and captures the scene. Instagram format determines the limited space for the line-up in photo 4.2a, the Facebook photo 4.2b displays more authentic team constellation.

In both photos the groups' selection of the composition seems to follow implicit but rather strict rules reflecting the canon of hierarchically oriented (professional) team photography.

4.4.3 Bodily constituted informal togetherness

In photo 4.3a three people (one woman and two men) pose in front of a brick wall in black and white. The young man in the foreground holds a digital camera at the level of his face, which conceals his mouth. The second young man is standing behind him, in the background a young woman with long hair is keeping an eye out. Her body is mostly covered, except her head and hair. The foremost protagonist is the photographer, Bxx, 21-years-old male, attending senior high school in HoChiMinh City. He directs the photo camera to a mirror placed in front of the group. The capital letters on the brick wall are mirror reflected "Everything you can imagine" (ten letters are

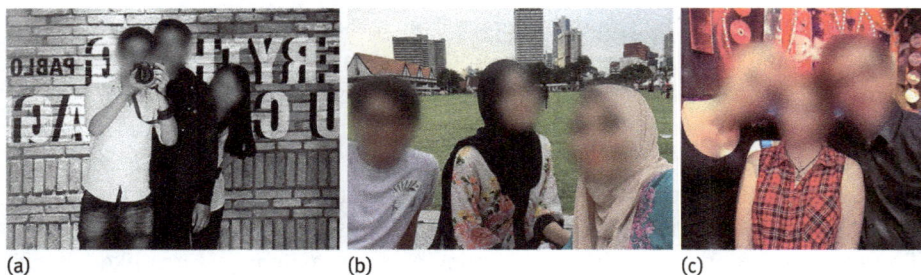

Fig. 4.3: (a) Vietnam (Instagram); (b) Malaysia (Twitter, Instagram); (c) Austria (Facebook, Instagram)

visible) and the word "Pablo". The three people wear casual clothes, which cover the body such as jeans and shirts, and stand close to each other.

The Vietnamese student triad is standing centred, the image view is symmetric, and two of the protagonists are facing the viewer; the photographers' view is on the camera. The photo was taken in the half-length. As far as the relation of the depicted bodies to each other is concerned, they appear to be arranged relatively close behind one another, but there is no conscious contact. The focus of the protagonist's attention – underlined by the technological artifact "camera" – is on the moment of taking photos together in a public space as a gender mixed friends' group.

For only half of the surface is covered with bodies, the background framing will be important: The image producer is represented at the same time, he uses a prefabricated background together with the other depicted. The brick wall forms horizontal lines that contrast with the vertically arranged people, and the background looks like a stage on which the protagonists position themselves. The group seems to perform "individuality" in this "cineastic" scene. From the point of view of the interpreter, the photo refers to a cosmopolitan lifestyle, which represents prestige in Vietnam (Bourdieu 1983).

With regard to gender, it is important to focus on the arrangement of the people and their size ratio: while the men stand upright, the woman leans slightly to the right. It becomes clear that the relative size of the woman is smaller (Goffman 1979), which is also due to her positioning and inclined posture. In the practice of the image producer, who has a firm grip on the camera, superiority and power (Goffman 1979) are documented.

The camera also forms a boundary between the viewed and the viewer. This is in contrast to the fact that he turns his eyes away from the viewer and thus becomes the viewed. The constellation of togetherness suggests a mate-like three-way relationship, whereby the two men appear socially closer through their identical posture and the visual closeness of their bodies and especially their heads than the woman, who differs in posture and directs her arms backwards. The picture has a pop-cultural appearance and globalized aesthetic (e.g. English quote on the wall, western fashion), which refers to an upper-middle class habitus of the protagonists. It is not immediately apparent what the local context is. The protagonists include their immediate, youth-cultural, cinematic experience. The protagonists present themselves as individuals in uniformity.

The photo has a special meaning for the producer: it captures a moment on his birthday on this day and serves as reminiscence (Bourdieu 1983), for taken in the presence of two close friends. The affective potential of the photo was activated when he posted it on Facebook after editing it using Photoshop. Then the circle of acquaintances noticed that it was his birthday and congratulated him.

In the foreground of photo 4.3b, taken by Awxx, about 20-year-old female media marketing student in Kuala Lumpur, there are three young people, two women and a man. The man, who is positioned on the far left of the viewer and whose shoulder is somewhat "cut off", is wearing a light, wide t-shirt with a print and glasses. He has short dark hair and smiles. The woman in the middle is wearing a light, long-sleeved blouse with a floral pattern and a black headscarf. She smiles and is turned slightly sideways, with her torso almost visible to the waist. The green lawn is framed by houses in the background. The picture was taken in "we-fie" mode in public university campus park and shared on Twitter and Instagram.

As people are positioned in a horizontal line, the photo is composed centred and almost symmetric, and taken by the woman on the far right (best friend of Awxx) with light supervision in the "we-fie" mode with some "birds-eye" perspective. Because the relative size of the man is the smallest, the women appear superior. In addition, due to their attentiveness and parallelism in clothing, they form a unit, which makes the man look slightly off-limits. The women's hijabs form a frame that underlines their face. The man is sitting facing the viewer. In contrast to the two women who smile with their mouths closed the man smiles with his mouth slightly open.

The lines running between the three people mark an intermediate space, which in turn indicates their non-contact. The people are at different distances from the viewer. The intimate relationship of the three very close friends is not documented in their physical proximity. It took several attempts to take the photo because the perspective had to be chosen in such a way that a body distance is clearly visible, especially between the male and female. The protagonists are very close friends (as described in the interview) who had spent the whole day together, as the friend will soon be spending a longer period of study in London. The photo documents a moment of relief after a long walk and just before they have a meal together. The group is celebrating the moment together and express their positive feelings in being (still) together (Bourdieu 1983).

Awxxx is keen to keep the body distance between herself and the male figure, as she emphasizes: "Compared to me and my girlfriends, if I am depicted with a man, there must definitely be a gap between them." In addition, she would always consider what her friends – including the distance – would say if she would post the photo. It was previously only posted on Twitter, but should also be posted on Instagram after receiving the reactions from Twitter.

The respondents' conjunctive space of experience (e.g. Sunni Malay culture) is reflected in their embodied habitus. The conscious keeping of distance points to the emphasis on gender separation in public spaces regardless of the respective intimacy level of the relationship of the people. The close personal distance to the viewer given due to the mode of image production (one arm's length) contrasts with the relative distance between the people.

The international studies background (London) moreover refers to an upper-class habitus.

Three young, smiling people, two teenage women and a man in his mid-20s, in casual clothes, whose upper body can be seen up to the waist, are in the foreground of photo 4.3c. In the centre of the picture, we see a red-haired woman with tied hair, flanked by a blonde woman with short hair and a man with brown short hair. Two thirds of the female bodies are covered with cloths – a red checked blouse and a tight black dress with lacy – naked arms and cleavage of the women are conspicuous. The background shows electric lightened red letters and CDs in a club scene. The photo was posted on Facebook and Instagram.

Posing together manifests itself in planimetry through a circle that can be drawn around the heads of the people. A parallelism is shown in the lower two thirds of the picture in the upright posture of the people. The photo was taken by an event photographer when Hxxx, a 19-year-old high school student (in the middle), was visiting a music club in Vienna. The protagonists smile, their views are directed towards the photographer/viewer. It is some "bird view" shot and concentrates equally on faces and bodies in front of the red enlightened background. It shows the interviewee with her best girlfriend and a "very good" friend of the two.

Due to the physical proximity to each other, the three people amalgamate into a unit. The young woman in the middle is the smallest and is almost surrounded by the outside people. Since the middle person has slightly turned her face towards the female person on the left from the observer, the person appears socially closer. Her gaze is also to be interpreted as cute. The togetherness is embodied for this enacted group photo. The parallelism in posture and facial expression supports the impression of a positively charged togetherness. The bodies touch each other on the head and trunk, whereby the friendly relationship is staged by a physically exhibited intimacy.

The respondent published the photo on Facebook and Instagram at the same time. Last but not least, attractiveness should be exhibited for the image producer (event photographer), towards whose eyes the protagonists are oriented. He is viewed as representative for other potential viewers who should be affected by the positive mood expressed. To draw conclusions about the embodied habitus, middle class is represented, e.g. through rather traditional gender roles and appropriation ("tiny girl").

The picture documents intimacy and good feelings (Bourdieu 1983) in a semi-public space. From the point of view of the interviewee, the intimate relationship between the friends is documented in the touch of the three people, which should also be signposted to the outside. It is a particularly good photo, "because there were three photos and I liked that best, because we are all three and yes, I think it's cool, so I'm happy. I think everyone can look pretty and nice (laughing), it was still at the beginning of the evening (still laughing)."

Although togetherness in close friendship is documented in the three photos, differences can be observed on the pre-iconographic level. While the physical proximity of the protagonists is a central characteristic of photo 4.3c, an existing gap between the protagonists is an outstanding feature of photo 4.3b, which refers to cultural and Malay Sunni conventions and shows mutual respect as an expression of intimacy in the existing space between the people's bodies. Technological affordances are highly relevant, for this picture is shared in public Social Media and represents the accurate lifestyle to the imagined audience. In contrast, photo 4.3c documents intimacy in physical, bodily contact; in photo 4.3a bodies are merging to a unit in an enacted scene. When staging the moment of togetherness, the three groups are guided by the eyes of an imagined audience, which represents the protagonists' conjunctive space of experience.

4.4.4 Haptical togetherness

Laxxx, a 20-year-old female student of economy in Vienna is part of the shown photo (Fig. 4.4a), captured by a third person. A group of five young protagonists – four female and one male – are standing and posing on a city building's rooftop in semi-private space in front of a chimney and an air-shaft. It is daytime and all are smiling. The bodies are half covered with casual clothes like t-shirts and shorts. One young woman has south Asian background. The photo was posted on Facebook.

The displayed group is forming a triangle and covers at least 50% of the photo, the perspective is centred, symmetric and on eye level. All protagonists look and smile into the camera. The lower legs of the bodies are cut off. A central line runs through the

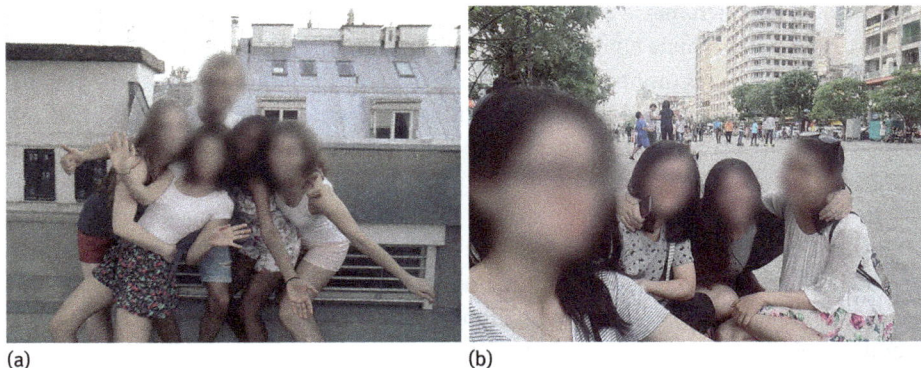

(a)   (b)

Fig. 4.4: (a) Austria (Facebook); (b) Vietnam (Messenger Line)

man behind the women, whose relative size (Goffman 1979) exceeds that of women, although he bends his legs like the other young people. The woman in the foreground leans back sideways and is encircled by the arm of a woman behind her at the waist. The women gesture with partly outstretched arms, one person holding the female protagonist in front and all four leaning dynamically towards the centre of the picture.

At the pre-iconographic level, a parallelism in clothing and youth attitude can be seen. The position of the woman in the foreground seems unstable and makes her look fragile (subordination, Goffman 1979). She relies on the woman behind her, which requires a lot of trust. The man in the background encloses the other people with his arms and thus forms a bracket that holds the group together.

In the frame of a farewell party for an Erasmus student friend (centre) in the dormitory, a "friendship togetherness photo" was taken, while the urban space is serving as a stage. It took several attempts to shoot the right photo with all eyes open. The photo pleases the protagonist (girl in the front left), they put their heads together to demonstrate union and affection.

The casual habitus in the context or the "human triangle" as well as the big gestures convey familiarity and display feelings (Bourdieu 1983), staged "for being taken". The joy of togetherness is expressed through laughing faces ("you can tell, that we all like each other, right?"), the casual summer dresses and haptic, physical closeness as well as hugs express confidence. This light-heartedness, gender-overlapping and ethnic internationality of youth can also be seen as expression of a liberal, higher-middle class habitus.

Overall, there is an interplay of holding and being held, documenting on the one hand a moment of connection and trust, on the other hand, however, also of spontaneity and fragility. The intensity of the moment is documented in the image and should make it easier to call up the emotional charge of the moment in the future, it serves the preservation of memories. The people interact with each other, but do not direct their gaze towards each other. The focus on the image producer documents an orientation towards being seen, which supports self-realization (Bourdieu 1983).

Four young Vietnamese women on photo 4.4b are portrayed in casual clothes by Xuxxx, 21-year-old female student of Journalism in HoChiMinh City.

The female photographer taking the photo is standing sideways of a three person-group, who are hunkering down on a public square, where no cars or motorbikes are displayed. This setting in the background is urban and captures almost 50% of the surface.

In a planimetric order the equality of the hunkering protagonists is central, for all heads are shown in one line – "side by side". Even the juxtaposition of the single person in the foreground completes the impression of equality.

While enacting their connectivity crouching simultaneously – one girl as a photographer of this "we-fie" is standing sideways the group, the photo displays a rather flat, but light upward hierarchy between the bodies. The left positioned standing body of the photographer is (technologically triggered, for camera distance and perspective is depending on arm length of the photographer) more prominent enacted than the others. The photographers gaze is directed to an external point to the right, the groups gaze is upwards directly to the viewer. The photo' perspective is non-centred, half total, and some "worm's eye view".

There is very short distance between the bodies of the hunkering group, one woman in the middle embracing her "mates" while they are smiling, trying to behave in a most natural, authentic manner. In the foreground the photographer is pulling a funny face (e.g. "duckface") while taking the photo. This gesture strongly dominates the curated picture and could be interpreted in a means of being ironic in creating a contrast to the smiling faces, and thus makes the image more interesting.

The photo displays a relationship among these young women, for three of them smile and show happiness – the public square (in a pedestrian zone) is their stage of interaction with the imagined audience. Filters on Instagram were used for editing, but the natural look was conserved. *"One week after our internship started. Close friends hung out to share stories. I was happy because four people smiled happily and naturally."*

Rather female "casual business" attributes are shown in clothing like skirts and t-shirts mostly not covering lower legs and arms – coloured in white, grey and black, only one skirt is patterned floral in white, pink and green. The women are self-conscious and aim to share a light-hearted moment after a working experience. Signposting of prestigious relationships is important for the respondents or in-between relationships supporting individual success ("guanxi" which means tacit mutual connections of power, see Chua and Wellman 2015) are highly valued. By taking this photo, the group reinforces this newly established "job friendship" during their internship and require the friendship to be maintained: "Yes. It was about job friendship and future [...] It is a bit important. It has been a long time (maybe 7 days) since our last photo was captured, friends on Facebook and Instagram liked more and commented on it."

The photo's meaning is twofold: It serves not only for "reminiscence and memory" but represents also a "feeling and celebrating of the moment" (Bourdieu 1983). The main intention of the picture producer is communicating that the group has finished an internship successfully, which is expected to enhance prestige (Bourdieu 1983) among the networked audiences. Thus, the photo is pointing towards a class-specific ethos, which can be attributed to the ascent-oriented urban Asian middleclass (obligatory work-life-relations to gain favour – "guanxi").

The perspective is typical for the smartphone camera specific genre of the "wefie", which results from the distance of one arm length as one person of the group has to hold the camera phone to take the photo. A moment of individuality is documented in the "duckface" gesture, which manifests itself in the lack of eye contact with the other people depicted and with the viewer. First the photo was messaged via WhatsApp, then shared on Instagram and linked to Facebook.

Both photographs rely on haptic, body centred expression of togetherness while touching, holding or embracing the adjacent bodies, in some cases reciprocally enacted. The group on photo 4.4a shows a very dynamic and intimate performance, while photo 4.4b is rather static – relying on their semi-friendship "guanxi" status. Both surroundings are chosen actively and underline the young urban, smartphone "snap shot" triggered lifestyle of the groups.

4.5 Conclusive comparison and discussion

The pictures selected and interpreted as prototypes for the respective clusters show that togetherness and groups' ethos mainly manifest in gestures, body postures, interactional dynamics as well as the relation of protagonist(s) and background.

The planimetry of photos representing the type of the *bodily constituted informal togetherness* is characterized by horizontal and vertical lines. In addition, a standardization of the emotional expression becomes clear, which is supported by the homogeneity of clothing, posture and gestures. Only the Malayan protagonists' conjunctive space of experience was found to affect practices of spatial arrangements and positioning – as generally observed in public events in Malaysia (Timbuong 2018). While the respondents from Austria and the female respondents from Vietnam regard physical contact as a constitutive element of intimacy, the Malayan respondents do not consider physical closeness as an indicator for intimacy.

In few photos, the proximity of the bodies is predefined by Instagram as a frame, but is also influenced by internal group regulations as well as general conventions. The "how" of "staging oneself" differs depending on the group constellation, motivational background and situational context of the photo production.

With regard to the proxemics of intimacy configurations – the relation of proximity and distance to the viewer – the analysis of the visual material shows that different technical platforms and services such as Instagram correspond with different spatial distance patterns, implying a different field of vision (Kress and Van Leeuwen 1996, 30). The square format of images for instance engenders visual density in group visualizations, which clearly underlines the unity of the group. Thus, technological affordances of the examined platforms and services were found to trigger the articulation of the different subject positions and constitution of togetherness as well as visualization of the bodily relation with other photo protagonists particularly. Other platform's technical constitutions such as defaults were not mentioned to be taken into account while taking or sharing photos.

A shift towards performative modes of group visualizations is evident in the fact that most protagonists' gaze is oriented towards a(n imagined) viewer.

In general, it becomes clear that group visualizations have to be situated within a wider context of identity performances and subjectivation; signifiers of social capital are to be regarded as constitutive for the subject positioning of a "networked self". By sharing with absent people "presence in absence" is created through enabling a "synchronous gaze" (Villi and Stocchetti 2011, 108).

However, the modes of group performance are not exclusively technologically determined, but reflect a transnational visual culture that provides concepts for accepted behaviour and readings. At the same time the embodied habitus of the protagonists reflects religious, socio-cultural and gender frameworks. As modernization-theoretical approaches are often based on essentialist cultural concepts that search for "harsh" demarcation criteria, our searched young adults living in global cities increasingly locate themselves in hybrid worlds (Nilan and Feixa 2006). Nevertheless, their media appropriation takes place in their immediate everyday life, i.e. culturally "localized" (Hepp 2011, 201, 2014) and "relational [...] (defining) themselves according to their relative position in the interpersonal networks" (Wang and Liu 2010, 56).

Drawing on Bourdieu's (1983) motivational categories, our interviewees' photo elicitations point to the fact, that *expression of feelings* is most important, followed by *reminiscence* and taking photographs for serving memory. *Prestige* – which implies to take photos especially for an imagined audience, is rather common in sports or leisure culture contexts. The motive of *self-realization* is less frequently mentioned and expressed only in Austrian photo examples (doing "Coolness" Fig. 4.2a and "enacting the group" Fig. 4.4a).

To sum up, our analysis of adolescents' photographs displaying a group ethos shows impacts of both, technologically triggered (formats and imagined audiences while producing, enacting, modifying, sharing) and culturally bound (conventions, sports) affirmation of facial, gestic, bodily and fashion respectively style oriented expression of togetherness.

Thus, Instagram's square format might influence body positions and proximities, the added emoticons, likes and comments underline and moreover quantify the popularity and "fame" of the depicted group; and, taking and selecting the ideal of countless shots is quite popular to get the best pic for all group members. Also face- or body enhancement respectively beautification is a common practice due to easy technological handling. On the cultural level for instance body distance is kept despite technical obligations of format defaults; or the status of persons is displayed as central (especially in the work-related images which were not presented here). Work and sports teams were conventionally displayed rectangular and arrayed. Moreover, we distinguished informal forms and revealed haptic in opposition to distant forms of togetherness.

The results of our study are based on exploration and lack a broader sample, also for intended cultural comparison. We would need more and diverse visual material and variety in interview data, especially to scrutinize togetherness as a result to social class and expression of social capital, which is shown to imagined audiences.

References

Ang, Ian.. 1986. *Das Gefühl Dallas: Zur Produktion des Trivialen*. Bielefeld: Daedalus.

Belting, Hans. 2001. *Bild-Anthropologie: Entwürfe für eine Bildwissenschaft*. München: Fink.

Bohnsack, Ralf. 2001. Dokumentarische Methode: Theorie und Praxis wissenssoziologischer Interpretation. In: Hug, Theo. Ed. *Wie kommt Wissenschaft zu Wissen? Band 3: Einführung in die Methodologie der Kultur- und Sozialwissenschaften*, pp. 326–345. Baltmannsweiler: Schneider Verlag Hohengehren.

Bohnsack, Ralf. 2003. Qualitative Methoden der Bildinterpretation. *Zeitschrift für Erziehungswissenschaft*, 6:239–256.

Bohnsack, Ralf. 2007. "Heidi": Eine exemplarische Bildinterpretation auf der Basis der dokumentarischen Methode. In: Bohnsack, Ralf, Iris Nentwig-Gesemann, and Arnd-Michael Nohl. Eds. *Die dokumentarische Methode und ihre Forschungspraxis: Grundlagen qualitativer Sozialforschung*, pp. 67–90. Wiesbaden: Springer VS.

Bohnsack, Ralf. 2010. The Interpretation of Pictures and the Documentary Method. In: Bohnsack, Ralf, Nicolle Pfaff, and Vivian Weller. Eds. *Qualitative Analysis and Documentary Method in International Educational Research*, pp. 267–292. Opladen: Budrich.

Bohnsack, Ralf. 2011. *Qualitative Bild- und Videointerpretation: Die dokumentarische Methode*. Opladen: Budrich.

Bourdieu, Pierre. 1977. *Outline of a Theory of Practice*. Cambridge: University Press.

Bourdieu, Pierre. 1983. *Eine illegitime Kunst: Die sozialen Gebrauchsweisen der Photographie*. Frankfurt am Main: Suhrkamp.

Capello, Marva. 2005. Photo Interviews: Eliciting Data Through Conversations With Children. *Field Methods*, 17(2):170–182.

Chua, Vincent and Barry Wellman. 2015. Social Networks in East and Southeast Asia: National Characteristics, Institutions, Network Capital, and Guanxi. *American Behavioral Scientist*, 59(8):903–913.

Couldry, Nick. 2006. Akteur-Netzwerk-Theorie und Medien: Über die Bedingungen und Grenzen von Konnektivitäten und Verbindungen. In: Hepp, Andreas, Friedrich Krotz, Shaun Moores, and Carsten Winter. Eds. *Konnetivität, Netzwerk und Fluss: Konzepte gegenwärtiger Medien-, Kommunikations- und Kulturtheorie*, pp. 101–117. Wiesbaden: Springer VS.

Cruz, Edgar G. and Helen Thornham. 2015. Selfies Beyond Self-Representation: The (Theoretical) Frictions of a Practice. *Journal of Aesthetics & Culture*, 7(1):1–10. doi: http://dx.doi.org/10.3402/jac.v7.28073.

Giddens, Anthony. 1984. *The Constitution of Society: Outline of the Theory of Structuration*. Berkeley: University of California Press.

Gill, Rosalind. 2007. Postfeminist Media Culture: Elements of a Sensibility. *European Journal of Cultural Studies*, 10(2):147–166.

Glaser, Barney G. and Anselm Strauss. 1967. *The Discovery of Grounded Theory: Strategies for Qualitative Research*. Chicago: Aldine Publishing.

Global Digital Report. 2019. *We Are Social*. https://wearesocial.com/global-digital-report-2019. Accessed: 06.10.2020.

Goffman, Erving. 1979. *Gender Advertisements*. New York: Harper Collins.

Harper, Doug. 2000. Reimagining Visual Methods: Galileo to Neuromancer. In: Denzin, Norman and Yvonna Lincoln. Eds. *Handbook of Qualitative Research*, pp. 717–732. London: Sage.

Hepp, Andreas. 2011. *Medienkultur: Die Kultur mediatisierter Welten*. Wiesbaden: Springer VS.

Hepp, Andreas. 2014. *Transkulturelle Kommunikation*. Konstanz: UVK.

Huber, Wolfgang. 2005. Die jüdisch-christliche Tradition. In: Joas, Hans and Klaus Wiegandt. Eds. *Die kulturellen Werte Europas*. Frankfurt am Main: Fischer.

Imdahl, Max. 1996. *Giotto – Arenafresken: Ikonographie – Ikonologie – Ikonik*. München: Fink.

Jugendkultur.at. 2018. *Studie: "Jugend & Digitale Medien"*. https://jugendkultur.at/studie-jugend-digitale-medien/#more-11523. Accessed: 06.10.2020.

Kress, Gunther and Theo van Leuwen. 1996. *Reading Images: The Grammar of Visual Design*. New York: Routledge.

Lasén, Amparo. 2015. Digital Self-Portriats, Exposure and the Modulation of Intimacy. In: Carvalheiro, José Ricardo and Ana Serrano Tellería. Eds. *Public Private: Mobile and Digital Communication: Approaches to Public and Private*, pp. 61–79. Covilhã: livros Labcom Books.

Mannheim, Karl. 1980. *Strukturen des Denkens*. Frankfurt am Main: Suhrkamp.

Markham, Anette and Elisabeth A. Buchanan. 2015. Internet Research: Ethical Concerns. In: Wright, James D. Ed. *International Encyclopedia of the Social & Behavioural Sciences*, pp. 606–613. Amsterdam: Elsevier.

Mayring, Phillip. 2000. *Qualitative Inhaltsanalyse, Grundlagen und Techniken*, 11. edn. Basel: Beltz Pädagogik.

Medienpädagogischer Forschungsverbund Südwest. 2018. *JIM. Jugend, Information, (Multi-)Media: Basisstudie zum Medienumgang 12- bis 19-Jähriger in Deutschland*. https://www.mpfs.de/fileadmin/files/Studien/JIM/2018/Studie/JIM2018_Gesamt.pdf. Accessed: 06.10.2020.

Miguel, Cristina. 2016. Visual Intimacy on Social Media: From Selfies to the Co-Construction of Intimacies Through Shared Pictures. *Social Media + Society*, 2:1–10. doi:10.1177/2056305116641705.

Mohamed Salleh, Sabariah. 2012. *Adolescents' Engagement With the Media*. Dissertation, University of Vienna.

Nilan, Pam and Carles Feixa. 2006. *Global Digital Youth: Hybrid Identities, Plural Worlds*. London: Routlege.

Panofsky, Erwin. 1932. Zum Problem der Beschreibung und Inhaltsdeutung von Werken der Bildenden Kunst. *Logos*, 21:103–119.

Przyborski, Aglaja and Monika Wohlrab-Sahr. 2014. *Qualitative Sozialforschung*. München: Oldenbourg.

Reissmann, Wolfgang. 2017. Ins Bildern kommen: Zur Veralltäglichung interpersonaler Bildkommunikation. In: Schinkel, Sebastian and Ina Herrmann. Eds. *Ästhetiken in Kindheit und Jugend: Sozialisation im Spannungsfeld von Kreativität, Konsum und Distinktion*, pp. 251–269. Bielefeld: transcript.

Schreiber, Maria and Gerit Götzenbrucker. 2018. Körperbilder – Plattformbilder? Bildpraktiken durch visuelle Kommunikation auf Social Media. In: Grittmann, Elke, Katharina Lobinger, Irene Neverla, and Monika Pater. Eds. *Körperbilder*, pp. 29–50. Köln: Herbert von Halem.

Statista. 2020. *Statistiken zum Thema Soziale Netzwerke*. https://de.statista.com/themen/1842/soziale-netzwerke/. Accessed: 06.10.2020.

Timbuong, Jo. 2018. *Terengganu Publishing Gender Separation Guidelines for Stage Shows*. The Star. https://www.thestar.com.my/news/nation/2018/10/03/terangganu-pushing-gender-separation-guidelines-for-stage-shows/. Accessed: 15.02.2020.

Vanden Abeele, Mariek. 2016. Mobile Youth Culture: A Conceptual Development. *Mobile Media & Communication*, 4(1):85–101.

van Dijck, Jose. 2013. *The Culture of Connectivity: A Critical History of Social Media*. Oxford: Oxford University Press.

Van House, Nancy, Marc Davis, Yuri Takhteyev, Nathan Good, Anita Wilhelm, and Megan Finn. 2004. From 'What?' to 'Why?': The Social Uses of Personal Photos. In: *Proceedings of the ACM Conference on Computer-Supported Cooperative Work (CSCW)'04 November, 6–10*. Chicago: ACM.

Villi, Mikko and Matteo Stocchetti. 2011. Visual Mobile Communication, Mediated Presence and the Politics of Space. *Visual Studies*, 26(2):102–112.

Wagner, Jon. 2002. Contrasting Images, Complementary Trajectories: Sociology, Visual Sociology and Visual Research. *Visual Studies*, 17(2):160–171.

Wang, Georgette and Zhong-Bo Liu. 2010. What Collective? Collectivism and Relationalism from a Chinese Perspective. *Chinese Journal of Communication*, 3(1):42–63.

Wajcman, Judy. 2007. From Women and Technology to Gendered Technoscience. *Information, Communication & Society*, 10(3):287–298.

Walkerdine, Valerie. 2011. Neoliberalism, Working-Class Subjects and Higher Eduction. *Contemporary Social Science: Journal of the Academy of Social Sciences*, 6(2):255–271.

Würfel, Maren and Jan Keilhauer. 2009. Die konvergente Medienwelt: Materiallieferant und sozialer Raum für die Identitätsarbeit Jugendlicher. In: Theunert, Helga. Ed. *Jugend – Medien – Identität: Identitätsarbeit Jugendlicher mit und in Medien", series="Schriftenreihe interdisziplinäre Diskurse*, pp. 95–113. München: KoPaed.

Yi, Chin-Chun. 2015. Adolescents and Transition to Adulthood in Asia. In: Quah, Stella. Ed. *Routledge Handbook of Families in Asia*, pp. 191–211. Oxon, New York: Routlegde.

Zhao, Shanyang. 2006. Do Internet Users Have More Social Ties? A Call for Differentiated Analyses of Internet Use. *Journal of Computer Mediated Communication*, 11(3):844–862.

Zhao, Shanyang, Sherri Grasmuck, and Jason Martin. 2008. Identity Construction on Facebook: Digital Empowerment in Anchored Relationships. *Computers in Human Behavior", volume="24*, pp. 1816–1836.

Annex

Tab. 4.1: Interviewees' demographic data

Country	Nick	Sex	Age	Education	Social Media	Status	Dwelling
Malaysia	1	f	21	student	Facebook	partner	Family
Malaysia	2	m	21	student	Facebook	single	Family
Malaysia	3	f	2?	student	Messenger	–	–
Malaysia	4	m	23	student	Messenger	single	Family
Malaysia	5	m	24	student	Instagram	single	Friends
Malaysia	6	f	21	student	Instagram	single	Family
Vietnam	7	f	21	student	Facebook	single	Family
Vietnam	8	m	21	student	Facebook	single	Family
Vietnam	9	f	21	student	Line Messenger	single	Family
Vietnam	10	f	23	student	Line Messenger	single	Friends
Vietnam	11	m	23	student	Instagram	single	Friends
Vietnam	12	f	23	student	Instagram	single	Family
Austria	13	f	20	student	Facebook	married	Friends
Austria	14	f	18	student	Facebook	single	Alone
Austria	15	m	23	student	Facebook	single	Alone
Austria	16	f	24	graduated	WhatsApp	married	Alone
Austria	17	m	18	pupil	WhatsApp	single	Family
Austria	18	f	21	student	WhatsApp	single	Alone
Austria	19	f	20	graduated	Instagram	single	Family
Austria	20	f	14	pupil	Instagram	single	Family
Austria	21	f	23	student	Instagram	married	Family
Austria	22	m	24	graduated	Snapchat	single	Friends
Austria	23	f	26	graduated	Snapchat	single	Alone
Austria	24	f	17	pupil	Snapchat	single	Family
Austria	25	m	19	student	Snapchat	married	Partner

Teil III: **Ethnografische Untersuchungen visueller Medienpraktiken**

Philipp Budka

5 Kultur- und Sozialanthropologische Perspektiven auf digital-visuelle Praktiken. Das Fallbeispiel einer indigenen Online-Umgebung im nordwestlichen Ontario, Kanada

5.1 Einleitung

Als Wissenschaft vom soziokulturellen Menschen bietet die Kultur- und Sozialanthropologie theoretische Zugänge und Konzepte, um vielfältige Lebenswelten vergleichend zu untersuchen, um kulturelle Bedeutung zu kontextualisieren und um Mensch-Nicht-Mensch Beziehungen zu überprüfen, die etwa durch neue digitale Medien und Technologien entstehen (z. B. Horst und Miller 2012, Moore 2012, Whitehead und Wesch 2012).[1] Als grundlegendes methodisches Instrumentarium der Kultur- und Sozialanthropologie ermöglicht dabei die ethnografische Feldforschung die dauerhafte Teilhabe am Alltagsleben von Menschen und damit die dichte Beschreibung von komplexen digitalen Prozessen und Praktiken unter gleichzeitiger Berücksichtigung von theoretischen Überlegungen (z. B. Hjorth et al. 2017, Pink et al. 2016). In Zeiten zunehmender Digitalisierung ist es für die Kultur- und Sozialanthropologie von besonderem Interesse zu verstehen, wie Menschen digitale Medien und Technologien, internetbasierte Geräte und Services oder Software und digitale Plattformen auf soziokulturell unterschiedlichste Art und Weise in ihr Leben integrieren. Die hier zu beobachtenden digitalen Praktiken stehen in hohem Maße in Verbindung mit emergenten Formen visueller Kommunikation und Repräsentation, die es mittels ethnografischer Analyse, sorgfältiger Kontextualisierung sowie systematischen Vergleichs zu beschreiben und zu analysieren gilt (z. B. Favero 2018, Gómez Cruz, Sumartojo und Pink 2017). Ich werde in diesem Aufsatz anhand von Beispielen aus der eigenen Forschung zu einer Online-Umgebung für Indigene in abgelegenen Gemeinschaften des nordwestlichen Ontario in Kanada sowie aus der medien-, digital-, visuell-anthropologischen Literatur zeigen, dass es mit dieser Verbindung möglich ist, tiefe Einblicke in Aspekte visueller Kultur zu erlangen, die co-konstitutiv für die Einbindung digitaler Medien und Technologien in den menschlichen Alltag sind.

---

1 Für eine Einführung in das Forschungsfeld der „Digitalen Anthropologie" – verstanden als kultur- und sozialanthropologische Erkundungen des „Digitalen" – siehe beispielsweise Daniel Miller und Heather Horst (2012), für einen wissenschaftshistorischen Abriss der Entwicklung dieses Feldes siehe Philipp Budka (2019b) und für eine Diskussion epistemologischer und methodologischer Verständniszugänge und Forschungsansätze in diesem Feld siehe Tom Boellstorff (2012, 2016).

https://doi.org/10.1515/9783110613681-005

Der Schwerpunkt dieses Aufsatzes liegt auf der kritischen Auseinandersetzung mit ausgewählten digital-visuellen Praktiken, wie dem Erstellen und Teilen von digitalen Grafiken, Collagen und Layouts für Webseiten in der von der indigenen Internetorganisation „Keewaytinook Okimakanak Kuhkenah Network" (KO-KNET) entwickelten Online-Umgebung MyKnet.org. Diese Praktiken sind Teil jener digitalen Aktivitäten sowie gesellschaftlicher und technischer Veränderungsprozesse, die ich im Rahmen eines kultur- und sozialanthropologischen Projektes mittels ethnografischer Feldforschung in Kanada (sechs Monate zwischen 2006 und 2008) und online (2006–2014) untersuchte (z. B. Budka 2015, 2019a).[2] In dem Projekt selbst ging ich der Frage nach, wie First Nation Gemeinschaften und deren Mitglieder im nordwestlichen Ontario Breitbandinternetinfrastrukturen, -technologien und -services (mit)gestalteten, nutzten und weiterentwickelten. Den analytischen Rahmen für meine Ausführungen in diesem Aufsatz bildet ein praxistheoretischer Zugang, der eng mit ethnografischer Feldforschung, Kontextualisierung und Vergleich als methodologische und methodische Grundpfeiler der Kultur- und Sozialanthropologie verbunden ist. Zunächst besprechе ich aus kultur- und sozialanthropologischer Perspektive den grundlegenden Zusammenhang zwischen Ethnografie bzw. ethnografischer Feldforschung, Kontextualisierung und Vergleich. In den folgenden Abschnitten diskutiere ich, wie Kontextualisierung sowie diachroner und kultureller Vergleich zur Beschreibung, Analyse und Interpretation digital-visueller Praktiken in einer indigenen Online-Umgebung beitragen können. Eine Zusammenfassung der wesentlichen Ergebnisse beschließt meine Ausführungen.

5.2 Über die Bedeutung von Ethnografie, Kontextualisierung und Vergleich

Digitale Medientechnologien und mobil vernetzte Geräte, wie etwa Smartphones, sind mittlerweile weit verbreitete Mittel der visuellen Produktion, Kommunikation und Repräsentation (z. B. Gómez Cruz, Sumartojo und Pink 2017). Digitale Plattformen und insbesondere jene der Social Media wie YouTube, Facebook, Instagram oder TikTok werden verwendet, um visuelle Inhalte und Artefakte zu konsumieren und zu teilen (z. B. Favero 2018, Miller und Sinanan 2017). Auf diese Weise werden sowohl kommunikative Praktiken als auch visuelle Kultur konstituiert, geformt, verändert und beständig neu verhandelt. Dementsprechend bedeuten diese Transformationsprozesse auch neue Herausforderungen und Möglichkeiten für die anthropologische

---

2 Neben ethnografischen Methoden der teilnehmenden Beobachtung und Interviewführung bediente ich mich auch historischer und digital-archäologischer Methoden, wie etwa der Analyse alter MyKnet.org Webseiten-Versionen und ihrer Inhalte aus dem *Internet Archive*, um die digitalen Biografien von Webseiten-Produzent*innen und ihren Webseiten, zumindest teilweise, zu rekonstruieren.

und ethnografische Untersuchung „des Visuellen" (z. B. Hjorth und Pink 2014, Pink 2011). Menschliche Kommunikation wird durch diese neuen Medientechnologien immer stärker visualisiert (siehe Miller et al. 2016). So dienen etwa digitale Fotografien, die mit Smartphones erstellt und über Social Media geteilt werden, heute vor allem der alltäglichen Kommunikation.[3] Bilder sind entsprechend ein wesentlicher Teil menschlicher Kommunikation und ersetzen teilweise Text und Sprache. Visuelle Kommunikation ist so auch in der Lage, mangelnde Lese- und Schreibfähigkeiten zu kompensieren. Digitale Fotografien, animierte Grafiken und anderes visuelles Material können als Grundlagen einer neuen visuellen Sprache verstanden werden. Digital-visuelle Phänomene wie „Memes" können darüber hinaus als neue Form der Wertehaltung interpretiert werden und die „Selfie"-Praxis ist durch viele kulturelle Variationen gekennzeichnet. Allgemein lassen sich kulturelle Differenzen in der visuellen Praxis feststellen, wie etwa in der unterschiedlichen Bewertung und Bedeutungszuschreibung von visuell vermittelten „Wahrheiten" oder „Realitäten" (z. B. Miller et al. 2016). Ein Umstand, der die soziokulturelle Bedeutung digitaler Bilder noch weiter unterstreicht.

Dieser Aufsatz fokussiert auf digital-visuelle Praktiken, wie die Produktion und Bearbeitung von digitalen Bildern, Layouts und Collagen sowie das Verbreiten und Teilen dieser Artefakte über Online-Umgebungen und digitale Plattformen in soziokulturell spezifischen Kontexten und unter Berücksichtigung einer komparativen Perspektive, die sowohl zeitliche als auch kulturelle Dimensionen beinhaltet. Dabei verstehe ich diese Praktiken auch als mediale Praktiken, die über Technologien ermöglicht werden und die zu individueller und kollektiver Kommunikation und Repräsentation beitragen und es darüber hinaus auch erlauben, soziale Beziehungen herzustellen, zu erhalten und zu verstetigen. Theoretische Grundlage ist hier ein praxistheoretischer Zugang (z. B. Ortner 2006), der Medien als Form sozialer Praxis begreift und sie im konkreten Alltagsleben von Menschen situiert (z. B. Couldry 2010). So ist es etwa auch möglich, Medien verstärkt in Bezug zum menschlichen Körper zu setzen, beispielsweise im Fall der Verwendung digital-vernetzter Geräte zur körperlichen Selbstüberwachung, oder Phänomene der Medienproduktion zu analysieren, etwa die Produktion von Webseiten und deren Inhalten (Postill 2010). Dabei verschiebt sich der Forschungsfokus von medialen Strukturen, Systemen oder Interaktionen auf mediale – und damit verbunden digital-visuelle – Praktiken (z. B. Bräuchler und Postill 2010). Folgt man der weiten Definition von Mark Hobart (2010), so lassen sich mediale Praktiken als Aktivitäten bzw. Artikulationen verstehen, durch die sich soziale Akteur*innen stabilisieren und/oder verändern. Für die Beschreibung und Analyse medialer Praktiken – sowie mit diesen verbundenen (Hobart 2010) oder

---

3 Siehe beispielsweise Daniel Miller und Jolynna Sinanan (2017), die dies im Rahmen einer ethnografischen Studie und anhand der vergleichenden Analyse zehntausender Fotografien, die Menschen in England und Trinidad erstellt und über Facebook geteilt hatten, feststellten.

an diesen orientierten (Couldry 2010) Praktiken des soziokulturellen Alltags – ist wiederum ethnografische Feldforschung zentral.

In der Kultur- und Sozialanthropologie kann ethnografische Feldforschung als methodische Strategie zur empirischen Datenerhebung verstanden werden, die sich sowohl dem Forschungsfeld als auch den soziokulturellen Handlungsräumen der Menschen, die dieses Feld konstituieren, anpasst. Sie beinhaltet üblicherweise eine dichte, kontextualisierte und detaillierte Beschreibung des menschlichen Alltagslebens, die die Anwesenheit im Leben von Forschungspartner*innen voraussetzt. Es handelt sich also um eine intime Forschungsstrategie, die den/die Forscher*in über einen längeren Zeitraum mitten im privaten und/oder beruflichen Leben von Menschen positioniert. Dabei kommen unterschiedlichste Datenerhebungs- und Analysetechniken, wie teilnehmende Beobachtung, diverse Interviewformen, Netzwerk- und Dokumentenanalysen oder Formen audiovisueller Dokumentation, zum Einsatz. In ethnografischen Forschungsprojekten wird vor allem nach kulturellen Mustern, gesellschaftlichen Tendenzen oder sozialen Gepflogenheiten gesucht und weniger nach Gesetzmäßigkeiten. Beschreibung, Kontextualisierung und Vergleich spielen hier ebenso eine wichtige Rolle wie die (explizite oder implizite) Berücksichtigung von theoretischen Annahmen und Zugängen (Nader 2011). So versteht beispielsweise Tim Ingold (2008) Ethnografie als Prozess der Integration von Feldforschungsdaten durch Kontextualisierung in die Praxis der Beschreibung. Fragen nach der kritischen Reflexion der Forschung sowie dem Verhältnis von Forscher*in und Forschungspartner*innen sind hier ebenso zu berücksichtigen wie Fragen nach Veränderungen in Raum und Zeit oder nach der Hierarchisierung von Kontexten. Gemeinsam mit Kontextualisierung und Vergleich bildet Ethnografie ein operationales System, mittels dessen in der Kultur- und Sozialanthropologie empirische Daten gesammelt, interpretiert und schließlich verschriftlicht werden: „This anthropological triangle of ethnography, comparison and contextualization is, in essence, the way in which socio-cultural anthropology works as a discipline to explain and interpret human cultures and social life." (Sanjek 1998, 193)

Auch Marilyn Strathern (2002, 302) betont die enge methodologische Verbindung zwischen Ethnografie und Kontextualisierung in der Kultur- und Sozialanthropologie. Sie versteht Kontext als Hilfsmittel im Prozess der wissenschaftlichen Interpretation, das zum tieferen Verständnis eines Phänomens beiträgt. Dabei ist jedoch zu beachten, dass das Anhäufen und Vergleichen von Kontexten zwar neue Daten generieren kann, aber nicht unbedingt neues Wissen. Das liegt vor allem an der – oftmals impliziten – Entscheidung, was als Phänomen und was als dessen Kontext definiert wird (z. B. Dilley 1999). Anstatt also Unterschiede und Gemeinsamkeiten von diversen Kontexten zu vergleichen, geht es in der Kultur- und Sozialanthropologie um Menschen sowie deren Handlungsweisen und Narrative, die soziokulturelle Felder durchqueren. Durch diese Situiertheit von Akteur*innen und ihrer sozialen Interaktionen stehen Kontexte in engem Zusammenhang mit Fragen von Handlungsmacht, Kontinuitäten und Brüchen in Biografien und konkreter sozialer Praxis (z. B. Rapport und Overing 2000, 331 ff.).

Vergleich ist ebenfalls Teil des kultur- und sozialanthropologischen Methodeninstrumentariums. Dieser erlaubt soziokulturelle Ähnlichkeiten und Unterschiede zu erkennen, um so generelle Einsichten in menschliche Gesellschaften und Existenz zu erlangen. Während der Vergleich von Kontexten, wie oben ausgeführt, weniger sinnvoll erscheint, ermöglicht das Vergleichen von soziokulturellen Variationen in Raum und Zeit, etwa der Veränderungen digital-visueller Praktiken in einem konkreten sozialen Feld über eine bestimmte Zeitspanne hinweg, zusätzliche und wertvolle Forschungsergebnissen zu generieren (Fox und Gingrich 2002, 20 ff.). In einem explizit vergleichenden Projekt und mittels unterschiedlicher ethnografischer Fallstudien zeigen beispielsweise Daniel Miller und seine Kolleg*innen (2016, 2017), dass Social Media und die damit zusammenhängenden Praktiken auch Ausdruck der global beschleunigten Verbreitung visueller Kommunikation sind. Gleichzeitig identifizieren sie in ihrer vergleichenden Studie aber auch soziokulturelle Unterschiede in der Nutzung von Social Media und visuellen Materials und stellen fest: „[...] people use social media to reinvent their own understanding of tradition, conformity and normativity [...]" (Miller et al. 2016, 178).

In der Medienethnografie wird zumeist ein offenes und flexibles Verständnis von Medien(forschung) ebenso vorausgesetzt wie die Berücksichtigung der Vielzahl an medialen Praktiken und Prozessen und damit verbundenen soziokulturellen Kontexten sowie die materiellen und sensorischen Eigenschaften von Medientechnologien (z. B. Bender und Zillinger 2015, Ginsburg, Abu-Lughod und Larkin 2002, Peterson 2003).[4] Anstelle der Inhalte von Medien rücken jene Rahmenbedingungen in den Mittelpunkt, unter denen Medien(inhalte) produziert, verbreitet, geteilt und konsumiert werden. Ebenso fokussiert das Forschungsinteresse verstärkt auf die Materialität medialer Kommunikation und die damit verbundenen phänomenologischen Erfahrungen, wie etwa Menschen über Medientechnologien neue Beziehungen zu Zeit und Raum sowie zu Körper und Wahrnehmung entwickeln. Ethnografische Forschung ermöglicht es so, die Komplexität digitaler (Medien)Phänomene zu beschreiben, zu analysieren und zu verstehen. Dabei wird sie gleichzeitig vom „Digitalen" beeinflusst. Auf methodischer und empirischer Ebene sind digitale Technologien, wie Digitalkamera oder Smartphone, essenzielle Werkzeuge in der ethnografischen Feldforschung und Datenerhebung (z. B. Favero und Theunissen 2018). „Das Digitale" eröffnet auch neue Möglichkeiten der Kooperation zwischen Forscher*innen und Forschungspartner*innen (z. B. Hjorth et al. 2017), macht es zugleich aber auch schwieriger „das Feld" aufgrund kontinuierlicher Konnektivität und ständiger Verfügbarkeit zu verlassen (Postill und Pink 2012). Auf theoretischer Ebene lässt sich beispielsweise eine zunehmende Tendenz erkennen, digitale Phänomene, Prozesse und Praktiken als Form oder Teil visueller Kultur zu konzeptualisieren (z. B. Pink 2011). Durch „das

---

4 Auch wenn ethnografische Medienforschung als grundsätzlich interdisziplinäres Projekt verstanden werden kann, ist der Einfluss der Kultur- und Sozialanthropologie unübersehbar.

Digitale" werden in einer „Digitalen Ethnografie" methodische, praktische und theoretische Dimensionen also verstärkt miteinander verbunden und interdisziplinäre Forschungsansätze gewinnen weiter an Bedeutung (Pink et al. 2016).

5.3 Kontextualisierung digital-visueller Praktiken in einer indigenen Online-Umgebung

5.3.1 KO-KNET und MyKnet.og

> Es ist August und angenehm warm. Ich sitze mit meinem Computer im Wohnzimmer eines Hauses in der First Nation Gemeinschaft Sandy Lake im nordwestlichen Ontario, Kanada, und klicke mich durch unzählige Webseiten in der Online-Umgebung MyKnet.org. Diese Oji-Cree Siedlung – eigentlich handelt es sich um ein Reservat, das den lokalen Bevölkerungsgruppen zu Beginn des 20. Jahrhunderts zugewiesen wurde – ist mit mehr als 2.000 Einwohner*innen eine der größten der Region. Trotzdem gibt es nur im Winter eine temporäre Straßenverbindung in den Süden, über zugefrorene Seen und Flüsse. Für einen Besuch beim Arzt, für größere Einkäufe oder für den Besuch der Highschool, müssen die Bewohner*innen in die etwa 350 Kilometer entfernte Kleinstadt Sioux Lookout reisen. Im Sommer bedeutet das, teure Flugtickets kaufen zu müssen und für Lebensmittel Preise zu bezahlen, die sich nach ihrem Gewicht und damit den Transportkosten richten. Obwohl die Lebensbedingungen hart sind, die Aussichten auf Arbeit gering und viele, vor allem Jugendliche, oft an der Abgeschiedenheit und Isolation verzweifeln, wächst die indigene Gemeinschaft stetig. Das liegt nicht nur an den für Kanada verhältnismäßig hohen Geburtenraten, sondern auch daran, dass ehemalige Siedlungsbewohner*innen aus dem urbanen Süden auf das Land ihrer Vorfahren zurückkehren und sich immer mehr Menschen für einen Verbleib in der abgelegenen Gemeinschaft entscheiden. Wesentliche Faktoren in dieser Entwicklung sind der Ausbau und die kontinuierliche Verbesserung der Kommunikationsinfrastruktur sowie die Etablierung internetbasierter Services und die damit verbundene Schaffung zahlreicher neuer Arbeitsplätze. Diese regionale Entwicklung wurde vor allem von der indigenen Internetorganisation KO-KNET Mitte der 1990er-Jahre angestoßen.[5] (Feldforschungstagebuch 2007)

KO-KNET wurde von First Nation Gemeinschaften des Keewaytinook Okimakanak Tribal Councils 1994 gegründet, um mit Unterstützung nationaler und regionaler Projektfördermittel die Menschen in den abgelegenen und infrastrukturell benachteiligten indigenen Gemeinschaften des nordwestlichen Ontario mit Breitbandinternet zu vernetzen. Dabei fand und findet diese infrastrukturelle Vernetzung in enger Absprache mit den lokalen Gemeinschaften sowie in Kooperation mit regionalen Technologieunternehmen und staatlichen Institutionen statt. Innerhalb von nur wenigen Jahren konnten Bewohner*innen, die in manchen Gemeinschaften des nordwestlichen Ontario noch bis zum Ende der 1990er-Jahre gezwungen waren, ein öffentlich verfügbares Telefon gemeinsam teilen zu müssen, mittels Breitbandinternet kommunizieren und Informationen austauschen. Durch die kontinuierliche Einbindung

---

5 Zur Geschichte und Entwicklung von KO-KNET siehe beispielsweise Adam Fiser und Andrew Clement (2012).

der Gemeinschaften in diese Entwicklungsprozesse entstand eine Vielzahl an lokal verwalteten und kontrollierten Internetnutzungsmodellen (siehe z. B. Fiser und Clement 2012). Aufbauend auf dieser digitalen Infrastruktur und gemeinsam mit den Gemeinschaften gestaltete KO-KNET unterschiedliche Internet-basierte Services und Trainingsprogramme, die vorrangig darauf abzielen, die schwierigen Lebensumstände in der entlegenen Region – vor allem in den Bereichen Bildung und Gesundheit – zu verbessern. KO-KNET etablierte sich so als eine der weltweit erfolgreichsten indigenen Internet-Organisationen; als ein Vorzeigemodell, das schon früh die Aufmerksamkeit von Journalist*innen und Wissenschaftler*innen erregte. Als ich 2005 selbst auf KO-KNET aufmerksam wurde und schließlich mit dieser Organisation zusammenarbeiten konnte, war ich jedoch nicht nur der erste Kultur- und Sozialanthropologe, sondern auch der erste Forscher außerhalb Nordamerikas, der sich ausführlich mit KO-KNET auseinandersetzte.

In meiner Auseinandersetzung mit KO-KNET waren es vor allem soziotechnische Prozesse der Veränderung, wie etwa der soziale Aufstieg von Computer- und Internetspezialist*innen innerhalb der indigenen Gemeinschaften, historisch-kulturelle Kontexte, wie etwa die anhaltende Marginalisierung von Indigenen, sowie digitale Praktiken und Aktivitäten im Zusammenhang mit der lokalen Aneignung von Internettechnologien, die im Mittelpunkt meiner Forschung standen (siehe z. B. Budka 2015, 2019a). Als Fallbeispiel diente mir neben KO-KNET die von der Organisation ausschließlich für die indigenen Bevölkerungsgruppen dieser Region entwickelte Online-Umgebung MyKnet.org. Dieser kostenlose und werbefreie Service, der die Erstellung und das Hosten eigener Webseiten ermöglichte, wurde Ende 1998 gegründet und schließlich 2019 eingestellt. Wie ich im Zuge meiner Forschung feststellen konnte, ermöglichte MyKnet.org vor allem individuelle und kollektive Repräsentationsformen sowie den Erhalt sozialer Beziehungen über größere Distanzen hinweg und damit auch die Konstruktion und Verhandlung digitaler Identitäten (Bell, Budka and Fiser 2012, Budka 2015, 2019a, Budka, Bell und Fiser 2009). Die Ausführungen zu MyKnet.org in diesem Aufsatz beziehen sich zum größten Teil auf dessen Blütezeit zwischen 2001 und 2008, die von einer Vielzahl an persönlichen und gemeinschaftlichen Webseiten geprägt war.

Als ich im Sommer 2006 begann, mich intensiver mit MyKnet.org auseinanderzusetzen, war mir die Bedeutung der visuellen Inhalte für die Nutzer*innen dieses Sozialen Mediums noch nicht vollständig bewusst. Erst im Laufe meines ersten Feldforschungsaufenthaltes und vor allem durch die Gespräche mit Nutzer*innen wurde mir klar, dass private Fotos und aus dem World Wide Web zusammengetragene und manchmal selbst bearbeitete und veränderte Grafiken und Videos nicht nur der Dekoration persönlicher Webseiten dienten. Diese digital-visuellen Praktiken lassen sich als neue Formen der Kommunikation, Interaktion und Repräsentation verstehen. Webseiten-Produzent*innen betonten immer wieder, ihr digitales Bildmaterial so auszuwählen und zu verwenden, dass damit etwa familiäre Entwicklungen und Veränderungen, persönliche Einstellungen, Sichtweisen, Ideen oder Gedanken vermittelt

werden können. Und obwohl diese Online-Umgebung über das Web offen zugänglich
war, richtete sich diese visuelle Form der Kommunikation vor allem an die anderen
Nutzer*innen dieser Umgebung, die sich ausschließlich mit ihrem Realnamen regis-
trieren konnten, und damit an die Bewohner*innen der First Nation Gemeinschaften
im nordwestlichen Ontario und der benachbarten Regionen. Visuelle Kultur und visuelle Kommunikation waren also integraler Bestandteil dieser Online-Umgebung, ihrer
historischen Entwicklung und ihrer soziotechnischen Veränderung; wie sich etwa an
wechselnden digital-visuellen Praktiken oder an designtechnisch modifizierten Webseiten und digitalen Artefakten erkennen ließ.

> You make it available and people may use it. [...] You know you give people the proper road,
> they will use it. And they will use it for ways you and I don't think about. [...] I never thought it
> would ever go. And they loved it. And they were sharing pictures and stories and things like that.
> [...] And it was a really friendly environment. And people just took to it like crazy and then when
> machines were becoming more available as broadband became available, it was much easier to
> use. (KO-KNET Mitarbeiter 2006)

MyKnet.org kann als Praxisfeld konzeptualisiert werden, das unterschiedliche digitale Praktiken und Aktivitäten inkludierte und miteinander verband, die diese soziale Umgebung co-konstituierten (Bell, Budka und Fiser 2012, Budka 2015, Budka, Bell
und Fiser 2009). Das Gestalten, das Präsentieren und das Teilen von Bildern, Grafiken, Webseitenlayouts, Videos und visueller Kunst ließ sich mit „sozialen Belohnun-
gen" verknüpfen (Budka 2015), die wiederum mit sozialem Status sowie mit symbolischen und kulturellen Kapitalformen in diesem sozialen Feld verbunden waren. In
MyKnet.org wurden Webseitenbetreiber*innen zum Beispiel extrinsisch für das Bereitstellen und Teilen von visuellem Material und Artefakten belohnt, indem sich der
Zugriff auf ihre Webseiten erhöhte und damit ihr sozialer Status. Durch die Koppelung
dieser digitalen Praktiken mit den Aktivitäten des Messens und der öffentlichen Sichtbarmachung von Webseitenzugriffen trugen die Webseitenbetreiber*innen so zur Etablierung einer „Ökonomie der digitalen Aufmerksamkeit" bei (Stern 2008, 109). Das
geschah einerseits individuell, durch in persönliche Seiten eingebettete Besucherzäh-
ler, und andererseits kollektiv, durch die Indexierung der „populärsten" Webseiten –
also der Seiten mit den meisten Besucher*innen – in einer von KO-KNET veröffentlichten Liste (Abb. 5.1).

Diese Liste wurde mir vor allem zu Beginn meiner Feldforschung immer wieder
als Referenz genannt, um möglichst „einflussreiche" Webseitenproduzent*innen zu
identifizieren und um die Beliebtheit der eigenen Seite hervorzuheben. Neben der ex-
trinsischen Belohnung für die Produktion und das Teilen von digitalen Materialien in
diesem sozialen Feld, wurden Webseitenproduzent*innen auch intrinsisch belohnt.
Einige meiner Gesprächspartner*innen betonten immer wieder die Bedeutung von
selbsterstellten digital-visuellen Inhalten für die Selbstreflexion und -dokumentation.
So erlaubten etwa die Konzeption und das Veröffentlichen von kunstvoll gestalteten
Grafiken oder tagebuchähnlichen Textbeiträgen auch individuelle Entwicklungen zu

dokumentieren und nachvollziehbar zu machen. Dies konnte sowohl die Heranbildung von technischen Softwarekenntnissen und -fertigkeiten als auch die Weiterentwicklungen auf persönlicher und sozialer Ebene beinhalten.

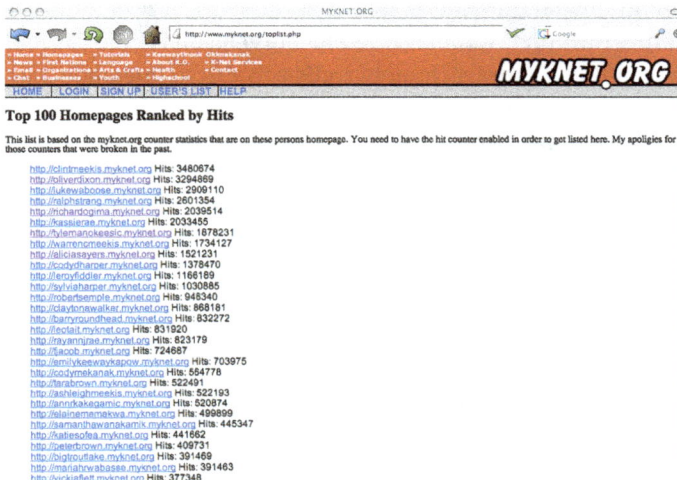

Top 100 Homepages Ranked by Hits

This list is based on the myknet.org counter statistics that are on these persons homepage. You need to have the hit counter enabled in order to get listed here. My apoligies for those counters that were broken in the past.

http://clintmeekis.myknet.org Hits: 3480674
http://oliverdixon.myknet.org Hits: 3294869
http://lukewaboose.myknet.org Hits: 2909110
http://rolphstrang.myknet.org Hits: 2601354
http://richardogima.myknet.org Hits: 2039514
http://kassierae.myknet.org Hits: 2033455
http://tylemanokeesic.myknet.org Hits: 1878231
http://warrencmeekis.myknet.org Hits: 1734127
http://aliciasayers.myknet.org Hits: 1521231
http://codydtharper.myknet.org Hits: 1378470
http://leroyfiddler.myknet.org Hits: 1166189
http://sylviaharper.myknet.org Hits: 1030885
http://robertsemple.myknet.org Hits: 948340
http://claytonawalker.myknet.org Hits: 868181
http://barryroundhead.myknet.org Hits: 832272
http://rectall.myknet.org Hits: 831920
http://rayannjrae.myknet.org Hits: 823179
http://jacob.myknet.org Hits: 724687
http://emilykeewaykapow.myknet.org Hits: 703975
http://codymekanak.myknet.org Hits: 664778
http://tarabrown.myknet.org Hits: 522491
http://ashleighmeekis.myknet.org Hits: 522193
http://annrkakegamic.myknet.org Hits: 520874
http://elainememekwa.myknet.org Hits: 499899
http://samanthawanakamik.myknet.org Hits: 445347
http://katiesofea.myknet.org Hits: 441662
http://peterbrown.myknet.org Hits: 409731
http://bigtroutlake.myknet.org Hits: 391469
http://mariahnwabasse.myknet.org Hits: 391463
http://vickiaflett.myknet.org Hits: 377348

Abb. 5.1: Screenshot eines Ausschnitts des MyKnet.org „Most Popular Homepages" Index (2007)

Digitale Plattformen und Online-Umgebungen wie MyKnet.org sind also ohne Bilder, Videos oder andere Formen visuellen Materials nicht vorstellbar. Entsprechend braucht es Methoden und Verfahren, um diese Materialien und damit zusammenhängende digital-visuelle Alltagspraktiken zu analysieren. Hier lassen sich grundsätzlich formalisierte Methoden – wie Inhaltsanalyse oder Ethnomethodologie – und interpretative bzw. reflexive Methoden oder methodische Strategien – wie ethnografische Feldforschung – unterscheiden (z. B. Banks 2007). Letztere können wiederum formalisierte Methoden beinhalten. So bediente ich mich in meiner Feldforschung auch der ethnografischen und qualitativen Inhaltsanalyse, um MyKnet.org Webseiten und digital-visuelle Artefakte eingehender und im Zusammenspiel mit teilnehmender Beobachtung und Interviews zu untersuchen. Angelehnt an Marcus Banks (2001, 1 ff.) „las" ich in meiner Analyse Bilder und visuelles Material. Dieses „Lesen" ermöglicht eine umfassende Bildanalyse auf drei Ebenen: (1) Der Inhalt des Bildes, den es zu erfassen, bewerten und einzuschätzen gilt. (2) Das Bild als Objekt, dessen materielle Form und Format zu berücksichtigen sind. (3) Die Kontextualisierung des Bildes in einem spezifischen Themenbereich sowie im Forschungsprozess selbst.[6] Meine in die-

6 Für diese Kontextualisierung gilt es auch zu beachten, dass besonders digitale Bilder (und deren Geschichten) über räumliche und zeitliche Sphären hinweg transportiert und bewegt werden und die Analyse bei Bedarf entsprechend folgen muss (z. B. Marcus 1995).

sem Beitrag dargestellte Analyse fokussiert auf die Kontextualisierung exemplarisch ausgewählten Bildmaterials. Dabei sind Bildinhalte aber ebenso zu berücksichtigen, wie die für ethnografische Untersuchungen wesentliche Erkenntnis, dass Bilder Menschen auf unterschiedliche Arten verbinden und zueinander in Beziehung setzen (z. B. McKay 2010). In der Interpretation visuellen Materials lassen sich zwei Narrative unterscheiden: ein „internes Narrativ", womit die Geschichte gemeint ist, die das Bild kommuniziert, aber die vom Bildurheber nicht notwendiger Weise so intendiert war, und ein „externes Narrativ", das den sozialen Kontext, in dem das Bild produziert wurde sowie die sozialen Beziehungen, in die das Bild eingebettet ist, umfasst (Banks 2001).

5.3.2 Hip-Hop Kultur und Fan-Kunst in MyKnet.org

Die Bedeutung von Kontextualisierung als methodisches Instrumentarium in der kultur- und sozialanthropologischen Forschung lässt sich in Bezug auf digital-visuelle Praktiken in MyKnet.org an vielen Beispielen veranschaulichen. Ein Thema, auf das ich während meiner Feldforschungsaufenthalte immer wieder stieß, und dass ich hier detaillierter besprechen möchte, ist das populärkulturelle Phänomen Hip-Hop und die damit verbundene Fan-Kunst. Wie Henry Jenkins (2006) argumentiert, hat sich die Bandbreite an Interaktionsmöglichkeiten zwischen Fans und Medieninhalten durch digitale und vernetzte Technologien signifikant erhöht. Fans gestalten, produzieren und verbreiten unterschiedlichste Inhalte und visuelle Artefakte, die als individueller Ausdruck ihres Fanseins sowie als Symbole ihrer Zugehörigkeit zu einem Fankollektiv verstanden werden können (z. B. Peterson 2003). Sie gelten in Zeiten zunehmender Digitalisierung also als besonders kreativ, produktiv und partizipativ. So fanden sich auch in MyKnet.org unübersehbare Spuren von Fan-Aktivitäten und Fan-Kunst, die einen lokal-spezifischen Beitrag zum globalen Phänomen Hip-Hop leisteten. Auf Webseiten wurden etwa Fotografien, Videos, selbsterstellte Collagen sowie Liedtexte von Hip-Hop Berühmtheiten und Stars, wie Tupac Shakur (2Pac) oder Biggie Smalls (The Notorious B.I.G.), präsentiert und geteilt. Besonders 2Pac, der 1996 unter bis heute ungeklärten Umständen erschossen wurde, war auch zehn Jahre nach seinem Tod besonders prominent vertreten. So wurde der Star mit dem Zitieren seiner Lieder, dem Schreiben von Gedichten, die direkt an ihn gerichtet waren, sowie dem Zeigen von digitalen Collagen und Fotografien gefeiert.

In einer dieser digitalen Collagen wurde beispielsweise ein Bild von 2Pac vor einem Hintergrund so arrangiert, dass er als eine Art stilisierter Jesus am Kreuz hängend gezeigt wird (Abb. 5.2). 2Pac hat seine Arme hinter dem freien Oberkörper verschränkt, sein Kopf ist leicht zur Seite geneigt und seine Augen sind geschlossen und um den Hals trägt er ein Kreuz. Auch wenn er nicht mit ausgestreckten Armen ans Kreuz genagelt dargestellt wird, lässt das „interne Narrativ" dieses Bildes eine starke Ähnlichkeit zwischen Hip-Hop Künstler und Gottessohn erkennen. Die über den gewaltsamen Tod

hinausgehende Popularität der beiden könnte als ein möglicher Grund für diese visuelle Gleichsetzung verstanden werden.

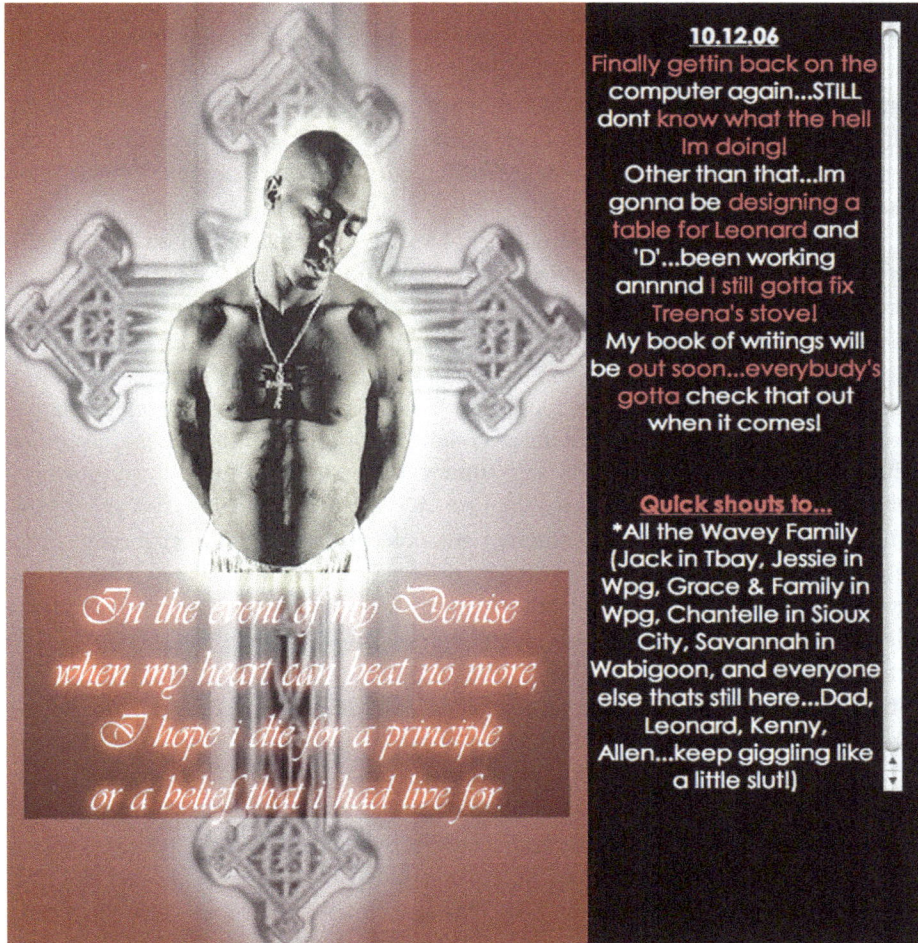

Abb. 5.2: Screenshot eines Ausschnitts einer MyKnet.org Webseite mit einer digitalen Collage von 2Pac (2006)

Darunter wurde in farblich abgestimmtem Design der Text der ersten Strophe des 2Pac
Liedes „In The Event Of My Demise" montiert. Neben der Collage findet sich eine für
MyKnet.org Webseiten typische Texttabelle, in der in Form eines Tagebucheintrages
aktuelle Aktivitäten kurz beschrieben werden sowie „Shout-Outs" an Freund*innen
und Verwandte. Letzteres verdeutlicht die Nutzung von MyKnet.org nicht nur als Prä-
sentationsplattform, sondern auch als Kommunikationsmittel. Neben digitalen Col-

lagen erfreuten sich auch Webseitenlayouts großer Beliebtheit, die vorgefertigte Grafiken und Bilder von anderen Hip-Hop Künstler*innen wie Eminem oder 50 Cent beinhalteten. Fans verwendeten Produkte der Kulturindustrie und der Medien, um ihre visuelle Kunst zu gestalten. So wurden etwa Bilder aus dem Internet in Bildfragmente zerlegt und für digitale Collagen neu zusammengestellt und miteinander vermischt, um diese schließlich in neue populärkulturelle Produkte zu verwandeln. Durch diese digital-visuellen Praktiken verlassen nicht nur der Star und seine visuelle Repräsentation ihren ursprünglichen „Ort" auf kommerziellen Webseiten oder Social Media Plattformen, auch das globale Phänomen Hip-Hop wird lokalisiert, um zur Konstruktion lokaler Fan-Kultur beizutragen.

Während meiner Feldforschung in First Nation Gemeinschaften des nordwestlichen Ontario stellte ich immer wieder fest, dass Hip-Hop eine wesentliche Komponente der lokalen Jugendkultur war. Viele junge Menschen hörten Rap-Musik, sie verwendeten Sprachelemente und Gesten aus der Hip-Hop Kultur und sie kleideten sich wie sie es bei bekannten Hip-Hop Stars im Fernsehen und im Internet gesehen hatten. Warum gerade Hip-Hop bei indigenen Jugendlichen in diesen abgelegenen Gemeinschaften so populär war, hat unterschiedliche Gründe. Lehrer*innen und Sozialarbeiter*innen betonten beispielsweise immer wieder, dass indigene Jugendliche Teil der kanadischen Mainstream-Jungendkultur sein möchten, und dass der globalisierte und „moderne" Hip-Hop hier offenbar entsprechende Anknüpfungspunkte bietet. Gerade diese Jugendkultur wurde aber von einigen Erwachsenen skeptisch betrachtet, bzw. generell abgelehnt, da sie diese als Ursache für vulgäre Sprache, Gewalt, Drogenmissbrauch und sogar Gang-Kultur identifizierten. Dieser Umstand war vielen Jugendlichen bewusst, und sie fanden so im Hip-Hop ein Mittel, um wiederum ihre Kultur von jener der älteren Generation abzugrenzen. Jugendliche, mit denen ich Gespräche führte, sahen aber auch die Ähnlichkeiten zwischen Hip-Hop, der stark von Versatzstücken afroamerikanischer Kultur und Musik geprägt ist, und der lokalen Kultur der First Nations, die etwa in der Musik ähnlich stark von Trommel- und Bassrhythmen bestimmt wird. Auf struktureller Ebene lässt sich wohl auch gesellschaftliche Marginalisierung und institutionelle Unterdrückung, die sowohl Afroamerikaner*innen als auch Indigene seit Jahrhunderten erfahren, als schlüssige Ursache nennen, warum Hip-Hop in First Nation Gemeinschaften derart populär ist. Letztlich ist ein wesentliches Element der Hip-Hop Kultur, sich selbst auf vielfältigste Art und Weise auszudrücken und Geschichten über kulturelle Erfahrungen – beispielsweise als indigene Jugendliche – zu erzählen. MyKnet.org und andere digitale Plattformen spielten in diesem Zusammenhang eine wesentliche Rolle.

In Bezug auf die Fan-Kunst kann festgehalten werden, dass ihre Produktion in enger Verbindung mit der „Kunst der Konvivialität" (Budka und Mader 2009) steht. Teilen und Großzügigkeit sind hier zwei wesentliche Elemente, die eng mit der Produktion und Zirkulation von Bildern und visuellem Material und dem damit verbundenen Wissen über entsprechende Techniken und Fertigkeiten zusammenhängen. Dieses Wissen wird von Expert*innen an Anfänger*innen weitergegeben, Fans tauschen etwa ihre Erfahrungen in der Erstellung von digitaler Kunst aus und helfen sich gegenseitig bei technischen Problemen. Wie Elke Mader (2011) anhand von deutschsprachigen Bollywood-Fans und ihren digitalen Praktiken zeigt, steht dabei die Produktion und Verbreitung von digital-visuellen Artefakten in direktem Zusammenhang mit der Produktion und Verbreitung von Glück und Freude innerhalb der Fan-Gemeinschaft, oft in einer ritualisierten Form. Fan-Kultur ist so eng mit Freude als einem Set an Erfahrungen und Gefühlen verbunden, das individuell unterschiedlich ausgedrückt und auf intersubjektiver Ebene geteilt wird. Das Teilen von visuellen Artefakten oder das zur Verfügung stellen von digitalen Ressourcen, wie etwa Webseitenlayouts in MyKnet.org, war Teil des Alltagslebens vieler Fans und damit auch Teil dieser spezifischen Form von Konvivialität.

5.4 Digital-visuelle Praktiken im diachronen und kulturellen Vergleich

Bei meinem zweiten Forschungsaufenthalt im nordwestlichen Ontario besuchte ich zum ersten Mal die First Nation Gemeinschaft Sandy Lake. Wieder war ich bestrebt herauszufinden, wie die Menschen in dieser abgelegenen Region Internettechnologien und besonders die Online-Umgebung MyKnet.org nutzen, mitgestalten und so weiterentwickeln. Seit Wochen versuchte ich, mit dem MyKnet.org Nutzer D. ins Gespräch zu kommen. Ich wusste nur wenig über ihn, das meiste aus Erzählungen. So soll er schon im Alter von 12 Jahren Webseiten für lokale Sportteams designt und programmiert haben. Auch, dass er immer wieder das WLAN seiner damaligen Nachbarin, die auch die Direktorin der lokalen Schule war, benutzt haben soll, um seine Online-Aktivitäten voranzutreiben, wurde mir zugetragen. Er war Schüler, zum Zeitpunkt meines Besuches 16 Jahre alt und auf der offiziellen Liste der am häufigsten besuchten MyKnet.org Webseiten stand sein Name seit Jahren ganz weit oben (siehe Abb. 5.1). Er war bekannt dafür, Webseiten-Vorlagen und grafische Designelemente für Webseiten sowie HTML-Codes für das Einbinden von Musik über seine persönliche Homepage zum Download zur Verfügung zu stellen. „Jeder verwendet seine Vorlagen", ließ mich schon ein Jahr zuvor ein KO-KNET Mitarbeiter wissen. Eine Praxis, die D. bei anderen User*innen beliebt machte, die aber aufgrund des höheren Datentransfervolumens und möglicher urheberrechtlicher Probleme vom Serviceprovider KO-KNET nicht gerne gesehen wurde. Trotzdem erklärte er sich letztlich bereit mit mir zu sprechen. Über die Tochter meines Gastgebers konnte ein Kontakt zu D. hergestellt werden und ich blickte erwartungsvoll unserem Treffen entgegen.

Unser Gespräch war dann verhältnismäßig kurz. Die Tochter meines Gastgebers blieb bei uns am Tisch sitzen und so entwickelte sich eine Diskussion, die vor allem von ihr getragen wurde. D. war schüchtern, die Situation war ihm sichtlich unangenehm und er gab nur knappe Antworten. Warum er denn seine MyKnet.org Webseite hat und was ihm besonders gut daran gefällt, wollte ich wissen. Er entgegnete, dass er eben viele Layout-Vorlagen und Musik-Codes hat und diese gerne mit anderen Nutzer*innen teilt. Die langsame Internetverbindung – so diese denn überhaupt funktioniert – sei dabei aber besonders störend, wie er dann etwas länger ausführte. Der Grund, warum er MyKnet.org anderen Plattformen und Services vorzog war, dass er dort einfach mehr Nutzer*innen kannte. Seine Freunde und Familienangehörigen schauten immer wieder mal auf seiner Webseite vorbei, etwa um kurze Nachrichten im Gästebuch oder der „Communication-Box" zu hinterlassen – eine der gängigsten Praktiken in der Nutzung der Online-Umgebung. Auch Menschen, die selber keine Webseite hatten, verwendeten MyKnet.org, um Informationen zu sammeln und so über persönliche und gemeinschaftliche Entwicklungen am Laufenden zu bleiben. Auch D. besuchte regelmäßig die Webseiten von Freunden und Familienmitgliedern. Nach etwa 30 Minuten war unser Gespräch zu Ende und D. ging nach Hause. Wie ich später erfuhr, hatte seine Familie zum Zeitpunkt unseres Gespräches tatsächlich keinen Internetzugang, da offene Rechnungen nicht bezahlt wurden. Das ist für jemanden, der nach Ansicht seiner Freunde „nicht ohne Computer leben kann", wohl besonders schlimm. Und auch, dass D. über Wählleitung und nicht über Breitbandinternet seine umfangreiche Webseite am Laufen hielt, organisierte und beständig erweiterte, wurde mir später zugetragen. Umso erstaunlicher fand ich es, wie er es geschafft hatte sowohl innerhalb der MyKnet.org Community als auch bei KO-KNET Mitarbeiter*innen so bekannt – fast schon zu einer Art Legende – zu werden. Ein halbes Jahr später, während meines dritten Aufenthalts im nordwestlichen Ontario, reiste ich wieder nach Sandy Lake und versuchte mit D. ein Gespräch zu vereinbaren. Leider gelang mir das nicht mehr. (Feldforschungstagebuch 2007, 2008)

Sandy Lake war nur eine von mehreren Stationen während meiner Feldforschung. Insgesamt besuchte ich zwölf verschiedene First Nation Gemeinschaften und verbrachte dort viel Zeit an Orten der Internet- und Mediennutzung: in Privathaushalten, Internet-Cafés, Schulen und Büros. Ich beobachtete, notierte und fotografierte. Viele wollten mit mir sprechen, ihre Erfahrungen mit den neuen Technologien und ihre Erwartungen in Bezug auf besseren Internetzugang und schnellere Datenübertragung teilen. Neben unzähligen informellen Gesprächen, zeichnete ich auch 96 Interviews unterschiedlicher Länge auf. Einige Menschen zogen es aber vor, nicht mit mir zu sprechen, aus mangelndem Interesse oder aus Zeitgründen. Manche hatten aber auch Bedenken, dass ihre Handlungen negative Konsequenzen für sie haben könnten, weil sie etwa gegen die Vorgaben und Regeln von KO-KNET zur Nutzung von MyKnet.org verstießen. Um die Geschichten und Berichte meiner Gesprächspartner*innen über ihre ersten Erfahrungen mit dem Erstellen und Nutzen von Webseiten in MyKnet.org besser nachvollziehen zu können bzw. zu ergänzen, bediente ich mich der „Wayback Machine" des Internet Archives (z. B. Murphy, Hashim und O'Connor 2007). Dadurch war es mir zumindest teilweise möglich nicht mehr aktive, aber archivierte Webseiten-Versionen ebenso wie digitale und visuelle Artefakte in meine Analyse miteinzubeziehen; letztere stellen die wesentlichen Inhaltselemente der Seiten dar. Meine ethnografische Untersuchung erweiterte sich so um eine diachrone Dimension mit archäologischen Zügen. Es gelang mir auf diese Weise, die (soziale und materielle) Geschichte einer Online-Umgebung – und damit auch Aspekte der lokal-spezifischen Geschichte des World Wide Web (z. B. Driscoll und Paloque-Berges 2017, Harrison 2009) – zumindest teilweise zu rekonstruieren. Diese Geschichte ist wiederum vor allem von den individuellen Aktivitäten sowie den (digitalen) Biografien ihrer Nutzer*innen geprägt.

Nachdem das Gespräch mit D., einem der prominentesten Webseiten-Produzent*innen in MyKnet.org zum Zeitpunkt meiner Forschung doch recht kurz ausfiel und es mir darüber hinaus auch nicht gelang, diese Konversation zu einem späteren Zeitpunkt fortzusetzen, entschied ich mich, auf ältere Versionen seiner Webseite, die über die „Wayback Machine" zur Verfügung standen, zuzugreifen, diese miteinander zu vergleichen und dann in meiner Analyse zu berücksichtigen. Die älteste Websei-ten-Version, auf die ich zugreifen konnte, war vom April 2004, also etwa drei Jahre vor unserem Gespräch in Sandy Lake (Abb. 5.3).

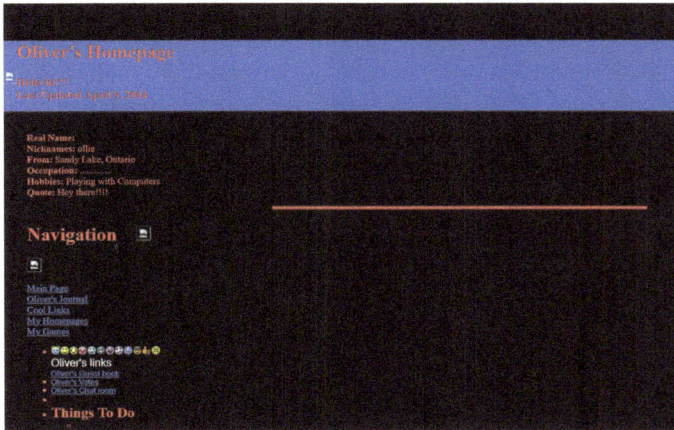

Abb. 5.3: Screenshot eines Ausschnitts der MyKnet.org Webseite von D. (2004) (Name wurde zum Schutz der Identität geschwärzt)

Die Seite wurde nach Vorlage der ersten MyKnet.org Webseiten erstellt und beinhal-tete fast alle klassischen Elemente wie Titel und Update-Informationen sowie kurze persönliche Informationen über den Webseitenbetreiber im linken oberen Eck bis hin zu einer Sammlung von Links zu anderen Webseiten, darunter Webseiten, die von D. auch auf anderen Servern betrieben wurden. Darüber hinaus fanden sich auf dieser Seite aber überdurchschnittlich viele Kontakt- und Interaktionsmöglichkeiten, etwa der Link zu einem Gästebuch sowie Formulare mit denen Nachrichten verschickt wer-den konnten. Ebenso verwendete D. auf seiner Webseite viele Emoticons, die aneinan-dergereiht eher als strukturierende Elemente im Design der Seite interpretiert werden konnten und weniger, um etwa emotionale Zustände auszudrücken.

Vergleicht man nun diese ältere Webseite beispielsweise mit jener die D. bei unse-rem Gespräch im Sommer 2007 aktuell betrieb, sind einige Unterschiede zu erkennen (Abb. 5.4).

Die Seite war allgemein übersichtlicher strukturiert und klarer im Design. Eine Grafik, die Hip-Hop bezogene Bilder und Gesten erahnen lässt, ersetzte die reine Textüberschrift. Zwar wurden auch weiterhin Webseitenbetreibername (geschwärzt) und Links zu anderen Webseiten angeführt, allerdings bezogen sich letztere nur mehr auf weitere Webseiten von D., über die er Layout-Vorlagen bzw. Musik-Codes sammelte und zum Download anbot. Auch die noch drei Jahren zuvor angebotenen unterschiedlichsten Online-Interaktionsformen wurden auf das bloße Anführen einer E-Mail-Adresse reduziert (Name geschwärzt). D. hatte also drei Jahre nach dem Erstellen einer seiner ersten Webseiten seinen Platz innerhalb der MyKnet.org Gemeinschaft, dem sozialen Feld von Webseitenproduzent*innen und Webseitennutzer*innen, gefunden. Als Designer und Anbieter von speziellen digitalen Artefakten, wie etwa digital-bearbeiteten Bildmaterialien und kompletten Webseiten-Vorlagen, gehörte seine Webseite zu den meistbesuchten und damit auch populärsten Seiten der Online-Umgebung. Ab Sommer 2012 wurde seine Seite dann nicht mehr aktualisiert und Webseiten-Layouts und Musik-Codes wurden nicht mehr angeboten und geteilt. Zu diesem Zeitpunkt scheint er seine Online-Präsenz, und damit seine digital-visuellen Praktiken, auf Social Media Plattformen wie Facebook verlagert zu haben.

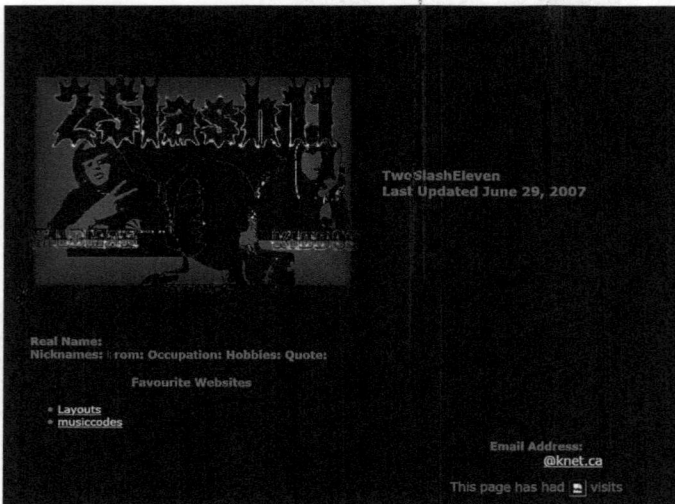

Abb. 5.4: Screenshot eines Ausschnitts der MyKnet.org Webseite von D. (2007)

Das Gestalten und Designen von Webseiten und Webseiten-Vorlagen ist kreative Arbeit, die Wissen über unterschiedliche technische Fertigkeiten voraussetzt. Im Fall von MyKnet.org wurden diese, wie etwa bei D. selbstständig angeeignet und/oder innerhalb von Familien- oder Freundschaftsnetzwerken weitergegeben. Schulen spielten hier als Orte formaler Bildung, wo auch digitale Fertigkeiten vermittelt werden, eine deutlich untergeordnete Rolle. Das kann damit zusammenhängen, dass es in den abgelegenen First Nation Gemeinschaften selbst keine weiterführenden Schulen gibt und so etwa Fragen zu digitaler Literalität kaum behandelt wurden. Das kann aber auch dem Umstand geschuldet sein, dass High Schools – wie etwa in der Kleinstadt Sioux Lookout – und deren Lehrpersonal MyKnet.org überwiegend skeptisch gegenüber standen. Für einige Lehrer*innen und Bildungsarbeiter*innen, mit denen ich Gespräche führen konnte, war MyKnet.org vor allem ein Ort der profanen

Sprache, des Geschwätzes, der Beleidigungen und weniger ein Raum des Lernens (siehe dazu auch die Ausführungen zum populärkulturellen Phänomen Hip-Hop in Abschnitt 5.3.2). Wie aber meine Untersuchung und meine Beschreibung hier zeigen, kann MyKnet.org auch als soziales Feld verstanden werden, in dem Menschen voneinander lernten und Wissen über „das Digitale" geteilt wurde. Eine wesentliche Rolle im Erstellen und Designen von MyKnet.org Webseiten spielte das Layout. Das grundlegende Design der Webseiten hatte sich seit Beginn von MyKnet.org und der ersten Verbreitung von Layout-Vorlagen wenig verändert: Zumeist wurden der Klarname, der Spitzname und die Gemeinschaft, in der die Webseiten-Besitzer*innen wohnten, ebenso angeführt wie Beruf, Hobbys, Lieblingszitate und Hyperlinks zu den Webseiten von Freunden und Familienmitgliedern. Später beinhalteten viele Vorlagen auch grafische Elemente wie Fotografien, digitale Collagen und Bilder über bestimmte Themen, die dann oft gemeinsam mit textuellen Elementen – wie Tagebucheinträgen, Gedichten oder Liedtexten – den Inhalt der fertigen Webseite darstellten (siehe Abb. 5.5). Wie ich während meiner Feldforschung feststellte, gelang es besonders begabten Programmierer*innen und Designer*innen immer wieder, ihre in MyKnet.org erworbenen Fähigkeiten und Fertigkeiten auch beruflich zu nutzen, und aus diesen ökonomisches Kapital in Form einer bezahlten Anstellung zu schlagen.

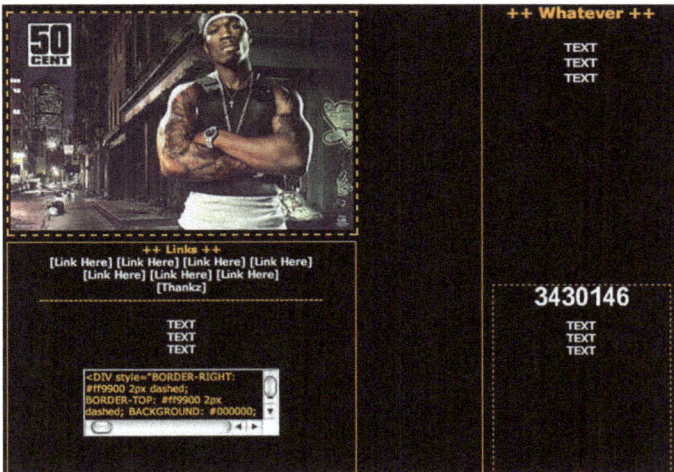

Abb. 5.5: Screenshot eines Ausschnitts einer MyKnet.org Webseiten-Vorlage mit einer digitalen Collage von 50 Cent, wie sie etwa von D. angeboten wurden (2007)

Diese, mit einer Reihe anderer Aktivitäten in MyKnet.org verbundenen, digital-visuellen Praktiken (z. B. Bell, Budka und Fiser 2012), beeinflussten wiederum das KO-KNET Internetnetzwerk in seiner Funktion als infrastrukturelle Grundlage der Online-Umgebung MyKnet.org auf unterschiedliche Weise: Auf den erhöhten Datentransfer, der durch das vermehrte Bereitstellen und Teilen von zunehmend datenintensiven Inhalten entstand, wurde mit Download-Beschränkungen und der Drosselung von MyKnet.org reagiert. Webseiten, über deren Inhalt sich MyKnet.org Nutzer*innen aus Gründen wie persönliche Angriffe und Beleidigungen empörten, wurden zeitweilig suspendiert. Schließlich wurde 2007 der öffentlich sichtbare „Most Popular Homepages" Index entfernt und 2014 sollte ein Transfer zum Content-Management-System Wordpress den administrativen und organisatorischen Aufwand mit MyKnet.org für KO-KNET allgemein reduzieren. Reduziert wurde damit allerdings vor allem die Zahl der Nutzer*innen; von ca. 25.000 aktiven User*innen-Accounts 2013 auf etwa 2.900 im Frühjahr 2019. Im Herbst 2019 war dann MyKnet.org zuweilen gar nicht mehr erreichbar und wurde dann gegen Ende des Jahres vollständig eingestellt. Autorenschaft als kulturelles Prinzip (Peterson 2003) führte im Fall von MyKnet.org also immer wieder dazu, dass Webseitenproduzent*innen den Besitz von sowie die Autorität und Kontrolle über Medieninhalte(n) herausforderten. Und da es sich bei MyKnet.org um ein kostenloses Service handelte, das ohne Werbung und größere Subventionen auszukommen versuchte, übertraf der notwendige administrative Aufwand bald die KO-KNET zur Verfügung stehenden Mittel.

MyKnet.org war nicht das einzige Service zur digitalen Selbstrepräsentation und Kommunikation für die Menschen in den abgelegenen Gemeinschaften des nordwestlichen Ontario. Besonders Social Media – von MySpace und Friendster bis zu Piczo und letztlich Facebook – wurden ab circa 2006 zunehmend von Jugendlichen genutzt (Molyneaux et al. 2014). Warum konnte sich MyKnet.org trotz dieser kommerziellen Konkurrenz, der ganz andere Mittel zur Verfügung stehen, über einen Zeitraum von mehr als 20 Jahren behaupten? Zum einen lag das daran, dass MyKnet.org ein lokal entwickeltes und kontrolliertes Service ausschließlich für First Nations war. Das resultierte in einem starken Gefühl der Verbundenheit und Loyalität, nicht zuletzt auch gegenüber dem Serviceprovider KO-KNET, der Breitbandinternet in der Region überhaupt erst ermöglichte. „It's just our part of the internet", wie es ein Nutzer 2007 in einem Gespräch ausdrückte. Bis zu seiner grundlegenden technischen Neuausrichtung 2014 blieb MyKnet.org eine wichtige digitale Umgebung, um zu gestalten, zu designen und zu programmieren sowie um lokale Informationen aus den Gemeinschaften zu sammeln und zu verbreiten. Darüber hinaus ermöglichte MyKnet.org schon früh, soziale Netzwerke und Verbindungen über räumliche Distanzen hinweg zu erhalten, neu zu gestalten und auszubauen. Derartige soziotechnische Möglichkeiten sind vor allem für Menschen in einer Region, die lange infrastrukturell benachteiligt wurde und noch immer wird, von enormer Bedeutung.

Der weltweite Aufschwung von Social Media, besonders von Facebook, ging aber natürlich auch nicht spurlos am nordwestlichen Ontario vorüber. Schon mit Beginn der 2010er-Jahre hatte sich ein Großteil der digitalen Kommunikation und Vernetzung mit Freund*innen und Familienangehörigen von MyKnet.org auf Facebook verlagert (Budka 2015). Der vereinfachte Umgang mit digitalem Bildmaterial in diesen neuen digitalen Plattformen spielte hier eine wesentliche Rolle. In Facebook können Nutzer*innen nicht nur visuelle Artefakte hochladen und teilen, sie können diese auch bewerten und kommentieren. Letztere dienen so auch zur Kontextualisierung unterschiedlicher sozialer Interaktionen. Bilder sind einerseits kennzeichnend für Profile und die damit verbundene persönliche Präsenz und „freundschaftliche" Vernetzung in digitalen Plattformen, sowohl in MyKnet.org als auch in Facebook oder anderen Social Media. Andererseits trägt das Tauschen und Zirkulieren von Bildern auch zur Repräsentation von Zugehörigkeit sowie zur Neuverhandlung und Neubewertung von sozialen Beziehungen bei (siehe auch Miller und Sinanan 2017). Bildinhalte und Bildzirkulation beeinflussen etwa „das Selbst" in Verbindung zum „Anderen" (das „relationale Selbst") und ermöglichen so neue Beziehungsnormen (McKay 2010, 496). Auf einer kulturvergleichenden Analyseebene bedeutet dies auch ein Überdenken von eurozentristischen Konzepten wie „Individualität". Alternativ bieten sich hier Konzepte, wie jenes der „Dividualität" an, das etwa betont, dass eine Person, zumindest in bestimmten kulturellen Kontexten, vor allem durch plurale und vermischte soziale Beziehungen bestimmt ist. Bildpraktiken lassen sich als Beispiele für solche „erweiterten Persönlichkeiten" verstehen, wie Deirdre McKay (2010) im philippinischen und Paula Uimonen (2013) im tansanischen Facebook-Kontext feststellen.

Soziale Beziehungen werden in digitalen Plattformen zunehmend über Bilder kommuniziert. Menschen entwickeln und verändern ihre „digital vermittelten Identitäten" in enger Verbindung mit ihren sozialen Beziehungen (Uimonen 2013, 122). Performativität und (soziale) Ästhetik können hier als hilfreiche Konzepte dienen, um Praktiken und Prozesse der digitalen Identitäts- und Selbstkonstruktion zu beschreiben und zu analysieren (siehe auch Luger, Graf und Budka 2019). Auch in MyKnet.org spielten Fragen nach individueller und kollektiver Identitätskonstruktion und -verhandlung eine wichtige Rolle. So verwendeten junge Webseitenproduzent*innen visuelles Material, beispielsweise Bilder und Collagen von populären Hip-Hop Künstler*innen, um sich vor allem von älteren Generationen, die ab dem Jahr 2006 zunehmend in die Online-Umgebung drängten, abzugrenzen. Ihnen war dabei bewusst, dass die Hip-Hop Kultur und die damit verbundene audiovisuelle Sprache besonders von älteren Gemeinschaftsmitgliedern und schulischen Autoritätspersonen großteils abgelehnt wurde. Gleichzeitig wurde von den selben Personen Bildmaterial verwendet, das eine enge Verbundenheit mit der Lokalgemeinschaft sowie mit der über-regionalen indigenen Gemeinschaft Kanadas signalisierte, wie etwa Grafiken mit politischen Inhalten zur indigenen Selbstbestimmung oder symbolischen Verweisen auf die Wirkungskraft indigener Identität. Digitale Praktiken in MyKnet.org, die in Verbindung mit individueller und kollektiver – sowohl indigener als auch jugendlicher – Identitätskonstruktion standen, befanden sich also in einem permanenten Spannungsverhältnis, das besonders durch visuelle Inhalte und dadurch geschaffene soziale Beziehungen von Nähe und Distanz aufrechterhalten wurde.

Identitätskonstruktion steht also in enger Verbindung mit sozialen Beziehungsformen und -normen, die in zunehmendem Maße über digitale Plattformen gestaltet werden und wiederum eng mit digital-visuellen Praktiken, wie dem Teilen oder Kommentieren von Bildern, verbunden sind. Dabei legen kulturvergleichende Befunde aus der ethnografischen Forschungspraxis nahe, dass hier prädigitale Praktiken der Identitätskonstruktion ebenso zu berücksichtigen sind, wie eine Erweiterung des Fokus von Individuum und (digitalem) Selbst auf digital-visuelle Repräsentationen von Kollektiven und Gemeinschaften (Kupiainen 2016) oder auf Prozesse der Vergemeinschaftung und damit zusammenhängende – oftmals ritualisierte – Handlungen (Uimonen 2015). So lassen sich sowohl in den Beispielen philippinischer (McKay 2010) und tansanischer (Uimonen 2013) Bildpraktiken in Facebook als auch im Fall von MyKnet.org Kolonialismus und Entkolonialisierung sowie die Zugehörigkeit zu bestimmten kulturellen Gruppen als jene Rahmenbedingungen oder Kontexte identifizieren, deren Berücksichtigung lokale Identitätskonstruktionen und Repräsentationsformen verständlicher machen. Auch wenn global verbreitete Social Media und digitale Plattformen technisch vereinheitlichte Nutzungsmöglichkeiten bieten, gestaltet sich die alltägliche Anwendung soziokulturell oft unterschiedlich.

5.5 Schlussbemerkung

Mit der Verfügbarkeit digitaler Medien und Technologien, Internet-basierter Apparate und Services, mobiler Computer sowie Softwareapplikationen und digitaler Plattformen entstehen sowohl neue Möglichkeiten als auch Herausforderungen für die kultur- und sozialanthropologische Forschung und Lehre zu Visualität. Für die Kultur- und Sozialanthropologie ist es von besonderem Interesse zu verstehen wie sich Menschen mit digitalen Medientechnologien auseinandersetzen, wie „das Digitale" im Alltag eingebettet wird und wie es mit unterschiedlichen sozialen Praktiken und kulturellen Prozessen in menschlichen Gesellschaften verwoben ist. Wie dieser Aufsatz anhand eines konkreten Beispiels zeigt, sind Kontextualisierung und Vergleich in Verbindung mit ethnografischer Forschungsarbeit wichtige Hilfsmittel in der Kultur- und Sozialanthropologie, um digital-visuelle Praktiken zu analysieren und zu interpretieren.

Die hier exemplarisch diskutierten Praktiken in einer indigenen Online-Umgebung verweisen nicht nur auf die globale Bedeutung visueller Kommunikation, Repräsentation und Kultur, sondern auch auf das lokal sehr spezifische Verhältnis, das die Menschen im nordwestlichen Ontario mit diesem Service pflegten. So lässt sich unter anderem anhand der beschriebenen Praktiken feststellen, dass MyKnet.org vor allem durch lokale soziale Netzwerke und damit verbundene Kommunikationsweisen strukturiert wurde, die wiederum beständig durch die Online-Umgebung beeinflusst wurden. Darüber hinaus lässt sich MyKnet.org auch als eine Repräsentationsplattform verstehen, die sowohl Individuen als auch Familien und Gemeinschaften dazu diente, sich selbst zu präsentieren und auszudrücken: ein Aspekt, der während meiner ethnografischen Feldforschung vor allem von jugendlichen Nutzer*innen immer wieder hervorgehoben wurde. MyKnet.org war außerdem eine von den Nutzer*innen selbst gestaltete Lernumgebung, in der digitale Fertigkeiten – wie das Erstellen und Teilen von digitalen Collagen oder Webseiten-Layouts – erworben und/oder weitergegeben werden konnten. Und schließlich war diese Umgebung aufgrund der Klarnamen-Politik auch eine Art digitales Verzeichnis der First Nation Bevölkerung des nordwestlichen Ontario. Diese „Neuverortung" – oder „Reterritorialisierung" – verlorenen physischen Territoriums im Cyberspace stärkte nicht nur die individuelle, sondern auch die kollektive Identität der Indigenen. Die kontextsensitive Analyse digital-visueller Praktiken in MyKnet.org sowie eine vergleichende Perspektive veranschaulichen die kulturelle und historische Besonderheit von Prozessen der Technologieaneignung in einer geografisch abgelegenen und soziopolitisch isolierten Region. Als digitale Umgebung, die ausschließlich der lokalen Bevölkerung zur Verfügung stand, trug MyKnet.org über mehr als 20 Jahre zur visuellen Kommunikation und zur sozialen Beziehungspflege sowohl innerhalb von indigenen Gemeinschaften als auch zwischen diesen Gemeinschaften bei.

In der kultur- und sozialanthropologischen Analyse sowie der ethnografischen Beschreibung digital-medialer Phänomene geht es vor allem um eine holistische Perspektive auf Medien, Technik und Technologie sowie damit verbundene kulturelle Prozesse und soziale Praktiken. In ihrer Auseinandersetzung mit neuen digitalen Medientechnologien befasst sich die Kultur- und Sozialanthropologie vor allem mit soziokulturellen Phänomenen, die traditionell intensiv in der Disziplin bearbeitet wurden und werden, wie etwa individuelle und kollektive Identitätskonstruktion und -verhandlung, soziale Beziehungen oder kulturelle Bedeutungszuschreibungen. Die weltweit zunehmende Digitalisierung des menschlichen Zusammenlebens und der alltäglichen (medialen) Kommunikation wirft allerdings Fragen nach Entwicklung, Merkmalen und Konsequenzen visueller Kultur auf, die vor allem in einer engeren Zusammenarbeit zwischen Disziplinen und Forschungsbereichen beantwortet werden können. Für die kultur- und sozialanthropologische Forschungsarbeit bedeutet dies, dass gegenwärtige digital-visuelle Phänomene wohl am gezieltesten durch eine Verschränkung von Fachgebieten – wie Visuelle Anthropologie, Medienanthropologie und Digitale Anthropologie – sowie deren Forschungsschwerpunkten beschrieben und untersucht werden können. Darüber hinaus legen viele Frage- und Problemstellungen zu Visualität und Digitalität nahe, diese auch im regen Austausch mit anderen Forschungsrichtungen – wie Soziologie, Medien-, Kommunikations-, und Politikwissenschaft sowie Computer-, Informations-, Design- und Kunstwissenschaft – zu bearbeiten.

Literatur

Banks, Marcus. 2001. *Visual Methods in Social Research*. London: Sage.

Banks, Marcus. 2007. *Using Visual Data in Qualitative Research*. London: Sage.

Bell, Brandi, Philipp Budka und Adam Fiser. 2012. „We Were on the Outside Looking In" – MyKnet.org: A First Nations Online Social Environment in Northern Ontario. In: Clement, Andrew, Michael Gurstein, Graham Longford, Marita Moll, Leslie Regan Shade, Melissa Fritz, Heather E. Hudson und Serge Proulx. Hrsg. *Connecting Canadians: Investigations in Community Informatics*, S. 237–254. Edmonton: Athabasca University Press.

Bender, Cora und Martin Zillinger. Hrsg. 2015. *Handbuch der Medienethnographie*. Berlin: Reimer.

Boellstorff, Tom. 2012. Rethinking Digital Anthropology. In: Horst, Heather und Daniel Miller. Hrsg. *Digital Anthropology*, S. 39–60. London: Berg.

Boellstorff, Tom. 2016. For Whom the Ontology Turns: Theorizing the Digital Real. *Current Anthropology*, 57(4):387–407.

Bräuchler, Birgit und John Postill. Hrsg. 2010. *Theorising Media and Practice*. New York/Oxford: Berghahn Books.

Budka, Philipp. 2015. From Marginalization to Self-determined Participation: Indigenous Digital Infrastructures and Technology Appropriation in Northwestern Ontario's remote Communities. *Journal des Anthropologues*, 142–143(3):127–153. doi:10.4000/jda.6243.

Budka, Philipp. 2019a. Indigenous Media Technologies in „the Digital Age": Cultural Articulation, Digital Practices, and Sociopolitical Concepts. In: Yu, Sherry und Matthew D. Matsaganis. Hrsg. *Ethnic Media in the Digital Age*, S. 162–172. New York: Routledge.

Budka, Philipp. 2019b. Von der Cyber Anthropologie zur Digitalen Anthropologie: Über die Rolle der Kultur- und Sozialanthropologie im Verstehen soziotechnischer Lebenswelten. In: Luger, Martin, Franz Graf und Philipp Budka. Hrsg. *Ritualisierung – Mediatisierung – Performance*, S. 163–188. Göttingen: Vandenhoeck & Ruprecht, Vienna University Press. doi:10.14220/9783737005142.163.

Budka, Philipp und Elke Mader. 2009. New Forms of Socialities on the Web? A Critical Exploration of Anthropological Concepts to Understand Sociocultural Online Practices. Paper at *Web as Culture Conference*, Universität Gießen, Gießen.

Budka, Philipp, Brandi Bell und Adam Fiser. 2009. MyKnet.org: How Northern Ontario's First Nation Communities Made Themselves at Home on the World Wide Web. *The Journal of Community Informatics*, 5(2). http://ci-journal.org/index.php/ciej/article/view/568. Zugegriffen: 26.04.2020.

Couldry, Nick. 2010. Theorising Media and Practice. In: Bräuchler, Birgit und John Postill. Hrsg. *Theorising Media and Practice*, S. 35–54. New York/Oxford: Berghahn Books.

Dilley, Roy. 1999. Introduction: The Problem of Context. In: *The Problem of Context: Perspectives from Social Anthropology and Elsewhere*, S. 1–46. New York/Oxford: Berghahn Books.

Driscoll, Kevin und Camille Paloque-Berges. 2017. Searching for missing „Net Histories". *Internet Histories*, 1(1–2):47–59. doi:10.1080/24701475.2017.1307541.

Favero, Paolo. 2018. *The Present Image: Visible Stories in a Digital Habitat*. Basingstoke: Palgrave Macmillan.

Favero, Paolo und Eva Theunissen. 2018. With the Smartphone as Field Assistant: Designing, Making, and Testing EthnoAlly, a Multimodal Tool for Conducting Serendipitous Ethnography in a Multisensory World. *American Anthropologist*, 120(1):163–167. doi:10.1111/aman.12999.

Fiser, Adam und Andrew Clement. 2012. A Historical Account of the Kuh-ke-nah Network. In: Clement, Andrew, Michael Gurstein, Graham Longford, Marita Moll, Leslie Regan Shade, Melissa Fritz, Heather E. Hudson und Serge Proulx. Hrsg. *Connecting Canadians: Investigations in Community Informatics*, S. 255–282. Edmonton: Athabasca University Press.

Fox, Richard G. und Andre Gingrich. 2002. Introduction. In: Gingrich, Andre und Richard G. Fox. Hrsg. *Anthropology, by Comparison*, S. 1–24. London: Routledge.

Ginsburg, Faye, Lila Abu-Lughod und Brian Larkin. 2002. Introduction. In: Ginsburg, Faye, Lila Abu-Lughod und Brian Larkin. Hrsg. *Media Worlds: Anthropology on New Terrain*, S. 1–36. Berkeley: University of California Press.

Gómez Cruz, Edgar, Shanti Sumartojo und Sarah Pink. Hrsg. 2017. *Refiguring Techniques in Digital Visual Research*. London: Palgrave Macmillan.

Harrison, Rodney. 2009. Excavating Second Life: Cyber-Archaeologies, Heritages and Virtual Communities. *Journal of Material Culture*, 14:75–106.

Hobart, Mark. 2010. What Do We Mean by „Media Practices"? In: Bräuchler, Birgit und John Postill. Hrsg. *Theorising Media and Practice*, S. 55–75. New York/Oxford: Berghahn Books.

Hjorth, Larissa und Sarah Pink. 2014. New Visualities and the Digital Wayfarer: Reconceptualizing Camera Phone Photography, und Locative Media. *Mobile Media & Communication*, 2(1):40–57.

Hjorth, Larissa, Heather Horst, Anne Galloway und Genevieve Bell. Hrsg. 2017. *The Routledge Companion to Digital Ethnography*. New York: Routledge.

Horst, Heather und Daniel Miller. Hrsg. 2012. *Digital Anthropology*. London: Berg.

Ingold, Tim. 2008. Anthropology is not Ethnography. *Proceedings of the British Academy*, 154:69–92.

Jenkins, Henry. 2006. *Convergence Culture: Where Old and New Media Collide*. New York: New York University Press.

Kupiainen, Jari. 2016. Digital Visuality in Cultural Identity Construction: Notes from the Festival of Pacific Arts. *Journal de la Société des Océanistes*, 142–143:131–142. doi:10.4000/jso.7605.

Luger, Martin, Franz Graf und Philipp Budka. Hrsg. 2019. *Ritualisierung – Mediatisierung – Performance*. Göttingen: Vandenhoeck & Ruprecht, Vienna University Press.

Mader, Elke. 2011. Stars in Your Eyes: Ritual Encounters with Shah Rukh Khan. In: Brosius, Christiane und Karin Polit. Hrsg. *Ritual Dynamics and the Science of Rituals. Vol. IV. Reflexivity, Media, and Visuality*, S. 463–484. Wiesbaden: Harrassowitz Verlag.

Marcus, George E. 1995. Ethnography in/of the World System: The Emergence of Multi-Sited Ethnography. *Annual Review of Anthropology*, 24:95–117.

McKay, Deirdre. 2010. On the Face of Facebook: Historical Images and Personhood in Filipino Social Networking. *History and Anthropology*, 21(4):479–498.

Miller, Daniel und Jolynna Sinanan. 2017. *Visualising Facebook: A Comparative Perspective*. London: UCL Press.

Miller, Daniel und Heather Horst. 2012. The Digital and the Human: A Prospectus for Digital Anthropology. In: Horst, Heather und Daniel Miller. Hrsg. *Digital Anthropology*, S. 3–35. London: Berg.

Miller, Daniel, Elisabetta Costa, Nell Haynes, Tom McDonald, Razvan Nicolescu, Jolynna Sinanan, Juliano Spyer, Shriram Venkatraman und Xinyuan Wang. 2016. *How the World Changed Social Media*. London: UCL Press. https://www.uclpress.co.uk/products/83038. Zugegriffen: 26.04.2020.

Murphy, Jamie, Noor Hazarina Hashim und Peter O'Connor. 2007. Take me back: Validating the Wayback Machine. *Journal of Computer-Mediated Communication*, 13(1):60–75. doi:10.1111/j.1083-6101.2007.00386.x.

Molyneaux, Heather, Susan O'Donnell, Crystal Kakekaspan, Brian Walmark, Philipp Budka und Kerri Gibson. 2014. Social Media in Remote First Nation Communities. *Canadian Journal of Communication*, 39(2):275–288. doi:10.22230/cjc.2014v39n2a2619.

Moore, Henrietta L. 2012. Avatars and Robots: The Imaginary Present and the Socialities of the Inorganic. *Cambridge Anthropology*, 30(1):48–63.

Nader, Laura. 2011. Ethnography as Theory. *HAU: Journal of Ethnographic Theory*, 1(1):211–219. doi:10.14318/hau1.1.008.

Ortner, Sherry B. 2006. *Anthropology and Social Theory: Culture, Power, and the Acting Subject.* Durham: Duke University Press.

Peterson, Mark A. 2003. *Anthropology and Mass Communication: Media and Myth in the New Millennium.* New York/Oxford: Berghahn Books.

Pink, Sarah. 2011. Digital Visual Anthropology: Potentials and Challenges. In: Banks, Marcus und Jay Ruby. Hrsg. *Made to be Seen: Perspectives on the History of Visual Anthropology*, S. 209–233. Chicago: University of Chicago Press.

Pink, Sarah, Heather Horst, John Postill, Larissa Hjorth, Tania Lewis und Jo Tacchi. 2016. *Digital Ethnography: Principles and Practice.* London: Sage.

Postill, John. 2010. Introduction: Theorising Media and Practice. In: Bräuchler, Birgit und John Postill. Hrsg. *Theorising Media and Practice*, S. 1–32. New York/Oxford: Berghahn Books.

Postill, John und Sarah Pink. 2012. Social Media Ethnography: The Digital Researcher in a Messy Web. *Media International Australia*, 145(1):123–134.

Rapport, Nigel und Joanna Overing. 2000. *Social and Cultural Anthropology: The Key Concepts.* London: Routledge.

Sanjek, Roger. 1998. Ethnography. In: Barnard, Alan und Jonathan Spencer. Hrsg. *Encyclopedia of Social and Cultural Anthropology*, S. 193–198. London: Routledge.

Stern, Susannah. 2008. Producing Sites, Exploring Identities: Youth online Authorship. In: Buckingham, David. Hrsg. *Youth, Identity, and Digital Media*, S. 95–117. Cambridge: MIT Press.

Strathern, Marilyn. 2002. Abstraction and Decontextualization: An Anthropological Comment. In: Woolgar, Steve. Hrsg. *Virtual Society? Technology, Cyberbole, Reality*, S. 302–313. Oxford: Oxford University Press.

Uimonen, Paula. 2013. Visual Identity in Facebook. *Visual Studies*, 28(2):122–135. doi:10.1080/1472586X.2013.801634.

Uimonen, Paula. 2015. Mourning Mandela: Sacred Drama and Digital Visuality in Cape Town. *Journal of Aesthetics & Culture*, 7(1). doi:10.3402/jac.v7.28178.

Whitehead, Neil L. und Michael Wesch. Hrsg. 2012. *Human No More: Digital Subjectivities, Unhuman Subjects, and the End of Anthropology.* Boulder: University Press of Colorado.

Hanna Klien-Thomas und Petra Hirzer

6 Wenn Bilder tanzen. Performative Dimensionen von visuellen Medienpraktiken

6.1 Einleitung

Die Klänge [des Films] haben mich so fasziniert. Ich habe den Film gesehen und uff. Die Musik…
und wie die Frauen getanzt haben, diese kokette Art zwischen Mann und Frau im Tanz, das hat
meine Aufmerksamkeit erregt. Ich habe mir gedacht, vielleicht kann ich auch so tanzen. Ich wollte das einfach nachmachen, weil die Musik mich so bewegt hat. Vor allem eben die Frauen mit
ihren Kleidern und ihrem Schmuck. Und dann habe ich mir das einfach zu Hause vor dem Spiegel
beigebracht. Erst danach habe ich mir mehr und mehr Filme gekauft. (Interviewausschnitt aus
Peru, Juli 2010)

Ich erinnere mich, dass für die Hochzeit meines Cousins seine Verlobte eine exakte Replika von
einer Filmszene wollte. Ich kann mich nicht erinnern welcher Film [lacht]. Aber es war wunder-
schön. […] Die Hochzeitsszenen sind einfach umwerfend. Wie in [dem Film] Kal Ho Naa Ho,
Preity [Zinta] war wow! Das war eine ganz tolle [Szene]! Und du denkst immer irgendwie, also
wenn ich mal heirate, dann will ich dieses Outfit, ich will so eine Hochzeit. Weil persönlich für
meine will ich eine Tanznummer machen, wie sie das in den Filmen machen. Das wäre cool!
(Interviewausschnitt aus Trinidad, Oktober 2013)

Aufgrund von Globalisierungsprozessen sind Visualität und visuelle Praktiken in
komplexe transkulturelle und -mediale Verflechtungen eingebettet. Bilder können in
diesem Zusammenhang als Teil globaler medialer Landschaften bzw. *mediascapes*
verstanden werden (Appadurai 1996). Im folgenden Beitrag werden visuelle Repräsentationen wie Film und Kino mit einer performativen Dimension von Bildern in
Verbindung gebracht. Es wird diskutiert, wie diese performative Kraft, die sich vor
allem in den Praktiken der Aneignung und Umdeutung von visuellem Text zeigt,
methodisch greifbar gemacht werden kann.

Fragen zu visueller Kultur werden in den Sozialwissenschaften seit dem *ethnographic turn* vermehrt mit Methoden untersucht, die insbesondere in der medienan-
thropologischen Forschung ihre Anwendung finden. Neben verschiedenen qualitativen Interviewformen und dem gezielten Sammeln von kulturellen Artefakten kommt
im Zuge dieser ethnografischen Wende vor allem der Methode der teilnehmenden
Beobachtung eine wichtige Bedeutung zu. Die sich semantisch diametral gegenüber-
stehenden Begriffe teilnehmen und beobachten spiegeln dabei in ihren variierenden
Ausprägungsformen im Forschungsverlauf die methodische Praxis und die Rolle der
Forscher*innen im Feld wider. Dieser integrale Bestandteil der ethnografischen Herangehensweise und die Einsichten, die damit in visuelle Kultur gewonnen werden
können, werden jedoch in der Literatur oftmals nicht genügend berücksichtigt. In
diesem Beitrag wird daher ein methodisch interdisziplinärer Zugang vorgestellt, der

https://doi.org/10.1515/9783110613681-006

von einem praxistheoretischen Forschungsparadigma geleitet wird. Zentraler Ausgangspunkt sind performative Dimensionen von Medienpraktiken zu global zirkulierender Populärkultur, die in einem Spannungsverhältnis zwischen populärkulturellem Text und lokalem Kontext verortet werden. Unter Bezugnahme auf empirische Fallbeispiele soll insbesondere der Erkenntnisgewinn aus der Methode der teilnehmenden Beobachtung im Forschungsprozess näher beleuchtet und damit intersubjektiv nachvollziehbar gemacht werden. In diesem Zusammenhang werden sowohl traditionelle ethnografische Forschungsstrategien, aber auch Anwendungen in digitalen Umgebungen diskutiert.

Die verwendeten Beispiele sind zwei ethnografisch angelegten Rezeptionsstudien entnommen, die die Aneignung indischer Populärkultur in Lateinamerika und der Karibik zum Gegenstand haben. Beide Forschungen basieren auf einem theoretischen Rahmen, in dem Arjun Appadurais Konzept der Imagination als soziale Praxis (1996) zur Erfassung transkultureller Prozesse herangezogen wird. Die beiden regionalen Kontexte Peru und Trinidad, auf denen ein Großteil der empirischen Studien beruht, werden in diesem Sinne als transkulturelle Konsumräume von indischer Populärkultur wahrgenommen. In beiden Fällen nehmen Tanz und die damit in Verbindung stehenden Praktiken eine zentrale Rolle ein. Um die Bedeutung der eingangs zitierten Interviewpassagen zu verstehen, sind Ergebnisse der teilnehmenden Beobachtung (unter anderem von Hochzeiten, Tanzveranstaltungen oder Interaktionen auf Online-Netzwerken) wesentlich. Sie geben Einblicke in den Kontext und in *signifying practices*, die bedeutungsschaffenden Medienpraktiken (Hall 1997), die mit den Bildern aus Film und Kino verbunden sind. Ziel ist es aufzuzeigen, wie ein methodisch interdisziplinär angelegter Forschungszugang genutzt werden kann, um Visualität und visuelle Praktiken unter Berücksichtigung komplexer transkultureller und -medialer Verflechtungen zu untersuchen. In den folgenden Abschnitten werden daher zunächst der Forschungskontext (Abschn. 2), der Forschungsgegenstand (Abschn. 3) und das konkrete Forschungsdesign (Abschn. 4) vorgestellt. Anschließend wird die für die Zielsetzung dieses Beitrags relevante Forschungspraxis (Abschn. 5) näher beleuchtet und mit Beispielen aus dem Feld (Abschn. 6) illustriert.

6.2 Constructing the field: Die transkulturelle Zirkulation indischer Populärkultur

Seit seinen Anfängen am Beginn des 20. Jahrhunderts kann indisches Kino als hybrides Medienprodukt bezeichnet werden. Verarbeitete Einflüsse reichen von Volkstheaterformen, mythologischen Erzählungen und religiösen Systemen des indischen Subkontinents bis hin zu westlichen (Film-)Traditionen. Die transnationale Verbreitung von indischem Film begann bereits in den folgenden Jahrzehnten, wobei insbesondere Hindi-sprachige Produktionen ein Publikum in anderen Weltregionen fanden. Seit den 1990er- und 2000er-Jahren sind Hindi-Filme und mit ihnen ein Ensemble an kosmopolitischer Populärkultur unter dem Überbegriff Bollywood bekannt. Einerseits ist dies mit dem zunehmenden Interesse in westlichen Ländern und der daraus resultierenden Sichtbarkeit des Phänomens verbunden. Andererseits liegt der Entwicklung auch eine tiefgreifende Veränderung in der Produktion sowie Distribution von Hindi-Kinofilmen zugrunde. Der Filmwissenschaftler Ashish Rajadhyaksha (2008) spricht von einem Prozess der *Bollywoodization*, in der ein international orientiertes Segment der Filmproduktion im Rahmen der nun global zirkulierenden Kulturindustrie entstand. Diese Prozesse der letzten Jahrzehnte führten zu einem breitgefächerten und territorial nicht eingrenzbaren Zielpublikum für Bollywood. Dementsprechend liegt der Fokus rezenter Studien auf transnationalen und transkulturellen Globalisierungsprozessen und geht über die davor etablierte Diasporaforschung hinaus.[1]

Die Studien, auf denen unser Beitrag basiert, nähern sich solchen *zones of transculturation* (Gehlawat 2010) von einer kultur- und sozialanthropologischen Perspektive an. Dabei werden der Konsum indischer Populärkultur und die damit verbundenen Imaginationen als eine Form von *place-making* in globalen Medienlandschaften verstanden (Appadurai 1996). Der Ansatz erlaubt eine vergleichende Perspektive auf die unterschiedlichen Arten und Weisen, wie Bollywood-Medienprodukte rezipiert werden. Unter Berücksichtigung gesellschaftlicher Machtstrukturen sowie der Handlungsmacht der Akteur*innen können so Einblicke in die Globalisierungs- bzw. Sozialisationsprozesse in den beiden eingangs vorgestellten gesellschaftlichen Rezeptionskontexten gewonnen werden. In den Studien werden Visualität und visuelle Medien in einem interdisziplinären theoretischen Rahmen situiert. Der Fokus liegt auf Praktiken als Forschungsgegenstand, nicht auf dem (visuellen) Text selbst. Medienanthropologische Zugänge dienen dazu, den soziokulturellen Rezeptionskontext verstärkt in den Vordergrund zu stellen. Der Umgang mit Bollywood-Bildern in Peru und Trinidad wird in diesem Sinne in Zusammenhang gesetzt mit lokalen kulturellen und sozialen Praktiken. Des Weiteren ermöglichen theoretische Beiträge der Medienforschung und Cultural Studies ein erweitertes Verständnis von globalen Populärkulturen als Teil ständiger Kreisläufe von Produktion, Distribution, Rezeption oder Konsumption. Indische Populärkultur wird aus diesem interdisziplinären Zugang heraus als die Gesamtheit aller Erzeugnisse im Rahmen globaler *cultural flows* (Appadurai 1996) definiert, einschließlich der damit verbundenen alltäglichen Praktiken und Artefakte, die Menschen mit den von Kulturindustrien angebotenen Repertoires selbst herstellen.

---

1 Zentrale Beiträge dazu sind unter anderem Kaur und Sinha (2005), Gopal und Moorti (2008), Kavoori und Punathambekar (2008), Mehta und Pandharibpande (2011).

6.3 Imaginationen, Medien und Medienpraktiken als Forschungsgegenstand

In Folge des *ethnographic turn* haben sich langfristige qualitativ-empirische Forschungen zu Medien und Medienrezeption in den Sozialwissenschaften etabliert. Die Mediennutzung wird dabei in enger Beziehung zu persönlichen und kulturellen Zusammenhängen verstanden. Damit geht auch ein Paradigmenwechsel einher, der auf dem Konzept der aktiven Rezipient*innen sowie Rezeption als sozialer Praxis gründet. Diese Entwicklung ist maßgeblich von den frühen Ansätzen des *Uses and Gratification* Modells in den Medienwissenschaften und den britischen Cultural Studies beeinflusst. Ethnografische Methoden sind in diesem Zusammenhang bedeutend, um alltägliche Interaktion mit Medien zu untersuchen, wobei in den Cultural Studies auch globale kulturelle sowie politische Zusammenhänge und Machtdiskurse mit einbezogen werden. Während der populäre Text zuvor der Ausgangspunkt für weitere Analysen darstellte, bewegte sich der Fokus so zunehmend auf den Kontext der Rezeption sowie auf die Akteur*innen. Zentrale Frage war und ist, wie *Agency* in diesem aktiven Prozess der Bedeutungsgebung und Interpretation konzeptualisiert werden kann (Peterson 2003, 117).

Medienpraktiken (*media practices*) und generell die Auseinandersetzung mit kulturellen Praktiken sind das forschungsleitende Paradigma unseres Beitrags. Dabei wird im praxistheoretischen Sinne die wechselseitige Beziehung von *Struktur* und *Agency* erfasst. Einerseits wird Medienrezeption und -nutzung dabei in tieferen sozialen Strukturen situiert. Wie Mark Peterson argumentiert, sind interpretative Herangehensweisen von Akteur*innen unumgänglich mit ihrer gesellschaftlichen Position verknüpft: „[...] the codes people employ to interpret texts, though deriving from widely distributed cultural formations, differ according to social position" (2003, 123). Andererseits sind individuelle Motivation und bewusste Strategien der Akteurin ebenso Teil der Interpretation. Es ist also gleichermaßen ein sozialer Akt und kann auch als situative Performance begriffen werden. Oder mit den Worten von Ulrike Meinhof ausgedrückt: „In that way, audiences [...] act in culturally significant ways, using their knowledge to adapt cultural forms and performances in meaningful, even potentially subversive and critical ways." (2005, 115) Praxistheoretische Zugänge erkennen *Agency* in routinierten und sogenannten *embodied practices* an, im Gegensatz zu singulären Events, wie sie z. B. in politisch motivierten Aktionen sichtbar werden (Postill 2010). Aus einer kulturanthropologischen Sicht ist hierbei bedeutend, dass *Agency* sozial und kulturell geprägt ist – das heißt, dass die Ziele und Bedürfnisse der Akteur*innen auch immer durch kulturelle Formationen bedingt sind. Sherry Ortner (1996) weist hier auf die Notwendigkeit hin, die inhärenten Machtbeziehungen und -ungleichheiten in historisch generierten Praktiken sichtbar zu machen, um eine feministische, postkoloniale, subalterne Praxistheorie zu ermöglichen.

Der praxistheoretische Rahmen erlaubt es, den Forschungsgegenstand genauer zu definieren und analytische Einheiten zu etablieren. Peterson bemerkt: „[p]ractice

is useful because practices can be readily conceived as clusters of related actions"
(2010, 128). In unseren Beispielen zeigen wir, wie analytische Einheiten aus der Feldforschung abgeleitet werden, unter anderem basierend auf der Aneignung eines spezifischen Bildes aus Medientexten (die Braut) oder der Art und Weise, wie Bilder rekon-
figuriert werden (*bolly-mixing* und *bolly-mashing*). Somit wird es möglich, eine Bandbreite von Aktivitäten und Interaktionen mit Medien zu betrachten bzw. als Praktiken
zu benennen. Wir stimmen hier jedoch mit Elizabeth Bird überein, dass es einer ge-
naueren Betrachtung des Praxisbegriffs und einer Reformulierung des forschungsleitenden Paradigmas bedarf. Sie argumentiert, „existing conventions and practices are
refracted through a mediated lens even if people are not consciously referencing the
media" (2010, 86), sodass Medienpraktiken nicht zwingend eine direkte Verbindung
zu Medien aufweisen müssen. Auch Nick Couldry und Mark Hobart (2010) fragen danach, wie Medien in alltägliche kommunikative und kulturelle Praktiken inkorporiert
werden. Dies bedeutet, dass auch die Aktivitäten, die Menschen in Bezug zu Medi-
en setzen, analysiert werden. Die Autoren befürworten damit einen nicht-medienzen-
trierten Ansatz. Für unseren Zugang zu Visualität bedeutet dies, dass nicht visuelle
Bilder selbst im Vordergrund stehen, sondern die sozialen und kulturellen Alltagspraktiken. Als Forscherin gilt es, die Vielzahl relevanter Praktiken, oder wie John Postill formuliert „a plethora of practices" (2010, 16), zu ermitteln, die durch häufiges und
regelmäßiges Miteinandertun Bedeutung von Bildern und visueller Kultur konstituieren. In den Cultural Studies wird hier auch von *signifying practices* gesprochen, die Bedeutung schaffen (Hall 1997). Wie Stuart Hall in diesem Zusammenhang betont, sind
diese eingebettet in „shared conceptual maps" (1997, 18) die von kulturellen Gruppen
geteilt werden.

Gleichermaßen wie für medienanthropologische Zugänge stellt sich auch hier
die Frage, wie Menschen in einer immer stärker mediengesättigten Welt sowie innerhalb zunehmender transnationaler und -kultureller Zirkulation mit visuellen Medien
umgehen. Wir folgen hier Appadurais Globalisierungstheorie, in der soziale Praktiken ebenfalls einen zentralen Bestandteil bilden. Nach Appadurai wird die Dynamik
zwischen dem Lokalen und Globalen stets neu ausverhandelt. Dabei arbeitet er mit
der Metapher der globalen Landschaften (*global scapes*), die sich für ihn in fünf unterschiedlichen Dimensionen manifestieren. Diese fünf durch verschiedene Flüsse
(*cultural flows*) generierten Landschaften unterliegen dabei jeweils eigenen Zwängen
und Antrieben, wobei besonders Medien und *mediascapes* eine bedeutsame Rolle
einnehmen. Appadurais Landschaften sind als perspektivische Konstrukte zu verstehen, mit denen eine Annäherung an die komplexen Verbindungen transnational
geprägter Realitäten und dynamischer Verflechtungen ermöglicht wird. Ausgehend
von seinem Theoriekonstrukt der kulturellen Flüsse und *mediascapes* führt er das
für diesen Beitrag zentrale Konzept von Imagination als sozialer Praxis ein: „[...]
the imagination has become an organized field of social practices, a form of work (in
the sense of both labor and culturally organized practice), and a form of negotiation
between sites of agency (individuals) and globally defined fields of possibility" (Appa-

durai 1996, 31). Mit diesem Konzept ist es möglich, jene Praktiken zu analysieren, die für die transkulturelle Medienrezeption und -aneignung zentral sind. In Anlehnung an Benedict Andersons Begriff der *imagined communities* spricht Appadurai von vorgestellten Welten. Sie konstituieren sich durch die unterschiedlichen Landschaften und die Imaginationen, die globale kulturelle Flüsse sowie Personen und Gruppen schaffen. Auch die in englischer Sprache zum Ausdruck kommende Verwandtheit der Begriffe „image, the imagined, the imaginary" (Appadurai 1996, 31) veranschaulicht, dass Medienpraktiken hier beides umfassen, die tatsächlichen Bilder, die global in und durch Medien zirkulieren, die daraus entstehenden Vorstellungen sowie die Praxis des Sich-zu-Eigen-Machens. In diesem Sinne werden Bilder von Lebensbereichen, Orten und Menschen von Medien konstruiert und gleichermaßen von Rezipient*innen durch ihre Wertevorstellungen, Wünsche und Sehnsüchte generiert. Diese Form von Arbeit kann als Notwendigkeit in der neuen globalen Ordnung gesehen werden – Imagination ist zur zentralen sozialen Praxis geworden, um die Erfahrungen von Akteur*innen im Kontext der Globalisierung zu verhandeln.

Populärkulturen sind ein bedeutender Teil dieser *mediascapes*, und insbesondere jene, die in transkulturellen Räumen zirkulieren, stellen (Bild-)Material zur Verfügung, mit dem sich Menschen neue Selbst- und Weltbilder per Imagination erschaffen können. Appadurai argumentiert, dass Ethnografie in diesem Kontext eine bedeutende, jedoch redefinierte Rolle spielen kann, „as that practice of representation that illuminates the power of large-scale, imagined life possibilities over specific life trajectories" (1996, 55). Das Ziel eines solchen ethnografischen Zugangs ist es also, den Umgang mit multiplen Identitätsoptionen und vorgestellten Welten zu untersuchen. Damit ist er weniger lokalisierend, sondern eröffnet vielmehr die Perspektive auf die vielseitigen Bedeutungen von Lokalität. In Bezug auf praxistheoretische Ansätze und in direkter Referenz zu Sherry Ortner, sieht er auch die Möglichkeit globale, tiefgreifende Strukturen in konkrete Lebenswelten einzubetten. Dies entspricht ebenfalls der Logik der theoretischen Konzeptualisierung von Landschaften – nicht nur jener der *mediascapes*, sondern auch der anderen Dimensionen von globalen kulturellen Flüssen, die als *ethno-*, *techno-*, *finance-* und *ideoscapes* bezeichnet sind und in denen die Akteur*in selbst immer den letzten Lokus darstellt (Appadurai 1996).

Für unseren methodologischen Zugang ist dieses praxistheoretische Rahmenwerk grundlegend. Medienpraktiken werden in Verbindung zu globalen, transnationalen Kreisläufen und in Beziehung zueinander verstanden (Bird 2010). Der Fokus der Forschung liegt demnach auf den lokal eingebetteten Aktivitäten. Das entspricht auch dem Anspruch rezenter medienanthropologischer Ansätze, die versuchen, Phänomene wie Neoliberalismus, Postfeminismus, Modernität und Konsum im lokalen Kontext zu verstehen. Anna Pertierra beschreibt eine solche Vorgehensweise im Rahmen ihrer Studie zu Bildpraktiken junger kubanischer Frauen als „slicing into ‚narrow' examples of practices within specific communities to tease out the complex forces that constitute how girls' practices are made meaningful" (2015, 195). Im Folgenden werden wir beschreiben, welche Methoden sich hierfür eignen und anhand der Beispiele illustrieren, wie wir den Ansatz in unseren eigenen Studien umgesetzt haben.

6.4 Follow the fan: Ethnografische Forschung offline und online

Praxistheoretisch geleitete ethnografische Forschung basiert meist auf längerfristigen Aufenthalten im Feld, wo eine Kombination von Methoden zum Einsatz kommt. Das liegt insbesondere daran, dass der Fokus auf *embodied practices* liegt und das verinnerlichte Wissen der Forscherin selbst eine tragende Rolle spielt. In dieser Hinsicht ist ein Verständnis von ethnografischer Forschung im anthropologischen Sinne nützlich. Die Praxis der Ethnografie ist dabei nicht nur das Sammeln von Daten, sondern auch ein Verfahren der In-Beziehung-Setzung zu einem Feld sowie die Entwicklung eines interpretativen Rahmens. Im Zuge der interpretativen Wende hat sich dieses Verständnis in der Disziplin durchgesetzt und ist verbunden mit dem Ansatz der dichten Beschreibung von Clifford Geertz (1973). In seinem einflussreichen Werk argumentiert er, dass ethnografische Forschung sowohl das wissenschaftliche Unterfangen wie auch die persönliche Erfahrung umfasst; beide formen die Basis „on which one imagines" (Geertz 1973, 13). In ähnlicher Weise beschreibt Judith Okely das Resultat der Akkumulation von Erfahrungen im Feld als „knowledge embodied in the fieldworker's being" (2008, 58).

In den diesem Beitrag zugrundeliegenden Forschungen folgen wir diesen Grundsätzen und beziehen uns vor allem auf medienanthropologische Zugänge in Abgrenzung zu anderen Formen der Medienethnografie.[2] Kelly Askew und Richard Wilk fassen diese zusammen als „ethnographically informed, historically grounded, and context-sensitive analyses of the ways in which people use and make sense of media technologies" (2002, 3). Beide Studien basieren auf langen Feldforschungsaufenthalten. Petra Hirzer verbrachte im Zeitraum von 2008 bis 2016 vier Feldforschungen zu je drei bis fünf Monaten in Peru. Hanna Klien-Thomas führte eine Reihe von Feldforschungen von bis zu fünf Monaten zwischen 2010 und 2015, sowie 2012/2013 eine neunmonatige Forschung in Trinidad durch. Die Interaktionen mit Partner*innen im Feld waren oft gekennzeichnet von vertrauten und reflexiven Begegnungen, auf denen die Beziehung zur Forscherin aufbaut (Peterson 2003). Wir stimmen auch mit Mark Hobart (2010) überein, dass intensive langfristige ethnografische Forschung die Interdependenz verschiedener Medien und andere Referenzen erst tiefergehend zugänglich macht.

Der Pluralismus der Datenerhebungsmethoden im Feld umfasste semi-strukturierte Interviews, Gruppeninterviews, teilnehmende Beobachtung, die Dokumentation von Medienevents, das Sammeln von kulturellen Artefakten wie DVDs, Zeitungsartikeln, Fan-Kunst, etc. In diesem Beitrag wollen wir genauer auf die teilnehmende Beobachtung als zentraler Teil der ethnografischen Forschung eingehen. Die grundlegende Annahme dieser Strategie ist, dass die Forscherin sich durch die Präsenz und aktive Partizipation einem tieferen Verständnis von Praktiken annähert (Hume und

---

2 Siehe dazu auch Murphy (2008).

Mulock 2004). Die Betrachtung von alltäglichen Handlungen, Ritualen und Interaktionen macht hierbei sowohl explizite wie auch verdeckte Aspekte von Lebenswelten erfassbar (Dewalt und Dewalt 2002). Für die Untersuchung transkultureller Medienpraktiken in Trinidad und Peru bedeutete die Anwendung der Methode die Teilnahme an einer Vielzahl von Aktivitäten. Dazu gehörten unter anderem Veranstaltungen in direkter Verbindung mit Bollywood-Filmen wie gemeinsame Kinobesuche oder Filmabende im privaten Raum. Aber auch landesweite Tanzaufführungen, Holi und Diwali Feiern oder Fantreffen waren wichtige Orte bzw. Anlässe für teilnehmende Beobachtung. Der Aufbau von sozialen Beziehungen stellte dabei eine der zentralsten Aufgaben der ethnografischen Forschungsarbeit dar. Einerseits dienten im Rahmen der Gemeinschaftsaktivitäten geführte informelle Gespräche mit Forschungspartner*innen dazu, ein besseres Verständnis für den lokalen Kontext zu gewinnen. Andererseits konnten auch implizite Aspekte der Ausverhandlung von Bedeutungen anhand von Feldnotizen dokumentiert werden. Erworbenes Wissen und Fähigkeiten wurden somit durch einen reflexiven Zugang mit Praktiken in Verbindung gebracht.

Deutlicher als in der Anwendung anderer Methoden zeigt sich bei der teilnehmenden Beobachtung, dass wir in der ethnografischen, aber auch generell in allen wissenschaftlichen Forschungen, letztlich unsere Erfahrungen aufzeichnen. Wie Russell Bernard und Clarance Gravlee (2015) betonen, werden hier ganz bewusst Gefühle, Werte und Meinungen der Forscher*innen verwendet, um Einblicke in menschliche Erfahrungen zu gewinnen. Jedoch bedeutet dies nicht, dass die teilnehmende Beobachtung nicht auch auf kritischer Distanz beruht: „Good participant observation thus requires a selfconscious balance between intimacy with, and distance from, the individuals we are seeking to better understand." (Hume und Mulock 2004, xii) Wesentlich an praxistheoretischen Zugängen ist darüber hinaus eine Form der Reflexivität, die auch die jeweiligen Positionen und Dispositionen hinterfragt – auch die der Forscher*innen im Feld (Droogers und Greenfield 2001). Diese methodischen Überlegungen gewinnen mit der Einbeziehung von digitalen Umgebungen wie Online-Netzwerken als erweiterte Forschungsfelder zunehmend an Bedeutung.

Das Internet und soziale Online-Netzwerke können als *expanded fields* gesehen werden. Auf der einen Seite werden sie wie die anderen *sites* der ethnografischen Forschung unter Berücksichtigung ihrer Interdependenz analysiert. Auf der anderen Seite bergen sie neue Möglichkeiten und Herausforderungen. Wie in der vorhergegangenen Diskussion unterschiedlicher Orte für die teilnehmende Beobachtung ersichtlich ist, bleibt das Verständnis vom Feld in unserem Forschungszugang nicht an einen physischen Raum gebunden. Vielmehr verstehen wir das Feld als Assemblage von Personen, Orten, Praktiken und Artefakten. Schon in den 1990er-Jahren argumentieren Anthropolog*innen, dass empirische Forschung unter den Bedingungen der Globalisierung multidimensional sein sollte.[3] Das Konzept der *multi-sited ethnography* ver-

---

3 Siehe dazu unter anderem Ortner (1996), Marcus (1995), Gupta and Ferguson (1997).

sucht dem methodisch gerecht zu werden, wobei damit „[the] multiple sites of observation and participation that cross-cut dichotomies such as the ‚local' and the ‚global' the ‚life world' and the ‚system'" (Marcus 1995, 95) gemeint sind. So wie das Feld sich durch ein Netzwerk an sozialen Beziehungen und Praktiken konstituiert, erschließen sich dadurch auch neue *sites* in digitalen Umgebungen. Ethnografische Ansätze für die Forschung zu digitalen Praktiken unterscheiden sich daher nicht maßgeblich von ihrer traditionellen Anwendung. Oftmals nehmen sie Anleihe an etablierter prädigitaler Ethnografie, denn neben der Sammlung von Artefakten und Daten ist auch hier die Interaktion mit Akteur*innen zentral. Digitale Ethnografie kann als „research with, through and in an environment partially constituted by digital media" (Pink et al. 2016, 2) definiert werden. In mediengesättigten Gesellschaften bilden *online sites* mittlerweile einen nahezu selbstverständlichen Teil der ethnografischen Forschung. Auch hier stellt sich die Frage, wie die Beziehungen zwischen den *sites* – online wie offline – in die Forschungspraxis eingebettet werden. Insbesondere für die teilnehmende Beobachtung ist es wichtig, die Erfahrung und Reflexivität der Forscherin miteinzubeziehen (Greschke 2007, Hine 2011). Christine Hine argumentiert, dass Feldforschung in diesem Zusammenhang auch eine Erkundung „into our own sense-making practices, using an autoethnographic reflexivity" (2011, 579) bedeutet.

Die in diesem Beitrag vorgestellten beiden Rezeptionsstudien stützen sich maßgeblich auf teilnehmende Beobachtung online und offline. Dies kann durchaus im Sinne eines traditionellen *follow the people*, *follow the metaphor* oder *follow the artifact* (Marcus 1995) gesehen werden, wobei wir unter Berücksichtigung von Fanaktivitäten in digitalen Umgebungen ein ergänzendes *follow the fan* vorschlagen. Im Verlauf der Feldarbeit wurde deutlich, dass der Forschungsgegenstand untrennbar mit digitalen Praktiken und *sites* verbunden war. Daher integrierten wir Social Media in unsere Forschungen – wenn auch auf unterschiedliche Art und Weise. Aufgrund des Zeitpunkts der Feldforschungen zwischen 2008 und 2016 ist es nicht überraschend, dass Facebook das zentrale soziale Netzwerk darstellte. Die Plattform erfreute sich andauernder Beliebtheit, während alternative Netzwerke wie Instagram oder Snapchat noch nicht ihre derzeitige Wirkungsmacht entfaltet hatten und Plattformen wie der *MSN-Messenger* bereits kaum mehr präsent waren. Für die Studie zu Peru wurde ein eigens für das Forschungsprojekt gedachtes Facebook-Profil eingerichtet, das Fans und Forscherin gemeinsam (mit-)gestalteten. Über dieses Profil konnte ein landesweites Kommunikationsnetz generiert werden, das mittels teilnehmender Beobachtung analytisch greifbar wurde und einen wesentlichen Beitrag zum Verständnis zentraler Aneignungspraktiken von indischer Populärkultur lieferte. Im Gegensatz dazu konzentrierte sich die teilnehmende Beobachtung für das Projekt in Trinidad auf öffentliche Seiten (z. B. von Tanzgruppen) sowie die Interaktion online mit etablierten Interviewpartner*innen.

Anhand dieser unterschiedlichen Herangehensweisen zeigen sich auch verschiedene Grenzen und Schwierigkeiten, die ethnografische Forschung zu und in digitalen Medien mit sich bringt. Diese müssen zusätzlich auch im Rahmen ihrer technologischen Rahmenbedingungen reflektiert werden. Grundsätzlich gilt, dass die Interaktion mit Akteur*innen oder Interviewpartner*innen von ähnlichen Prinzipien geleitet ist, wie in traditionellen Settings. In der Praxis bedeutet das, dass die Verwendung jeglicher Informationen im Vorfeld abgeklärt werden muss. Während das eigens eingerichtete Facebook-Profil die Zustimmung der teilnehmenden Akteur*innen durch ihre „Freundschaftsanfrage" (= Kontaktanfrage) transparent machte, stellte der Prozess der Datenerhebung auf öffentlichen Seiten im Kontext von Anonymisierung und Datenschutz die größere Herausforderung dar. Für die Position der Forscherin im Feld haben die genannten Zugänge ebenfalls weiterreichende Implikationen. Der co-kreative Raum einer Projektseite kann maßgeblich beitragen, eine nicht-hierarchische Beziehung zu den Forschungspartner*innen aufzubauen. Sofern kein gesondertes Profil für die Feldforschung verwendet wird, können Interviewpartner*innen aber auch Einblicke in das Privatleben der Forscherin erhalten. Das kann ebenfalls zu einer Veränderung der Machtbeziehungen beitragen, Rapport begünstigen und sogenannte *research bargains* (Hosein 2010, 43) ermöglichen, indem Wissen basierend auf dem geteilten Erfahrungsraum ausgehandelt wird.

6.5 Forschungspraxis: Heterogene Datensätze und Analysestrategien

Der beschriebene ethnografische Forschungszugang zu Medienpraktiken führt häufig zu heterogenen Datensätzen, was auch für die Interpretations- und Analyseverfahren herausfordernd ist. Einerseits wird das durch die Triangulation von online und offline Daten weiter verstärkt, andererseits wird die Problematik auch von Medienanthropolog*innen angesprochen, die sich nicht mit digitalen Medien beschäftigen. Lila Abu-Lughod beschreibt die Resultate ihrer Feldforschungen folgendermaßen:

> Even within the pages of a notebook, observations and conversations with people are recorded alongside summaries of plots and bits of dialogue from television soap operas. Along with audio cassettes of interviews, I carry back from Egypt video cassettes of television programs and piles of clippings from newspapers and popular magazines, some with movie stars on the covers. (2000, 265)

Diese Beschreibung ist vergleichbar mit den unterschiedlichen Datensätzen, die unsere Feldforschungen mit sich brachten. Hinzu kommen Feldnotizen der teilnehmenden Beobachtung online, Screenshots von Konversationsverläufen, abgespeicherte Video- und Bilddateien sowie Protokolle von online Interaktionen. Generell trägt die Zusammenführung der online und offline Daten zur Sättigung und Validität der Interpretationen bei (Orgad 2005). Medienanthropolog*innen weisen hier jedoch explizit auf die Notwendigkeit hin, dass analytische Verfahren die spezifischen Eigenschaften von online Interaktionen berücksichtigen müssen. Christine Hine (2000) argumentiert, es sollte ein Übersetzungsvorgang stattfinden, der es ermöglicht, online und offline Diskurse für einen Vergleich verfügbar zu machen. An anderer Stelle verweist sie auf die Relevanz von Erkenntnissen der *multi-sited ethnography*, die hinterfragen „how different locations construct and connect with one another, and how they come to constitute common objects in very different ways" (Hine 2011, 571). Wir schlussfolgern aus dieser Debatte, dass die Herausforderungen in der Zusammenführung von online und offline Daten die Notwendigkeit deutlich machen, die spezifischen Eigenschaften unterschiedlicher Modalitäten, *sites* und Praktiken in der Analyse zu berücksichtigen. Dementsprechend beschreiben wir in unseren Beispielen die örtlichen Kontexte, in die Praktiken eingebettet sind, wobei Social Media wie Facebook als eigenständige, gleichwertige Orte dargestellt werden.

Es ist wichtig anzumerken, dass für das vergleichende Verfahren auch Elemente der Grounded Theory in unserer Forschungspraxis zum Einsatz kamen. Das bedeutet, dass wir schon während der Feldforschung mit dem Kodieren unseres Datenmaterials begonnen und die Daten einem kontinuierlichen Vergleich unterzogen haben. Für Barney Glaser und Anselm Strauss ist das Prinzip des *constant comparison* (1980, 31) ein zentraler Aspekt ihres prozessorientierten Ansatzes der Theoriebildung. Der Grundsatz ist dabei, dass konzeptuelle Kategorien und ihre Eigenschaften prozesshaft entwickelt werden. In Abgrenzung zum Forschungsparadigma der Grounded Theory ist unser Ziel jedoch nicht die Theoriegenerierung, sondern die Verwendung dieser Werkzeuge für die medienanthropologische Forschung mit dem Ziel, lebensweltliche Zusammenhänge im Rahmen der Medienaneignung kontextuell zu untersuchen. Dieser Ansatz folgt mehr dem Aspekt, den Kathy Charmaz und Richard Mitchell betonen, nämlich dass die komparative Vorgehensweise der Grounded Theory auch ethnografische Forschung effizienter macht – ihre analytischen Methoden „can streamline fieldwork" (2001, 160).

Obwohl der Grundsatz der Grounded Theory darauf beruht, alle Arten von Daten unabhängig von Form und Erhebungsverfahren zu kodieren, verlangte unser Forschungsgegenstand auch zusätzliche Techniken und analytische Methoden. Im Sinne eines ganzheitlichen Verständnisses des Medienphänomens Bollywood in Peru und Trinidad sind auch die Ebenen von Text und Kontext der Produktion wesentlich, sowie die Dynamiken der Distribution. Daher haben wir in unterschiedlichem Ausmaß auch auf Ansätze der visuellen Anthropologie, der Textanalyse in den Cultural Studies sowie formalistischer Filmtheorien bzw. indischer Filmwissenschaften zurückgegriffen. Für die Bilder der Braut als Fallbeispiel aus Trinidad waren die Analyse von mise-en-scène in beliebten Filmen wie auch die Bedeutungsebene von Gesten in performativen Kunstformen zentral. Im Kontext von Peru kam vor allem die textuelle Analyse von Song-and-Dance Sequenzen aus den im Feld primär rezipierten Filmen zur Anwendung, um Praktiken der Aneignung und Adaption einordnen zu können.

Die Beschäftigung mit den visuellen Aspekten eines Textes ist mitunter notwendig, um methodische Strategien in der Forschungspraxis zu lenken und Ergebnisse der ethnografischen Forschung mit anderen Datenresultaten zu vergleichen. Der Fokus auf Machtdynamiken und die Politik der Repräsentation im Zugang der Cultural

Studies zur Textanalyse ist in den folgenden Beispielen implizit enthalten. So können Ergebnisse von Textanalysen der Schärfung methodischer Strategien in der Forschungspraxis dienen. Ein tiefgehendes Verständnis der visuellen Eigenschaften von Hindi-Filmen erlaubt es, Referenzen sowie Rekonfigurationen im Feld zu erkennen. Wir verstehen die Texte als Teil der Strukturen, in denen sich soziale Akteur*innen bewegen, deren Bedeutung jedoch immerzu (neu) verhandelt wird. Das Ziel dieser Herangehensweise ist, die Binarität von Text- und Kontextanalyse aufzuheben. Wie Ortner argumentiert, führen sowohl die radikale Abgrenzung ethnografischer Strategien in der Anthropologie, als auch der exklusive Fokus auf Dekodierungspraktiken in den Cultural Studies zu einer theoretischen Schwäche (Ortner 1996, 2006).

Abschließend bleibt anzumerken, dass sowohl Datenerhebung, als auch -auswertung eng mit der Reflexivität der Forscherin verbunden sind. Für medienanthropologische Studien und gerade in Bezug auf Fan-Diskurse spielen die eigenen Bewertungsschemata, Referenzrahmen und Praktiken eine wichtige Rolle. Ebenso erfordert die Arbeit der Forscherin an den Bruchstellen zwischen dem Transnationalen, Nationalen, Lokalen und Persönlichen (Abu-Lughod 2000) stetige Anstrengungen, die Analyse mithilfe des ethnografischen Wissens zu situieren und kontextualisieren. Es geht dabei auch darum, die Machtbeziehungen und Ungleichheiten im Feld sichtbar zu machen. Für den Vergleich unterschiedlicher *sites* ist Reflexivität insofern bedeutend, als die Erfahrungen der Forscherin vom Einstieg bis zum Embodiment erlernter Praktiken als Teil des Forschungsprozesses zugänglich gemacht werden sollten. Wir stimmen mit Hine überein, dass dies bis zu einem gewissen Grad verlangt, die Feldforschung zu erweitern indem unsere eigenen sinnstiftenden Praktiken durch autoethnographische Reflexivität einfließen (2011, 579).

6.6 Beispiele aus dem Feld: Wenn Bilder tanzen

Die Beispiele in diesem Beitrag illustrieren einerseits, wie populärkultureller Text und Kontext der Rezeption zusammengeführt werden können, gehen aber auch darauf ein, wie mit der Heterogenität von Datensätzen umgegangen werden kann. In beiden regionalen Kontexten betrifft dies unterschiedliche Felder der Datenerhebung online und offline sowie deren Beziehung zueinander. Erstens werden Beispiele für die Aneignung von indischer Populärkultur aus dem Rezeptionskontext Peru vorgestellt. Anhand von exemplarischen Hybridisierungspraktiken der dortigen Bollywood-Fangemeinschaften wird der methodische Zugang mit Fokus auf die teilnehmende Beobachtung online und offline nachgezeichnet und mithilfe kurzer Ergebnisdarstellungen reflektiert. Zweitens werden aus den Datensätzen des Forschungsprojekts in Trinidad Feldnotizen von teilnehmender Beobachtung sowie ein Videoposting mit Kommentaren von Userinnen verwendet. Die Beispiele beziehen sich auf die Bedeutung und Aneignung von Bollywood Bildern im Kontext von Hochzeitsfeiern, was insbesondere die performative Dimension von Medienpraktiken im Umgang mit transkulturellen Populärkulturen illustriert.

6.6.1 Bollywood in Peru

Der Rezeptionskontext Peru ist geprägt von einer intensiven Verflechtungsgeschichte mit indischer Populärkultur. Die Rezeption und Aneignung von visuellen Artefakten der Kulturindustrie Bollywood ist gleichermaßen als Teil, wie auch als Ausdruck von kulturellen Globalisierungs- und damit einhergehenden Transformationsprozessen wahrzunehmen. Zunächst gilt es die Frage nach der historischen Einbettung indischer Populärkultur in die peruanische Medienlandschaft zu beantworten. Erste diplomatische Beziehungen zwischen Indien und Peru etablierten sich bereits in den 1960er-Jahren, dennoch gibt es bis dato keine nennenswerten Migrationsbewegungen zwischen den beiden Staaten. Die Verbreitung von indischem Film und der damit verbundenen materiellen Kultur erfolgte hier also primär unabhängig von der Präsenz einer südasiatischen Diaspora. Ein weitläufiges Interesse an indischem Kino (*cine hindú*) und indischem Tanz (*baile hindú*) kann im Wesentlichen auf drei Phasen der Verbreitung zurückgeführt werden. Eine erste Phase begann in den 1970er-Jahren, als lokale Kinosäle erstmals mit einer kleinen Zahl von indischen Filmen bespielt wurden. Die Distribution indischer Medienprodukte in dieser Epoche war stark von finanziellen und politischen Gesichtspunkten geprägt. Sie waren kostengünstig und bildeten einen Teil des Kulturaustausches im Rahmen der blockfreien Staaten und darüber hinaus. Obwohl die Austauschbeziehungen zu dieser Zeit sehr unorganisiert und sporadisch waren, kann diese Phase als ein wesentlicher Verdichtungsmoment in der Verflechtungsgeschichte zwischen Indien und Peru betrachtet werden (Mader und Hirzer 2011). Das Aufkommen neuer Projektionstechniken und Veränderungen der lokalen Kinolandschaft brachten die offizielle Distribution indischer Filme in den nächsten Jahrzehnten praktisch zum Stillstand. Unter dem Vorzeichen der Globalisierung und der Verbreitung neuer Medientechnologien kam es mit Beginn des neuen Millenniums zu einer verstärkten informellen Zirkulation indischer Filme. Diese zweite Phase leitete einen landesweiten Bollywood-Boom ein und wurde vor allem durch die lokalspezifische Ausweitung der Filmpiraterie begünstigt. Im Verlauf der 2000er-Jahre formierte sich eine komplexe und kosmopolitische Fankultur zu indischem Film, Tanz und seinen Stars, die bis heute rege aktiv ist. Die Entwicklung dieser transkulturellen Fankultur ist eng verbunden mit Globalisierungs- und Hybridisierungsprozessen in Lateinamerika, stellte jedoch auch für diese geografische Verortung eine Besonderheit dar. Trotz der hohen Popularität von indischem Kino in den 1970er-Jahren und dem Boom der 2000er-Jahre stand Peru lange Zeit nicht im Fokus der indischen Filmindustrie. Erst seit wenigen Jahren werden vermehrt offizielle Produktions- und Distributionsstrategien sichtbar. Diese Erschließung peruanischer Kinosäle führte zu einer dritten Phase innerhalb der lokalen *fanscapes* sowie einer Ausweitung regionalspezifischer Fanpraktiken der lokalen Akteur*innen (Hirzer 2017).

Die Beispiele aus Peru konzentrieren sich auf Medienpraktiken der neuen *Generation Bollywood*, die sich vor allem durch intensive Prozesse der Vergemeinschaftung auszeichnen. Diese sind im lokalen Kontext ebenso heterogen und dynamisch, wie die Texte, auf die sie sich beziehen oder die Praktiken, die damit einhergehen. Sie sind eine spezifische Antwort des Feldes auf transnationale Verflechtungen und können als Ausgleich für den jahrzehntelangen Mangel an offizieller Distribution von indischem Kino wahrgenommen werden. Die Akteur*innen sind Teil einer *participatory culture* (Jenkins 2016), deren Praktiken und *affective affinities* (Chin und Morimoto 2013) sowohl als Facetten einer globalisierten transnationalen Medienkultur zu begreifen sind, als sie auch in ihren jeweiligen kontextspezifischen Ausprägungen betrachtet werden müssen. Verschiedene Strategien der Aneignung von Bollywood-Bildern sind dabei nicht zwangsläufig an den visuellen Text gebunden, sondern gestalten sich als eine kreative Praxis des Sich-zu-Eigen-Machens. Exemplarisch dazu wird im Folgenden Tanz als Performance und aktive Auseinandersetzung mit visueller Kultur als besonderes Charakteristikum des Feldes diskutiert. Im Rahmen der Fallbeispiele zu Bollywood Dancing soll aufgezeigt werden, dass ethnografische Forschung sowohl im traditionellen Sinne als auch im Kontext von digitaler Ethnografie zentrale Erkenntnisse liefern kann.

6.6.1.1 Tanzende Bilder: Teilnehmend beobachten und beobachtend tanzen?

Es ist das IV Gran Evento Cultural Hindi-Dance, ein groß angelegter Wettbewerb unter befreundeten Bollywood-Tanzgruppen. Während einige kleinere Gemeinschaften wie die Academia de baile Mohiniyattan oder die Agrupación Jadoo Humeesha extra aus den Provinzen angereist sind, finden sich im Programm vor allem populäre Vertreter der lokalen Fangemeinde aus Lima wie Indian Hadippa, der Club hindú Kuch Kuch Hota Hai oder die Comunidad hindú Rada Krishna. Die Veranstaltung beginnt am frühen Nachmittag und wird von zwei Mitgliedern der gastgebenden Gruppe moderiert. Geplant sind die Beiträge von 22 verschiedenen Tanzclubs, wobei für jede Choreografie ein Zeitfenster von ca. zehn Minuten eingeplant ist. Wie bei vielen dieser Veranstaltungen üblich, ist ein kleiner Eintrittspreis von umgerechnet zwei bis drei Dollar zu bezahlen. Als Favoriten für den heutigen Abend gelten die Tanzgruppen Bari Dil Se und Bada Ka Dil. Der Saal ist bis zum letzten Platz ausverkauft und es herrscht ein reges Treiben vor und hinter der Bühne. Zu Beginn begrüßen die Mitglieder von Main Hoon Na Dosti das Publikum mit den beiden Nationalflaggen von Peru und Indien und kündigen die geladenen Gäste an. Nacheinander treten die einzelnen Gruppen auf die Bühne und präsentieren in zum Teil aufwendig gestalteten Kostümen ihre einstudierten Tänze. In der Zusammenstellung der verschiedenen Choreografien zeigt sich eine große Bandbreite an unterschiedlichen Geschmäckern und Stilen. Die Einlagen bestehen meist aus einem Mix aus drei bis fünf Liedern, wobei das Verhältnis zwischen traditionellen und modernen Stücken relativ ausgeglichen ist. Interpretiert werden einige klassische Tänze, hauptsächlich jedoch Paar- oder Gruppensequenzen aus populären Hindi-Filmen. Jede Gruppe versucht, durch ihre kreativen Zusammenstellungen das Publikum für sich zu gewinnen. Dabei erfreuen sich bei einzelnen Gruppen auch Verbindungen von hindú pop und amerikanischer Popmusik (unter anderem Michael Jackson) großer Beliebtheit. Den Höhepunkt bilden schließlich die Auftritte der beiden Favoriten: Bari Dil Se bauen ihre Choreografie rund um den Song Bhangra Bistar aus dem Blockbuster Dil Bole Hadippa (Anurag Singh, 2009) auf und arbeiten verschiedene schauspielerische Elemente (inspiriert durch die Performances von Shahid Kapoor und Rani Mukerji) in ihre Präsentation ein. Bada Ka Dil haben sich für eine schnelle Interpretation des Stücks AA Ante Amalapuram entschieden, das am Ende mit einem Paartanz aus der Sequenz Khuda Jaane (Ranbir Kapoor und Deepika Padukone im Film Bachna Ae Haseeno) abgerundet wird. Kurz nach Ende der letzten Choreografie erfüllen bereits laute Sprechchöre den Raum. BADA, BADA, ertönt es von unzähligen Stimmen im Saal. Die Antwort lässt nicht lange auf sich warten: BARI, BARI erschallt es mit ähnlicher Intensität von der anderen Seite des Raums. Vor allem die Freundinnen und Freunde der jeweiligen Gruppenmitglieder liefern sich ein heißes Duell. Die Stimmung wird durch das Eingreifen der beiden Moderatoren noch zusätzlich angeheizt. Die Tänzerinnen und Tänzer treten erneut auf die Bühne und werben mit kurzen Improvisationen um die Gunst des Publikums. Besonders in den hinteren Reihen des Saals herrscht große Aufregung. Schließlich wird der Sieger auf Basis eines letzten Applauses festgemacht und Bada Ka Dil kann das Rennen in diesem Fall für sich entscheiden. Langsam beruhigt sich die Stimmung, das anwesende Publikum verteilt sich und wandert langsam in den Innenhof. Die Tänzerinnen und Tänzer schlüpfen wieder in ihre Alltagskleidung und werden von Familie und Freunden mit Blumen und Glückwünschen begrüßt. (Feldforschungstagebuch, Lima 2010)

Die Methode der teilnehmenden Beobachtung und dichten Beschreibung von alltäglichen Handlungen, Ritualen und Interaktionen stellt wie bereits ausgeführt ein zentrales Instrument zur Erfassung expliziter oder verdeckter Aspekte sozialer Realitäten dar. Der Auszug aus dem Forschungstagebuch stammt aus einer ersten Orientierungsphase im Feld, die sich für weitere Analysen von (visuellen) Fanpraktiken zu Bollywood in Peru als von zentraler Bedeutung herausstellte. Ausgangspunkt der Analyse des Events bildeten Foto- und Videoaufnahmen sowie klassische Forschungsnotizen, die während und nach dem Wettbewerb angefertigt wurden. Während mir als Forscherin bis zum Zeitpunkt des Events vor Ort nur Performances bekannt waren, die sich im Wesentlichen mit den aus Hindi-Filmen bekannten Song-and-Dance Choreografien befassten, wurde bereits im Verlauf der Aufführungen klar, dass hier verschiedene Praktiken der Aneignung zur Anwendung kommen. Da mir nicht alle Referenzen der jeweiligen Kostüm- und Tanzauswahl bekannt waren, beschloss ich, an der wöchentlichen Probe einer befreundeten Bollywood-Tänzerin, der ich auch die Einladung zur Veranstaltung verdankte, teilzunehmen. Im Verlauf der Probe zeigte sich ein intensives Gemeinschafts- und Zusammengehörigkeitsgefühl innerhalb der Tanzgruppe (*grupo de baile*), die zum damaligen Zeitpunkt aus ca. 15 Mitgliedern zwischen 20 und 30 Jahren bestand. Nach einem ersten Kennenlernen präsentierte ich meine Fotos und Notizen zum Wettbewerb und bekam die Gelegenheit, diese mit dem Wissen der Tänzer*innen in Beziehung zu setzen. Gleichzeitig bot sich damit die Möglichkeit, meine eigenen Erfahrungen während und nach dem Event zu reflektieren und im Anschluss in gesättigter Form in meinem Forschungstagebuch festzuhalten. Weitere regelmäßige Besuche bei Proben und anderen Events der Gruppe, aber auch eigene bescheidene Versuche von Bollywood-Dancing, stärkten meine Beziehung zu den Fans im Feld. Besonders das Teilen von Gefühlen und Gedanken im Sinne von *fantalk* (Fiske 1992) ist ein kommunikativer Prozess, aus dem sich eine Form der Zugehörigkeit entwickelt. In diesem Sinne bildete sich eine diskursive Interpretationsgemeinschaft auf Basis gemeinsamer Codes, die für ein tiefergehendes Verständnis der Medienpraktiken vor Ort von zentraler Bedeutung war. Trotz oder vermutlich gerade wegen des Mangels an tänzerischen Fähigkeiten wurde ich über die nächsten Wochen

Abb. 6.1: Vom Bollywood-Bild zur individuellen live Performance (Hirzer, Lima 2016)⁴

zu einem Ehrenmitglied und einer ständigen Begleiterin der Gruppe, die insbesondere die visuelle Dokumentation von Proben und Events zur Aufgabe bekam. Zahlreiche informelle Gespräche und Interviews führten im weiteren Verlauf der Forschung zu einer wesentlichen Verdichtung der Analyse lokaler Aneignungsformen (Abb. 6.1).

Tanz ist ein zentrales Charakteristikum und verbindendes Element innerhalb der peruanischen Bollywood Fankultur. Performances finden dabei sowohl im privaten Rahmen als auch im Zuge von großen öffentlichen Veranstaltungen wie dem beschriebenen Wettbewerb statt. Durch die regelmäßige Teilnahme an Gruppenaktivitäten wurde der intensive identitätsstiftende Charakter verschiedener Formen von Performances deutlich. Als neuer *Insiderin* wurden mir unterschiedliche Strategien im Umgang mit den medial rezipierten Texten nähergebracht. Viele von Bollywood-Bildern inspirierte Tanzaktivitäten können als Medienpraktiken identifiziert werden, in denen visuelle Ausdrucksformen verschiedener populärkultureller Ströme, aber auch das eigene kulturelle Repertoire verarbeitet werden, häufig um der eigenen Gruppenidentität Ausdruck zu verleihen. Um hier zwei exemplarische Beispiele anzuführen: Die Praxis des *bolly-mixing* kann als Inszenierung verstanden werden, bei der auf eine exakte Ausführung nach dem Vorbild der Schauspieler*innen geachtet wird. Besonders innerhalb einer einzelnen Tanzgruppe stehen bestimmte Tänzer*innen

---

4 Die Fotos wurden von den Autorinnen aufgenommen. Die abgebildeten Personen haben einer Veröffentlichung schriftlich zugestimmt (informal consent).

häufig repräsentativ für bestimmte Stars, deren jeweilige Performances aus den unterschiedlichen Tanz-Narrationen akribisch genau studiert und erlernt werden. In der Inszenierung wird nicht nur auf die Genauigkeit der Tanzschritte, sondern auch auf eine größtmögliche Ähnlichkeit der Kostüme und Frisuren, sowie Gestik und Mimik geachtet. Diese Form der Performanz kann auch als Prozess der Hybridisierung verstanden werden, in dem sich Komponenten des Eigenen und des Anderen vermischen und eine neue Identität konstruiert wird. Er führt die Beteiligten sozusagen in einen *Als-Ob-Modus* (Turner 1989). Deutlich wurde dies vor allem in aufwendigen Schmink- und Ankleideszenarien im Vorfeld von öffentlichen Auftritten, bei denen ich als unterstützende Kraft zum Einsatz kam. Vor allem bei Performances, die in Verbindung mit anderen Tanzgruppen standen (unter anderem Tanzwettbewerbe zwischen den Fangemeinschaften) wurde der stark kompetitive Charakter, den ich bereits bei der ersten Veranstaltung beobachtet hatte, sichtbar. Im Unterschied zu sonst eher mimetischen Tanzpraktiken zeigte sich hier ein starker Fokus auf individuelle und kreative Innovationen. Diese Gestaltung von neuen Tanzformen kann hier als Praxis des *bolly-mashing* verstanden werden. Dabei wird in den Inszenierungen nicht nur auf Bilder und Tanzelemente aus den indischen Medienprodukten selbst, sondern auch auf das globale Repertoire kommerzieller Pop- und Folklore Musik zurückgegriffen. Verschiedene Formen der De- und Rekontextualisierung können in diesem Zusammenhang auch als kreative Strategien der Verheimatlichung betrachtet werden. So finden auch lateinamerikanische Tänze ihren Platz in den von Hindi-Filmen inspirierten Performances. Beispiele dafür sind die hybride Fusion von Salsa-Tanz und indischen Choreografien zu *salsa hindú* oder das Einbinden von indischer Musik in andine Folkloretänze, wobei sich hier *saya hindú* einer besonderen Beliebtheit erfreut. Der folgende Ausschnitt aus einem Interview illustriert eine der vielfältigen Übersetzungsstrategien von (medial vermittelten) Bildern, die hier zur Anwendung kommen können:

> Wir kreieren Verbindungen zwischen Indien und Peru. Zum Beispiel haben wir das Lied Masakali aus dem Film Delhi-6 genommen, das ist eigentlich indische Musik mit Salsa-Einfluss. Aber wir haben es mit Salsa-Schritten kombiniert und präsentiert. […] Aus dem ist dann salsa hindú entstanden, das war praktisch eine Invention von uns. […] Bei der Präsentation hat der männliche Part im Anzug getanzt, so wie man hier auch bei Salsa angezogen ist, sie war in einem hochgeschlossenen Abendkleid mit indischem Schmuck. (Lima, 2010)

Aus diesem exemplarischen Beispiel zu Bollywood Dancing in Peru geht hervor, dass wesentliche Erkenntnisse zu visuellen Medienpraktiken und Aneignungsstrategien über die Methode der teilnehmenden Beobachtung generiert werden können. Andererseits sind auch die Benennungen bestimmter Medienpraktiken, in diesem Fall des *bolly-mixing* und *bolly-mashing*, in einem ständigen diskursiven Prozess der Ausverhandlung zwischen Forscherin und den lokalen Akteur*innen zu verorten. Dieser ist in der ethnografischen Praxis nicht nur auf die *face-to-face* Interaktion beschränkt, sondern verläuft fließend zwischen physischen und digitalen *sites*.

6.6.1.2 Botschaften in Bildern: Ethnografisches Sammeln in digitalen Umgebungen

Visuelle Medienpraktiken kommen im Rezeptionskontext Peru auf vielfältige Weise zur Anwendung. Sie zeigen sich nicht nur in der (öffentlichen) Performance von Tanz, sondern werden auch im Rahmen kreativer Fanpraktiken in digitalen Umgebungen sichtbar. Neue Technologien und soziale Netzwerke erlauben nicht nur die Nutzung und Distribution von visuellem Material, sondern bieten auch neue Möglichkeiten diese zu produzieren, zu sammeln, (neu) zu gestalten und weiter zu verbreiten. Fans werden zu *digitalen Bricoleuren* (Mader 2015), die ihren Leidenschaften mit und in Online-Umgebungen auf innovative Art und Weise Ausdruck verleihen. Auf der Bildebene nehmen hier vor allem die Plattformen YouTube und Facebook eine zentrale Position ein, wobei vor allem letzterer eine besondere Rolle im Forschungsprozess zu Medien- bzw. Fanpraktiken zukam. Wie bereits näher ausgeführt, wurde für die Studie in Peru ein eigenes Facebook-Profil angelegt, dass bei Abschluss der Forschung ca. 800 ‚Freunde' umfasste. Die teilnehmende Beobachtung in und mit diesem Medium gestaltete sich so, dass vor allem die Interaktionen zwischen den Akteur*innen der offline aktiven Tanzgruppen und Fangemeinschaften im Fokus der Betrachtung standen. Fangemeinschaften haben dabei grundsätzlich eine nach Innen gerichtete, als auch eine nach Außen gerichtete Funktionalität. Unabhängig vom Ausmaß der Partizipation sind sie häufig als *collective bodies* (Duffet 2013, 249) organisiert, die einerseits sie selbst als Fans, aber auch ihre Helden und Heldinnen repräsentieren sollen. Im Sample gestalteten sich die Formen der Partizipation sehr unterschiedlich und standen in manchen Fällen nur indirekt in Zusammenhang mit dem ursprünglichen Medientext.

Ein wesentliches Charakteristikum von digitalen Fanidentitäten besteht im Bereitstellen, Teilen und Kommentieren von Bildern unterschiedlichster Art. Ein großer Anteil des auf dem Forschungsprofil zirkulierenden Bildmaterials stand in enger Verbindung zu jenen oben beschriebenen Tanzpraktiken und ist im Kontext diverser Prozesse der Vergemeinschaftung im physischen Raum wahrzunehmen. Teil der ethnografischen Praxis war es, das zirkulierende Bildmaterial im Kontext von Bollywood *fandom* zu sammeln, damit einhergehende Interaktionsprozesse zu dokumentieren und spezifische Artefakte unter Berücksichtigung des bereits erworbenen *embodied knowledge* zu interpretieren. Aus forschungsethischen Gesichtspunkten wurde für die Analyse bewusst nur Bildmaterial herangezogen, dass freiwillig bzw. mit Einverständnis der Urheber*innen zur Verfügung gestellt wurde. Exemplarisch kann hier die Gestaltung von digitalen Flyern als besondere Form der Bildkomposition angeführt werden, da hier ähnliche Strategien der Verheimatlichung wie in der Praxis des *bollymashing* zur Anwendung kommen (Abb. 6.2).

In vielen Fällen dienen derartige digitale Flyer der Repräsentation einer bestimmten Gruppenidentität. Man sieht hier eine Einladung zu Gruppenaktivitäten der Tanzgruppe Kuch Kuch Hota Hai in Lima. Eine emotionale Nähe zu Indien und indischer Populärkultur spiegelt sich in diesem Beispiel unter anderem in der Verwendung zahlreicher ortsspezifischer Symboliken wider. Neben der an Hindi angelehnten Schrift-Ästhetik finden sich die Nationalflaggen der beiden Länder, ein darauf aufbauendes

Abb. 6.2: Digitaler Flyer einer peruanischen Bollywood-Tanzgruppe (Facebook 2012)

Farb-Motto sowie eine Abbildung des Taj Mahal im Hintergrund. Fotografien von indischen Tänzerinnen und den Mitgliedern der Gruppe selbst sind ebenso Teil der Komposition wie eine Darstellung des beliebtesten Schauspielers Shah Rukh Khan. Hier wird eine doppelte Ebene der Nähe konstruiert: Das Logo der Fangemeinschaft selbst wird einerseits mittig neben einer Fotografie der Tänzer*innen positioniert und andererseits in eine von Shah Rukh Khan gehaltene Trommel integriert. Quelltext dieser Abbildung ist dabei der Film „Mohabattein", was auch eine inhaltliche Ausrichtung des präferierten Tanzstils der Gruppe deutlich macht.

Diese über die Bildanalyse gewonnenen Einsichten in Aneignungs- bzw. Hybridisierungspraktiken stehen nun nicht für sich, sondern sind als Teil des zirkulären ethnografischen Forschungsprozesses wahrzunehmen. Die Ausverhandlung der Bedeutung für die lokalen Akteur*innen geschah wiederum in direkter Interaktion mit den Beteiligten im Rahmen von Interviews und informellen Gesprächen. Durch das gezielte Rückfragen zu Produktions- und Distributionsstrategien bestimmter visueller Artefakte konnten individuelle Hintergründe und Ebenen der Bedeutungsproduktion erschlossen werden. Neben der erreichten Verdichtung des ethnografischen Datenmaterials wurden in dieser dynamischen und multimodalen Beziehung zwischen online und offline *sites* gleichzeitig die Beziehungen zu den lokalen Akteur*innen gestärkt. Dies führte zu einer starken Sättigung des Wissens um die grundlegenden Strukturen lokalspezifischer Fanaktivitäten und erlaubte eine vergleichende Perspektive an der Schnittstelle von Text und Kontext zu anderen transkulturellen Konsumräumen von indischer Populärkultur.

6.6.2 Bollywood in Trinidad

Die Rezeptionsgeschichte von Hindi-Filmen und des rezenten Phänomens Bollywood ist in Trinidad untrennbar mit der indischen Diaspora verbunden. Im Zuge des kolonialen Kontraktarbeitersystems, auch „indentureship" genannt, wurden ab dem Ende des 19. Jahrhunderts tausende Arbeiter*innen vom indischen Subkontinent in die Karibikregion gebracht, um die Arbeitskraft versklavter Menschen afrikanischer Herkunft nach der Emanzipation zu ersetzen. Der Großteil blieb nach Ablauf der verpflichteten Jahre und auch nach dem Ende des Systems im Land. Daher berufen sich über 35 % der trinidadischen Bevölkerung auf ihre indische Herkunft, wobei die Hindu Religionsgruppe nach der römisch-katholischen Kirche auch eine der größten lokalen Glaubensgemeinschaften darstellt (Demographic Report 2011).

Seit ihrer Einführung in den 1930er-Jahren sind Hindi-Filme zentraler Teil der diasporischen Identitätsformationen (Mohammed 2002, Reddock 2004, Gooptar 2014). Im 21. Jahrhundert hat sich die Bedeutung des Hindi-Kinos für die Diaspora jedoch gewandelt. Basierend auf den Resultaten der hier referenzierten Rezeptionsstudie lassen sich folgende Trends beobachten: Die Zahl der Zuschauer*innen von neueren Produktionen hat drastisch abgenommen, inter-ethnische Stratifizierung zeigt sich in der Dominanz einer neuen, regional stark auf Zentral-Trinidad konzentrierten Mittelschicht, und eine Feminisierung von öffentlichen Rezeptionsstätten ist wahrnehmbar (Klien 2016). Aufgrund dieser Entwicklungen werden Teile der Zuschauerschaft sichtbarer, die bisher durch ethnische Demarkation marginalisiert wurden, wie z. B. afro-trinidadische Frauen als Rezipientinnen und Fans. Die geringere Bedeutung von Bollywood für diasporische und ethnische Identität, und somit auch die Abnahme von restriktivem *gatekeeping*, förderte in den letzten Jahren dynamische transkulturelle Prozesse.

Die folgenden Beispiele konzentrieren sich auf die Medienpraktiken von jungen, indo-trinidadischen Frauen, die größtenteils der Mittelschicht und Hindu Religion angehören. Ihr Umgang mit Bollywood Bildern wird im Kontext von Hochzeiten behandelt. In vielen Teilen der Welt gehören Hochzeiten zu den am stärksten mediatisierten, sozialen Ereignissen. Bird argumentiert, dass der Umgang mit Medien daher ein zentraler Faktor für ein Verständnis der kulturellen Hochzeits-Praktiken ist: „Weddings are simultaneously about an extreme celebration of the individual, as well as being increasingly public performances that draw heavily on media scripts." (2010, 93) Für Hindu Hochzeiten in Trinidad sind Hindi-Filme zentrale *media scripts*, was primär bei der Hindu Religionsgruppe der Fall ist, aber geringere Einflüsse können auch bei muslimischen und christlichen Gemeinschaften beobachtet werden. Seit der Einführung des Hindi-Kino im lokalen Kontext sind das Singen von Filmsongs, Tanz Performances mit Choreografien aus Song-and-Dance Sequenzen sowie Kleidungsstil und Dekorationen in Anlehnung an Filmszenen Teil der Feierlichkeiten.

Medien- und Bildpraktiken sind in diesem Kontext einem dynamischen Wandel unterworfen – auch in Wechselbeziehung zu technologischen Entwicklungen. Wie Bird (2010) für den US-amerikanischen Kontext hervorhebt, stellte z. B. der Gebrauch von Videokameras wie auch der vermehrte Zugang zu anderen hochwertigen Aufzeichnungstechniken die Basis für tiefgreifende Veränderungen dar. Es kam zu einem Bruch zwischen der Erfahrung der Akteur*innen während des Events und dem Event als medial konstruierte Aufzeichnung. Was als globaler technologischer Prozess gesehen werden kann, hat auch in Trinidad Auswirkungen. Jedoch werden solche Veränderungen im lokalen Kontext verhandelt und Praktiken dementsprechend transformiert. Ähnlich kann derzeit auch die Rolle von sozialen Netzwerken wie Facebook oder Instagram im Kontext von Hochzeiten als Faktor für die Transformation von Medienpraktiken verstanden werden. In der Diskussion der Beispiele werden relevante visuelle Aspekte der *media scripts*, die Strategien von Akteur*innen im Umgang mit den Bildern und die Beziehung zwischen online und offline *sites* beleuchtet. Die Anwendung von teilnehmender Beobachtung als Methode wird reflektiert, wobei aufgezeigt werden soll, wie ein ethnografischer Forschungszugang zu einem Verständnis dieser Prozesse beiträgt (Abb. 6.3).

6.6.2.1 Bewegte Bilder: Text und Kontext in der teilnehmenden Beobachtung offline

Eines der wohl beständigsten Bilder aus Hindi-Filmen im trinidadischen Kontext ist die Braut. Wie Patricia Mohammed beschreibt, entwickelte sich die „sari-clad femininity of the traditional bride" (2002, 164) zum Symbol „indischer" Weiblichkeit in der Post-Indentureship Gesellschaft. Junge Frauen aus der Hindu Community, die sich entscheiden traditionell zu heiraten, müssen sich mit diesem Bild auseinandersetzen – sei es auch nur, indem sie sich davon abgrenzen. Mit teilnehmender Beobachtung ist es möglich, Einblick in diesen oft spannungsgeladenen Prozess zu bekom-

Abb. 6.3: Hochzeiten als stark mediatisierte kulturelle Events (Klien, Freeport 2014)

men. Der folgende Auszug von Feldnotizen als Gast wurde im Zuge der fünf Tage andauernden Feierlichkeiten für die Hochzeit einer Interviewpartnerin aufgezeichnet:

> Heute Abend ist die Mehendi Nacht, die gut gelaunte Braut sitzt an einem Tisch mit ausgestreckten Armen, Henna wird auf ihre Hände aufgetragen. Als Gast werde ich sogleich eingeladen, kleinere Henna Verzierungen machen zu lassen. Familienmitglieder, Freundinnen und Arbeitskolleginnen, darunter Hijabis und Afro-Trinidadians, warten geduldig, bis sie an der Reihe sind. Der Kameramann dokumentiert mit Nahaufnahme, wie sich die kunstvollen Züge über die Hände auf die Unterarme ausbreiten. Die resolute Braut gibt ihm genaue Angaben, welchen Winkel und welches Detail sie für ihr Video will. [...] Die Stimmung ist ausgelassen und einige Frauen tanzen zu den Filmsongs, die aus der großen Anlage tönen. Die tanzende Braut ruft mir zu, dass dies einer ihrer Lieblingstitel ist. Sie positioniert den Kameramann und lässt sich dabei filmen, wie sie sich hinter einer großen Säule abwechselnd versteckt und dann ihr Gesicht mit einer verspielten Schüchternheit der Kamera zeigt. Ihre eigene Version von ‚hiding behind trees‘. (Feldnotizen, 2014 in Chaguanas)

Aus den Aufzeichnungen geht einerseits hervor, wie die Braut selbst ihren Handlungsspielraum nützt und ihre unmittelbare Erfahrung des Abends eng mit dem entstehenden Medienprodukt verbunden ist. Andererseits zeigen die Notizen, wie die Forscherin Codes des Hindi-Kinos identifiziert, in diesem Falle das beliebte Motiv des Versteckens und das Spiel mit der Kamera in Song-and-Dance Sequenzen. Da solche Szenen vor allem in älteren Filmen meist in idyllischen Gärten stattfinden, werden sie gemeinhin unter *hiding behind trees* zusammengefasst. Um die Bedeutung der *media scripts* und

Bilder in diesem Zusammenhang zu verstehen, sind sowohl Kenntnisse der Texte wie auch des Kontexts wichtig. Noch im Laufe desselben Abends zeigte ein kurzes, informelles Gespräch mit der Braut, wie sie das Bild der Braut für sich und innerhalb der sozialen Beziehungen verhandelte. Sie wies mich darauf hin, dass sie sich nun darauf vorbereiten müsse, bei den folgenden Hochzeitsritualen die *shy bride* zu spielen – eine Vorstellung, die ein lautes Lachen bei ihr hervorrief, wie ich in meinen Feldnotizen notierte. Beruhend auf meiner längeren Bekanntschaft mit ihr, interpretierte ich diese Reaktion als bewussten Hinweis auf den Kontrast des Bildes mit ihrem Selbstbild als selbstbewusste und sehr lebhafte Person sowie damit einhergehende Erwartungen von Familie und Freund*innen. Diese Anekdote aus dem Feld illustriert, wie förderlich es sein kann, längerfristige Beziehungen mit Interviewpartner*innen aufzubauen, diese auch unter unterschiedlichen Umständen kennen zu lernen sowie ihnen Raum für ihre eigenen und selbst-reflexiven Einschätzungen zu bieten.

Auch beim Event selbst ist es aufschlussreich, die verschiedenen *sites* als Teilnehmerin kennen zu lernen. Als Helferin einer Tanzgruppe hatte ich schon früher im Feld miterlebt, wie ‚backstage‘ bei Hochzeiten Konflikte und Stress zutage traten. In diesem Falle war es der Interviewpartnerin selbst ein Anliegen, dass ich auch bei den nicht für die Öffentlichkeit gedachten Schauplätzen der Hochzeit als Forscherin dabei war. Dies war z. B. fundamental, um die Auswirkungen des Bruchs zu verstehen, von dem Bird spricht. Der Druck, alle wichtigen Fotosessions unterzubringen, Erwartungen für Video und Foto zu erfüllen und immer wieder zur Performance für das anwesende, unmittelbare Publikum zu wechseln, war für alle Beteiligten eine große Herausforderung.

Im Zuge der teilnehmenden Beobachtung können auch unterschiedliche Rollen eingenommen werden, die zu ergänzenden Einsichten führen und beitragen die eigene Positionalität zu reflektieren. Bei dieser Hochzeit nahm ich nicht nur als Gast teil, sondern war auch als Fotografin für einen Teil der Hochzeitsbilder verantwortlich. Dabei erlebte ich recht eindrücklich, wie die Performance der Braut von Posen, Gesten und Kulissen abhing, die mir von Filmen bekannt waren. Zum Beispiel war es der Braut ein Anliegen, den gesenkten Blick und Augenaufschlag bewusst und wiederholt in Szene zu setzen. Im Gegensatz zu Gesichtsausdrücken und Gesten, die während des religiösen Rituals ein Zeichen der Teilnahme, eventuell spirituellen Vertiefung, waren, handelte es sich dabei um inszenierte Posen im Vorfeld, die einzig für die Aufzeichnung des Ereignisses gedacht waren. In der Auswertung bot sich auch die Gelegenheit, die Feldnotizen in Verbindung zu den visuellen Artefakten zu setzen. Bei einem Vergleich von Fotos, die der professionelle Fotograf und ich angefertigt hatten, wurde deutlich, dass mir die Bedeutung von Teilen des Hochzeitsrituals nicht bewusst war. Zum Beispiel hatte ich die Teilnehmer*innen der Haldi Zeremonie (ein heiliges Bad bei dem die Braut mit Kurkuma Paste eingerieben wird) nicht detailliert dokumentiert. Bei der Auswertung der Daten setzte ich diese Einsichten in Bezug zu den Filmtexten. Dadurch konnte ich nicht nur eine Überschneidung der visuellen Referenzen in Film und Fotos im lokalen Kontext feststellen, wie Nahaufnahmen der Beine der Braut oder das

Hervorheben junger, unverheirateter Frauen unter den Teilnehmerinnen des Rituals, sondern auch die Beliebtheit spezifischer Film-Hochzeitsszenen nachvollziehen. Diese Details in den Filmszenen fielen zuvor nicht in meinen Referenzrahmen als weiße europäische Forscherin, Zuschauerin und Fotografin (Abb. 6.4).

Abb. 6.4: Hochzeitskleider, Dekoration und Posen der Braut mit Bollywood Bezug (Klien, Caroni 2014)

6.6.2.2 Begegnung in Bildern: Ethnografisches Wissen und die Beziehung zwischen *sites*

Mittlerweile sind soziale Netzwerke zentrale Kanäle, auf denen Hochzeitsfotos und andere Aufzeichnungen der Feierlichkeiten verbreitet werden. Daher kann die teilnehmende Beobachtung online weitere Einsichten ermöglichen, wie Medienpraktiken kontinuierlich von Akteur*innen verhandelt werden. Das folgende Beispiel bezieht sich auf die Vorbereitungsphase für eine Hochzeit und verdeutlicht, wie die Analyse von digitalen Artefakten von Erkenntnissen aus der teilnehmenden Beobachtung offline und dem ethnografischen Wissen der Forscherin profitiert. In diesem Fall kann nachvollzogen werden, wie sich Grenzen zwischen öffentlich und privat durch digitale Praktiken verschieben. Nach der Verlautbarung ihrer Verlobung kam es zu einer interessanten Online Aktion zwischen zwei Interviewpartnerinnen. Die zukünftige Braut wurde von ihrer Freundin in einem Facebook-Posting markiert. Es setzte sich zusammen aus einem Video, das eine Braut in rotem Sari mit einer anderen jungen Frau tanzend zeigte, der Caption „When it´s your wedding day and you have that last besharam moment with your bff [dancer emoji]", und einem Kommentar verfasst von der Freundin selbst „[name tag] song of choice? Romping Shop? Or Gori Naal Ishq Mita? [3x tears of joy emoji]".[5] Der Tanz im Video findet zu einem Punjabi Popsong mit dem Titel *Gangland* statt und weist viele Gesten auf, die an Hiphop erinnern, wie z. B. die Handbewegung für „make it rain". Der Begriff *besharam* ist ein Wort in Urdu und wird auch häufig in Hindi verwendet, nicht zuletzt als Filmtitel für einen Bollywood Blockbuster von 2013. Es kann als ‚nicht schüchtern' bis zu ‚schamlos' übersetzt werden. Indem die zukünftige Braut hier markiert wird, drückt die Freundin ihre Erwartung aus, dass bis zur Hochzeit bzw. beim Anlass selbst Gelegenheit für geteilte, potenziell grenzüberschreitende Vergnügen für die jungen Frauen ist. Dieser Aspekt kann in Opposition zu der Erwartung an die öffentliche Performance der Braut, wie im vorigen Beispiel besprochen, gesehen werden. Während dieser zweifellos wichtige Teil der Hochzeitserfahrung in offline *sites* nur hinter den Kulissen oder an Nebenschauplätzen zur Sprache kam, konnte ich hier beobachten, wie er Teil einer neuen Öffentlichkeit wurde.

Um diese Neuverhandlung der Grenzen von öffentlicher Performance und dem Bild der Braut zu analysieren, sind Kontextwissen zu den digitalen Praktiken auf Facebook, Kenntnisse der populärkulturellen Referenzen wie auch das in-Beziehung-Setzen zu anderen (offline) *sites* notwendig. Kurzum stützt sich die Analyse auf *embodied knowledge*, das die Forscherin im Zuge der langfristigen ethnografischen Feldforschung erworben hat. Wie die Ergebnisse meiner teilnehmenden Beobachtung online zeigen, werden häufig Bollywood Clips in der Vorbereitung auf Events wie Hochzeiten,

---

5 Gemeint ist wohl der Song „Gud naal ishq mitha" (1997), der in unterschiedlichen Bollywood Filmen neu aufgelegt wurde, z. B. in „I love NY" (2013) oder erst kürzlich in „Ek Ladki Ko Dekha Toh Aisa Laga" (2019).

Diwali oder Holi auf Facebook geteilt. Auch die Markierung von anderen User*innen ist üblich, um Freunde zu animieren, an einem Event teilzunehmen oder Zusammengehörigkeit auszudrücken. Die Verwendung von Bollywood dient hier oft dazu, ethnische Identität und Gemeinschaft öffentlich zu zeigen. Im Beispiel wird dies erreicht durch den Symbolcharakter der Braut im roten Sari, den Bezug zum indischen Subkontinent durch den Song wie auch die Referenz eines Bollywood Songs im Kommentar der Userin. Andererseits bezieht sich der Vorschlag, gemeinsam zu *Romping Shop* zu tanzen, auf jamaikanischen Dancehall. Diese Musikrichtung wird in Trinidad mit kreolischer Modernität assoziiert, an der auch junge indo-trinidadische Frauen teilhaben. *Besharam* wird so in den karibischen Kontext eingebettet und umgedeutet. Die zwei Sänger*innen Vybz Kartel und Spice stehen hier für „schamloses" Verhalten, das durch die äußerst expliziten Lyrics des Songs, ihre jeweiligen Startexte sowie den skandalösen Ruf von Dancehall angedeutet wird.

Die transkulturelle Verknüpfung von Hindi-Kino und Dancehall gibt hier weitere Einblicke in performative Aspekte des Bildes der Braut. Während geteiltes und verinnerlichtes Wissen der Forscherin die Kontextualisierung ermöglichen, kann die Analyse bedeutungsschaffende Praktiken erfassen, indem Ergebnisse der teilnehmenden Beobachtung von unterschiedlichen *sites* in Beziehung gesetzt werden. Das hier besprochene digitale Artefakt kann z. B. verglichen werden mit dem Remix von Filmsongs in karibischen Musikstils, die unter anderem auch auf Hochzeiten gespielt werden. Während aber Hindu Hochzeiten stark ethnisch markierte öffentliche Räume darstellen, werden auf Facebook breitere Personenkreise angesprochen, insbesondere auch Peers und ethnische Demarkationslinien dadurch neu verhandelt. Dies wird anhand eines Vergleichs der adressierten Öffentlichkeiten nachvollziehbar, der wie von Hine gefordert die unterschiedliche Konstitution der sites berücksichtigt, insbesondere der digitalen Plattform, ihrer technologischen Eigenheiten und ihrer lokalen Nutzung (vgl. Hine 2011). Im Laufe der Feldforschung zeigte sich, dass bei der Hochzeit als offline *site* widersprüchliche und grenzüberschreitende Elemente ,hinter den Kulissen' stattfanden und insbesondere in der medialen Repräsentation des Events ausgeklammert oder nur mit einer begrenzten Gruppe geteilt wurden. Das Beispiel der digitalen Interaktion im Vorfeld zeigt, dass die Besonderheit der online *site*, nämlich die Schaffung einer neuen ,privaten Öffentlichkeit' auf Facebook, berücksichtigt werden muss. In diesem Kontext navigieren junge Frauen ihre ethnische und religiöse Identität stärker in Bezug zu anderen Zugehörigkeiten, z. B. der kreolischen Modernität oder Jugendkulturen. Durch die teilnehmende Beobachtung auf Facebook erschließt sich die Vielzahl unmittelbarer und imaginierter Counterparts die in diesen Navigationen adressiert werden. Im Gegensatz zu Hochzeitsfeiern sowie ihren Video- und Fotoaufzeichnungen wird die transkulturelle Dimension in dieser *site* vordergründig. Dadurch konnte die Aushandlung der Bedeutung vom Bild der Hindu-Braut in einer nicht ethnisch markierten Öffentlichkeit und über die Grenzen von restriktiven Gendernormen hinaus beleuchtet werden.

6.7 Fazit

> *[...] cinema has a power to move people.* (Gray 2010, x)

Film und Kino als visuelle Repräsentationen populärer Kultur sind dominierende Ausdrucks- und Kommunikationsformen in globalen medialen Landschaften bzw. *mediascapes* (Appadurai 1996). Sie sind gleichermaßen eingebettet in ökonomische und soziokulturelle Strukturen, wie sie ihrerseits kulturelle Werte und *social knowledge* transportieren. Sowohl die Kommodifizierung von Themen, Gegenständen und Akteur*innen als auch multimodale Strategien der Distribution und Praktiken der Rezeption von visueller Kultur machen das Feld zu einem Seismografen für gesamtgesellschaftliche Entwicklungen. Ethnografische Forschungszugänge ermöglichen eine Perspektive auf Visualität, die die dualistische Beziehung zwischen populärkulturellem Text und lokalem Rezeptionskontext berücksichtigt. In diesem Sinne war es Ziel dieses Beitrags, performative Strategien von visuellen Medienpraktiken im Kontext von komplexen transnationalen und -kulturellen Verflechtungen theoretisch zu verorten und zu zeigen, wie sie unter Berücksichtigung ethnografischer Forschungszugänge methodisch erfassbar gemacht werden können. Dazu wurde auf die Ergebnisse zweier Rezeptionsstudien zu indischer Populärkultur zurückgegriffen, deren theoretisches *framework* von einer interdisziplinären Betrachtungsweise globaler Medienphänomene gekennzeichnet ist. Appadurai (1996) folgend kommt der Imagination als sozialer Praxis in beiden Studien eine zentrale Bedeutung zu, wobei Medien als wesentliche Schlüsselkomponenten in einem delokalisierten Raum wahrgenommen werden. Um Mediennutzung und damit einhergehende Dynamiken empirisch erfassbar zu machen, wurde zunächst auf einen praxistheoretischen Zugang verwiesen. In der Anwendung eines interdisziplinär angelegten praxisorientierten Ansatzes liegt der Fokus auf den sozialen Akteur*innen und ihren *signifying practices* selbst. Insbesondere die Praxis der Filmrezeption kann in diesem Sinne erfasst werden als „social act, a performance by particular persons in particular situations" (Peterson 2003, 124). Unter Berücksichtigung dieses forschungsleitenden Paradigmas wurde anschließend die besondere Rolle der Methode der teilnehmenden Beobachtung in der medienanthropologisch geleiteten Forschungsarbeit hervorgehoben und die konkrete Forschungspraxis im Kontext der Rezeption indischer Populärkultur in Peru und Trinidad vorgestellt. Dabei wurden nicht nur traditionelle ethnografische Herangehensweisen, sondern auch die praktische Anwendung der Methode der teilnehmenden Beobachtung in digitalen Umgebungen thematisiert und anhand exemplarischer Beispiele aus den beiden Feldstudien veranschaulicht.

Die Diskussion im Rahmen der exemplarischen Beispiele zeigt auf, dass der zentrale Erkenntnisgewinn für die Erforschung visueller Medienpraktiken unter Anwendung der Methode der teilnehmenden Beobachtung darin liegt, dass explizite wie auch verdeckte Aspekte der Lebensrealität von Akteur*innen gleichermaßen empirisch erfassbar gemacht werden können sowie damit einhergehende soziale Prozesse. Forscher*innen entwickeln durch die methodisch geleitete Teilhabe ein *embodied knowledge*, das wesentlich für weitere Analyseschritte in der Untersuchung komplexer Medienphänomene ist. Im Fallbeispiel Peru wird zunächst ersichtlich, dass vor allem die Bereitschaft zur Teilnahme einen wesentlichen Beitrag zum Aufbau sozialer Beziehungen im Feld leistete. Diese sind wiederum notwendig, um sich den Praktiken aus der Sicht der Akteur*innen anzunähern und ein Verständnis für die unterschiedlichen Ausverhandlungen innerhalb der Rezeption von medial vermittelten Bildern zu erhalten. Im Beispiel von Trinidad wird dazu hervorgehoben, dass nicht nur die Teilnahme an sich, sondern vor allem die langfristige Teilhabe hier von zentraler Bedeutung ist. Einerseits für die Rolle der Forscherin im Feld selbst und andererseits für den Reflexionsprozess im Kontext des generierten Datenmaterials. In beiden Fallbeispielen wurden gesättigte Daten aus der teilnehmenden Beobachtung gewonnen, die im Sinne einer pluralistischen Datenerhebung mit anderen Daten in Verbindung gebracht werden konnten.

Die Methode der teilnehmenden Beobachtung fand in den Studien nicht nur im physischen Raum, sondern auch in digitalen Umgebungen statt, wobei vorwiegend das soziale Netzwerk Facebook von Bedeutung war. Hier wurde argumentiert, dass sich die ethnografische Praxis digital nicht fundamental von traditionellen Vorgangsweisen unterscheidet, dennoch können technologische Rahmenbedingungen zu neuen Herausforderungen führen. Grundsätzlich gilt, die technologischen Spezifika von sozialen Netzwerken ebenso zu reflektieren, wie den eigenen partizipativen Anteil im Rahmen bestimmter digitaler Kommunikationsmedien Davon abgesehen bieten Plattformen wie Facebook die Möglichkeit, auch unabhängig vom physischen Raum mit relevanten Akteur*innen in Kontakt zu treten. Sie können als *expanded fields* wahrgenommen werden und liefern erweiterte Einblicke in lokale Medienaneignungs- und Ausverhandlungsprozesse. Während das Beispiel Peru hier aufzeigt, dass vor allem im Netzwerk zirkulierende visuelle Artefakte und deren Analyse zu einem Verständnis lokalspezifischer Prozesse beitragen können, illustriert das Fallbeispiel aus Trinidad, dass in diesem Zusammenhang vor allem auch die Beziehung zwischen *sites* online und offline in der analytischen Übersetzungsarbeit von Bedeutung ist.

Als gemeinsamer Referenzpunkt im Zusammenhang mit traditioneller und digitaler teilnehmender Beobachtung in den genannten Fallbeispielen lässt sich feststellen, dass ein langfristig angelegter Zugang unumgänglich ist: einerseits für den vertrauten und reflexiven Aufbau von Beziehungen mit Forschungspartner*innen im Feld und andererseits für die ganzheitliche Erfassung von Medienphänomenen auf Basis der Praktiken der Akteur*innen. Im Sinne eines follow *the fan* stellen online und offline hier keine Gegensätze dar, sondern bedingen einander in einem ethnografisch zu erschließenden Feld der Analyse visueller Medienpraktiken.

Literatur

Abu-Lughod, Lila. 2000. Locating Ethnography. *Ethnography*, 1(2):261–267.

Appadurai, Arjun. 1996. *Modernity at Large: Cultural Dimensions of Globalization*. Minneapolis: University of Minnesota Press.

Askew, Kelly M. und Richard R. Wilk. Hrsg. 2002. *The Anthropology of Media: A Reader*. Malden: Blackwell Publishers.

Bernard, H. Russell und Clarence C. Gravlee. 2015. Introduction: On Method and Methods in Anthropology. In: Bernard, H. Russell und Clarence C. Gravlee. Hrsg. *Handbook of Methods in Cultural Anthropology*, S. 1–19. Lanham: Rowman & Littlefield.

Bird, Elizabeth. 2010. From Fan Practice to Mediated Moments: The Value of Practice Theory in the Understanding of Media Audiences. In: Bräuchler, Birgit und John Postill. Hrsg. *Theorising Media and Practice*, S. 85–104. New York: Berghahn Books.

Central Statistical Office, Ministry of Planning and Sustainable Development. 2011. *Trinidad and Tobago 2011 Population and Housing Census: Demographic Report*. https://www.tt.undp.org/content/trinidad_tobago/en/home/library/crisis_prevention_and_recovery/publication_1.html. Zugegriffen: 20.06.2020.

Charmaz, Kathy und Richard G. Mitchell. 2001. Grounded Theory in Ethnography. In: Atkinson, Paul, Amanda Coffey, Sara Delamont, John Lofland und Lyn Lofland. Hrsg. *Handbook of Ethnography*, S. 160–174. London: Sage.

Chin, Bertha und Lori Morimoto. 2013. Towards a Theory of Transcultural Fandom. *Participations Journal of Audience & Reception Studies*, 10(1):92–108.

Couldry, Nick und Mark Hobart. 2010. Media as Practice: A Brief Exchange. In: Bräuchler, Birgit und John Postill. Hrsg. *Theorising Media and Practice*, S. 77–82. New York: Berghahn Books.

Dewalt, Kathleen M. und Billie R. Dewalt. 2002. *Participant Observation: A Guide for Fieldworkers*. Lanham/New York/Toronto/Oxford: AltaMira Press.

Droogers, Andre und Sidney M. Greenfield. 2001. *Reinventing Religions: Syncretism and Transformation in Africa and the Americas*. Rowman/Middlefield: Lanham.

Duffet, Mark. 2013. *Understanding Fandom: An Introduction to the Study of Media Fan Culture*. New York/London/New Delhi: Bloomsbury.

Fiske, John. 1992. The Cultural Economy of Fandom. In: Lewis, Linda. Hrsg. *The Adoring Audience: Fan Culture and Popular Media*, S. 30–49. London: Routledge.

Geertz, Clifford. 1973. *The Interpretation of Cultures: Selected Essays*. New York: Basic Books.

Gehlawat, Ajay. 2010. *Reframing Bollywood: Theories of Popular Hindi Cinema*. Los Angeles: SAGE.

Glaser, Barney G. und Anselm L. Strauss. 1980. *The Discovery of Grounded Theory: Strategies for Qualitative Research*. Chicago: Aldine.

Gooptar, Primnath. 2014. *The Impact of Indian Movies on East Indian Identity in Trinidad*. Saarbrücken: Lambert Academic Publishing.

Gopal, Sangita und Sujata Moorti. 2008. *Global Bollywood: Travels of Hindi Song and Dance*. Minneapolis: University of Minnesota Press.

Gray, Gordon. 2010. *Cinema: A Visual Anthropology*. Oxford/New York: Berg.

Greschke, Heike M. 2007. Bin ich drin? Methodologische Reflektionen zur ethnografischen Forschung in einem plurilokalen, computervermittelten Feld. *Forum Qualitative Social Research*, 8(3):Art. 32. http://www.qualitative-research.net/index.php/fqs/article/viewFile/279/614. Zugegriffen: 20.06.2020.

Gupta, Akhil und James Ferguson. 1997. *Culture, Power, Place: Explorations in Critical Anthropology*. Durham/London: Duke University Press.

Hall, Stuart. 1997. *Representation: Cultural Representations and Signifying Practices*. London: Sage.

Hine, Christine. 2000. *Virtual Ethnography*. London: Sage, Thousand Oaks.

Hine, Christine. 2011. Towards Ethnography of Television on the Internet: A Mobile Strategy for Exploring Mundane Interpretive Activities. *Media, Culture & Society*, 33(4):567–582.

Hirzer, Petra. 2017. *Transcultural Fandom: Indische Populärkultur in Peru*. Dissertation zur Erlangung des Doktorats der Philosophie, Universität Wien.

Hobart, Mark. 2010. What Do We Mean by „Media Practices"? In: Bräuchler, Birgit und John Postill. Hrsg. *Theorising Media and Practice*, S. 55–76. New York: Berghahn Books.

Hosein, Gabrielle J. 2010. „Insider" Experiences and Ethnographic Knowledge: Reflections from Trinidad and Tobago. In: Taylor, Erin B. Hrsg. *Fieldwork Identities in the Caribbean*, S. 27–53. Coconut Creek: Caribbean Studies Press.

Hume, Lynne und Jane Mulock. 2004. Introduction: Awkward Spaces, Productive Places. In: Hume, Lynne und Jane Mulock. Hrsg. *Anthropologists in the Field*. New York: Columbia University Press.

Jenkins, Henry. 2016. Defining Participatory Culture. In: Jenkins, Henry, Mizuko Ito und Danah Boyd. Hrsg. *Participatory Culture in a Networked Era*, S. 1–30. Cambridge/Malden: Polity Press.

Kaur, Raminder und Ajay J. Sinha. 2005. *Bollyworld: Popular Indian Cinema Through a Transnational Lens*. New Delhi: Sage, Thousand Oaks.

Kavoori, Anandam P. und Aswin Punathambekar. 2008. *Global Bollywood*. New York: New York University Press.

Klien, Hanna. 2016. *Gender Versioning: Agency in Transcultural Media Practices of Bollywood Reception in the Caribbean*. Dissertation zur Erlangung des Doktorat der Philosophie, Universität Wien.

Mader, Elke. 2015. Shah Rukh Khan, Participatory Audiences, and the Internet. In: Dudrah, Rajinder, Elke Mader und Bernhard Fuchs. Hrsg. *Shah Rukh Khan and Global Bollywood*, S. 200–220. New Delhi: Oxford University Press.

Mader, Elke und Petra Hirzer. 2011. Peruanisches Masala: Hybridisierungsprozesse in der lateinamerikanischen Bollywood-Fankultur. In: Gugenberger, Eva und Kathrin Sartingen. Hrsg. *Hybridität – Transkulturalität – Kreolisierung*, S. 73–99. Wien: LIT Verlag.

Marcus, George. 1995. Ethnography in/of the World System: The Emergence of Multi-Sited Ethnography. *Annual Review of Anthropology*, 24:95–117.

Mehta, Rini B. und Rajewhawari Pandharipande. 2011. *Bollywood and Globalization: Indian Popular Cinema, Nation, and Diaspora*. London/New York: Anthem Press.

Meinhof, Ulrike Hanna. 2005. *The Language of Belonging*. Basingstoke: Palgrave Macmillan.

Mohammed, Patricia. 2002. *Gender Negotiations Among Indians in Trinidad, 1917–1947*. New York: Palgrave, Basingstoke Hampshire.

Murphy, Patrick D. 2008. Writing Media Culture: Representation and Experience in Media Ethnography. *Communication, Culture & Critique*, 1(3):268–286.

Okely, Judith. 2008. Knowing Without Notes. In: Halstead, Narmala, Eric Hirsch und Judith Okely. Hrsg. *Knowing How to Know: Fieldwork and the Ethnographic Present*, S. 55–74. New York: Berghahn Books.

Orgad, Shani. 2005. From Online to Offline and Back: Moving from Online to Offline Relationships with Research Informants. In: Hine, Christine. Hrsg. *Virtual Methods: Issues in Social Research on the Internet*, S. 51–66. Oxford/New York: Berg.

Ortner, Sherry B. 1996. *Making Gender: The Politics and Erotics of Culture*. Boston: Beacon Press.

Ortner, Sherry B. 2006. *Anthropology and Social Theory: Culture, Power, and the Acting Subject*. Durham/London: Duke University Press.

Pertierra, Anna C. 2015. Cuban Girls and Visual Media: Bodies and Practices of (Still-) Socialist Consumerism. *Continuum*, 29(2):1–11.

Peterson, Mark A. 2003. *Anthropoloy & Mass Communication: Media and Myth in the New Millennium*. New York: Berghahn Books.

Peterson, Mark A. 2010. But It is My Habit to Read the Times: Metaculture and Practice in the Reading of Indian Newspapers. In: Bräuchler, Birgit und John Postill. Hrsg. *Theorising Media and Practice*, S. 127–145. New York: Berghahn Books.

Pink, Sarah, Heather Horst, John Postill, Larissa Hijorth, Tania Lewis und Jo Tacchi. Hrsg. 2016. *Digital Ethnography: Principles and Practice*. London: Sage.

Postill, John. 2010. Introduction: Theorising Media and Practice. In: Bräuchler, Birgit und John Postill. Hrsg. *Theorising Media and Practice*, S. 1–32. New York: Berghahn Books.

Rajadhyaksha, Ashish. 2008. The „Bollywoodization" of the Indian Cinema: Cultural Nationalism in a Global Arena. In: Dudrah, Rajinder und Jigna Desai. Hrsg. *The Bollywood Reader*, S. 190–200. Maidenhead: Open University Press.

Reddock, Rhoda. 2004. Caribbean Masculinities and Femininities: The Impact of Globalisation on Cultural Representations. In: Bailey, Barbara E. und Elsa Leo-Rhynie. Hrsg. *Gender in the 21st Century: Caribbean Perspectives, Visions and Possibilities*, S. 179–216. Kingston: Ian Randle.

Turner, Victor. 1989. *Das Ritual: Struktur und Anti-Struktur*. Frankfurt am Main: Campus.

Teil IV: **Bewegtbildanalysen – Geschlechterbilder in Film und Politik**

Irene Zehenthofer und Eva Flicker

7 Soziologisches Filmlesen. Methodologische Konzeption und Praxisanleitung anhand der Beispielstudie „Sexarbeit in ausgewählten österreichischen Kino-Spielfilmen"

7.1 Einleitung

Der vorliegende Beitrag stellt Soziologisches Filmlesen (SFL) als Analyseverfahren vor und wendet es auf eine explizit für den vorliegenden Text angefertigte Beispielstudie methodisch an. SFL ist ein Forschungsansatz, der sich soziologischem Erkenntnis- interesse folgend mit Spielfilmen und spielfilmübergreifenden Bedeutungskonstruk- tionen befasst und so im Sinne einer diskursanalytischen Perspektive einen Blick über einen größeren Zeitraum und/oder ein größeres Filmsample ermöglicht. In der Vielzahl filmanalytischer Verfahren verfolgen soziologische Zugänge unterschiedli- che Perspektiven; SFL zählt zur inhaltsanalytischen und repräsentationsorientierten „Soziologie durch den Film" (Heinze 2015, 88 ff.) und integriert, wenn auch in unter- geordneter Weise, Aspekte der „Soziologie des Films" (Heinze 2015, 82, vgl. Flicker und Zehenthofer 2018). Mit „Soziologie durch den Film" wird ein soziologischer Blick auf Gesellschaft bezeichnet, der durch Film hergestellt wird. Untersucht wird „wie soziologische Erkenntnispotenziale anhand der filmischen Vermittlung zentraler soziologischer Themenfelder [...] sichtbar gemacht und repräsentiert werden, wie Interpretation und Kritik sozialer Zusammenhänge in der Art und Weise einer be- stimmten Darstellung transparent werden" (Heinze 2015, 88 f.). Die „Soziologie des Films" erfasst Filmschaffen als soziales System, widmet sich dem vielschichtigen Zu- sammenhang des Films mit seinen „sozioökonomischen Grundstrukturen" (Heinze 2015, 82) und fragt unter anderem danach, „wie sich das Feld des Films [...] hinsicht- lich seiner Produktions-, seiner Distributions- und seiner Rezeptionsbedingungen beschreiben und strukturell erfassen lässt" (Heinze 2015, 86).

SFL versteht und analysiert Filme als Produkte und Dokumente kollektiver, (lo- kal)historischer und verwertungsorientierter Gestaltung von Kunst. Grundsätzlich konzentriert sich die Analyse des SFL auf das fertige Produkt Film. Die Schritte und Entscheidungen des künstlerischen Schaffensprozesses selbst sind daher in der Regel nicht Teil der Untersuchung. Ebenso erfasst die Kontextualisierung des untersuchten Materials üblicherweise – nach Maßgabe des Erkenntnisinteresses und des jewei- ligen Forschungsrahmens – nur generelle soziokulturelle, ökonomische, rechtliche und filmwirtschaftliche Rahmenbedingungen. Je nach Forschungsdesign ist es jedoch

https://doi.org/10.1515/9783110613681-007

denkbar, die Untersuchung auch auf eine Auseinandersetzung mit den Hintergründen der Entstehung der einzelnen Filme auszudehnen.[1]

Der Beitrag beginnt mit einführenden Bemerkungen zum Forschungsgegenstand (Spielfilm), erläutert das Erkenntnisinteresse des SFL und stellt danach den Forschungsansatz an der Beispielstudie „Sexarbeit im österreichischen Kino-Spielfilm" vor.

7.2 Theoretisch-methodologische Verortung des Soziologischen Filmlesens

7.2.1 Gegenstand und Erkenntnisinteresse

In ihrer Eigenschaft als erzählende Medien setzen sich Spielfilme aus ineinandergreifenden materiellen und immateriellen Aspekten zusammen: Dem materiellen audiovisuellen Artefakt Film, das aus gezielt aneinander gereihten, fixierten Laufbildsequenzen besteht, ist der filmische Inhalt als immaterielle, je nach interpretativer Auslegung differenziert lesbare, Information eingeschrieben. Auf Grundlage des Zusammenspiels der audiovisuellen Präsentation, der strukturellen Anordnung sequenziell aufeinanderfolgender Darstellungen und deren Ereignisverläufen, vermitteln Spielfilme konkretisierbare Ideenzusammenhänge, die die Filmhandlung bilden und Bedeutungskonstrukte nahelegen. Diese Funktion des sinnstiftenden Erzählens bildet ein Kernmerkmal des Spielfilms. Die Eigenschaft der Sinnproduktion macht Spielfilme gesellschaftlich populär und zugleich auch soziologisch bedeutsam, weil sie Ideen und Vorstellungen von – unter anderem – gesellschaftlichen Verhältnissen mit filmstilistischen Mitteln artikulieren.

Filmisches Erzählen – nicht zu verwechseln mit Erzählen im Film, welches auf der Handlungs- und Figurenebene erfolgt – erstreckt sich über die gezielt präsentierte, sukzessive Vergabe audiovisueller Hinweise und Andeutungen, aus denen sich erst durch den geistigen Akt des Handlungsverstehens (Interpretation) eine zusammenhängende Erzählung bildet, die aus Ästhetik und Narration besteht. So besehen, lassen sich Spielfilme, aber auch Fiktion-Serien, als Gegenstände begreifen, deren wesentliche Erscheinungsform sich in Betrachtung, Deutung und Reflexion realisiert: Filme entstehen vor allem in den Köpfen ihrer Betrachter*innen (Borstnar, Pabst und Wulff 2002, 18, Wulff 2011, 223).

Indem sich Spielfilminhalte erst im Zuge ihrer Wahrnehmung, aus einer im innerlichen Verstehensakt bestehenden Distanz zwischen dem filmischen Objekt (Darstellung) und dem (wahrnehmenden) Subjekt entfalten, markieren und eröffnen sie po-

---

1 So wären beispielsweise themenbezogene Interviews mit Regisseur*innen oder Produzent*innen eine interessante ergänzende Untersuchungsperspektive, die wir im vorliegenden Beitrag nicht einbezogen haben.

tenzielle Denk-[2] und Interpretationsräume – sie sind Orte kreativer Sinnkonstruktion (vgl. Wedepohl 2014, 21).

Bei aller Polysemie filmischer Erzählungen sind filmische Sinnkonstruktion und -rekonstruktion jedoch keine ausschließlich individuellen oder gar beliebigen Vorgänge. Sowohl auf der Ebene der Produktion als auch jener der Rezeption ist die Entstehung von narrativen Filmen stets an intersubjektive Logiken, (kollektiv) geteilte Wissensbestände und Denkstile gebunden.[3] Die Gestaltung und der Aufbau von Spielfilmnarrationen sind in der Regel darauf ausgerichtet, kognitiv anschlussfähige, überindividuell verständliche Darstellungen zu generieren, indem sie an Erfahrung und Wissen von Filmschaffenden und Rezipient*innen anknüpfen (vgl. Hartmann und Wulff 2007, 193). Die Fähigkeit, zusammenhangstiftende filmische Sinnbildungsprozesse, die jeweils auf der Art und Anordnung der Informationsvergabe im Filmverlauf beruhen, zu erfassen und zu deuten ist als kulturell erlernte Kompetenz – also als visual literacy (Hall 1980) – anzusehen. Zum einen referieren filmisch vermittelte Informationen – im Sinne von Inhalten und Ästhetiken – auf außerfilmische Kenntnisse, zum anderen stellen die tradierten Praktiken narrativen Audiovisualisierens kulturell hervorgebrachte und angeeignete Formen medientypischer Kommunikation dar. Im Laufe der Filmgeschichte haben traditionsreiche Erzählverfahren im Spielfilm, insbesondere in der Mainstream-Filmkultur, Konventionen wie etwa Erzählmodi und Plot-Rhythmen ausgebildet, die es dem Publikum erleichtern, Zusammenhangskonstruktionen und Bedeutungsbildungen nachzuvollziehen (vgl. Eder 2007, 8 ff., vgl. Schick 2018, 120 f.). Filmanalyse als theorievermittelte und systematisch angeleitete Filmrezeption ist als Tätigkeit „[...] Ausdruck einer Kompetenz [...] den Strategien nachzuspüren, in denen hier einem Gegenstand des Denkens (nicht unbedingt künstlerischer) Ausdruck verliehen wird" (Wulff 2011, 220).

Für die repräsentationsorientierte filmsoziologische Forschung ist interessant, wie soziale Lebenswelten in fiktionalen Filmerzählungen inhaltlich gestaltet werden. Dies erfolgt als Konstruktion von Bedeutung und Wertung, indem Ereignisse, soziale Kontexte, Figuren und Zusammenhänge filmisch eingebettet werden. In Spielfilmen findet stets eine Beurteilung sozialer Verhältnisse, respektive soziologisch relevanter

---

2 Versteht man „Kunstproduktion" in Anlehnung an Warburg als „produktive Umsetzung der Erfahrung", die einer Urteilsfindung durch Verarbeiten von Eindrücken gleichkommt, kann auch die Gestaltung einer Filmerzählung als Schöpfung eines Denkraumes begriffen werden (Wedepohl 2014, 22). Diese „Denkraumschöpfung" (Wedepohl 2014, 20) erfüllt – auch unabhängig von ihrer Intention – die „Kulturfunktion" (Wedepohl 2014, 20) einer Zeitdiagnose (vgl. Fuchs 2002, 67 ff., 77). In diesem Sinne können Filme auch als Teil des „sozialen Gedächtnisses" einer Gesellschaft verstanden werden (Fuchs 2002, 47 f., Dimbath 2018, 199 ff.).
3 Experimentalfilme nehmen besondere (Denk)Räume ein, da sie bewusst mit klassischen Darstellungs- und Narrationsweisen von Spielfilmen brechen, diese mitunter sogar auflösen und damit weitgehend konventionsunabhängige, stark interpretationsoffene filmische Reflexionen sozialer Lebenswelten schaffen (vgl. Koebner 2002, 50).

Themen statt.[4] Ihre Wahrnehmung und Deutung ist nicht generalisierbar, es ist jedoch davon auszugehen, dass Rezipient*innen eines ähnlichen Zeit- und Kulturkreises filmisch vermittelte Informationen in durchaus vergleichbarer Weise dekodieren (vgl. Hartmann und Wulff 2007, 193).

Nachdem filmisches Erzählen Ergebnis einer kollektiven, kontextgebundenen Kulturpraxis ist, können die charakteristischen Ausprägungen der Themenverhandlungen von Spielfilmen, wie auch ihrer Wahrnehmung, als (seismografischer) Ausdruck der in diesem Entstehungs- und Verwertungsrahmen kursierenden Ideen, Haltungen und Vorstellungen begriffen werden. So gerinnen in der Gestaltung filmischer Erzählungen zeitgenössische Positionen, Auffassungen und Denkweisen über soziale Verhältnisse zu künstlerisch fixierten Ausdrucksformen.[5]

Erst in einer größere Zeitspannen umfassenden filmübergreifenden Gegenüberstellung werden charakteristische zeithistorische Aspekte der filmischen Verhandlung bestimmter Themen sichtbar (vgl. Kracauer 1984[6], Osterland 1998). Eine vergleichende inhaltsanalytische Untersuchung erlaubt Rückschlüsse auf die soziokulturell und kulturpolitisch geprägte Relevanz, die bestimmten Themen in dem betreffenden filmischen Produktionskontext zuerkannt wird (welcher Film wird mit welcher Mittelausstattung gefördert bzw. produziert). Zudem nimmt sie Ausprägungen intersubjektiv und kollektiv anschlussfähiger sozialer Zuschreibungen und Wertungstendenzen in den Blick, die im Zuge der Verhandlung bestimmter Themen erkennbar werden (filmisches Erzählen).

---

4 Die (latenten) Urteile filmischer Erzählungen über die von ihnen entworfenen sozialen Verhältnisse – Jens Eder (2008, 502) spricht von der „Moralstruktur" von Filmen – werden häufig über die Charakterisierung von Filmfiguren transportiert. Mittels der Zuweisung intersubjektiv positiv oder negativ konnotierter Eigenschaften sowie der Konstruktion positiver oder negativer Folgen bestimmter Ereignisse, legt die Inszenierung kritische, neutrale, rechtfertigende, anklagende, billigende oder lobende Haltungen gegenüber Figuren und deren Handeln nahe. Anhand der Werteverteilung, die einen wesentlichen Teil der narrativen Argumentation bildet, lässt sich filmanalytisch folglich die Wertungstendenz eines Spielfilms zu den von ihm verhandelten Themen rekonstruieren (Eder 2008, 500 ff., Schick 2018, 55 f., 95 f.).
5 Wie nahe sich die Filmkunst in ihren analysehaften fiktionalen Interpretationen sozialer Wirklichkeit an soziologischen Betrachtungen bewegt, beschreibt Markus Schroer (2012) in seinem Artikel „Gefilmte Gesellschaft. Beitrag zu einer Soziologie des Visuellen". Schroer sieht in der Erkundung von Gesellschaft eine „gemeinsame Aufgabe von Soziologie und Film" (Schroer 2012, 17).
6 Siegfried Kracauers sozialpsychologisch orientierte Studie (1984) über die Entwicklung der Themen und Ästhetiken des Films der Weimarer Republik, in dem sich, Kracauers Beobachtung zufolge, die zum Nationalsozialismus führenden „autoritären Dispositionen" (Kracauer 1984, 225) der Deutschen abzeichnen, gilt zwar als umstritten (vgl. Hartmann 2019, 28) wird hier jedoch als wichtiges und interessantes Werk der frühen deutschsprachigen Filmsoziologie genannt (vgl. Quaresima 2010). Hinsichtlich Kracauers Interesse an gesellschaftlichen Idealen, die sich in Filmen manifestieren (vgl. Kracauer 1984, 45 f.), kann sie ungeachtet ihrer methodischen Mängel durchaus als Vorläuferwerk einer filmübergreifend beobachtenden „Soziologie durch den Film" (Heinze 2015, 88 ff.) verstanden werden.

Der Untersuchungsgegenstand des SFL sind filmische Erzählungen eines konkreten Entstehungs- oder Verwertungsumfeldes. Im Zentrum des Erkenntnisinteresses steht allerdings primär der immaterielle Aspekt des Films, d. h. dessen inhaltliche Bedeutungskonstruktionen im Rahmen der narrativen Verhandlung einer Gesellschaftsdarstellung (Soziologie durch den Film). Auf der Basis des formulierten Erkenntnisinteresses geht SFL über Einzelfilm-Analysen und eine anschließende filmübergreifende Gegenüberstellung folgenden Fragen nach:

- *Was* wird gezeigt: In welchen thematischen Kontexten wird das erkenntnisrelevante Thema in den Filmerzählungen aufgegriffen?
- *Wie* wird das erkenntnisrelevante Thema verhandelt (das heißt filmisch umgesetzt): In welche argumentativen Zusammenhänge wird es durch (a) die Struktur und bestimmte visuelle Aspekte der Erzählung, (b) die Figurendarstellung, (c) die Handlung gestellt?
- *Welche* erkenntnisrelevanten Bedeutungskonstruktionen lassen sich daraus erschließen?
- *Welche Werturteile* in Bezug auf das verhandelte Thema werden nahegelegt?

Entlang dieser Fragen werden die über das Gesamtsample hinweg erkennbaren Betonungen, Besonderheiten, wiederkehrenden Muster, aber auch gegensätzliche oder voneinander abweichende Varianzen, zeitliche Entwicklungen und Widersprüche erkenntnisrelevanter narrativer Argumentationen, ihrer Bedeutungskonstruktionen und Wertungen in Bezug auf das gegebene Erkenntnisinteresse rekonstruiert.

7.2.2 Forschungszugang

Der Forschungszugang des SFL begreift die Auswahl, die narrative Aufbereitung der Themen filmischer Erzählungen und deren Deutung als voraussetzungsreich. Unseren Zugang der Filmanalyse betrachten wir als wissenschaftliche Filmrezeption und als Dokumentation filmspezifischer Auffassungen und Deutungszugänge durch die Filmemacher*innen. Versteht man filmische Erzählungen als kulturdiagnostische Bewusstseinsdokumente einer Gesellschaft, so sind deren soziologische Analysen gleichermaßen aufschlussreiche Beispiele bedingter, (film)charakteristischer Sichtweisen auf Gesellschaft. Vor allem aus historischer Distanz können Interpretationen filmischer Inhalte als Manifestationen zeitgeistiger Auffassungen und Zugänge interessieren. Nachdem filmische Inhalte nur interpretativ erschlossen und kommuniziert werden können, setzt eine seriöse wissenschaftliche Untersuchung derselben immer eine Explikation der Prämissen ihrer Standpunkte und Schlussfolgerungen voraus.

SFL erfordert sowohl soziologische als auch filmwissenschaftliche Kenntnisse und verfolgt den Anspruch, auf Grundlage eines methodisch systematischen Interpretationsverfahrens die filmische Präsentation und Verhandlung bestimmter sozialer Phänomene durch einen wissenschaftlich angeleiteten Nachvollzug sichtbar zu machen, der nicht nur die Ausprägungen filmischer Repräsentationen sozialer Verhältnisse aus einem soziologischen Blickwinkel aufzeigt, sondern zugleich auch Einblick in den Prozess des perspektivisch gebundenen Filmverstehens der Analysierenden gewährt.

SFL erstreckt sich über drei aufeinander aufbauende Phasen:[7]

1. Konzeption des Forschungsdesigns entlang soziologischen Wissens: Ausgangspunkt jeder Untersuchung ist die Konzeption des Forschungsdesigns, das speziell auf das jeweilige Erkenntnisinteresse ausgerichtet wird. Den ersten Schritt bildet die Formulierung eines klaren, eingegrenzten Forschungsfokus, der auf der Explikation der soziologischen Perspektive beruht, die durch soziologische Wissensbestände definiert wird. Aus den theoretischen Grundlagen wird ein Leitfaden mit Fragen entwickelt, um in den Einzelfalluntersuchungen unmittelbar am Film jene Informationen herauszuarbeiten, die für die systematische Interpretation des Materials und die Beantwortung der Forschungsfrage relevant sind.

2. Einzelfilmuntersuchung: Die Einzelfilmuntersuchung beginnt mit dem Erstellen eines Film-Sequenzprotokolls, das die dramaturgische Struktur, den Handlungsverlauf und relevante visuelle Aspekte des Films erfasst (Makro-Ebene des Films). Für tiefergehende Analysen werden selektiv auch Handlungsverlaufs-, Szenen- und/oder Einstellungsprotokolle angefertigt (Mikro-Ebene des Films). Mit Hilfe des Leitfadens erfolgen die Einzelfilmanalyse und in weiterer Folge die interpretative Beantwortung der Forschungsfragen. Der für ein qualitatives Forschungsparadigma typische zirkuläre Forschungsprozess wird auch hier relevant, da von Filmsequenz zu Filmsequenz, von Einzelfilmanalyse zu Einzelfilmanalyse neue Erkenntnisse in den Forschungsprozess aufgenommen werden, was sich beispielsweise in der Erweiterung oder Nachjustierung von Begriffen und/oder der Leitfragen ausdrückt. Zur Illustration werden Film-Screenshots eingesetzt.

3. Filmübergreifende vergleichende Gegenüberstellung: Im dritten Schritt werden die Ergebnisse der Einzelfalluntersuchungen einer filmübergreifenden Gegenüberstellung unterzogen, indem auf die rekonstruierten Betonungen, Besonderheiten, Muster, Entwicklungen, aber auch Widersprüche und Varianzen der Verhandlung erkenntnisrelevanter Themen aller untersuchten Filme geachtet wird. Zwangsläufig erfolgt mit jedem Analyseschritt eine Filterung von Filmspezifika aus dem Einzelfall, die dazu führt, dass manche Elemente eines Films zugunsten des Blicks auf ein größeres Ganzes (also ein größeres Sample) vernachlässigt werden müssen. Relevant ist hier die Nachvollziehbarkeit der Entscheidungsschritte im Forschungsprozess.

---

7 Für eine detaillierte Darstellung der einzelnen Forschungsphasen und Forschungsschritte siehe Flicker und Zehenthofer (2018).

Die finale Ergebnisdarstellung des SFL fasst die Beobachtungen der filmübergreifenden Perspektive unter Rückbezug auf die soziologische Perspektive und Fragestellung zusammen.

7.3 Praxisanleitung mittels Beispielstudie „Sexarbeit im österreichischen Kino-Spielfilm"

Für den vorliegenden Text wurde als Praxis- und Lehrbeispiel eine Beispielstudie zu Sexarbeit im österreichischen Spielfilm erstellt.[8] Im Nachfolgenden werden die drei Untersuchungsphasen *Konzeption – Einzelfilmuntersuchung – filmübergreifende Gegenüberstellung* rekonstruiert, wobei hier aus Gründen der Umfangvorgabe der Schwerpunkt auf der ersten und letzten Phase liegt. Die einzelnen Falluntersuchungen können online nachgelesen werden (siehe Fußnote 19).

7.3.1 Konzeption

7.3.1.1 Darstellung des Erkenntnisinteresses
Der österreichische Kinofilm genießt in internationalen Fachkreisen ein hohes Ansehen als gesellschaftskritisch orientiertes Medium (Dassanowsky 2008, 283, Dassanowsky und Speck 2011, 1). Filmische Thematisierung von Sexarbeit schafft künstlerische Imaginationen eines problembehafteten, moralisch und sozialpolitisch umkämpften Erwerbsfeldes (Sadoghi 2006, 116 ff., Sauer 2006, 82 ff.). Diese Imaginationen implizieren soziokulturell gefärbte Stellungnahmen zu Geschlechterverhältnissen und sind an der (Re)Produktion sozialer Repräsentationen eines nach wie vor von Vorurteilen überformten, stigmatisierten Frauenbildes beteiligt (Löw und Ruhne 2011, 194 ff., Wagner 2007, 21 ff.). In Anlehnung an die Frage nach geschlechtsspezifischer Wissensproduktion (Wolff 2007, 134 ff.) wäre auch interessant, ob und inwiefern die Einzelfilmanalysen Rückschlüsse auf unterschiedliche geschlechtsspezifische Zugänge der Filmschaffenden zum Thema Sexarbeit erkennen lassen.

7.3.1.2 Forschungsperspektive: soziologische Grundlagen und Forschungsfragen
Die Untersuchung konzentriert sich auf die filmische Repräsentation von Sexarbeit als Ausdruck tradierter, asymmetrischer Geschlechterverhältnisse und heteronormativer Geschlechterrollenkonstruktionen (vgl. Küppers 2018, Sauer 2006, 77 ff.).[9]

---

8 Die Begriffe Sexarbeit und Prostitution werden im vorliegenden Beitrag synonym und wertneutral, als Vornahme aller Arten sexueller Dienstleistungen gegen Entgelt oder andere (materielle) Vergütungen, gebraucht.
9 In Österreich galt Sexarbeit im Zeitraum der Entstehung des Untersuchungsmaterials noch als sittenwidriges Geschäft, womit die Arbeitsleistung von Sexarbeiterinnen keiner rechtlichen Absiche-

In Anschluss an Perspektiven und Fragestellungen der historisch geprägten, diskursiven Problematisierung weiblicher Prostitution (Grenz und Lücke 2006, 9 ff., Wolff 2007, 136 ff.) und der soziologischen Studie „Sexarbeit in Österreich" von Helga Amesberger (2014) interessiert, mit welchen Voraussetzungen und Bedingungen österreichische Kinospielfilme die Darstellung weiblicher Sexarbeit verknüpfen. Zur Filmfigur der Sexarbeiterin gilt es somit, zunächst die Konstruktion ihrer soziodemografischen und sozialstrukturellen Verortung sowie ihrer Lebenslage und Einbettung in soziale Rollen zu erfassen. Zu den soziodemografischen Merkmalen zählen wir mit Nicole Burzan (2007) Hinweise auf Geschlecht, Alter, nationale Herkunft, Familienstand der Figuren etc. Unter dem Begriff der sozialstrukturellen Verortung beziehen wir uns auf die für Lebenschancen relevante Verteilung von Merkmalen sozialer Ungleichheit, die den potenziellen Handlungsspielraum zur Umsetzung von Bedürfnissen und Lebenszielen bestimmt. In Anlehnung an die Sozialstrukturtheorien Pierre Bourdieus (Schwingel 2005, 82 ff.) analysieren wir, welche potenziellen Lebenschancen den Figuren durch die Darstellung ihres Vermögens an objektiven Ressourcen zugewiesen wird. Hierzu interessiert, welche Hinweise die Darstellung der Sexarbeiterinnen auf deren ökonomisches Kapital (Einkommen/Vermögen), kulturelles Kapital (Bildung) und soziales Kapital (Beziehungen; familiärer Rückhalt) anbietet (vgl. Burzan 2007, 127–148, Amesberger 2014, 130 f.). Unter sozialen Rollen verstehen wir kulturell definierte Positionen in Privat- und Berufsleben (wie z. B. Mutter, Partner*in, Freund*in, Vorgesetze usw.), die mit bestimmten Erwartungsanforderungen verbunden sind (Nassehi 2011, 57 f.).

Da in der wissenschaftlichen Beschäftigung mit Prostitution die Frage nach den Ursachen und Motiven in dieses Tätigkeitsfeld einzusteigen einen wesentlichen Fokus bildet, soll untersucht werden, ob und inwiefern Filmerzählungen hierauf verweisen. Aufgrund der prekären, mitunter durch Begleitkriminalität und Gewalt belasteten Ar-

---

rung unterlag (vgl. Marktler 2012, 12 ff.). Siehe hierzu das betreffende Urteil des Obersten Gerichtshofes von 1989 (OGH 28.06.1989, 3 Ob 516/89), das die Sittenwidrigkeit von Prostitution – vor dem Hintergrund einer moralischen „Missbilligung der Kommerzialisierung des Sexualtriebs" – mit dem Argument begründet, sie stelle eine Beeinträchtigung des Persönlichkeitsschutzes und eine Gefahr für familienrechtliche Institutionen" dar. Der genannte „Persönlichkeitsschutz" bezog sich dabei jedoch ausführungsgemäß nur auf die männlichen Parteien, deren „Leichtsinn, [...] Unerfahrenheit, [...] Triebhaftigkeit und [...] Trunkenheit" im Kontext von Prostitution häufig ausgenutzt würde. Diese Haltung vertrat der OGH bis zum 18.04.2012 (OGH18.04.2012, 3Ob45/12g). Ausgenommen war der Telefonsex, der 2003 als nicht sittenwidrig erklärt wurde, da dabei kein körperlicher Kontakt entsteht (OGH 12.06.2003, 2 Ob 23/03a). Seit diesem Zeitpunkt gilt Sexarbeit nun nicht mehr als sittenwidrig, womit Sexarbeiterinnen ein zivilrechtlicher Anspruch auf Dienstentlohnung durch ihre Freier zugestanden wird. Das bedeutet, dass im Erscheinungszeitraum der untersuchten Filme durchgehend eine in Moral- und Geschlechtervorstellungen gründende rechtlich verankerte Asymmetrie in der Geschäftsbeziehung zwischen Sexarbeiterinnen und ihren Freiern vorlag.
Die Autorinnen vertreten eine frauensolidarische, feministische Sicht auf das behandelte Phänomen, verfolgen jedoch im Kontext der vorliegenden Untersuchung keine politisch motivierte Argumentation.

beitsverhältnisse von Prostituierten, in denen insbesondere ein hohes Risiko besteht ausgebeutet zu werden, soll weiters nach den filmischen Entwürfen der Handlungs- und Entscheidungsfreiheit sowie den positiven oder negativen Erfahrungen von Sex- arbeiterinnen im Rahmen und in Bezug auf ihre Tätigkeit gefragt werden.

Auch wird der Frage nachgegangen, ob und in welcher Haltungstendenz sich die Filmerzählungen zu den traditionellen Narrativen von Prostituierten positionieren. So wird untersucht, ob sie als Opfer ökonomischer und/oder sozialer Zwänge, ausbeu- terischer und/oder gewaltgeprägter Abhängigkeitsverhältnisse, als randständige Re- präsentantinnen eines als anormal/deviant definierten Milieus[10] oder ob sie vielmehr als selbstbestimmte, in ihrer sozialen Anerkennung und Handlungsmacht zu stärken- de, Akteurinnen erscheinen. (Löw und Ruhne 2011, 31, Amesberger 2014, 263 ff., vgl. Küppers 2018). Die systematische Analyse des Materials erfolgt entlang der Fragestel- lungen, die sich aus dem Erkenntnisinteresse und den soziologischen Grundlagen ent- wickelt haben. Zugleich bleibt die Untersuchung für alle Arten erkenntnisrelevanter Ergebnisse offen.

7.3.1.3 Analyseleitende Fragen

Die filmische Verhandlung von Sexarbeit wird zum einem anhand folgender drei Ebe- nen ineinandergreifender filmischer Darstellungsaspekte nachvollzogen und aus dem hier dargelegten Interessensfokus und den zugehörigen Beobachtungsaspekten ein Leitfaden (siehe Anhang) mit den analyse- und interpretationsleitenden Fragen ent- wickelt.

a) *Filmische Repräsentation:* strukturelle und narrative Relevanz; Informations- menge[11] und dramaturgische Funktionen, die den erkenntniszentralen Figuren respektive dem erkenntniszentralen Thema dramaturgisch zugewiesen werden; narrative und visuelle Perspektiven auf erkenntniszentrale Handlungsabschnitte.

---

10 In der Literatur wird ein Fokus auf die abwertende Moralisierung und Stigmatisierung von Prosti- tution durch die Zuschreibung von Anormalität (Löw und Ruhne 2011, 14 ff., 105 ff., 134 ff., Amesberger 2014, 51 f.) und Devianz, insbesondere durch die Assoziation mit Begleitkriminalität (Gewalt, Zwang, Menschenhandel, Beschaffung/Konsum illegaler Drogen u. ä.) gelegt (Grenz und Lücke 2006, 10 f., Sauer 2006, 84 ff., Amesberger 2014, 63 ff., 72 ff., 103 f., Küppers 2018). Im Rahmen der Filmanalyse wird von einer Zuschreibung von Anormalität gesprochen, wenn andere Figuren Sexarbeiterinnen auf- grund ihres Berufes abwertend oder (in einem anderen negativen Sinn) anders behandeln als Nicht- Sexarbeiterinnen. Von der filmischen Konstruktion eines von Begleitkriminalität gekennzeichneten Prostitutionsmilieus wird ausgegangen, wenn die Erzählung eine thematische Verbindung zwischen Prostitution und den genannten Formen der Begleitkriminalität herstellt.
11 Die Informationsmenge einer Figurendarstellung indiziert, wieviel explizite Informationen zu sozi- alstruktureller und soziodemografischer Verortung, Lebenslage und Handlungsmotiven der Plot über die betreffende Figur enthält. Es geht also darum, wieviel Wissen die Zuschauer*innen über eine be- stimmte Figur erhalten.

b) *Figurendarstellung:* Konstruktion der Figur der Sexarbeiterin als „fiktives Wesen"[12] sowie der diese Rolle funktional ergänzenden und definierenden Komplementärfiguren.

c) *Handlungsverlauf:* die Tätigkeit der Sexarbeit betreffende Beschreibung von Dynamiken, Ereignissen und deren Konsequenzen.[13]

Ad a) Die Art, Menge, Anordnung und Perspektivierung erkenntniszentraler Informationen lässt erkennen, welche Bedeutung den erkenntnisrelevanten Themen und Figuren auf der strukturellen Ebene der filmischen Erzählung eingeräumt wird. Die Verteilung relevanter Informationen wird in der Transkription und Visualisierung des dramaturgischen Aufbaus der Erzählung im Sequenzprotokoll (und wie im vorliegenden Fall im angefertigten Handlungsverlaufsprotokoll, ergänzt durch Screenshots) markiert. Um die narrative Relevanz und die visuellen Spezifika des erkenntniszentralen Themas im Kontext der jeweiligen Erzählung zu bestimmen, wird erstens gefragt inwiefern es als handlungstragend zu bestimmen ist. Die Beobachtung, inwiefern das Thema Sexarbeit handlungstragend ist, soll die Einschätzung ermöglichen, welche Präsenz es in der jeweiligen Filmerzählung einnimmt. Als handlungstragend gelten Darstellungen, die für das Verständnis des Handlungszusammenhangs, respektive der Entwicklung der Handlungsereignisse, notwendig sind. Vordergründig handlungstragende Themen prägen den Haupterzählstrang (z. B. durch Verbindung mit dem zentralen Konflikt), sekundär handlungstragende Darstellungen schmücken den Haupthandlungsstrang aus bzw. sind dem „Subplot" (Eder 2007, 43 ff.) zuzurechnen. Zweitens wird danach gefragt, welche dramaturgischen Funktionen, (relationale) Frequenz, Informationsdichte und Informationsstruktur den erkenntniszentralen Figuren zukommen (vgl. Eder 2008, 493 ff.). Die Informationsmenge der Darstellung einer Figur bestimmt den Grad ihrer Individualisierung respektive Personalisierung (Eder 2008, 228). Dies wiederum prägt das narrativ gelenkte Potenzial, sich in die Motive und Gefühle der betreffenden Figur einfühlen zu können. Die dadurch erzeugte „imaginative Nähe" (Eder 2008, 351) nimmt in der Regel Einfluss darauf, wie rechtfertigend, verurteilend oder neutral Figurenhandeln wahrgenommen wird. Wesentlich für die Wirkung einer Figurendarstellung ist zudem, an welcher Stelle der Handlung welche Information gegeben wird (Schick 2018, 95). Drittens stellt sich die Frage, inwiefern die erkenntniszentralen Figuren kausal (aktiv, reaktiv oder im-

---

12 Unter dem Begriff der „Figur als fiktives Wesen" (Eder 2008, 162–321) bezeichnet Jens Eder eine Ebene der Figurenanalyse, die Figuren als Personen bzw. soziale Akteur*innen der innerfilmischen Realität, der sogenannten Diegese, erfasst, die durch soziale, physische und psychische Eigenschaften charakterisiert sind.

13 Die narrative Argumentation zu einem filmisch verhandelten Thema wird stark vom Verlauf des „Plots" (Koebner 2002, 145 f.) bestimmt. Bei der Analyse filmischer Erzählungen ist die Informationsvergabe daher stets in Hinblick auf ihre sukzessive Abfolge zu beachten, die durch die Montage der Handlungssegmente bestimmt wird (vgl. Hickethier 2007, 63).

pulsgebend) in die Entwicklung der Handlung involviert sind (vgl. Eder 2008, 492), und viertens, wie Sexarbeit in den Szenen, in denen ihre Ausübung dargestellt wird, durch den Kamerablick und die Erzählsituation visuell und narrativ perspektiviert wird. Da Spielfilme häufig aus wechselnden Perspektiven erzählen, werden jeweils nur die vorherrschende Erzählsituation sowie eindrucksstarke „Point of View" Kamerablickpositionen, welche die Perspektive auf das Geschehen bestimmen, vermerkt. Die Erzählsituation wird durch die narrative Instanz bestimmt, durch die die Geschehnisse präsentiert werden (vgl. Kuhn 2013, 100 ff., Hickethier 2007, 126 ff., Peltzer und Keppler 2015, 113 ff.).

Ad b) Die Figurendarstellung wird danach befragt, welche soziodemografischen sowie sozialstrukturellen Merkmale und Lebensumstände[14] Sexarbeiterinnen zugewiesen werden, in welchen sozialen Rollen (etwa im Rahmen von Partnerschaft, Verwandtschaft, Freundschaft oder Beruf) sie gezeigt werden, welchen Typus von Sexarbeit sie unter welchen Arbeitsbedingungen ausüben und wie ihre Berufsrollendarstellung durch Komplementärfiguren bestimmt wird. Ob und inwiefern Einstiegsmotive in das Tätigkeitsfeld thematisiert werden ist ebenso von Interesse, wie auch die Werteverteilung[15] in der Konstellation erkenntnisrelevanter Figuren.

Ad c) Auf Ebene der Ereignisdarstellung wird untersucht, welche Handlungsmacht den Sexarbeiterinnen hinsichtlich der Möglichkeiten zugeschrieben wird, ihre Tätigkeit frei zu wählen, selbstbestimmt darin zu handeln oder sie aufzugeben (vgl. Amesberger 2014, 52 ff.). Zugleich ist von Interesse, welche positiven oder negativen zwischenmenschlichen Erfahrungen Sexarbeiterinnen im Rahmen ihrer Tätigkeit erleben, wie etwa Gewalt, Abwertung, Anerkennung, Liebe usw. (Amesberger 2014, 91 ff., Löw und Ruhne 2011, 147 f.), und auch, welche Folgen Sexarbeit für die darin tätigen Frauenfiguren im Zuge des Erzählverlaufes zeitigt, etwa in Bezug auf

---

14 Es interessieren Verweise auf Alter, Nationalität, Familienstand, Wohnsituation, Bildung, Einkommen/Vermögen, soziales Kapital etc. (vgl. Burzan 2007, 141 ff., 127 ff.).

15 Die Einschätzung von Figureneigenschaften ist unumgänglich durch die persönliche Wahrnehmung der Analysierenden gefärbt. Zugunsten einer möglichst anschlussfähigen Einschätzung der Werteverteilung, richtet sich diese nicht auf persönliche Eindrücke von Sympathiegefühlen, die die jeweiligen Figuren auslösen, sondern konzentriert sich auf Adjektive, mit denen sich das Verhalten und Wirken der Figuren gegenüber ihren Mitfiguren intersubjektiv beschreiben lässt. Als positive Werte gelten Verhaltensweisen und Eigenschaften, die konstruktiv wirken und positiv besetzt sind (etwa freundlich, wohlwollend, aufrichtig, korrekt unterstützend, liebevoll etc.), während destruktive, negativ besetzte Verhaltensweisen und Eigenschaften negative Werte darstellen (unfreundlich, beleidigend, verletzend, missgünstig, schädigend, betrügend, gefährdend etc.). Figurencharakterisierungen, die keine klar zuordenbare Wertungstendenz erkennen lassen, werden in der vorliegenden Analyse als neutral bezeichnet. Um ein breiteres Spektrum der Eigenschaftszuweisungen zu erfassen, wird die Betrachtung der Werteverteilung in der vorliegenden Analyse in Anlehnung an Eders Begriff der „sozialen Orientierung" (Eder 2008, 443) durch eine Beschreibung der (sozialen) Handlungsorientierung und der zentralen Handlungsmotive der Figuren ergänzt.

Gewinne und Verluste im Sinne ökonomischer, sozialer, psychischer und physischer Konsequenzen oder Effekte auf sozialen Status, wie Diskriminierungserfahrungen.

7.3.1.4 Untersuchungssample

Die vorliegende Studie ist ein Nebenprojekt zu einem umfangreichen PhD-Forschungs-projekt zum österreichischen Kinospielfilm, wodurch die Kriterien der Samplebildung dessen Rahmung unterliegen.[16]

Aus den rund 60 Spielfilmen des sich über 30 Jahre spannenden Samples des Dissertationsprojektes widmen sich fünf Filmerzählungen der Sexarbeit als handlungs-tragendes Thema. Selbst wenn dies anteilig nicht hoch erscheinen mag, bleibt zu bedenken, dass im Sample keiner anderen Form des Einkommenserwerbs vergleichbar viel Aufmerksamkeit geschenkt wird. Auffallend ist, dass Sexarbeit besonders im ersten Jahrzehnt des 21. Jahrhunderts – einer Zeit, in der nach längerem Stillstand begonnen wurde, die rechtliche Regulation der Sexarbeit in Österreich wissenschaftlich, medial und sozialpolitisch zu diskutieren (Sauer 2006, 88 f., vgl. derStandard. 30.05.2007, vgl. Greif 2012, vgl. derStandard. 05.09.2013) – verstärkt als Gegenstand österreichischer Filmerzählungen aufgegriffen wird.[17]

Entsprechend des hier verfolgten Erkenntnisinteresses wurden für das vorliegende Teilprojekt zur „Sexarbeit im Österreichischen Kinospielfilm von 1980–2010" nur Spielfilme in das Sample aufgenommen, die handlungstragende Darstellungen des Sexarbeitsmilieus enthalten; das hier untersuchte Sample besteht somit, wie erwähnt, aus fünf Spielfilmen[18], die zwischen 1992 und 2010 in die österreichischen Kinos kamen und somit einen zeitlichen Rahmen von knapp 20 Jahren umspannen: „Der Nachbar" (1992), „Hurensohn" (2004), „Revanche" (2007), „Import Export" (2007) und „Tag und Nacht" (2010).

---

16 Es handelt sich um die laufende Dissertation von Irene Zehenthofer „Zur Repräsentation sozialer Kräfteverhältnisse. Eine Reflexion über die Verhandlung gesellschaftlicher Ungleichheiten, Konflikte und Missstände im österreichischen Kinospielfilm zwischen 1980–2010". Als weitere Studie im Rahmen des Samples siehe auch Eva Flicker und Irene Zehenthofer (2012). Für weiterführende Literatur zu den Produktionsverhältnissen des österreichischen Kinos siehe Gerhard Ernst und Gustav Schedl (1992).

17 Mit Ausnahme des Films „Der Nachbar" (1992), sind alle der untersuchten Filme nach 2000 erschienen.

18 Für eine SFL-Studie stellt der Umfang von fünf Filmen ein ungewöhnlich kleines Untersuchungssample dar und ermöglicht einen guten Überblick zur filmischen Behandlung dieses Themas.

7.3.2 Einzelfallanalysen

Die Einzelfallanalysen der fünf Spielfilme folgen jeweils demselben systematischen Vorgehen. Sie sind nicht Teil dieser Publikation, können aber andernorts detailliert nachgelesen werden.[19]

7.3.2.1 Leitfadenfragen – in zirkulärer Adaption
7.3.2.2 Sequenzprotokoll pro Spielfilm[20]
7.3.2.3 Analyse pro Spielfilm mithilfe der analyseleitenden Fragen
7.3.2.4 Interpretation pro Spielfilm entlang der interpretationsleitenden Fragen

7.4 Ergebnisse der filmübergreifenden Gegenüberstellung

In unterschiedlichen filmischen Narrationsstilen wird ein heterogenes Spektrum von heteronormativer Sexarbeit in traditionell organisierten Kontexten beschrieben. Gezeigt werden Fallbeispiele von Laufhaus, Video-, Bordell- und diskreter Wohnungsprostitution. Fälle von Straßen- und Gelegenheitsprostitution kommen in den Erzählungen des vorliegenden Samples hingegen nicht vor. Gemäß der jeweilig handlungsrelevanten Funktion des Themas, erfolgen die Darstellungen nicht beiläufig, sondern werden stets mit einer eingehenden Problematisierung verbunden. So nutzen die untersuchten österreichischen Filme einerseits das narrative Spannungspotenzial, welches die konfliktbehaftete Aura des Rotlichtmilieus in ihrem klischeegeprägten Ruf thematisch bietet, verhandeln Sexarbeit jedoch auch als Gegenstand reflexiver Beobachtungen. Ungeachtet ihrer Diversität, lösen sich die filmischen Verhandlungen von Sexarbeit nie von einer kritischen Perspektive und konstruieren dabei bemerkenswerte Übereinstimmungen in Form einer durchwegs negativen Wertung von Sexarbeit als schädigendes Tätigkeitsfeld für Frauen. Die Kritik an Sexarbeit wird thematisch breit ausgeführt – sie reicht von Diskriminierungs- und Abwertungserfahrungen, moralischen Konflikten, destruktiven Beziehungsdynamiken, privaten Verlusten, Kriminali-

---

19 Die umfangreichen Einzelfilmuntersuchungen (Analyseleitfaden, Sequenzprotokolle und Auswertung) sind einzusehen unter
https://drive.google.com/open?id=1S8XsOrVNtSkBuNR78N1JIWU87ikxdPIN.
20 In den veröffentlichten Sequenzprotokollen wird der Handlungsverlauf der Filme wesentlich genauer beschrieben als dies im Rahmen des SFL normalerweise gebräuchlich ist. Die Subsequenzen entsprechen zum Teil einzelnen Szenen, wodurch es sich stellenweise um eine Mischform aus Sequenz- und Szenenprotokoll handelt. Die Gestaltung der Sequenzprotokolle dieses Forschungsbeispiels erfolgte bewusst so detailliert, um auf die Notwendigkeit hinzuweisen, sehr genau auf die Struktur des Handlungsverlaufes zu achten, auch wenn dieser im Forschungsalltag nicht in diesem Ausmaß dokumentiert wird.

tät und Ausbeutung bis zur Kapitalismuskritik. Hervortretende Parallelen filmischer Argumentationen werden im Nachfolgenden näher dargelegt.

Bemerkenswert ist, dass das Filmsample *ausschließlich weibliche Sexarbeit zeigt*. Die Figuren der Sexarbeiterinnen nehmen als Hauptfiguren in allen Filmbeispielen handlungsfunktionale Relevanz ein, treten jedoch überwiegend nicht als Protagonistinnen[21] auf, also nicht in der Hauptrolle, sondern entwickeln ihre Bedeutung für den Handlungsverlauf nur aus ihrer Beziehung zu einem männlichen Protagonisten. Dies gilt für die Erzählungen „Der Nachbar", „Hurensohn", „Revanche" wie auch zum Teil für „Import Export". „Tag und Nacht" nimmt als Film mit zwei Protagonistinnen eine Sonderstellung ein, auf die später noch näher eingegangen wird. Dementsprechend richtet sich die Aufmerksamkeit der Narrationen auch im Bereich der Figurendarstellung verstärkt auf die männlichen Figuren, deren Charaktere meist deutlicher ausgearbeitet werden als jene der Sexarbeiterinnen. Trotz des verhältnismäßig ausgeprägten narrativen Fokus auf das Schicksal der Sexarbeiterinnen und der überwiegend positiven Wertzuweisungen, die diese als Sympathieträgerinnen im Sinne positiv konnotierter Charakterzeichnungen konzipieren, spiegelt sich die asymmetrische Geschlechterrollenverteilung der Erzählungen auch in deren dramaturgischer und visueller Inszenierung, die weibliche Figuren den männlichen unterordnet. Wenngleich die Narrationen vorwiegend aus der visuellen Beobachtungsperspektive einer heterodiegetischen narrativen Instanz[22] perspektiviert werden, wechselt die Kamera in Szenen, die Sexarbeit zeigen, mehrmals in die subjektive, voyeuristische Perspektive der männlichen Protagonisten („Der Nachbar", „Hurensohn", „Revanche", „Tag und Nacht"). Ein vergleichbarer Blick der Prostituierten auf ihre Freier wird hingegen nicht geboten. Die Filmerzählungen des Samples nehmen damit, sowohl inhaltlich wie visuell, einen männlichen Blick auf gesellschaftliche Verhältnisse ein.

Die filmübergreifende Konstruktion der soziodemografischen Verortung der Sexarbeiterinnen liegt nahe an den Ergebnissen einer aktuellen empirischen Studie zur Sexarbeit in Österreich (vgl. Amesberger 2014, 130 ff.). So wird Sexarbeit hauptsächlich – mitunter in intersektionaler Verschränkung – als Erwerbsarbeit von Migrantinnen aus wirtschaftlich schwachen Herkunftsländern, alleinerziehenden Müttern und ledigen Frauen beschrieben, deren Lebenschancen durch mangelnde ökonomische Ressourcen massiv beschränkt sind. Mit Ausnahme der beiden Protagonistinnen aus „Tag und Nacht" stammen die handlungstragenden Sexarbeiterinnen der Filmerzäh-

---

21 Als Protagonist und Protagonistin (Hauptrolle) werden Figuren bezeichnet, deren Geschichte im Zentrum der Handlung steht. Zu den Hauptfiguren zählen alle Figuren, die innerhalb der Figurenkonstellation ein hohes Maß an Aufmerksamkeit erhalten. Häufig ist ihnen eine spezifische funktionale Handlungsrolle (z. B. Antagonist*in, Helfer*in, Zielobjekt etc.) eingeschrieben (Eder 2008, 484 ff.).
22 Von einer heterodiegetischen narrativen Instanz wird gesprochen, wenn die Erzählung aus der Perspektive eines/einer unsichtbaren, außenstehenden Beobachter*in vermittelt wird, der/die nicht Teil der filmischen Welt ist (vgl. Kuhn 2013, 93 ff.).

lungen aus dem europäischen Osten, wie beispielsweise Tschechien, Kroatien und der Ukraine, womit auch kulturell spezifische Stigmata konstruiert werden.

Die physische Erscheinung der Sexarbeiterinnen referiert auf gängige mediale Konstruktionen begehrenswerter Weiblichkeit (vgl. Blake 2014, 15): attraktive, schlanke, junge Frauen im Alter von ungefähr 20 bis 35 Jahren. Ein attraktives, den gängigen Schönheitsidealen entsprechendes Äußeres wird als zentrales Kriterium für Erfolg in der Sexarbeit vermittelt und als maßgeblicher Faktor für einen Karriereaufstieg zur Edelsexarbeitern beschrieben („Hurensohn", „Revanche"). Sofern die Narrationen die Kaufkriterien von Freiern thematisieren, erfolgt die Wahl der Sexarbeiterin stets nach optischen Kriterien (beispielsweise schlank, mollig, blond, dunkelhaarig). Freier äußern zudem fallweise auch konkrete Wünsche an die optische Performanz der Frauen, wie beispielsweise das Tragen eines bestimmten Nagellacks oder Kleidungsstücks („Der Nachbar", „Tag und Nacht"). Die Sexarbeiterinnen setzen sich in ihrem Arbeitsalltag primär visuell, durch stark körperbetonte Kleidung und das Zeigen von viel nackter Haut, in Szene. Der Körper der Frauen wird dabei nicht nur zum Handels- und Konsumgut, sondern auch zum Werbeträger. Frauen, die in Bordellen arbeiten, fungieren gewissermaßen als lebende Aushängeschilder der eigenen Sexarbeit („Hurensohn", „Revanche"). In anderen Formen von Prostitution kommen fotografische Abbildungen der Frauen zu Werbezwecken zum Einsatz („Der Nachbar", „Hurensohn", „Tag und Nacht"), wobei auch hier auf einschlägige bildliche Darstellungen zurückgegriffen wird, um das Interesse von Freiern zu wecken. Eine besondere Bedeutung spielen visuelle Eindrücke im Bereich der Videoprostitution („Import Export") und im vergleichsweise älteren Geschäftsmodell der Peep-Show („Der Nachbar"), indem sich die sexuelle Dienstleistung in diesem Kontext vorwiegend auf visuelle Reize beschränkt.

Die Filmerzählungen verweisen mehr oder weniger direkt auf ähnliche Einstiegsmotive in die Sexarbeit: Als finanziell vermeintlich profitable Erwerbstätigkeit wird Sexarbeit in Hoffnung auf Verbesserung des Lebensstandards und Erweiterung des eigenen Handlungsspielraums begonnen und im Filmsample ausschließlich als weibliche Strategie[23] existenzieller Absicherung in prekären Lebenslagen inszeniert – Sexarbeit als Chance. Keiner der Filme verzichtet darauf zu erläutern, aus welchen Motiven Sexarbeiterinnen ihrer Tätigkeit nachgehen. Dies kann als implizite Zuschreibung von Anormalität (Löw und Ruhne 2011, 11, Amesberger 2014, 51) gelesen werden. Denn anders als andere Formen der Erwerbstätigkeit, wird die Wahl dieses Berufes filmisch nicht als Selbstverständlichkeit kommuniziert, sondern stets durch eine Begründung argumentativ gerechtfertigt. Vor dem Hintergrund eigener ökonomischer Interessen, werden manche Frauen durch nahestehende (männliche) Figuren zum Einstieg in die Prostitution bewogen bzw. überredet („Der Nachbar", „Import Export", „Tag und

---

23 In Gegenüberstellung zur Sexarbeit als weibliche Problemlösungsstrategie, schildern drei Narrationen Betrug und gewalttätige Delinquenz als männliche Maßnahmen zur Lösung akuter ökonomischer Probleme („Der Nachbar", „Import Export", „Revanche").

Nacht"), was mitunter in emotionaler Abhängigkeit und unter massivem psychischen Druck geschieht („Der Nachbar", „Tag und Nacht").

Die drängenden Ziele der filmischen Sexarbeiterinnen, ein selbstbestimmtes Leben unter verbessertem Lebensstandard zu führen, werden allerdings nicht, oder nur bedingt, erreicht. Trotz steigender ökonomischer Einnahmen wird eine Verbesserung ihrer Lebensumstände durch die narrative Betonung negativer Aspekte und Begleiterscheinungen der Tätigkeit konterkariert. Was von den Frauen als provisorische Übergangslösung begonnen wird, gerät in der Sogkraft des Milieus und seiner Effekte zu einem von Leid begleiteten Dauerzustand. Indem die Filmerzählungen die Thematisierung von Sexarbeit auf eine Beschreibung im Milieu herrschender Missstände und Machtverhältnisse sowie der destruktiven Wirkungen des Berufes auf die Frauen und ihre privaten Beziehungsverhältnisse ausrichten, qualifizieren sie Sexarbeit nicht als Weg zur Stärkung weiblicher Handlungsmacht (agency) (vgl. Keleher 2014, 56), sondern als Auslöser vertiefender einschneidender Benachteiligungserfahrungen.

Die untersuchten Filme thematisieren Sexarbeit vor allem in Hinblick auf Beziehungsdynamiken. Die zentralen Sexarbeiterinnen-Figuren werden nicht auf ihre Berufsrolle beschränkt, sondern in allen Narrationen durchwegs in unterschiedlichen sozialen Rollen gezeigt. Dabei wird auch die Vereinbarkeit der Rolle als Sexarbeiterin mit sozialen Rollen in privaten Beziehungsverhältnissen verhandelt.

Die Arbeit der Sexarbeiterinnen wird als psychisch und körperlich belastende und (über)fordernde Gewalterfahrung dargestellt, die mit einem Verlust von Kontrolle, Eigenständigkeit und Selbstbestimmung sowie einem bis ins Privatleben reichenden Verlust von Anerkennung und Respekt einhergeht. Die Dienstleistungsbeziehung zwischen Sexarbeiterin und Freier wird als ausgeprägt hierarchisches Machtgefälle sichtbar, das von einer reduktiven Instrumentalisierung der Frauen zum Zwecke der Erfüllung männlicher Wünsche und Ansprüche gekennzeichnet ist. Eine filmübergreifende Konstruktion von Praxisnormen zeigt Freier, die in vermeintlich selbstverständlicher Weise grenz- und rücksichtlos über Sexarbeiterinnen verfügen. Können oder wollen diese den Forderungen eines Freiers nicht entsprechen, führt dies zu impulsiv aggressivem Verhalten, mit welchem die Freier massiven Druck auf die Frauen ausüben, um die Durchsetzung ihrer sexuellen Interessen zu erzwingen. Grenzüberschreitungen und körperliche Gewalt werden als charakteristischer Bestandteil der Sexarbeit gezeigt, ebenso wie die Demonstration von Macht auf Grundlage einer entwürdigenden Behandlung der Frauen (siehe Abb. 7.1).

Eine gewaltbehaftete Instrumentalisierung von Sexarbeiterinnen zur Bedürfnisbefriedigung von Männern erfolgt nicht nur im Verhältnis zu Freiern, sondern wird als grundlegendes Merkmal des Rotlichtmilieus ausgewiesen. Die Filmerzählungen schreiben diesem eine klare geschlechtsspezifische Rollenverteilung ein, die Frauen nahezu ausnahmslos die Rolle der Sexarbeiterin[24], Männern hingegen „unternehme-

---

24 Die Erzählung „Hurensohn" bildet im vorliegenden Sample die einzige Ausnahme: In einer verhältnismäßig unbedeutenden Nebenrolle tritt eine Frau als Bordellbetreiberin auf.

Abb. 7.1: „Import Export" 01:52:36: Michael demütigt die 19-jährige Prostituierte und lässt sie an der Leine halbnackt in Reizwäsche auf allen Vieren am Boden herumkriechen. Sie soll dabei bellen wie ein Hund, Paul sieht zu (26_1).

rische" oder administrative Aufgaben zuweist. Das Auftreten männlicher Figuren im Rotlichtmilieu geht einher mit einem Habitus von Dominanz und Ausbeutung („Der Nachbar", „Revanche", „Import Export", „Tag und Nacht"). Gewaltgeprägte Unterdrückung von Frauen im Rotlichtmilieu wird in „Revanche" sowie in „Tag und Nacht" beschrieben. Die Narrationen thematisieren nicht, ob die Sexarbeiterinnen ihrer Tätigkeit legal oder illegal nachgehen bzw. welche rechtlichen Rahmenbedingungen zum Zeitpunkt der Handlung in Österreich bezüglich der Ausübung von sexuellen Dienstleistungen gelten. Die von den Narrationen praktizierte Nichtunterscheidung zwischen legaler und illegaler Sexarbeit bzw. der Eindruck einer fehlenden Anbindung des Erwerbsfeldes an die rechtsstaatliche Ordnung, erzeugt das Gefühl eines rechtsfreien Raumes, in dem eigene Gesetzmäßigkeiten abseits einer staatlichen Kontrolle herrschen („Der Nachbar", „Revanche").

Die filmische Konstruktion des Rotlichtmilieus arbeitet mit einprägsamen visuellen Eindrücken, die vielfach klischeehafte Vorstellungen eines verrucht-schäbigen Luxus-Lebensstils bedienen. Die Filmbilder schließen an kollektive Wissensbestände über Prostitutionsmilieus aus anderen Filmen an (vgl. Wagner 2007) und vermitteln auf diese Weise auch milieufremden Rezipient*innen deutliche Vorstellungen von den sozialen Verhältnissen – unabhängig davon ob sie realistisch sind. Die Bilder der Bordelle, des Laufhauses und der Peep-Show sind in gedämpftes künstliches, häufig rötliches Licht getaucht, in geschlossenen, gardinenverhangenen Räumen dominieren die Farben rot und schwarz und das Material Plüsch. Sexarbeiterinnen tragen bei der Arbeit schwarze Dessous, bevorzugt in Kombination mit Rottönen und knallrotem Lippenstift. Zentrum der Räume, in denen Sexarbeit regulär stattfindet, ist im Regelfall ein überdimensioniertes Bett, dessen Funktion durch glänzende Satinbettwäsche auch visuell verstärkt wird. Zudem befindet sich im Raum üblicherweise ein Spiegel zum Zwecke voyeuristischen Lustgewinns. Blickregime sind für die filmische Inszenierung von Sexarbeit in mehrfacher Hinsicht bedeutsam, wie in der Folge noch ausgeführt wird.

Licht- und Farbcodierung erzeugen ein prägnantes wie beklemmendes Stimmungsbild, das sich in seiner von Grellheit durchsetzten Düsterheit, aus der jedes helle Tageslicht verbannt ist, auch symbolisch vom Alltag abhebt und auf die Außergewöhnlichkeit des Rotlichtmilieus anspielt. In „Hurensohn" fällt die Wohnung, in der Sexarbeit für kapitalstarke Freier ausgeübt wird, durch ein Übermaß an rosa Farbtönen sowie ein riesiges, von großen Spiegeln umrahmtes Bett auf – die Inszenierung vermittelt ein mädchenhaft abgeschwächtes Prostitutionssetting.

Die filmischen Narrationen zeigen Varianten davon wie ledige, ressourcenschwache Frauen sich und gegebenenfalls ihren Kindern bzw. ihren Familien durch Sexarbeit einen einigermaßen abgesicherten Lebensstil ermöglichen. Zwar bietet dieser Erwerbsweg den Frauenfiguren wirtschaftliche Unabhängigkeit, gleichzeitig begeben sie sich damit in die unmittelbare Abhängigkeit von zahlreichen Männern, insbesondere Freiern und Zuhältern. Der Ausblick auf Selbstbestimmung und Entscheidungsfreiheit durch und innerhalb von Sexarbeit wird den Frauenfiguren mehrfach nur vorgetäuscht. So bedeutet der Weg in dieses Tätigkeitsfeld eine Verschiebung geschlechtsspezifischer Abhängigkeiten und eine dramatische Verschärfung hegemonialer männlicher Geschlechterhierarchie. Die Kritik an männlichen Dominanz-, Kontroll- und Besitzansprüchen auf Sexarbeiterinnen bleibt allerdings teilweise ambivalent, denn die Filme verweisen zugleich auf eine Dynamik, wonach sich die betroffenen Frauen männlichen Erwartungs- und Besitzansprüchen mitunter „freiwillig" fügen.

Diskriminierungen und moralische Abwertung erleben die Sexarbeiterinnen jedoch nicht nur von Seiten der Freier und Zuhälter, sondern (in direkter wie indirekter Form) auch durch ihr sonstiges soziales Umfeld. So wird mehrfach die Bezeichnung „Hure" als Beschimpfung verwendet („Der Nachbar", „Hurensohn", „Revanche", „Tag und Nacht"). Weibliche Sexarbeit ist mit absolutem Statusverlust verbunden. Typisch sind hierfür Filmszenen, die die Frauen in gewalthaften und entwürdigenden Situationen zeigen; filmübergreifend kommt massive Kritik der Filmemacher*innen an der Objektfizierung von Frauen, an ungleichheitsstiftenden Geschlechterverhältnissen und patriarchal strukturierten, kapitalistischen Geld-Macht-Sex-Beziehungen zum Ausdruck. Widersprüche und gesellschaftliche Doppelmoral werden sicht- und spürbar. Der männlich konnotierte Akt des Zahlens für sexuelle Dienstleistungen ist, abgesehen von der potenziellen Gefahr eines peinlichen Imageschadens, mit keinem Verlust von Status und Ansehen verbunden, wohl aber der weibliche Akt des Ausführens von sexuellen Dienstleistungen gegen Geld (siehe Abb. 7.2).

Abb. 7.2: „Tag und Nacht" 00:40:22: Freier Kai demonstriert an Hanna die Macht seines Geldes, indem er ihr Geldscheine in den Mund stopft (3_16).

In „Der Nachbar", „Import Export" und „Tag und Nacht" werden (monogame) geschlechtliche Zweckbeziehungen im Kontext von Ehe und Partnerschaft zugunsten der Versorgung von Frauen thematisiert. Dabei wird deutlich, dass diese Praxis – ganz im Gegenteil zur Sexarbeit – als üblich und moralisch akzeptiert gilt. Indem die Filmerzählungen diesen Kontrast schaffen, stellen sie implizit die Frage, wo das Geschäft mit Sexualität beginnt und endet. Die Erzählungen geben klar zu erkennen, dass geschlechtliche Zweckbeziehungen außerhalb des stigmatisierten Settings der Sexarbeit gesellschaftlich durchaus keiner negativen Wertung unterliegen. Vielmehr werden sie als anerkannte weibliche Lebensentwürfe dargestellt, die kaum kritisch hinterfragt werden.

Die filmischen Sexarbeiterinnen erleben bei der Ausübung ihrer Erwerbstätigkeit kontinuierlich eine Verletzung ihrer Integrität. Diese große psychische Belastung spiegelt sich in inneren Konflikten mit ihrer Tätigkeit und einem inferioren Selbstbild. Das seelische Befinden der Sexarbeiterinnen findet über deren Blickverhalten und Körpersprache einen markanten visuellen Ausdruck: Sexarbeiterinnen vermeiden in allen fünf Filmen häufig den Blickkontakt zu ihren Freiern. Ihr Gesichtsausdruck wirkt ernst und angespannt; ihrer Arbeit können sie nicht locker und gelöst, sondern nur mit einer gewissen Unsicherheit, Nervosität, Bedachtsamkeit sowie auch mit Überwindung oder Stumpfheit nachgehen – unabhängig davon, über wie viel Berufsroutine sie verfügen.

Sexarbeit wird als abgewertete Tätigkeit inszeniert, der nicht offiziell, sondern heimlich und versteckt, unter Abkoppelung der privaten Identität, nachgegangen wird. Die Sexarbeiterinnen übertragen die ihrer Tätigkeit gesellschaftlich zugeschriebene negative Wertung auf sich selbst. Keine der Frauen kann gänzlich unbeschadet und freimütig gegenüber ihrer Familie und Freund*innen offen zu ihrer Tätigkeit als Prostituierte stehen. Die gefühlte Notwendigkeit und das Bestreben, Distanz zur Berufsrolle zu schaffen, wird mehrmals explizit thematisiert („Der Nachbar", „Hurensohn", „Tag und Nacht"). In diesem Sinne treten filmische Sexarbeiterinnen nicht als selbstbewusste Vertreterinnen ihres Berufes auf, sondern verlieren infolge ihrer Erfahrungen und einer Internalisierung gesellschaftlicher Werturteile vielmehr zunehmend an Selbstwert und Resilienz und entwickeln selbstzerstörerische Lebensmuster. Anhand von Frauenfiguren, die über längere Zeit der Sexarbeit nachgehen, werden wiederkehrende Erfahrungen von Integritätsverletzung durch massive Grenzüberschreitung zu einem normalen Bestandteil der täglichen Arbeitsroutine umgedeutet („Der Nachbar", „Tag und Nacht"). In „Revanche" und „Tag und Nacht" wird die psychische Belastung der Sexarbeiterinnen unter anderem durch autodestruktive Kompensationsstrategien (Konsum von Alkohol und Drogen) betont. Neben psychischen weisen die Erzählungen auch auf körperliche Beeinträchtigungen, wie Erschöpfungszustände („Der Nachbar", „Hurensohn", „Tag und Nacht") Geschlechtskrankheiten („Tag und Nacht") sowie Verletzungen durch Freier, hin („Hurensohn", „Revanche", „Tag und Nacht"), gegen die sich die Sexarbeiterinnen nicht schützen (können). In den filmischen Fallbeispielen weiblicher Sexarbeit setzt der befürchtete oder erlebte Statusverlust als Prostituierte soziale Entfremdungs- sowie Exklusionsprozesse in Gang, in deren Zuge sich die Betroffenen von ihrem privaten Umfeld distanzieren und entfremden, sich mitunter verstärkt ins Rotlichtmilieu zurückziehen und gesellschaftlich noch mehr isolieren („Der Nachbar", „Hurensohn", „Tag und Nacht").

Der Beruf der Sexarbeit erfährt eine Zuschreibung von Anormalität (vgl. Löw und Ruhne 2011, 11) insbesondere in der narrativen Deutung seiner Auswirkung auf private Beziehungen, welche eine Inkompatibilität von Sexarbeit und bürgerlichem Leben behauptet. Als stigmatisiertes und stigmatisierendes Berufsfeld erscheint Sexarbeit sowohl in Hinblick auf Partnerbeziehungen als auch auf Mutterschaft höchst problematisch. Partnerschaftliche Beziehungen von Sexarbeiterinnen erscheinen nur denkbar, solange die Partner ebenso im Rotlichtmilieu tätig oder der „persönliche" Zuhälter sind („Der Nachbar", „Revanche", „Tag und Nacht"). Diesen Partnerschaften wird der Charakter einer Zweckbeziehung zugewiesen, die zum Vorteil der männlichen Seite aus taktischem oder ökonomischem Kalkül geführt wird. Die Sexarbeiterin wird zur Ware im eigenen Unternehmen objektifiziert und die Liebesbeziehung vorgetäuscht („Der Nachbar", „Tag und Nacht"). Die Vereinbarkeit von Mutterschaft und Sexarbeit wird von den beiden ältesten Filmen des Untersuchungsmaterials („Der Nachbar", „Hurensohn") thematisiert. Sie konstruieren dabei Kindesvernachlässigung sowie die Entfremdung von Mutter und Kind als zwangsläufige Konsequenz des Berufes (siehe Abb. 7.3). Die moralische Verantwortung für das Kindeswohl wird zu Lasten der Sexarbeiterin „privatisiert", womit sie einer doppelten gesellschaftlichen Abwertung gegenüberstehen: als Sexarbeiterin und als schlechte Mutter. Diffus bleibt dabei das

Abb. 7.3: „Hurensohn" 01:11:31: Irritierende und von dramatischen Folgen begleitete Begegnung zwischen Silvija und ihrem Sohn Ozren (7_3).

Spannungsverhältnis zwischen filmischer Narration und Positionierung der Filmemacher*innen.

Zur Beantwortung der Frage, ob bzw. wie in filmischen Erzählungen Wissen geschlechtsspezifisch konstruiert und vermittelt wird, und ob in der Darstellungsweise von Sexarbeit geschlechtsspezifische Unterschiede zwischen Filmemacher*innen erkennbar sind, ist das vorliegende Sample zu klein, um eindeutige Aussagen machen zu können. Von den fünf untersuchten Filmen des vorliegenden Samples wurde „Tag und Nacht" als einziger Film von einer Regisseurin inszeniert und zugleich von einem ausschließlich weiblich besetzten Filmteam gestaltet, während die anderen Filme nahezu ausschließlich durch männliche Filmschaffende realisiert wurden. „Tag und Nacht" hebt sich von den anderen Filmen durch Differenzen im inhaltlichen Setting und der formalen Ausgestaltung der Geschichte ab. Anders als die anderen Filme beschreibt „Tag und Nacht" die Erfahrungen zweier Protagonistinnen, die sich als österreichische Studentinnen auf Sexarbeit als lukratives, zweckmäßiges Abenteuer einlassen. Der Einstieg in die Sexarbeit erfolgt durch eine weibliche Initiatorin, womit das tradierte Bild der weiblichen Verführung oder Nötigung durch eine männliche Figur zugunsten einer freundschaftlichen Beziehung zweier weiblicher Protagonistinnen abgelöst wird. Im Gegensatz zu den anderen Filmen stellt „Tag und Nacht" Sexarbeit vollkommen ins Zentrum der Handlung und liefert eine extensive, detaillierte und differenzierte Auseinandersetzung mit den Arbeitsbedingungen der Sexarbeiterinnen. Der hohe Personalisierungsgrad der weiblichen Protagonistinnen sowie der Stil der filmischen Darstellung, bis hin zu einer pornografienah visualisierten Nähe zu den Figuren, erlaubt die Erfahrungen der Protagonistinnen aus größerer emphatischer

Nähe zu verfolgen. Die urteilsstiftenden narrativen Argumentationen in der Verhandlung von Sexarbeit unterscheiden sich im Wesentlichen jedoch nicht von jenen der anderen Erzählungen. „Tag und Nacht" macht vielmehr nahezu alle negativen Aspekte von Sexarbeit sichtbar, die in den anderen Filmen bereits (teilweise) aufgegriffen wurden: massiv zunehmende psychische Konflikte, destruktive Kompensationsstrategien, diverse gesundheitliche Belastungen, Instrumentalisierung und Abwertung der Frauen im Kontext von Sexarbeit, Ausbeutung im Rotlichtmilieu, Selbstbestimmungsverlust, Gewalterfahrungen und Verlust privater Beziehungen. Die für das Sample typischen Darstellungen der Problematiken und Folgen von Sexarbeit werden in „Tag und Nacht" auf diese Weise noch eingehender und verschärfter herausgearbeitet als im Rest des Samples. Die untersuchten Filme geben Hinweise, aber keine Belege dafür, dass die filmische Inszenierung von Sexarbeit je nach Geschlechterperspektive hinter der Kamera auch *on screen* einen erkennbaren Unterschied macht.

7.5 Conclusio zur Beispielstudie

Zusammenfassend lässt sich zeigen, dass Sexarbeit in der Perspektive des österreichischen Kinospielfilms zwischen 1981 und 2010 als sukzessive Destruktivitätsspirale erzählt wird, in der sowohl äußere Zwänge wie innere Notlagen auf die Frauen einwirken, die sie zunehmend (be)schädigen, in ihrem selbstbestimmten Handeln limitieren und folgenreiche soziale Exklusionsprozesse bewirken. Stellt man sich angesichts der untersuchten filmischen Reflexionen weiblicher Sexarbeit die Frage, ob bzw. inwieweit diese eine Funktion oder eine Konsequenz sozialer und geschlechtsspezifischer Ungleichheit darstellt und ob und in welcher Form das Geschäft mit sexuellen Dienstleistungen auf Geschlechterfairness und Gleichberechtigung basieren kann (Amesberger 2014, 252 ff.), lassen die Erzählungen des österreichischen Kinospielfilms wenig Raum für Optimismus. Sie repräsentieren Sexarbeit als konzentrierten Ausdruck und Ort unaufhaltsamer Reproduktion geschlechtsspezifischer Ungleichheits-, Gewalt- und Machtverhältnisse. Soziokulturell verfestigte, tief internalisierte habituelle Verhaltens- und Wertungsmuster, die in patriarchale, heteronormative und gewaltbereite Geschlechterverhältnisse eingebettet sind, verhindern Sexarbeit unter würdigen Verhältnissen. Die untersuchten Kinospielfilme können in Bezug auf ihre Verhandlung von Sexarbeit als künstlerische und kritische Gesellschaftsanalysen gelesen werden, bieten allerdings keine neuen Perspektiven, moralischen Umkodierungen oder interessanten fiktionalen Visionen, obwohl dies für Spielfilme durchaus denkbar und wünschenswert wäre.

Literatur

Amesberger, Helga. 2014. *Sexarbeit in Österreich: Ein Politikfeld zwischen Pragmatismus, Moralisierung und Resistenz*. Wien: new academic press.

Blake, Christopher. 2014. *Wie mediale Körperdarstellungen die Körperzufriedenheit beeinflussen: Eine theoretische Rekonstruktion der Wirkungsursachen*. Wiesbaden: Springer.

Borstnar, Nils, Eckhard Pabst und Hans Jürgen Wulff. 2002. *Einführung in die Film- und Fernsehwissenschaft*. Konstanz: UVK.

Burzan, Nicole. 2007. *Soziale Ungleichheit: Eine Einführung in die zentralen Theorien*. Wiesbaden: Springer VS.

Dassanowsky, Robert. 2008. *Austrian Cinema: A History*. Jefferson: McFarland.

Dassanowsky, Robert und Oliver C. Speck. 2011. New Austrian Film: The Non-Exceptional Exception. In: Dassanowsky, Robert und Oliver C. Speck. Hrsg. *New Austrian Film*. New York: Berghahn.

Dimbath, Oliver. 2018. Der Spielfilm als soziales Gedächtnis? In: Döbler, Marie-Kristin und Gerd Sebald. Hrsg. *(Digitale) Medien und soziale Gedächtnisse*, S. 199–222. Wiesbaden: Springer VS.

Eder, Jens. 2007. *Dramaturgie des populären Films: Drehbuchpraxis und Filmtheorie*. Hamburg: Lit.

Eder, Jens. 2008. *Die Figur im Film: Grundlagen der Figurenanalyse*. Marburg: Schüren.

Ernst, Gerhard und Gustav Schedl. 1992. *Nahaufnahmen: Zur Situation des österreichischen Kinofilms*. Wien: Europaverlag.

Flicker, Eva und Irene Zehenthofer. 2012. Geschlechternarrationen im Kontext sozialer Ungleichheit: Soziologische Perspektiven auf den jüngeren österreichischen Kinospielfilm. In: Heinze, Carsten, Stephan Moebius und Dieter Reicher. Hrsg. *Perspektiven der Filmsoziologie*, S. 220–244. München: UVK.

Flicker, Eva und Irene Zehenthofer. 2018. Soziologisches Filmlesen. In: Geimer, Alexander, Carsten Heinze und Rainer Winter. Hrsg. *Handbuch der Filmsoziologie*. Wiesbaden: Springer VS. doi:10.1007/978-3-658-10947-9_27-1.

Freudenschuß, Ina und Beate Hausbichler. 2013. *Sexarbeit in Österreich: Verbieten oder legalisieren?* derStandard. 05.09.2013. https://www.derstandard.at/story/1378247971444/sexarbeit-verbieten-oder-legalisieren. Zugegriffen: 10.09.2019.

Fuchs, Max. 2002. *Kulturfunktionen der Künste: Konzepte, Ansätze, Erkenntnisse*. http://www.maxfuchs.eu/wp-content/uploads/2015/03/Kulturfunktionen-komplett.doc. Zugegriffen: 27.08.2019.

Greif, Elisabeth. 2012. *SexWork(s) verbieten – erlauben – schützen?* Linz: Trauner.

Grenz, Sabine und Martin Lücke. 2006. Momente der Prostitution: Eine Einführung. In: Grenz, Sabine und Martin Lücke. Hrsg. *Verhandlungen im Zwielicht: Momente der Prostitution in Geschichte und Gegenwart*, S. 77–94. Bielefeld: transcript.

Hall, Stuart. 1980. Encoding/Decoding. In: Hall, Stuart, Dorothy Hobson, Andrew Lowe und Paul Willis. Hrsg. *Culture, Media, Language: Working Papers in Cultural Studies 1972–1979*, S. 128–138. New York: Routledge.

Hartmann, Britta und Hans Jürgen Wulff. 2007. Neoformalismus – Kognitivismus – Historische Poetik des Kinos. In: Felix, Jürgen. Hrsg. *Moderne Film Theorie: Eine Einführung*, S. 191–216. Mainz: Bender.

Hartmann, Johanna. 2019. Robert Wiene: Das Cabinet des Dr. Caligari. In: Butzer, Günter und Hubert Zapf. Hrsg. *Grosse Werke des Films*, Band 2, S. 9–32. Tübingen: Narr Francke Attempto.

Heinze, Carsten. 2015. Pierre Bourdieu und der / im Film: Vorüberlegungen zu den Konzepten der „Symbolischen Herrschaft" der Feld-, Habitus- und Symboltheorie als Deutungsperspektive für die Filmsoziologie und zu Legitimationskämpfen im filmwissenschaftlichen Feld. *LiTheS*

Zeitschrift für Literatur und Theatersoziologie, 12:65–95. http://lithes.uni-graz.at/lithes/15_12.
html. Zugegriffen: 25.06.2020.

Hickethier, Knut. 2007. *Film- und Fernsehanalyse*. Stuttgart: Metzler.

Keleher, Lori. 2014. Sen and Nussbaum: Agency and Capability-Expansion. *Éthique et écono-
mique/Ethics and Economics*, 11(2). http://ethique-economique.net/. Zugegriffen: 05.09.2019.

Koebner, Tomas. Hrsg. 2002. *Reclams Sachlexikon des Films*. Stuttgart: Reclam.

Kracauer, Siegfried. 1984 [1947]. *Von Caligari zu Hitler: Eine psychologische Geschichte des deutschen Films*. Frankfurt am Main: Suhrkamp.

Kuhn, Markus. 2013. *Filmnarratologie: Ein erzähltheoretisches Analysemodell*. Berlin: De Gruyter.

Küppers, Carolin. 2018. *Sexarbeit. Gender Glossar*. https://gender-glossar.de/glossar/item/58-
sexarbeit. Zugegriffen: 10.01.2019.

Löw, Martina und Renate Ruhne. 2011. *Prostitution: Herstellungsweisen einer anderen Welt*. Berlin:
Suhrkamp.

Marktler, Tanja. 2012. Das oberösterreichische Sexualdienstleistungsgesetz. In: Greif, Elisabeth.
Hrsg. *SexWork(s) verbieten – erlauben – schützen?*, S. 9–48. Linz: Trauner.

Nassehi, Armin. 2011. Dritte Vorlesung: Lebenswelt, Sinn, Soziale Rolle, Habitus. In: *Soziologie*.
Wiesbaden: Springer VS.

ohne Autorenangabe. 2007. *Prostitution: Das „älteste Gewerbe" ist in Österreich keines: Prostituierte können kein Dienstverhältnis eingehen und auch keine Honorare einklagen, die ihnen
verweigert wurden*. derStandard. 30.05.2007. https://www.derstandard.at/story/2893943/
prostitution-das-aelteste-gewerbe-ist-in-oesterreich-keines. Zugegriffen: 10.09.2019.

Osterland, Martin. 1998. *Gesellschaftsbilder in Filmen*. Stuttgart: Carl Hanser.

Peltzer, Anja und Angela Keppler. 2015. *Die soziologische Film- und Fernsehanalyse: Eine Einführung*. Berlin: De Gruyter.

Quaresima, Leonardo. 2010. Falsche Freunde: Kracauer und die Filmologie. *In montage AV. Zeitschrift für Theorie und Geschichte audiovisueller Kommunikation*, 19(2):103–124.

Rechtsinformationssystem des Bundes. *OGH 28.06.1989, 3 Ob 516/89; OGH 12.06.2003, 2 Ob
23/03a; OGH 18.04.2012, 3Ob45/12g*. https://www.ris.bka.gv.at/Dokument.wxe?Abfrage=
Justiz&Dokumentnummer=JJR_19890628_OGH0002_0030OB00516_8900000_001. Zugegriffen: 05.08.2019.

Sadoghi, Alice. 2006. Die Frau als Handelsgut: (Straf)rechtliche Betrachtung des Menschenhandels
in Österreich und Deutschland. In: Grenz, Sabine und Martin Lücke. Hrsg. *Verhandlungen im
Zwielicht: Momente der Prostitution in Geschichte und Gegenwart*, S. 113–131. Bielefeld: transcript.

Sauer, Birgit. 2006. Zweifelhafte Rationalität: Prostitutionspolitiken in Österreich und Slowenien.
In: Grenz, Sabine und Martin Lücke. Hrsg. *Verhandlungen im Zwielicht: Momente der Prostitution in Geschichte und Gegenwart*, S. 77–94. Bielefeld: transcript.

Schick, Thomas. 2018. *Filmstil, Differenzqualitäten, Emotionen: Zur affektiven Wirkung von Autoren-
filmen am Beispiel der Berliner Schule*. Wiesbaden: Springer.

Schroer, Markus. 2012. Gefilmte Gesellschaft: Beitrag zu einer Soziologie des Visuellen. In: Heinze,
Carsten, Stephan Moebius und Dieter Reicher. Hrsg. *Perspektiven der Filmsoziologie*, S. 15–40.
Konstanz: UVK.

Schwingel, Markus. 2005. *Pierre Bourdieu zur Einführung*. Dresden: Junius.

Wagner, Hedwig. 2007. *Die Prostituierte im Film: Zum Verhältnis von Gender und Medium*. Bielefeld:
transcript.

Wedepohl, Claudia. 2014. Pathos-Polarität-Distanz-Denkraum: Eine archivarische Spurensuche. In:
Treml, Martin, Sabine Flach und Pablo Schneider. Hrsg. *Warburgs Denkraum: Formen, Motive,
Materialien*, S. 17–50. München: Fink.

Wolff, Kerstin. 2007. „Die Welt von der man nicht spricht": Anna Papparitz und das neue Wissen um Prostitution. In: Langreiter, Nikola, Elisabeth Timm, Michaela Haibl, Klara Löffler und Susanne Blumesberger. Hrsg. *Wissen und Geschlecht. Beiträge der 11. Arbeitstagung der Kommission für Frauen und Geschlechterforschung der Deutschen Gesellschaft für Volkskunde*, S. 133–153. Wien: Verlag des Institutes für Europäische Ethnologie.
Wulff, Hans Jürgen. 2011. Filmanalyse. In: Ayaß, Ruth und Jörg Bergmann. Hrsg. *Qualitative Methoden der Medienforschung*, S. 220–224. Mannheim: Verlag für Gesprächsforschung.

Filmografie

Der Nachbar (1992), Regie: Götz Spielmann, Drehbuch: Götz Spielmann, Produktion: Helmut Grasser und Manfred Fritsch, Kamera: Peter Zeitlinger, Schnitt: Hubert Canaval.
Hurensohn (2004), Regie: Michael Sturminger, Drehbuch: Michael Sturminger und Michael Glawogger, Kamera: Jürgen Jürges, Schnitt: Karina Ressler und Hannes Anderwald.
Revanche (2007), Regie: Götz Spielmann, Drehbuch: Götz Spielmann, Produktion: Prisma Film (Heinz Stussak, Mathias Forberg) und Spielmann Film (Götz Spielmann, Sandra Bohle), Kamera: Marin Gschlacht, Schnitt: Karina Ressler.
Import Export (2007), Regie: Ulrich Seidl, Drehbuch: Ulrich Seidl und Veronika Franz, Produktion: Ulrich Seidl, Kamera: Edward Lachmann und Wolfgang Thaler, Schnitt: Christoph Schertenleib.
Tag und Nacht (2010), Regie: Sabine Derflinger, Drehbuch: Sabine Derflinger und Eva Testor, Produktion: Eva Testor und Nina Kusturica, Kamera: Eva Testor Schnitt: Karina Ressler.

Anhang: Analyseleitfaden zur SFL – Beispielstudie „Sexarbeit im österreichischen Kino-Spielfilm"

I. Analyseleitende Fragen

1. **Ebene der filmischen Präsentation**
   1.1. Inwiefern sind die Fallbeispiele weiblicher Sexarbeit handlungstragend?
   1.2. Welche dramaturgischen Funktionen, relationale Frequenz, Informationsmenge und Informationsstruktur kommt den erkenntniszentralen, handlungstragenden Figuren (Sexarbeiterinnen, Protagonist*innen, Zuhälter und Freier) zu?
   1.3. Inwiefern sind die erkenntniszentralen, handlungstragenden Figuren kausal in die Entwicklung der Handlung involviert (vorwiegend aktiv, reaktiv oder impulsgebend)?
   1.4. Welche Erzählsituation und Kamerablickpositionen prägen die narrative und visuelle Perspektive der Filmnarration in den Sexarbeitsszenen?
2. **Figurendarstellung**
   2.1. Wie bzw. durch welche Hinweise werden Sexarbeiterinnen soziodemografisch und sozialstrukturell verortet? (Nationalität, Alter, Einkommen/Vermögen, Bildung, Lebenslage)?

2.2. In welchen sozialen Rollen werden Sexarbeiterinnen gezeigt? (Partnerschaft, Verwandtschaft, Elternschaft, Freundschaft, Beruf u. ä.)?

2.3. In welchem Rahmen üben Sexarbeiterinnen ihre Tätigkeit aus (Sexarbeit im öffentlichen Raum, Bordell-, Laufhaus-, Saunaclub- und Wohnungsprostitution, Begleit- und Besuchsservice/Escortservice, Telefon- und Videosex) und wie wird dieser visuell charakterisiert?

2.4. Werden Einstiegsmotive in das Tätigkeitsfeld vermittelt? Wenn ja, welche?

2.5. Wie wird die Rolle der Sexarbeiterinnen durch ihr Verhältnis zu berufsrollenspezifischen Komplementärfiguren (vor allem Freiern und Zuhältern) bestimmt?

Durch welche Beziehungscharakteristika (anonyme Dienstleistungsbeziehung vs. persönliche Beziehung, Interessensverhältnisse, Anziehung, Ablehnung) und Eigenschaftsverteilungen (Eigenschaftskontraste und -parallelen, Machtrelation) ist dieses Verhältnis gekennzeichnet?

2.6. Welche Werteverteilung kennzeichnet die Konstruktion der erkenntnisrelevanten handlungstragenden Figuren (Sexarbeiterinnen, Protagonist*innen, Zuhälter und Freier) entsprechend der ihnen zugewiesenen Eigenschaften und Verhaltensausrichtungen? (Anmerkungen zu Handlungsorientierung, zentralen Handlungsmotiven und Wertzuweisungen im Kontext sozialen Verhaltens)

3. **Handlungsverlauf**

3.1. Inwiefern haben die Figuren der Sexarbeiterinnen Möglichkeiten, ihre Tätigkeit frei zu wählen, selbstbestimmt darin zu agieren oder sie aufzugeben?

3.2. Welche neutralen, positiven oder negativen zwischenmenschlichen Erfahrungen erleben die Sexarbeiterinnen im Rahmen ihrer Tätigkeit (z. B. neutrale Geschäftsbeziehung, Unterwerfung, Gewalt, Abwertung, Anerkennung, Liebe, Freundschaft usw.)?

3.3. Welche Folgen zeigt Sexarbeit für die darin tätigen Frauenfiguren im Zuge des Erzählverlaufes (z. B. Gewinne und Verluste im Sinne ökonomischer, sozialer, psychischer und physischer Konsequenzen, Effekte auf sozialen Status wie Diskriminierungserfahrungen u. ä.)?

II. Interpretationsleitende Fragen

1. Welche narrative Relevanz kommt den Figuren der Sexarbeiterinnen im Kontext der Erzählung zu?

2. Mit welchen Themen und Konflikten wird die spielfilmische Darstellung von Fallbeispielen weiblicher Prostitution verbunden?

3. Wer geht in den spielfilmischen Fallbeispielen unter welchen Bedingungen und Voraussetzungen welcher Art der Sexarbeit nach?

4. Lassen sich in den spielfilmisch konstruierten Fallbeispielen traditionelle Narrative von Sexarbeiterinnen erkennen (z. B. als Opfer ökonomischer und/oder sozialer Zwänge und Dynamiken sowie ausbeuterischer und/oder gewaltgeprägter Abhängigkeitsverhältnisse; als randständige Repräsentantinnen eines anormalen/ devianten Milieus; als in ihrer sozialen Anerkennung und Handlungsmacht zu stärkende selbstbestimmte Akteurinnen)?

5. Wie positioniert sich die Erzählung anhand ihrer dramaturgischen und visuellen Präsentation, der Figurenkonzeption und des Ereignisverlaufes zu den Sexarbeiterinnen, deren Schicksal und den Komplementärfiguren?

Karin Liebhart

8 „Radikal Feminin". Eine multimodale Analyse des YouTube Videos „Frauen gegen Genderwahn"

8.1 Einleitung

Gegenstand dieses Beitrags ist ein von Martin Sellner, dem Sprecher der „Identitären Bewegung Österreich" und medial am stärksten präsenten Vertreter der „Identitären Bewegung" im deutschsprachigen Raum, am 10.09.2017 auf der Video Sharing Plattform YouTube geteiltes Video.[1] Dieses Video dauert 38:25 Min und zeigt ein Interview Sellners mit einer Vertreterin der „Identitären Bewegung Schwaben". Es handelt sich bei diesem Video um „konstruierte Daten, welche eigens für einen bestimmten Zweck produziert und dadurch beeinflusst wurden" (Massoth 2020, 10). Der Titel „Radikal Feminin – Frauen gegen Genderwahn" verweist auf das Kernthema des Interviews, den Antifeminismus der „Identitären Bewegung", und propagiert traditionelle, strikt heteronorm definierte und bipolar konstruierte Geschlechterrollen, denen jeweils geschlechtsspezifische gesellschaftliche Aufgaben zugeordnet werden. Das Video wurde als multimodales Produkt vor allem aus diskursanalytischer Perspektive analysiert.

Ausgehend von einer Darstellung kommunikationspolitischer Strategien der „Identitären Bewegung" werden im Folgenden Forschungsfragen formuliert und die methodischen Herangehensweisen an den Analysegegenstand erläutert. Das Video wird anschließend in Hinblick auf Struktur, zentrale Themen und charakteristische Elemente auf der Text- und Bildebene rekonstruiert, insbesondere in Hinblick auf diskursive Strategien und deren Verschränkung mit visuellen Elementen.

8.2 Zur strategischen metapolitschen Kommunikation der „Identitären Bewegung"

Die „Identitäre Bewegung" hat ihre Wurzeln in der französischen „Géneration Identitaire", der Jugendorganisation des „Bloc Identitaire". Öffentlich wahrgenommen wurde sie erstmals im Jahr 2012 durch die kurzzeitige Besetzung einer Moschee in der französischen Stadt Poitiers (Hentges, Nottbohm und Platzer 2017). Sie versteht sich als intellektuelle und kämpferisch avantgardistische Jugendbewegung und bezieht sich

---

[1] Das Video von Martin Sellner „Radikal Feminin – Frauen gegen Genderwahn" (Sellner 2017) war zum Zeitpunkt der Fertigstellung des Beitrages nicht mehr auf Sellners YouTube Kanal verfügbar, konnte aber im Dezember 2020 noch über die Website BitChute unter dem Link https://www.bitchute.com/video/MfGYtkSLfjRN/ (Zugegriffen: 17.12.2020) abgerufen werden.

https://doi.org/10.1515/9783110613681-008

in ihrer umstrittenen Interpretation des Hegemoniebegriffs insbesondere auf Alain de Benoist (1985), einen Vordenker der Neuen Rechten. Sie verfolgt das Ziel, in Diskurse zu intervenieren, Grenzen des Sagbaren zu verschieben und gegenwärtig (angeblich) hegemoniale Wahrnehmungen zu brechen. Mittel- bis langfristig soll so die „kulturelle Hegemonie" erreicht werden. Eine damit einhergehende allgemeine gesellschaftliche Akzeptanz „identitärer" ideologischer Positionierungen soll letztlich zu einer grund-legenden Veränderung der Gesellschaft führen. Vor dem Hintergrund eines europa-weiten Trends der Verschiebung des politischen Spektrums nach rechts erscheinen die Rahmenbedingungen für ein solches Vorhaben günstig. Die Sprachwissenschaft-lerin Ruth Wodak bemerkte in einem Interview mit „Euronews" im März 2018, dass rechtspopulistische politische Ansichten und Politiken mittlerweile schon zur Nor-malität geworden sind und sich die Grenzen des Sagbaren bereits verschoben haben: „Some of the policies that right-wing populists have endorsed have already been taken over and implemented. [...] Certain taboos have been broken and now it's seemingly okay to say certain very discriminatory things, even without a big scandal" (Harris 2018, siehe auch Wodak 2018).

Die Vertreter*innen der „Identitären Bewegung" sind zum weitaus überwiegen-den Teil Männer[2] und sehen sich als Angehörige der letzten Generation „die das Abendland vor dem Untergang retten kann" (Meinhart 2014, siehe auch Götz, Sed-lacek und Winkler 2018, Weiß 2013). Der angeblich drohende Untergang Europas wird nach Ansicht der „Identitären Bewegung" durch den Verlust traditioneller abendlän-discher Werte herbeigeführt. Verantwortlich dafür sind laut der „Identitären Bewe-gung" gesellschaftliche Entwicklungen in der Tradition der 1968er-Generation wie Liberalismus, Emanzipation, sexuelle Befreiung und Multikulturalismus. Diesen als destruktiv angesehenen Entwicklungen setzt die „Identitäre Bewegung" ein Konzept der Metapolitik (Book 2018) entgegen, mit dessen Hilfe eine nachhaltige Diskursver-schiebung im vorpolitischen Raum jenseits etablierter Politik erreicht werden soll (Bruns, Glösel und Strobl 2017). Entsprechende Botschaften, zu denen insbesondere auch die Verbreitung reaktionärer Geschlechterbilder zählt, kommunizieren Reprä-sentant*innen der „Identitären Bewegung" mittels eines kommunikativen Stils, der sich an popkulturellen Elementen orientiert und die vielfältigen Möglichkeiten nutzt, die Soziale Medien eröffnen (Gensing 2016). Diese bieten der „Identitären Bewegung" mehrere Kommunikationsplattformen und ermöglichen eine direkte Ansprache von Zielgruppen, ohne auf traditionelle Massenmedien angewiesen zu sein. YouTube spielt in diesem Spektrum eine zentrale Rolle.[3] Die Attraktivität dieser Video Platt-

---

2 Sämtliche leitenden Funktionen der „Identitären Bewegung Österreich" sind beispielsweise männ-lich besetzt, „(e)ntsprechend der Herkunft der IBÖ aus dem deutsch-völkischen Korporiertenmilieu und einem [...] Selbstverständnis als Kampfbund wehrhafter/soldatischer Männer". Frauen findet man nur vereinzelt in nachgeordneten Funktionsebenen (DÖW o. J.).
3 YouTube ist in Österreich und Deutschland das Soziale Medium mit der größten Reichweite. 5,8 Mil-lionen Österreicher*innen nutzten im Jahr 2018 das Video-Portal, über 6,9 Millionen waren es 2020

form (Marek 2013) insbesondere für die jüngeren Generationen macht sich die vom deutschen Verfassungsschutz und dem Dokumentationsarchiv des Österreichischen Widerstands (DÖW o. J.) als rechtsextrem eingestufte „Identitäre Bewegung" zu Nutze.[4]

Die „Identitäre Bewegung Österreich" wurde 2012 gegründet und war von Beginn an hauptsächlich ein Social Media Phänomen. Gelegentlich fanden und finden aber auch spektakuläre Aktionen außerhalb des virtuellen Raumes statt (Hentges, Kökgiran und Nottbohm 2014), vor allem Flashmobs, Hardbass-Aktionen, bei denen Teilnehmer*innen maskiert zu Musik tanzen, um kulturelle oder politische Veranstaltungen zu stören, andere Störaktionen (etwa anlässlich der Aufführung eines Theaterstücks von Elfriede Jelinek an der Universität Wien) (ohne Autorenangabe 2016), Besetzung von Gebäuden und öffentlichkeitswirksame, nationale Grenzen übergreifende Aktionen wie „Defend Europe".[5] Diese Aktionen verbinden die Repräsentant*innen der „Identitären Bewegung" stets mit professionellen Social Media Auftritten, wobei diese häufig wichtiger sind als die Aktionen selbst (Rafael 2018).

Von der traditionellen Neonazi-Szene unterscheidet sich die „Identitäre Bewegung" in mehrfacher Hinsicht. Erstens stellt sie sich nicht offen in die Tradition des Nationalsozialismus, sondern in jene der Konservativen Revolution während der Zeit der Weimarer Republik sowie des italienischen und des japanischen Faschismus

---

(etwa 78 %) (Statista 2019, 2020, 2021). Für Deutschland liegen für 2017 Nutzer*innenzahlen nach Altersgruppen vor, die eine Reichweite von 100 % bei 14–19-Jährigen, 96 % bei 20–29-Jährigen, 86 % bei 30–39-Jährigen, und immerhin noch 68 % bei über 60-Jährigen belegen (Statista 2018). Dies bedeutet, dass nahezu alle unter 30-Jährigen prinzipiell über YouTube erreicht werden können.

4 In Deutschland wird die „Identitäre Bewegung" vom Verfassungsschutz bereits seit 2016 beobachtet. In Österreich wurden offizielle Stellen erst 2019 tätig, als Polizeirazzien wegen des Verdachts der Beteiligung an einer terroristischen Vereinigung durchgeführt wurden. Eine Ausnahme bildet ein Prozess wegen Verhetzung, Sachbeschädigung, Nötigung sowie der Bildung einer kriminellen Vereinigung gegen Mitglieder der „Identitären Bewegung" im Sommer 2018 in Graz, der fast ausschließlich mit Freisprüchen endete. 2019 wurde schließlich doch ein Verbot der „Identitären Bewegung" diskutiert. Den Anlass gaben eine Spende des Attentäters von Christchurch an Martin Sellner, Email-Kontakte zwischen beiden, und eine Bezugnahme des Attentäters auf die von der „Identitären Bewegung" propagierte Verschwörungsideologie des „Großen Austauschs" in einem Schreiben zu diesem Terroranschlag.

5 Im Jahr 2017 organisierte die „Identitäre Bewegung" eine Kampagne unter dem Titel „Defend Europe", die einmal mehr Migrant*innen als Bedrohung darstellte und eine sofortige Schließung der europäischen Grenzen forderte. Im Rahmen der Aktion „Defend Europe Alps" errichteten Aktivist*innen einen provisorischen Zaun an einem Gebirgspass an der Grenze zwischen Frankreich und Italien und befestigten ein riesiges Transparent mit der Aufschrift „CLOSED BORDER/YOU WILL NOT MAKE EUROPE HOME!/NO WAY/BACK TO YOUR HOMELAND!" (Landesamt für Verfassungsschutz Baden-Württemberg 2018). Ebenfalls im Jahr 2017 charterte eine aus Mitgliedern der „Identitären Bewegung" aus mehreren europäischen Staaten bestehende Gruppe ein Schiff mit dem Ziel, Flüchtlinge davon abzuhalten über die Mittelmeerroute Europa zu erreichen. Die Aktion „Defend Europe Mittelmeer" kann ebenfalls als reine PR-Aktion eingestuft werden (Zotter 2017).

(Speit 2014).[6] Zweitens präsentiert sie sich als demokratische patriotische Alternative zum politischen Mainstream. Tatsächlich vertritt sie jedoch durchgängig antihumanistische, kulturrassistische, sexistische und antipluralistische Ideen in einem moderneren Gewand. Rechtsextreme Ideologeme kleiden die Vertreter*innen der „Identitären Bewegung" in historisch weniger belastete Begriffe. Sie sagen „identitär" und meinen „rassistisch" bzw. „ausländerfeindlich", bezeichnen Massenabschiebungen als „Remigration" und stellen „ethnopluralistische" Forderungen, die auf Apartheid abzielen. Zudem beschwören sie die Gefahr eines von mächtigen politischen Eliten angeblich geheim organisierten „Großen Austauschs", der die europäische Bevölkerung mittels geburtenfeindlicher Politik und geplanter Einwanderung durch Migrant*innen aus Afrika und Asien ersetzen soll (DÖW o. J.). Ähnliche Vorstellungen wurden von Rechtsextremen bislang mit dem Begriff „Umvolkung" benannt (DerStandard.at 15.04.2013). Mit diesem Verschwörungsszenario werden letztlich „identitäre" politische Ideen und deren Umsetzung als Akte der „völkischen Selbstverteidigung" gerechtfertigt (Erk 2019). Ein zentrales Konzept in diesem Zusammenhang ist jenes der „Reconquista", des politischen und zugleich spirituellen Kampfes zur Verteidigung bzw. zur Rückeroberung des Abendlandes gegen den bzw. vom „orientalischen Islam" (Praschl 2016). Diese Idee beruht auf einem völkisch konstruierten Identitätskonzept, in dessen Rahmen wiederum traditionellen Geschlechterordnungen und daraus abgeleiteten spezifischen Rollenzuschreibungen und Aufgabenzuteilungen (allen voran Mutterschaft als vorrangige Aufgabe von Frauen) eine wesentliche Funktion zukommt. In moderatere Worte gekleidet ist diese „Light-Variante" rassistischer und sexistischer Ideologie auch für den politischen Mainstream anschlussfähig, nicht nur für Parteien, Bewegungen und Initiativen aus dem rechtsextremen Spektrum der Politik.[7]

Zugleich verstehen sich die „Identitären" als Teil der internationalen Alt Right, die vor allem auf Soziale Medien als Mittel strategischer politischer Kommunikation setzt. Als „digital natives" haben Aktivist*innen der „Identitären Bewegung" das Potenzial,

---

6 Auszüge aus Texten von Autoren wie Julius Evola, Ernst Jünger, Carl Schmitt, Oswald Spengler und Yukio Mishima sind in den Postings „identitärer" Aktivist*innen häufig zu finden. Zitate aus deren Werken werden u. a. über Facebook, Twitter, Instagram, Tumblr und Telegram kommuniziert. Porträts dieser Personen zieren Statement-T-Shirts und Poster, die über einen Online-Versandhandel namens „Phalanx Europa" vertrieben werden.

7 Parallel zu diesen Versuchen, „den Rassismus modern und hip [zu] machen" (Häusler 2015, 203, siehe auch Häusler 2013), bestehen allerdings stabile Querverbindungen der „Identitären Bewegung" zu Rechtsextremen und zu Neonazis, zu Burschenschaften, den deutschen Pro-Bewegungen, PEGIDA, der NPD, der Alternative für Deutschland und der Freiheitlichen Partei Österreich (Hentges, Kökgiran und Nottbohm 2014, Thalhammer 2016). Im Herbst 2020 übernahm beispielsweise ein Vertreter der „Identitären Bewegung" eine offizielle Funktion in einer Vorfeldorganisation der Freiheitlichen Partei Österreich, dem Ring Freiheitlicher Jugend (Neuhold 2020). Das Engagement von der „Identitären Bewegung" nahestehenden Aktivist*innen in der Alternative für Deutschland verweist ebenfalls auf enge Beziehungen.

welches die Entwicklung der Kommunikationstechnologie bietet, viel versierter als andere alte und neue Rechte zur Intervention in den virtuellen öffentlichen Raum genutzt. Das Ziel ist, vor allem ein gebildetes junges Publikum anzusprechen, das über ähnliche digitale Skills verfügt wie die Kommunikator*innen aus der „Identitären Bewegung", und die Gepflogenheiten und Konventionen auf den spezifischen Plattformen ebenso gut kennt. Die Kommunikationswissenschaftlerin Angela Nagle (2018) hat diese „Online-Kulturkämpfe" mit dem Ziel einer „digitalen Gegenrevolution" zur Erlangung kulturellen Einflusses auf den gesellschaftlichen Mainstream beschrieben (siehe auch Stegemann und Musyal 2020).

Aufgrund des hohen Stellenwerts, den YouTube als Plattform für die zielgruppenadäquate Ansprache und die strategische politische Kommunikation „identitärer" Weltbilder und Gesellschaftsentwürfe sowie das Herstellen einer Gegenöffentlichkeit einnimmt, wurde für diesen Beitrag das Video „Radikal Feminin – Frauen gegen Genderwahn" aus dem Jahr 2017 als Gegenstand einer multimodalen Analyse (Kress und Van Leeuwen 2001, 2006, Van Leeuwen 2011, Meier 2011) ausgewählt. In den gesellschaftspolitischen Konzepten der „Identitären Bewegung" spielen neben völkisch-kulturrassistischen Vorstellungen vor allem heteronormative traditionelle Geschlechterkonstruktionen eine entscheidende Rolle (Alster 2013). Dies wird nicht nur auf der diskursiven Ebene, sondern auch auf der Ebene visueller Kommunikation deutlich. Deshalb erscheint ein Video, das die Themen Antifeminismus, Geschlechterverhältnisse sowie Weiblichkeits- und Männlichkeitsbilder ins Zentrum stellt, besonders geeignet für die Rekonstruktion zentraler Aspekte der strategischen politischen Kommunikation der „Identitären Bewegung".

8.3 Methodisches Vorgehen und Forschungsfragen

Das Video, das in Anlehnung an Manfred Lueger (2010, 148) auch als ein zeitgeschichtlich-kulturelles Dokument bezeichnet werden kann, wies mit Stand 23.02.2020 – etwa zweieinhalb Jahre nach dessen Publikation – 99.008 Aufrufe, 4.336 Likes und 346 Dislikes auf. Entstanden ist es in einem politischen und journalistischen Produktionskontext. Der Rezeptionskontext ist nach dem von Marion G. Müller und Stephanie Geise (2015, 25) vorgeschlagenen Schema für visuelle Kontextanalyse vor allem ein politischer. Dies ist erwähnenswert, da die Betrachtung von „Videos [als] technische Projektionen von Ereignissen" immer auch mit einer Reflexion „über den sozialen Kontext der Darbietung" einhergehen sollte (Lueger 2010, 144).

Bei einem YouTube Video handelt es sich „um ein multimodales Bild-Text-Ton-Dokument, das auf all diesen Ebenen analysiert werden muss" (Müller und Geise 2015, 142, siehe auch Pentzold und Fraas 2018). Diese Ebenen umfassen visuelle Inszenierungen, also visuell bewusst gestaltete Realität (Müller und Geise 2015, 34), Texte und Sprechakte, Ton, und insgesamt die Komposition des Videos. Für eine Analyse aus der Perspektive der interpretativen Sozialforschung (Lueger 2010) eignet sich in diesem Fall ein Methodenmix aus Kritischer Diskursanalyse (Jäger 2004, 2006, Jäger et al. 2019, Kerchner 2006, Van Leeuwen 2015, Wodak und Krzyzanowski 2008, Wodak und Meyer 2009), semiotischen Zugängen (Kress und Van Leeuwen 2001, 2002, 2006), und Videosequenzanalyse (Schwender 2011). Die Kombination dieser methodischen Zugänge erlaubt eine Erfassung der textlichen und der visuellen Komponenten des Videos sowie eine Rekonstruktion des Zusammenwirkens dieser Elemente.

Die Textebene (Sprechakte) wurde(n) aus der Perspektive der Kritischen Diskursanalyse rekonstruiert, fokussiert auf zentrale diskursive Strategien und die Verwendung von wiederkehrenden sprachlichen Realisierungsformen, mit dem Ziel der Identifizierung bestimmter Muster. Diskurse werden hier verstanden als strukturierte und regulierte Komplexe von Aussagen, die kulturelle Bedeutungen und soziale Realitäten konstituieren und vermitteln. Dies zeigt sich beispielsweise deutlich in der diskursiven Konstruktion von Geschlechtervorstellungen und Geschlechterbildern, die die „Identitären" aufgreifen. Mittels bewusster und unbewusster diskursiver Strategien wird gesellschaftliche Wirklichkeit auf Basis dessen konstruiert, was „in einer bestimmten Gesellschaft zu einer bestimmten Zeit geäußert werden [kann]" (Jäger 2006, 85). Innerhalb eines historisch veränderbaren Formations- und Regelsystems wird jeweils aktuell Sagbares bestimmt.

Diskursive Praxis umfasst jedoch mehr als diskursive Strategien und Abfolgen sprachlicher Äußerungen, sie inkludiert auch nichtsprachliche und performative Aspekte, realisiert sich also in multimodaler Form in der Konvergenz von verschiedenen Zeichensystemen (Meier 2011):

> Critical discourse analysis also moved beyond critical linguistics by adopting a much more fully interdisciplinary approach and by studying not only texts and transcripts of talk, but also their contexts, whether through historiographical or through ethnographic methods [...]. Critical discourse analysis has also moved beyond language, taking on board that discourses are often realized not only through the verbal aspects of text and talk, but multimodally. (Van Leeuwen 2015, 272)

Sabine Maasen, Torsten Mayerhauser und Cornelia Renggli (2006) sehen Bilder beispielsweise als Elemente von Dispositiven (Foucault 2000, siehe auch Bührmann und Schneider 2008) und lenken den analytischen Blick auf die komplexen und ineinander verwobenen Sicht- und Sagbarkeitsverhältnisse. Kay O'Halloran (2004) beschreibt diskursive Praxis ebenfalls als sowohl regulierende wie auch regulierte Verwendung sämtlicher Zeichen, denen in kommunikativen Prozessen Bedeutung gegeben wird.

Obwohl die visuelle Komponente im zu analysierenden Video aufgrund des Settings eher statisch gehalten ist und sich über die gesamte Länge der Laufzeit nicht sehr viel verändert, sind jene Botschaften, die visuell übermittelt werden, etwa durch die Positionierung der Protagonist*innen, deren Erscheinungsbild, Körperhaltung, Gestik und Mimik, die Umgebung, den Hintergrund, die Kameraperspektive, oder die

Lichtverhältnisse und Farben, ebenfalls von zentralem Interesse. Für die Analyse einiger Screenshots und auch der Grafiken, die vereinzelt in das Video eingebettet sind, folgt der Beitrag dem von Marion G. Müller in der ikonografischen Tradition von Aby Warburg und Erwin Panofsky entwickelten Zugang, den sie um die bereits genannten Kontextdimensionen (Form-, Produktions- und Rezeptionskontext) erweitert hat (Müller und Geise 2015, 219, siehe auch Warnke, Fleckner und Ziegler 2011).

Die verschiedenen Modi integrativ zu betrachten, also die verbale und die visuelle Kommunikation sowie die performative Komponente nicht voneinander zu trennen, zählt seit mehr als zwei Jahrzehnten zu den Kernanliegen jener semiotischen Ansätze, die Multimodalität ins Zentrum der Analyse politischer Kommunikation rücken (Kress und Van Leeuwen 2001, 2006, Meier 2011). Diese multimodalen Ansätze richten die Aufmerksamkeit auf jene Verschränkungen, die vielfältige Formen der Bedeutungszuschreibung bzw. Bedeutungsgebung ermöglichen. Zugleich eröffnen sie eine Perspektive darauf, wie dieselben bzw. sehr ähnliche Bedeutungen über unterschiedliche Modi der Kommunikation zum Ausdruck gebracht werden können.

In Hinblick auf die zu beachtenden Besonderheiten von Bewegtbildanalysen verweist Clemens Schwender (2011, 87) auf die Bedeutung der zeitlichen Dimension. In filmischen Dokumenten entsteht Komplexität aufgrund der Prozessstruktur des Geschehens (Lueger 2010, 144) bzw. der durch Montage hergestellten Beziehung der einzelnen Bilder zueinander (Schwender 2011, 87). Diese Differenz zwischen Bewegtbild und nicht bewegten Bildern erfordert einen Zugang, der im Sinne einer Videosequenzanalyse mittels eines Audio-Video-Protokolls „die verschiedenen Ebenen multimodaler Kommunikationsformen" (Schwender 2011, 87) in einem ersten, beschreibenden Schritt erfasst. Bei einer Protokollierung sind unter anderem die Nummer der Sequenz, die Dauer der Sequenz, die Screenshots und die Beschreibung der Standbilder, die Audio-Spur/der Soundtrack (gesprochenes Wort, Musik, Hintergrundgeräusche), die Kameraeinstellung und die Kamerabewegung, die Quelle und der Analysezeitpunkt, und gegebenenfalls die User*innen-Kommentare und -bewertungen von Interesse (Schwender 2011, Müller und Geise 2015). Ziel einer Video-(sequenz)analyse ist es, über eine Rekonstruktion der „Elemente der audiovisuellen Argumentation" (Schwender 2011, 88) „die mannigfaltigen Botschaften zu entschlüsseln" und darüber „die intendierten Bedeutungspotenziale des Videos zu erfassen" (Müller und Geise 2015, 149). Denn sozialwissenschaftliche Filmanalyse (oder auch Videoanalyse, Anm. d. Verf.) ist zuallererst an den im Film (bzw. im Video, Anm. d. Verf.) repräsentierten gesellschaftlichen Strukturen interessiert (Lueger 2010, 145), sowie am Produktions- und Rezeptionskontext.

Das Verfassen eines Videosequenzprotokolls stellt – wie bereits erwähnt – den ersten Arbeitsschritt und damit die Basis für die interpretative Orientierung an der Sequenzialität der Szenen dar. Aufbauend auf diesem Protokoll können in einem zweiten Schritt Szenen für eine Feinanalyse und genauere Interpretation ausgewählt werden.

Für das Video „Radikal Feminin – Frauen gegen Genderwahn" wurde ein durchgängiges Videosequenzprotokoll erstellt.[8]

Einbezogen in das Protokoll wurden – neben einer Kurzbeschreibung des Geschehens, Zeitangaben und Screenshots – unter anderem folgende Aspekte (Schwender 2011):

- Die *Sequenz* im Sinne der kleinsten Erzähleinheit.
- Der *Kamerastandpunkt*, der die von den Produzent*innen erwünschte Sichtweise der Zuschauer*innen repräsentiert und deren Aufmerksamkeit lenkt: „Der Standpunkt, ist nicht nur der Punkt, an dem die Kamera steht, er ist auch der metaphorische Punkt der subjektiven Sichtweise. Dieser bestimmt die Perspektive, die Eingebundenheit, die Distanz zum Geschehen und zu den Personen, [...]. Der Kamerastandpunkt lässt bestimmte Ausschnitte zu, bestimmte Sichtweisen und Momente" (Schwender 2011, 88).
- Die *Kameraperspektive* (z. B.: Normal, Vogel, Frosch) und der *Kamerablickwinkel* bzw. die *Kamerabewegung*.
- Die *Distanz zwischen den Protagonist*innen* (körperliche Nähe der Akteur*innen legt Vertrautheit nahe, Entfernung hingegen Distanz) (Schwender 2011, 91).
- Die *Einstellung* und deren Dauer, die *Einstellungsgröße* und der *Einstellungsübergang* (Schnitt, Ab- oder Aufblende, Überblendung, Wischblende, etc.) (Schwender 2011, 95 f.).

Vor allem folgende Fragen haben den Auswertungsprozess angeleitet:
- Welche Inhalte werden in diesem Video präsentiert, welche Argumente werden vorgebracht und welche Geschichten werden erzählt?
- Welche gesellschaftlichen Normen und Werthaltungen sind im Video repräsentiert und welche Verknüpfungen mit Kernelementen „identitärer" Ideologie kommen vor?
- Welche Geschlechterbilder werden im Video diskursiv und mittels bildpolitischer Strategien kommuniziert? Wie wird Geschlechterdifferenz auf der Text- und Bildebene konstruiert?

8.4 Analyseergebnisse

8.4.1 Aufbau, Themen und visuelle Charakteristika des Videos

Das Video „Radikal Feminin – Frauen gegen Genderwahn" wurde auf der Plattform YouTube mit dem Kurztext „F. von Radikal Feminin hat sich auf eine Melange in Wien getroffen. Sie stellt ihr Projekt vor, erklärt warum sie als Frau nichts von Feminismus

---

8 Ein Auszug daraus (von Beginn bis Minute 05:13, dies ist etwa 7,4 % des gesamten Materials) findet sich zur besseren Nachvollziehbarkeit der Vorgehensweise im Anhang dieses Beitrages.

hält und warum keine Männer bei Radikal Feminin mitmachen dürfen. Folgt dem und unterstützt das junge Projekt [...]".[9]

Das Titelbild des Videos zeigt die Interviewpartnerin Sellners, eine junge Frau mit schulterlangen rotblonden Haaren, die in der Interviewkulisse bereits Platz genommen hat (Massoth 2020, 9). Sie sitzt aus der Zuschauerperspektive betrachtet im linken Bereich des Bildes. Ihre Körperhaltung ist leicht nach links aus dem Bild gewendet und sie blickt verhalten lächelnd in die Kamera. Sie stützt ihre Ellenbogen am Tisch ab, ihre Finger mit rot lackierten Nägeln berühren sich. Vor ihr am Tisch stehen eine Tasse Kaffee, laut Ankündigungstext ist es eine Melange, und ein Glas Wasser, teilweise durch einen Schriftzug verdeckt. Vier Farben dominieren das Bild: weiß (die mit Stukkatur verzierte Wand), schwarz (der Pullover der jungen Frau), sowie rot und dunkelbraun. Im unteren Teil des Bildes herrschen dunkle Farben vor, der obere Teil ist heller gehalten. Auf der rechten Seite des Bildes sieht man den Schriftzug „RADIKAL und feminin". Das Wort „RADIKAL" ist größer geschrieben und neben F.s Gesicht platziert. Dies erweckt den Eindruck, dass sich der Begriff bzw. der gesamte Schriftzug auf die junge Frau bezieht, eventuell auch auf andere Aktivistinnen der „Identitären Bewegung". Das Logo des antifeministischen Blogs ist zwischen den Zeilen sichtbar, bestehend aus den Buchstaben „R" und „F", die sich am Rücken berühren und in zwei visuelle Symbole, eine schwarze Handgranate (links) und eine rote Rose (rechts), auslaufen (siehe Anhang). Zusätzlich wurde am unteren Bildrand leicht schräg auch noch die Schrift „ZWISCHEN GENDERWAHN UND RECONQUISTA" eingefügt. Von „Genderwahn" ist in der Folge mehrmals die Rede, nicht jedoch von „Reconquista", einem der zentralen Kampfbegriffe der „Identitären Bewegung".

Das Interview mit der Aktivistin der „Identitären Bewegung Schwaben" wird als Teil der Videoserie „Widerstand im Gespräch" des von Sellner betriebenen „Vlog Identitär" präsentiert. Es beginnt im Kaffeehaus mit der für Sellners einschlägige Videos üblichen Begrüßung „Servus Leute...", die sofort durch die Einleitungssequenz der genannten Videoserie unterbrochen wird (00:08–00:15). Diese Sequenz vermittelt Dynamik in rascher Schnittfolge und mittels bunter Schrift („Wir für euch", „Widerstand", „Wir für uns" und „Widerstand im Gespräch") und ebensolchen Bildern (Landschaft, aktive junge Männer und Frauen, Sportszenen und Outdoor-Aktivitäten, Sportaccessoires, Kleidungsstücke mit „Defend Europe"-Logo, Fackeln).

Danach wechselt der Schauplatz wieder ins ruhige, „traditionelle Wiener Kaffeehaus" und Sellner wiederholt die Begrüßung. Das Kaffeehaus als Bestandteil abendländischer (österreichischer) Kultur und Treffpunkt der Intellektuellen ist aus mehreren Sellner-Videos bekannt und fungiert nicht nur als realer Ort, sondern auch als

9 Sellner, Martin. 2017. Radikal Feminin – Frauen gegen Genderwahn. YouTube. https://www.youtube.com/watch?v=T5eXlysYF7I. (Zugegriffen 23.02.2020). Der Vorname der Interviewpartnerin Sellners, sowie andere Namen, die sie fallweise verwendet hat, und auch der Vorname Ihrer Blog-Partnerin werden aus Gründen der Anonymisierung in diesem Beitrag jeweils auf den Anfangsbuchstaben verkürzt.

symbolischer Rahmen für das Interview. Sellner stellt F. kurz vor und fragt sie – die auf Social Media mit unterschiedlichen Namen wie B., F. und A. S. in Erscheinung tritt – wie er sie ansprechen soll: „Die F.? Oder A.? Oder B.? Ich weiß nicht ganz genau mit welchem Namen ich dich ansprechen darf?" Die Interviewpartnerin entgegnet daraufhin: „Welchen du möchtest". F.s Nachnamen erfährt man nicht, während Sellner mit vollem Namen genannt wird. Sie wählt auch nicht unter den drei vorgeschlagenen Vornamen. Sellner legt ihr die Wahl des Namens F. nahe, was von ihr auch widerspruchslos akzeptiert wird. Diese Einstiegssequenz ist charakteristisch für das im Video kommunizierte hierarchische Verhältnis zwischen den beiden Protagonist*innen und spiegelt die Dominanz des Interviewers wider (Massoth 2020).

F. wirkt vor allem anfangs und phasenweise auch im weiteren Verlauf des Videos eher verlegen und spielt etwas nervös mit ihren Händen (siehe Abb. 8.3 und Abb. 8.4). Zum Schluss, während der persönlichen Fragen und des Word Raps,[10] scheint sie zum Teil etwas unsicher und ratlos, welche Antwort sie nun geben soll. F. antwortet auf Interviewfragen durchwegs sehr persönlich, mit oftmaligen Bezugnahmen auf ihre Biografie, etwa auf den Wandel von einer unglücklichen, unbewusst feministisch indoktrinierten jungen Frau zur radikal-femininen Aktivistin (10:22–10:49). Ihre persönlichen Erfahrungen als Studierende an der „linken" Uni Tübingen mit Kommiliton*innen, Freund*innen und ihrem sozialen Umfeld sind ein wichtiges Thema.

Das Gespräch dominiert die ganze Zeit über Sellner. Dies wird auch in jener Sequenz deutlich, in der F. sich kurz vorstellt und erklärt, dass sie in Tübingen Germanistik und Kunstgeschichte studiert. Sellner unterbricht sie sehr bald und ergänzt, dass die Universität in Tübingen eine „linke Uni" sei. F. spricht dann über ihre Beweggründe mit dem Blog „Radikal Feminin" zu beginnen, wie etwa Anfeindungen von Studienkolleg*innen aufgrund ihrer Einstellung zum Thema Mutterschaft und Dasein als Hausfrau. Sellner fällt ihr sofort wieder ins Wort und bringt den Begriff Gender-Ideologie ins Gespräch, indem er bemerkt: „Du studierst Germanistik, Philosophie. Das ist alles durchtränkt von dieser modernen Gender-Ideologie und die kritisiert ihr, auf die geht ihr immer ein." (02:30–02:36)[11]

Das im Ankündigungstext bereits angesprochene Blog-Projekt „Radikal Feminin"[12] ist mittlerweile nicht mehr verfügbar. Der antifeministische Blog verfolgte die Absicht, nicht nur zu informieren und in den politischen Diskurs zu intervenieren, sondern auch „Feministinnen", „Linke" und sonstige politische Gegner*innen zu provozieren. „Triggern" nennen die Interviewpartnerin F. und der Interviewer Sellner dies

---

10 Zum Abschluss des Interviews konfrontiert Sellner seine Gesprächspartnerin mit einzelnen Wörtern bzw. Satzfragmenten auf die sie assoziativ antworten soll.

11 Siehe die über https://www.bitchute.com/video/MfGYtkSLfjRN/ verfügbare Version des Videos (Zugegriffen: 17.12.2020).

12 Die Website https://radikalfeminin.wordpress.com/ ist seit Anfang 2018 nicht mehr zugänglich, das Video konnte seit 10.03.2018 auf dem YouTube Kanal von „Radikal Feminin" sowie bereits davor ab 10.09.2017 auf dem YouTube Kanal von Sellner abgerufen werden (Massoth 2020, 9).

im Video. Eingerichtet wurde der Blog 2017 von zwei Studentinnen, eine der beiden ist F. Die andere Bloggerin, M., ist bislang nicht öffentlich aufgetreten, allerdings wird einer ihrer Blogeinträge über feministische Theorie in das Video eingeblendet und vorgelesen (06:08–06:25). Er dient als Ausgangspunkt für eine Gesprächssequenz über Feminismus, der „eine ganze Reihe von Problemen" mache (06:35–07:13): Heiraten sei schlecht (07:13), der richtige Zeitpunkt für Kinder sei nie (08:03), irgendwann sei es zu spät dafür – mit Verweis auf die deutsche Politikerin Sara Wagenknecht, die in einem Interview bedauerte, kein Kind zu haben. Die beiden Bloggerinnen bewarben klassische Rollenbilder von Mann und Frau und das Modell der traditionellen, ausschließlich heterosexuell vorstellbaren (weißen) Familie, deren wichtigste Funktion die biologische Reproduktion und damit die Gewährleistung des Fortbestands des eigenen Volkes sei. Geschlecht wird in der Weltsicht der „Identitären Bewegung" – und auch anderer rechtsextremer Gruppierungen – ausschließlich binär gedacht, als Mann und Frau. Die resultierende hierarchische Geschlechterideologie ordnet die „Volksgemeinschaft" über die Naturalisierung und Biologisierung sozialer Verhältnisse. Dies entspricht genau dem für rechtes Denken prägenden, traditionell-komplementären Geschlechterdualismus (DÖW o. J.) und dem Prinzip der reproduktiven Heteronormativität (Dhawan 2015, 42). Seinen Ausdruck findet dies auch im pathetisch-metaphorischen Motto des Blogs „Männer müssen Funken schlagen und Frauen ihre Flammen tragen. Habt keine Angst vor dem Feuer!" (23:00) (ohne Autorenangabe 2017)

F.s Hauptbotschaft, die sie in mehreren Varianten erzählt, ist, dass junge Frauen mit Kinderwunsch in der heutigen Gesellschaft tendenziell nicht verstanden und fast geächtet würden, da sie sich gegen den feministisch beeinflussten gesellschaftlichen Mainstream stellten (z. B.: 02:00–02:20). Das von ihnen vertretene klassische Rollenbild würde gesellschaftlich verteufelt (03:04–03.10), deswegen sei Antifeminismus dringend notwendig, um Frauen aus der Bevormundung durch Feminist*innen zu befreien und angeblich der natürlichen Bestimmung der Frauen entsprechende Rollenbilder zu rehabilitieren. F.s Argumente werden auf visueller Ebene durch die Einblendung eines ihrer über Social Media kommunizierten Texte unterstützt. Das zugehörige Bild in grau und schwarz zeigt die grafische Darstellung von Frauenbeinen und den Saum eines kurzen Rockes (siehe Abb. 8.1). Der zugehörige Text beklagt das Unglück jener jungen Frauen, welche meinen, sie müssten die Rollen von Männern übernehmen und damit „ununterbrochen gegen ihre eigene Natur" arbeiten.

Die von beiden Akteur*innen propagierte exklusiv binäre, heterosexuelle Geschlechterordnung als unhinterfragte soziale Norm basiert auf einer Gleichsetzung des anatomischen/biologischen Geschlechts mit der Geschlechtsidentität, der Geschlechtsrolle und der sexuellen Orientierung (Sigl 2018). Diese Logik verlangt, dass eine Frau vorrangig Mutter und Ehefrau sein, auf ihre biologische Uhr achten und keine Karriere – schon gar keine politische – anstreben soll. Neben dem Verweis auf Sara Wagenknecht als negatives Beispiel kann hier auf die von Sellner ebenfalls in diesem Video erzählte Geschichte von den angeblich verbitterten Kinderlosen im Hospiz, die

radikal feminin: *Es hat lange gedauert zu verstehen, warum viele Frauen in meinem Alter, obwohl sie scheinbar alles haben, permanent unglücklich mit ihrer Situation sind. Sie arbeiten ununterbrochen gegen ihrer eigene Natur. Sie versuchen in ihrem Verhalten immer mehr die Rolle des Mannes zu übernehmen und merken doch schnell selbst, dass es ein unmögliches Unterfangen ist. Wir sollten Unterschiede anerkennen und die stärken beider Geschlechter fördern! Männer und Frauen haben sich, durch den Feminismus, voneinander abgewandt und arbeiten nun nicht mehr miteinander, sondern stehen sich als Gegner gegenüber.* Wir können nicht länger dabei zusehen, wie Generationen junger Leute sich unglücklich machen! **Radikal feminin soll eine Gegenbewegung werden!**

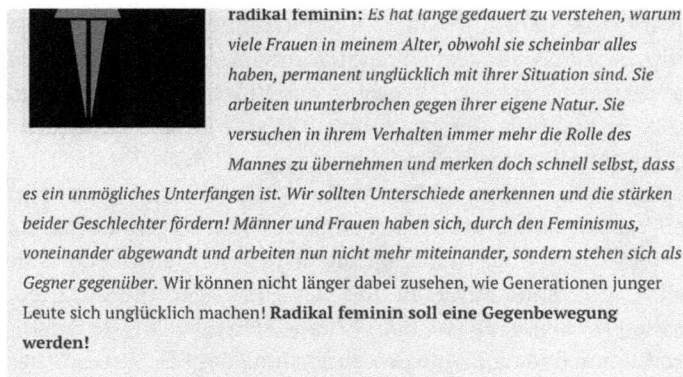

Abb. 8.1: Screenshot „Radikal Feminin – Frauen gegen Genderwahn", 22:23–22:59, https://www.youtube.com/watch?v=T5eXlysYF7I (Zugegriffen: 23.02.2020)

am Ende ihres Lebens als von ihm so bezeichnete „alte Spinnen" nur „wütend, boshaft und zerfressen" seien, weil sie keine Kinder hätten, verwiesen werden (08:39–09:15). Der Entwurf eines aufgrund der Geburt und Erziehung von Kindern individuell erfüllten und glücklichen Lebens führt – darin sind sich die beiden Akteur*innen einig – zu Gelassenheit am Ende des Lebens, weil man etwas hinterlässt (09:15), und korrespondiert bestens mit der Notwendigkeit der Fortpflanzung als Strategie, um den „Großen Austausch" doch noch zu verhindern und damit die „weiße" Bevölkerung vor dem Aussterben zu bewahren: „Kinder bekommen ist etwas so natürliches und trotzdem haben die meisten Frauen Angst davor, diese Angst müssen wir ihnen nehmen, sonst wird der demografische Wandel weiter seinen Weg gehen!" argumentiert F. und stellt fest, dass Abtreibung als „radikalste Lösung" eines Problems abzulehnen sei (15:42). Eine Ausnahme macht F. aber im Fall einer Vergewaltigung oder aus gesundheitlichen Gründen und sie betont, dass eine Entscheidung über eine Abtreibung immer Sache der betroffenen Frau sein soll. Dies ist einer der wenigen Punkte, in denen sie leisen Widerspruch anmeldet.

Die von den beiden Protagonist*innen des Videos in mehrfacher Weise konstruierte geschlechtsspezifische Aufgabenteilung sowie die Betonung einer so wichtigen Rolle der Frauen im Kampf um das Überleben Europas (09:25) stützen hierarchisch konnotierte Heteronormativität (Götz 2018, Lehnert 2010) und hegemoniale Männlichkeit. Sellner inszeniert letztere im Video und erzählt unter Zuhilfenahme von Mimik, Gestik und Sprache eine Reihe geschlechtsbezogener Stereotype, „welche die Dominanz der Männer sowie die Unterordnung der Frauen gewährleiste(n)" (Mayrl 2017, 184). Dazu gehören altbekannte Stereotype wie „Männer können Gefühle und Körperlichkeit besser trennen" und die Behauptung einer höheren Emotionalität der Frau. Diese wird auch von F. sehr betont.

Ein kaum überraschend mehrmals wiederkehrendes Thema des Interviews ist die Verknüpfung der Geschlechterdifferenz und damit verbundener weiblicher Reproduktionsaufgaben mit dem Thema Flucht und Zuwanderung. Es würden so viele Kinder abgetrieben wie Leute ins Land geholt würden, behauptet Sellner, eine liberalistisch-konsumzentrierte Gesellschaft von DINKs[13] propagiere den One-Night-Stand, lebe promiskuitiv, aber „erzeuge" keine Kinder (14:25–14:30). Dies alles würde zum „Großen Austausch" beitragen:

> Hier ist wieder so ein typischer liberalistischer Trick. Es wird mit moralischer Hoheit irgend so eine angeblich humane und emanzipatorische These vertreten. Wenn man sie auf den Kern reduziert, geht es nur darum, dich zu einem tauglichen Konsumobjekt zu machen [...]. Im Endeffekt geht es nur um den freien Fluss von Humankapital und jetzt bei der Gendersache genauso und Feminismus. [...] Dieser promiskuitive Lebensstil ist perfekt für die Industrie. (13:40–14:20)

Da mit der Zeit die Gefahr bestehe, dass alle zu „liberalistische(n) Konsummonaden" (14:39–14:40) des globalen Kapitalismus werden, werde sich die „eigene" Gesellschaft tendenziell auflösen. Sellner bringt in der Folge diese Konstruktion mit dem Thema Abtreibung in Verbindung:

> Ich finde, das grindigste ist eigentlich wirklich [...] zu belegen, dass wirklich Jahr für Jahr genau die Kinder, die man eigentlich brauchen würde in unserer Gesellschaft, abgetrieben werden und dafür Leute in das Land geholt werden. (14:49–15:00)

Die enge Verbindung des Themas Geschlechterverhältnisse mit dem Thema Migration im Weltbild der „Identitären" wird auf visueller Ebene in mehrfacher Weise kommuniziert. So behauptet Sellner an einer Stelle, es gäbe einen weiblichen Kolonialismus, den er mit dem Sextourismus von Männern in Thailand auf eine Ebene stellt. In diesem Zusammenhang spricht er abwertend von „vertrockneten 40-Jährigen, die in einem Kaffeehaus sitzen und irgendeinem Flüchtling eine Sprache beibringen". Dem Flüchtling sei dies total unangenehm. Zwischen den Zeilen legt Sellner nahe, dass die Gegenleistung für den Unterricht eine sexuelle Dienstleistung sei, was er als „widerlich, krank, ekelig" qualifiziert (20:06–20:27). Diese Gesprächssequenz bezieht sich auf einen Bericht in der Zeitschrift „biber" vom 13.07.2017, der thematisiert, dass „ältere Damen" Flüchtlinge „für Sex versorgen und bezahlen" (siehe Abb. 8.2).

Der Text wird mit einem Screenshot der Titelseite eines Artikels über diesen Bericht illustriert, der in das YouTube Video eingeblendet wird (20:08). Das Foto zeigt die Hände einer älteren Frau, die besitzergreifend (oder beschützend?) die rechte Hand eines Mannes mit dunkler Hautfarbe umschließen, möglicherweise diese auch beruhigend tätscheln. Die drei Hände befinden sich im Zentrum des Bildes, des Weiteren sind Beine und Oberkörper der beiden Personen ausschnittsweise zu sehen. Erst die Artikelüberschrift legt eine auf Sexualität bezogene Lesart des Bildes, bei dem es sich laut Quellenangabe um ein iStock-Foto/Symbolbild handelt, nahe.

Abgesehen von im Video mehrfach vorgenommenen Verknüpfungen von geschlechtsspezifischen Rollen und damit zusammenhängenden Verpflichtungen zur

---

13 Akronym für „Double Income No Kids" oder „Dual Income No Kids".

Abb. 8.2: Screenshot „Radikal Feminin – Frauen gegen Genderwahn", 20:06–20:13, https://www. youtube.com/watch?v=T5eXlysYF7I (Zugegriffen: 23.02.2020)

Reproduktion mit dem Verschwörungsszenario des „Großen Austauschs" und dem Ende des „weißen" Europa ist es auffällig, dass auch mehrere populärkulturelle Verweise vorkommen. Dies ist Teil der Marketing-Strategie der „Identitären Bewegung", die locker und jugendlich wahrgenommen werden will. Dieses für die „Identitäre Bewegung" typische Herstellen eines populärkulturellen Verweiszusammenhangs zeigt sich zum Beispiel in Referenzen auf die Begrifflichkeiten Slutshaming und Mansplaining (22:01).[14] Sellner lehnt, offensichtlich nicht ganz ernst gemeint, Mansplaining verbal zwar ab und betont, dass er dieses Verhalten keinesfalls zeigen wolle, tut es aber dennoch an mehreren Stellen des Videos sehr deutlich. Auch F.s Erwähnung ihres „red pill"-Erlebnisses (12:25–12:42), nachdem sie schon lange zuvor gemerkt habe, dass etwas schieflaufe und „wahnsinnig unglücklich" gewesen sei (13:35), weist eindeutig populärkulturelle Bezüge auf. F. verbindet den von ihr geschilderten Moment des Erkennens der gesellschaftlichen Realität durch die in rechtsextremen Zusammenhängen häufig verwendete Formulierung mit einer sehr bekannten Szene aus dem Science-Fiction Film „Matrix" (1999). In dieser Szene wählt der Protagonist Neo (Keanu Reeves) die rote Pille anstelle der blauen und damit den Weg aus dem simulierten Universum der Matrix hinaus in eine raue und herausfordernde Realität (ohne Autorenangabe o.J.). „Taking the red pill" ist mittlerweile zu einem geflügelten Wort in der US-Alt Right und der europäischen Neuen Rechten geworden (Neiwert 2020).

---

14 Slutshaming bezeichnet verbale Angriffe auf Frauen, die sich nicht an gesellschaftlich akzeptierte Standards (etwa sich zu kleiden) halten und deshalb von manchen als sexuell provokativ wahrgenommen werden. Mansplaining bezieht sich auf ein symbolisches und reales Machtgefälle im Rahmen einer Kommunikationssituation und benennt ausschweifende und herablassende Erklärungen von Männern, die völlig unreflektiert davon ausgehen, sie wüssten jedenfalls mehr über ein Gesprächsthema als ihre weibliche Gesprächspartnerin.

Das Interview endet, wie die meisten von Sellner geführten Interviews, mit ein paar persönlichen Fragen (33:46–34:30) und einem Word Rap (Beginn 36:30), der es dem Gastgeber auch ermöglicht, Werbung für eines seiner Bücher zu machen, indem er dieses F. überreicht. Diese Geste steht in Zusammenhang mit F.s Reaktion auf die Frage, welches Buch sie am meisten geprägt habe. Sie antwortet: „Keines". Abschließend ruft Sellner noch zur Unterstützung der Initiative „Radikal Feminin" durch Likes, Beiträge und Mitarbeit auf, ein vor allem an junge Frauen („Mädels"[15], 37:47) gerichteter „call to action", da „Radikal Feminin" als Safe Space für Frauen bezeichnet wird, bei dem Männer nicht mitmachen dürfen. Sellner schließt das Interview mit dem Satz, „Radikal Feminin" würde nun die neue sexuelle Revolution ausrufen (38:14).

Sellners Redebeiträge unterscheiden sich deutlich von jenen seiner Interviewpartnerin. Er dominiert das Interview, erklärt und erörtert – etwa die Gefahren hormoneller Verhütungsmittel für Frauen (11:03–11:35). Zudem interpretiert er kontinuierlich F.s Antworten und stellt diese in einen größeren ideologischen Kontext. Er demonstriert, dass er der bei weitem Gebildetere von beiden ist, indem er lateinische Zitate einflicht (04:39–05:00) oder über die ursprüngliche Bedeutung des Worts „radikal" doziert. Gegen Ende des Interviews bestellt er – ohne F. zu fragen, ob sie noch etwas trinken möchte bzw. was sie gerne trinken möchte – zwei weitere Melange. Auffällig ist der durchgehend paternalistische Gestus Sellners. Er lobt (was F. mache sei „das Revolutionärste, Provokativste was man als Frau heute tun kann", 05:03–05:08), übt aber hin und wieder auch leichte Kritik, unterbricht häufig und agiert mehrmals belehrend. So argumentiert er beispielsweise, es sei „mathematisch belegt", dass Frauen dazu tendieren, jene linken und liberalen Parteien zu wählen, die eine Politik machen würden welche dazu führe, dass Frauen vergewaltigt würden und Schleier tragen müssten und stellt die Frage, ob man Frauen nicht besser das Wahlrecht entziehen sollte: „Wenn bei allen vergangenen Wahlen der letzten 20 Jahre Frauen kein Wahlrecht gehabt hätten, wären überall rechte Parteien an die Macht gekommen, dann gäbe es keine Masseneinwanderung, keine Islamisierung und keinen Großen Austausch. Was sagst du als Frau dazu?" (31:00–31:13) F. plädiert zwar dafür, dass das Wahlrecht für Frauen bleiben soll, reduziert ihr Argument aber darauf, dass es Themen gäbe, die spezifische Frauenthemen seien, wie etwa Abtreibungsgesetze.

Sellners demonstratives Interesse an F.s Blog und Aktivismus hat ebenfalls einen deutlich paternalistischen Touch. Es ist unübersehbar, dass Sellner die zentrale Person im Video ist, und nicht die eingeladene Interviewpartnerin, auch wenn er mehrmals betont, als Mann nicht authentisch über Frauenthemen sprechen zu können (z. B.: 11:46, 22:11). Zwischen den beiden Akteur*innen besteht eine klare Rangordnung, die symbolisch eine dem Weltbild der „Identitären Bewegung" entsprechende grundlegende Geschlechterhierarchie wiederholt und den Zuseher*innen sowohl auf

---

15 Sowohl Sellner als auch F. verwenden diese Bezeichnung für junge Frauen.

der verbalen als auch auf der visuellen Ebene des Videos kommuniziert wird (Massoth 2020, 15 f.).

Das Video ist insgesamt – abgesehen von der Einstiegssequenz und den diversen Einblendungen – durch eine sehr statische Kameraführung gekennzeichnet. Es gibt kaum Veränderungen der Kameraperspektive oder der Einstellungen und nur einen Wechsel, der von Sellner mit Hinweis auf seine mangelnde Professionalität auch kommentiert wird (26:08).[16] Hintergrundgeräusche setzen sich aus Kaffeehauslärm (Stimmen anderer Gäste, das Schreien eines Babys, durch Besteck und Geschirr hervorgerufene Geräusche, etc.) zusammen.

Fallweise wird das bewegte Bild durch kurze Einblendungen – wie etwa den erwähnten Ausschnitt aus der Zeitschrift „biber" durchbrochen. Dies ist charakteristisch für Sellners Videoblog und dient der visuellen Bekräftigung von verbal vorgebrachten Argumenten. Dazu zählen das bereits erwähnte Logo des Blogs „Radikal Feminin" – eine Handgranate, die in eine Rose übergeht – über dessen Symbolik im Interview auch gesprochen wird (00:44–00:47, später ist dieses Logo nochmals zu sehen), Posts von F.s Facebook Account (z. B.: 01:31–01:32 und 01:33–01:44), u. a. zur deutschen Politikerin Sara Wagenknecht (01:36–01:38 und 08:20), Textmaterial und eine Sequenz aus einem anderen Video, das nicht von Sellner bzw. den „Identitären" erstellt wurde. Die Kaffeehaus-Szene bleibt stets als Hintergrund sichtbar und bildet damit eine Art Rahmen für die Einblendungen (Massoth 2020).

Bewegung wird im Video nahezu ausschließlich über die Gestik und die Körperhaltung der beiden Protagonist*innen vermittelt. Diese, aber auch deren Mimik, bekräftigen das auf der diskursiven Ebene bereits analysierte Hierarchiegefälle zwischen den beiden Darsteller*innen. Die Positionierung der Beteiligten im Verhältnis zur Kamera spiegelt diesen Sachverhalt ebenfalls wider. Die Kamera blickt von vorne und von etwas unterhalb der Augenhöhe auf die beiden Personen. Diese sitzen die ganze Zeit über an einem Kaffeehaustisch, unterhalten sich in einer strukturierten, aber im Ton lockeren Form und trinken Melange. Beide tragen schwarze Rollkragenpullover und Sellner fallweise seine bekannte schwarz umrandete Brille. F. ist etwas eleganter gestyled, trägt dezentes Make-up und roten Nagellack. Vor den beiden Protagonist*innen stehen auf einem Kaffeehaustisch zwei Tabletts mit Kaffeegeschirr und Wasserglas, daneben eine Flasche Mineralwasser. Im Hintergrund sind eine mit Stukkatur verzierte, weiß gestrichene Trennwand zu einem anderen Raum des Lokals und Holztäfelungen zu sehen. Sellner sitzt auf der aus Betrachter*innenperspektive rechten Seite der Bank und näher zur Kamera, was ihn größer und insgesamt dominanter erscheinen lässt als die Interviewpartnerin, auch da er sehr häufig gestikuliert und damit mehr Raum einnimmt als F., die dies gar nicht tut. Die beiden Gesprächs-

---

16 Sellner verweist in seinen Videos öfter auf kleine Unzulänglichkeiten und technische Pannen, die den Amateurcharakter der Produktionen hervorstreichen und ihn als selbstironischen, lockeren Typ erscheinen lassen sollen, dem im Zuge seines patriotischen politischen Engagements auch kleinere Fehler unterlaufen.

partner*innen sitzen in naher Distanz zueinander, dies legt eine gewisse Vertrautheit nahe, da beide Aktivist*innen derselben Gruppierung sind. Es wird viel gelächelt
(eher F.) und gelacht (eher Sellner), allerdings gibt es nur wenig Blickkontakt, was den
Aspekt der Vertrautheit wiederum relativiert (siehe Abb. 8.3 und Abb. 8.4).

Nach 26:06 Minuten wird die Kamera neu positioniert und ab diesem Zeitpunkt
die Kaffeehaus-Szene aus einer anderen Perspektive gefilmt. Die Kamera steht jetzt
weiter links und näher zu F., die nun aber sehr am linken Bildrand sitzt und dadurch
keineswegs zentraler wahrgenommen wird. Ihre Position gegenüber Sellner verbes-
sert sich dadurch nicht. Mit dem Wechsel der Kameraperspektive wird ein kurzes In-
sert im unteren Teil eingeblendet und von Sellner danach auch noch kommentiert. Es
verweist auf einen Regiefehler, da Sellner kurz vor dem Kamerawechsel keine Brille
trägt, danach aber schon. Da Sellner seine Brille in mehreren seiner Videoblogs als

Abb. 8.3: Screenshot „Radikal Feminin – Frauen gegen Genderwahn", 02:40, https://www.youtube.
com/watch?v=T5eXlysYF7I (Zugegriffen: 23.02 2020)

Abb. 8.4: Screenshot „Radikal Feminin – Frauen gegen Genderwahn", 25:28–25:29, https://www.
youtube.com/watch?v=T5eXlysYF7I (Zugegriffen: 23.02.2020)

Abb. 8.5: Screenshot „Radikal Feminin – Frauen gegen Genderwahn", 26:08, https://www.bitchute. com/video/MfGYtkSLfjRN/ (Zugegriffen: 17.12.2020)

symbolisches Requisit verwendet und sie stets mehrmals abnimmt und wieder aufsetzt, um seine Rolle als Intellektueller zu betonen, kann hier vermutet werden, dass dies ein beabsichtigter „Fehler" war, der einen solchen Hinweis auch in dieser Interviewsituation erlaubt (siehe Abb. 8.5).

8.4.2 Zentrale diskursive Strategien

Mehrere diskursive Strategien (siehe dazu Friedrich und Jäger 2011, Wodak, de Cillia, Reisigl und Liebhart 2009, 36–42, Wodak und Krzyzanowski 2008, Wodak und Meyer 2009) sind für die Konstruktion der Grundaussage des Videos besonders funktional und sollen nachfolgend jeweils anhand eines Beispiels illustriert werden:
- *Strategie der Schwarz-Weiß-Malerei:* Beispiele hierfür sind die binären Codierungen „feminin vs. feministisch", „moderne Gender-Ideologie vs. Natur der Frau", „liberalistischer Trick vs. konservativer Weg", „abtreiben/weitervögeln vs. bewusste, auf Familiengründung bezogene Sexualität" (16:23).
- *Strategie der Betonung der Differenz zwischen „uns" und „den anderen":* Für „islamische Ehen" sei Scheidung keine Option (26:17).
- *Strategie der Abgrenzung von politischen Gegner*innen:* Sowohl Sellner als auch F. stilisieren das für sie zentrale Modell der heteronormativ definierten Kleinfamilie zur bedrohten und geschmähten Minderheit, die von der „Gender-Ideologie" und dem Feminismus zum Hauptfeind erklärt worden sei.
- *Strategie der Diskreditierung der Opponent*innen bzw. Gegner*innen:* Sellner spricht von „vertrockneten 40-Jährigen", F. von „für Europäer unattraktiven Frauen" (22:36) und von „Hatern", damit meint sie jene Frauen, die ihren Blog kritisieren (32:17). Die Abwertung egalitärer, pluralistischer Gesellschaften und liberaler Gesellschaftsentwürfe ist ein weiteres Beispiel.

- *Strategie der Konstruktion von Bedrohung:* Kinder wären für moderne Feminist*innen aufgrund von Egoismus und der Orientierung an Konsum nicht mehr im Lebensplan vorgesehen. Daher sei die europäische Bevölkerung vom Aussterben bedroht.
- *Strategie der Bedeutungsumkehr:* In einer monogamen Zweierbeziehung zu leben und Kinder zu bekommen wird zum radikalen Akt des Widerstandes gegen die Moderne erklärt.
- *Strategie der Umkehr der Opfer/Täter-Rolle:* Feminist*innen würden sich selbst auf das Frausein und die Mitgliedschaft in einer unterdrückten Gruppe reduzieren, kritisiert F. (19:00–19:39).
- *Strategie der Beschwörung negativer Konsequenzen:* Sellner behauptet, Söhne alleinerziehender Mütter seien geschädigt fürs Leben (25:59).
- *Strategie der Naturalisierung von gesellschaftlichen Verhältnissen:* F. und Sellner bezeichnen das Arbeiten „gegen die eigene Natur (als Frauen)" als unmögliches Unterfangen, das zu einem unglücklichen Leben führe und zum Scheitern verurteilt sei.
- *Strategie der Rationalisierung:* F. stellt fest, Frauen könnten nicht gleichzeitig jagen und auf das Feuer aufpassen (25:23). Zudem sieht sie Frauen in der Politik kritisch, weil sie zu emotional seien und „da kann man nicht Politik machen", auch in der Wirtschaft funktioniere das ihrer Meinung nach nicht (28:20, 30:11–30:44).
- *Strategie des historischen Arguments:* Sellner behauptet, alle Gesellschaften, die keine Moral, keine Strukturen, und kaum Kinder gehabt hätten und nur auf Konsum orientiert gewesen wären, seien von jungen, archaischen Gesellschaften unterworfen worden (18:51–18:56) – eine Bedrohung, die er nun auch für Europa sieht. Sein Satz „Frauen sind über Generationen nicht daran gewöhnt, sich um die Miete zu kümmern" ist ebenfalls ein Beispiel für diese Strategie.
- *Strategie der Diskontinuierung:* Betont wird die Differenz zwischen „einst" und „jetzt", wenn etwa F. feststellt, dass es langsam eine Gegenbewegung (gegen den modernen Lebensentwurf) gäbe (26:35).
- *Strategie der Perpetuierung* durch das konsequente Propagieren einer antifeministischen, rassistischen, rechtsextremen Ideologie.
- *Strategie der Vereinheitlichung:* Hier geht es um die Bezugnahme auf gemeinsame Betroffenheit, Sorgen und Interessen. F. erwähnt beispielsweise Zuschriften von jungen Müttern, die denselben Lebensentwurf verfolgen würden wie sie und ähnliche Erfahrungen mit ihrem Umfeld machten wie sie selbst sie auch machen musste (32:57–33:20).
- *Strategie der Transzendierung:* Sellner betont die Sehnsucht, sich an etwas, das ewig ist, zu binden, etwa an ein Land, an den Heimatboden, an ein Kind.

8.5 Resumee

In Hinblick auf eine Rekonstruktion der diskursiven und visuellen Konkretisierung der metapolitischen Strategien der „Identitären Bewegung" stellt das analysierte Video ein eindrückliches Beispiel dar. Als multimodales Kommunikat wurde es zu dem Zweck produziert und über eine populäre Social Media Plattform verbreitet, eine möglichst breite gesellschaftliche Akzeptanz für die grundlegende Botschaft zu erreichen. Die verbal und auf der Ebene der Bilder kommunizierten Versatzstücke der Ideologie und der politischen Konzepte der „Identitären Bewegung" bieten den Adressat*innen Orientierungsmöglichkeiten – etwa hinsichtlich der binär codierten, hierarchischen Ordnung der Geschlechter und daraus abgeleiteter „natürlicher" Rollenkonzepte für Frauen und Männer. Zudem offerieren und legitimieren sie entsprechende Handlungsoptionen (Liebhart 2017). Dass dies nicht nur auf der Ebene des Textes geschieht, wird in dem Video sehr deutlich. Maasen, Mayerhauser und Renggli (2006) haben darauf hingewiesen, dass Bilder ebenso wie Diskurse an der Konstruktion gesellschaftlicher Realität und der Erzeugung politischer Relevanzsysteme beteiligt sind. Im gegenständlichen Video wird das zentrale Narrativ in multimodaler Form vermittelt, Textebene und visuelle Ebene verstärken sich wechselseitig.

Das Narrativ, das textlich und visuell konstruiert wird, präsentiert Frauen als im traditionellen Sinn weibliche, empfindsame, emotionale Wesen, deren primäre Aufgabe die biologische Reproduktion des autochthonen österreichischen (oder wahlweise deutschen bzw. europäischen) Volkes und von dessen Kultur und Identität ist, und die darin auch Erfüllung finden. Feminismus lehnen die „Identitären" ab, sie sprechen – wie andere rechte Parteien und Bewegungen – dagegen von „Genderwahn". Die Inszenierung des Ideals traditioneller, heterosexueller, hierarchisch geordneter Paarbeziehungen wird im Video auch durch die Kameraposition sowie vergeschlechtlichte Körperhaltungen und Blickbeziehungen der beiden Protagonist*innen deutlich, und nicht zuletzt auch über die Verteilung der Redezeit zwischen ihnen. Dasselbe gilt für die Redeinhalte und diskursiven Strategien. Eine klar erkennbare, an heterosexistischen Normen orientierte Geschlechtszugehörigkeit ist für das Weltbild der „Identitären" konstitutiv – diese Botschaft zieht sich auf der Text- wie auch der Bildebene als roter Faden durch das Video. Daraus folgen sehr klare und zugleich restriktive Vorstellungen wie Frauen gemäß der hierarchisch konzipierten Geschlechterordnung der „Identitären" sein und welche limitierten Themen und Tätigkeiten für sie im Zentrum ihres Interesses stehen sollen. Das Konzept des Antifeminismus als „wahrer Feminismus" erlaubt, die Übernahme der auf manifestem Biologismus gegründeten Rollenerwartungen und die damit verbundene Selbstabwertung als freie Entscheidung der Frauen darzustellen. Diese werden demnach nicht von Männern zu einem solchen Lebensstil gezwungen, sondern entscheiden sich eigenständig dafür, da sie ihrer angeblichen Natur gemäß nur so glücklich werden können. Dieselben

Vorstellungen kommen auch in anderen Social Media Auftritten von Vertreter*innen der „Identitären Bewegung" zum Ausdruck.[17]

Mediale (Teil-)Öffentlichkeiten wie die Plattform YouTube können auch als Orte der Herstellung von politischem (Alltags)Wissen und dessen Kommunikation im vorpolitischen Raum gesehen werden. Video-Beiträge sind wichtige Bestandteile eines multimedialen politischen Kommunikationsprozesses und Mittel zur strategischen politischen Intervention und zur gezielten Ansprache von Zielgruppen und potenziellen Unterstützer*innen. Das in diesem Beitrag analysierte Video erreicht(e) über die populäre Plattform zudem einen Adressat*innenkreis von vorrangig Jugendlichen und jungen Erwachsenen, der weit über die relativ kleine Gruppe von Aktivist*innen der „Identitären Bewegung" hinausgeht. Die Botschaft von der Bedrohung der „weißen Familie" als Kernelement einer völkischen Gemeinschaft durch innere (Feminist*innen und „Linke", Anm. d. Verf.) sowie äußere Feinde (Zuwanderer, Anm. d. Verf.), kann auf diese Weise an ein größeres Publikum vermittelt werden und Eingang in den gesellschaftlichen Diskurs finden. Die Verbindung heteronormativer und heterosexistischer Konzepte mit kulturrassistischen Vorstellungen von „unserer (europäischen) Kultur und Identität" und einer damit angeblich nicht kompatiblen „fremden (muslimischen) Kultur und Identität" steht nicht nur im Zentrum des Weltbildes der „Identitären Bewegung" und des Verschwörungsszenarios „Großer Austausch". Insbesondere die „Ethnisierung von Sexismus" (Jäger et al. 2019, 6) hat sich über den Kreis der erklärten Vertreter*innen antiliberaler und antidemokratischer Weltbilder hinaus als anschlussfähig erwiesen.

Über die gesamte Laufzeit des Videos hinweg wird eine strikt hierarchische, ausschließlich binär und heteronormativ gedachte Geschlechterordnung auf verbaler und visueller Ebene zum Ausdruck gebracht. Die Kameraperspektive, die Körperhaltung und auch die Gestik des Interviewers Sellner, der nicht nur die Fragen stellt und damit die Gesprächsthemen vorgibt, sondern auch den größeren Teil der Redezeit in Anspruch nimmt, machen die Dominanzstruktur auf der Ebene bildlicher Wahrnehmung sichtbar. Der Tonfall, in dem er spricht, unterstützt dieses Bild an zahlreichen Stellen des Videos. Im Fall von F. verstärkt der Aspekt der Körpersprache das Bild einer unsicheren Interviewpartnerin, die sich in diesem Setting nicht so recht wohl fühlt.

Sellner und auch andere „identitäre" Aktivist*innen wurden mittlerweile aufgrund von Regelverstößen auf mehreren Social Media Plattformen gesperrt bzw. in ihren Online-Aktivitäten deutlich beschränkt. Dass sie auf Medien wie Telegram ausweichen und damit Reichweitenverluste in Kauf nehmen mussten, bedeutet noch

---

17 Siehe etwa: „Frauen wehrt euch! 120 Dezibel #120db", https://www.youtube.com/watch?v=FSXphiFknyQ (Zugegriffen: 10.11.2020); „Frauen: Was ist los mit euch? Islamisierung durch Asylanten/Flüchtlinge?", https://www.youtube.com/watch?v=goT-gAgrOEc&list=WL&index=22 (Zugegriffen: 10.11.2020), „Identitäre Bewegung: Eine Botschaft an die Frauen", https://www.youtube.com/watch?v=sTMoGod5d6o&list=WL&index=25&t=0s (Zugegriffen: 10.11.2020).

nicht, dass ihre Argumente und die Bilderwelten, die sie produzieren und kommunizieren, deshalb außerhalb einer engen Fan-Gemeinde keine Beachtung mehr finden. Zwar erklärte der Inhaber des Antaios-Verlages und Leiter des rechtsextremen Instituts für Staatspolitik, Götz Kubitschek, in einem Interview mit der rechtsextremen österreichischen Zeitschrift „Die Neue Ordnung" (III/2019) die „Identitäre Bewegung" für „bis zur Unberührbarkeit kontaminiert" (Rafael 2019). Kubitschek bezog sich in diesem Statement auf die medial diskutierte Verbindung Sellners zum Attentäter von Christchurch (Fieber 2019). Auch mediale Berichte sprechen seit langem vom Niedergang oder Ende der „Identitären Bewegung". Sellner hat unter dem Namen „Die Österreicher" (ohne Autorenangabe 2020) allerdings bereits ein neues Projekt gestartet. Inhaltlich sind kaum Unterschiede zu den Zielen der „Identitären" auszumachen. Selbiges gilt auch für die Texte und Bilder mittels derer diese Inhalte kommuniziert werden (Sulzbacher 2020).

Literatur

Alster, Marvin. 2013. *Die Identitären – Rassisten und Kulturalisten*. Conne Island. http://www.conne-island.de/index.html. Zugegriffen: 05.08.2016.

Book, Carina. 2018. Mit Metapolitik zur „Konservativen Revolution"? Über Umfeld und Strategie der „Identitären Bewegung" in Deutschland. In: Goetz, Judith, Joseph Maria Sedlacek und Alexander Wingler. Hrsg. *Untergangster des Abendlandes: Ideologie und Rezeption der rechtsextremen Identitären*, S. 113–131. Hamburg: Marta Press.

Bruns, Julian, Kathrin Glösel und Natascha Strobl. 2017. *Die Identitären: Handbuch zur Jugendbewegung der Neuen Rechten in Europa*. Münster: Unrast.

Bührmann, Andrea D. und Werner Schneider. 2008. *Vom Diskurs zum Dispositiv: Eine Einführung in die Dispositivanalyse*. Bielefeld: transcript.

De Benoist, Alain. 1985. *Kulturrevolution von rechts*. Krefeld: Sinus Verlag.

Dhawan, Nikita. 2015. Homonationalismus und Staatsphobie: Queering Dekolonialisierungspolitiken, Queer-Politiken dekolonialisieren. *Femina Politica: Zeitschrift für feministische Politikwissenschaft*, 24(1):38–51.

DÖW (Dokumentationsarchiv des Österreichischen Widerstandes). o. J. *Identitäre Bewegung Österreich (IBÖ)*. http://www.doew.at/erkennen/rechtsextremismus/rechtsextreme-organisationen/identitaere-bewegung-oesterreich-iboe. Zugegriffen: 27.01.2017.

Erk, Daniel. 2019. *Identitäre Bewegung: Sind sie jetzt am Ende? Der Anschlag von Christchurch bringt eine rechtsextreme Gruppierung mit Verbindungen zur FPÖ in Bedrängnis*. Zeit Online. https://www.zeit.de/2019/15/identitaere-bewegung-fpoe-rechtsextremismus-christchurch-anschlag. Zugegriffen: 23.12.2019.

Erkurt, Melisa und Bilal Albeirout. 2017. *Sugar Mamas und ihre Flüchtlinge*. biber. 13.07.2017. https://www.dasbiber.at/content/sugar-mamas-und-ihre-fluechtlinge. Zugegriffen: 23.12.2020.

Fieber, Marco. 2019. *Der Niedergang der Identitären Bewegung*. web.de. https://web.de/magazine/politik/niedergang-identitaeren-bewegung-34273886. Zugegriffen: 11.02.2020.

Foucault, Michel. 2000. *Dispositive der Macht: Über Sexualität, Wissen und Wahrheit*. Berlin: Merve.

Friedrich, Sebastian und Margarete Jäger. 2011. Die Kritische Diskursanalyse und die Bilder: Methodologische und methodische Überlegungen zu einer Erweiterung der Werkzeugkiste. *DISS-Journal*, 21. http://www.diss-duisburg.de. Zugegriffen: 18.05.2018.

Gensing, Patrick. 2016. *„Identitäre"-Bewegung in Europa: Très chic, très hip, très rechtsradikal.* tagesschau.de. https://www.tagesschau.de/inland/identitaere-101~_origin-00f64acb-ea32-4067-9593-1c035270540f.html. Zugegriffen: 23.12.2019. Die Website ist im Juli 2021 nicht mehr verfügbar.

Götz, Judith. 2018. „Aber wir haben die wahre Natur der Geschlechter erkannt…": Geschlechterpolitiken, Antifeminismus und Homofeindlichkeit im Denken der „Identitären. In: Goetz, Judith, Joseph Maria Sedlacek und Alexander Winkler. Hrsg. *Untergangster des Abendlandes: Ideologie und Rezeption der rechtsextremen Identitären*, S. 253–283. Hamburg: Marta Press.

Götz, Judith, Joseph Maria Sedlacek und Alexander Winkler. 2018. *Untergangster des Abendlandes: Ideologie und Rezeption der rechtsextremen Identitären*. Wien: Substanz Verlag.

Harris, Chris. 2018. *Explained: The Rise and Rise of Populism in Europe*. Euronews. https://www.euronews.com/2018/03/15/explained-the-rise-and-rise-of-populism-in-europe. Zugegriffen: 07.02.2020.

Häusler, Alexander. 2013. *Identitäre Bewegung Deutschland (IBD)*. BIKnetz – Präventionsnetz gegen Rechtsextremismus. https://www.gsub.de/projekte/archiv/biknetz-praeventionsnetz-gegen-rechtsextremismus/. Zugegriffen: 08.08.2016.

Häusler, Alexander. 2015. Nation. In: Gießelmann, Bente, Robin Richterich und Benjamin Kerst. Hrsg. *Handwörterbuch rechtsextremer Kampfbegriffe*, S. 199–209. Schwalbach: Wochenschau Verlag.

Hentges, Gudrun, Gürcan Kökgiran und Kristina Nottbohm. 2014. Die Identitäre Bewegung Deutschland (IBD) – Bewegung oder virtuelles Phänomen? *Forschungsjournal Soziale Bewegungen*, 27(3):1–26.

Hentges, Gudrun, Kristina Nottbohm und Hans-Wolfgang Platzer. Hrsg. 2017. *Europäische Identität in der Krise? Europäische Identitätsforschung und Rechtspopulismusforschung im Dialog (Europa – Politik – Gesellschaft)*. Wiesbaden: Springer VS.

Jäger, Siegfried. 2004. *Kritische Diskursanalyse: Eine Einführung*. Münster: Unrast.

Jäger, Siegfried. 2006. Diskurs und Wissen: Theoretische und methodische Aspekte einer Kritischen Diskurs- und Dispositivanalyse. In: Keller, Reiner, Andreas Hirseland, Werner Schneider und Willy Viehöfer. Hrsg. *Handbuch sozialwissenschaftliche Diskursanalyse. Band 1: Theorien und Methoden*, S. 83–114. Wiesbaden: Springer VS.

Jäger, Margarete, Max Kroppenberg, Benno Nothardt und Regina Wamper. 2019. #120Dezibel: Frauenrechte oder Antifeminismus? Populistische Diskursstrategien der extremen Rechten und Anschlussstellen im politischen Mainstream. In: Berg, Lynn und Andreas Zick. Hrsg. *FGW Impuls: Rechtspopulismus, soziale Frage & Demokratie 02*. Düsseldorf: Forschungsinstitut für gesellschaftliche Weiterentwicklung.

Kerchner, Brigitte. 2006. Diskursanalyse in der Politikwissenschaft: Ein Forschungsüberblick. In: Kerchner, Brigitte und Silke Schneider. Hrsg. *Foucault: Diskursanalyse der Politik: Eine Einführung*. Wiesbaden: Springer VS.

Kress, Gunther und Theo Van Leeuwen. 2001. *Multimodal Discourse: The Modes and Media of Contemporary Communication*. London: Oxford University Press.

Kress, Gunther und Theo Van Leeuwen. 2002. Colour as a Semiotic Mode: Notes for a Grammar of Colour. *Visual Communication*, 1(3):343–368.

Kress, Gunther und Theo Van Leeuwen. 2006. *Reading Images – The Grammar of Visual Design*. London: Routledge.

Landesamt für Verfassungsschutz Baden Württemberg. 2018. *Die Kampagne „Defend Europe Alps" der „Identitären Bewegung"*. https://www.verfassungsschutz-bw.de/LfV3,Lde/Startseite/Arbeitsfelder/Die+Kampagne+_Defend+Europe+Alps_+der+_Identitaeren+Bewegung_. Zugegriffen: 10.11.2020.

Lehnert, Esther. 2010. Angriff auf Gender Mainstreaming und Homo-Lobby – Der moderne Rechtsextremismus und seine nationalsozialistischen Bezüge am Beispiel der Geschlechterordnung. In: Claus, Robert, Yves Müller und Esther Lehnert. Hrsg. *Was ein rechter Mann ist: Männlichkeit im Rechtsextremismus*, S. 89–100. Berlin: Karl Dietz Verlag.

Liebhart, Karin. 2017. Zur symbolischen Bevölkerung „identitärer" Landschaften. In: Bargetz, Brigitte, Eva Kreisky und Gundula Ludwig. Hrsg. *Dauerkämpfe: Feministische Zeitdiagnosen und Strategien*, S. 217–227. Frankfurt am Main: Campus.

Lueger, Manfred. 2010. *Interpretative Sozialforschung: Die Methoden*. Wien: Facultas.

Maasen, Sabine, Torsten Mayerhauser und Cornelia Renggli. Hrsg. 2006. *Bilder als Diskurse – Bilddiskurse*. Weilerswist: Velbrück Wissenschaft.

Marek, Roman. 2013. *Understanding YouTube: Über die Faszination eines Mediums*. Bielefeld: transcript.

Massoth, Steve. 2020. *Antifeminismus in der „Identitären Bewegung" – Eine Videoanalyse: Am Beispiel ausgewählter Videos der Kampagnen Radikal Feminin und 120 Dezibel*. Bachelor-Arbeit, Frankfurt University of Applied Sciences. https://www.gffz.de/fileadmin/user_upload/Abschlussarbeiten/BA_Massoth_Antifeminismus_19.03.20.pdf. Zugegriffen 23.08.2020.

Mayrl, Manuel. 2017. Männlichkeitskonstruktionen der Identitären Bewegung in Österreich. *Journal für Psychologie*, 25(2):179–204.

Meier, Stefan. 2011. Multimodalität im Diskurs: Konzept und Methode einer multimodalen Diskursanalyse. In: Keller, Reiner, Andreas Hirseland und Werner Schneider. Hrsg. *Handbuch Sozialwissenschaftliche Diskursanalyse: Theorien und Methoden*. Band 1, S. 499–532. Wiesbaden: Springer.

Meinhart, Edith. 2014. *Das verquere Weltbild der „Identitären"*. Profil. https://www.profil.at/oesterreich/das-weltbild-identitaeren-353357. Zugegriffen: 23.12.2020.

Müller, Marion G. und Stephanie Geise. 2015. *Grundlagen der Visuellen Kommunikation*. Konstanz: UVK.

Nagle, Angela. 2018. *Die digitale Gegenrevolution: Online-Kulturkämpfe der Neuen Rechten von 4chan und Tumblr bis zur Alt-Right und Trump*. Bielefeld: transcript.

Neiwert, David. 2020. *Red Pill, Blue Pill: How to Counteract the Conspiracy Theories that are Killing Us*. Lanham: Prometheus Books.

Neuhold, Thomas. 2020. *Hardcore-Rechter im Vorstand der Salzburger FPÖ-Jugend*. DerStandard. 23.11.2020. https://www.derstandard.at/story/2000121925439/hardcore-rechter-wird-chef-der-salzburger-fpoe-jugend. Zugegriffen: 14.12.2020.

O'Halloran, Kay. 2004. Multimodal Discourse Analysis: Systemic Functional Perspectives. *Applied Linguistics*, 27(2):335–337.

ohne Autorenangabe. 2013. *FPÖ-Schnell und die „Umvolkung": Scharfe Kritik*. DerStandard.at. 15.04.2013. https://www.derstandard.at/story/1363707957878/fpoe-schnell-und-die-umvolkung-scharfe-kritik-der-anderen-parteien. Zugegriffen: 17.02.2020.

ohne Autorenangabe. 2016. https://www.faz.net/aktuell/feuilleton/rechtsextreme-stoeren-fluechtlings-stueck-von-elfriede-jelinek-14180324.html. Zugegriffen: 23.12.2020.

ohne Autorenangabe. 2017. https://www.stopptdierechten.at/2017/09/15/radikal-feminin-die-identitaere-bewegung-und-der-antifeminismus/. Zugegriffen: 23.09.2018.

ohne Autorenangabe. 2020. https://www.die-oesterreicher.at/ueberuns/. Zugegriffen: 23.11.2020.

ohne Autorenangabe. o.J.. https://knowyourmeme.com/memes/red-pill. Zugegriffen: 23.02.2020.

Pentzold, Christian und Claudia Fraas. 2018. Verbale und visuelle Medienframes im Verfahrensrahmen der Grounded Theory analysieren: Methodologische Grundlagen, Methoden und Forschungspraxis deduktiven und induktiven Kodierens multimodaler Dokumente. In: Scheu, Andreas M. Hrsg. *Auswertung qualitativer Daten: Strategien, Verfahren und Methoden der In-*

terpretation nicht-standardisierter Daten in der Kommunikationswissenschaft, S. 227–243. Wiesbaden: Springer.

Praschl, Peter. 2016. *Die Identitären – Das neue große Ding der Rechten*. Die Welt. http://www.welt. de/kultur/article156581968/Die-Identitaeren-das-neue-grosse-Ding-der-Rechten.html. Zugegriffen 05.08.2016.

Rafael, Simone. 2018. Auszug aus „Identitäre im Internet: Von Crowdfunding bis Meme Wars". In: Speit, Andreas. Hrsg. *Das Netzwerk der Identitären: Ideologie und Aktionen der Neuen Rechten*, S. 135–136. Berlin: Links Verlag.

Rafael, Simone. 2019. *Ende der IB? Götz Kubitschek erklärt die „Identitäre Bewegung" für „bis zur Unberührbarkeit kontaminiert"*. Belltower. https://www.belltower.news/ende-der-ib-goetz-kubitschek-erklaert-die-identitaere-bewegung-fuer-bis-zur-unberuehrbarkeit-kontaminiert-92799/. Zugegriffen: 23.12.2019.

Schwender, Clemens. 2011. Bewegtbildanalyse. In: Petersen, Thomas und Clemens Schwender. Hrsg. *Die Entschlüsselung der Bilder: Methoden zur Erforschung visueller Kommunikation: Ein Handbuch*, S. 87–101. Köln: Halem Verlag.

Sellner, Martin. 2017. *Radikal Feminin – Frauen gegen Genderwahn*. Youtube. https://www.youtube. com/watch?v=T5eXlysYF7I. Zugegriffen: 05.10.2019 und 23.02.2020.

Sigl, Johanna. 2018. Identitäre Zweigeschlechtlichkeit: Über männliche Inszenierung und Geschlechterkonstruktionen bei den Identitären. In: Speit, Andreas. Hrsg. *Das Netzwerk der Identitären: Ideologie und Aktionen der Neuen Rechten*, S. 160–172. Berlin: Links Verlag.

Speit, Andreas. 2014. *Revolution in neuem Gewand: Dossier Rechtsextremismus*. Bundeszentrale für politische Bildung. Bonn.

Statista. 2018. *Anteil der befragten Internetnutzer, die YouTube nutzen, nach Altersgruppen in Deutschland im Jahr 2017*. https://de.statista.com/statistik/daten/studie/691565/umfrage/anteil-der-nutzer-von-youtube-nach-alter-in-deutschland/. Zugegriffen: 07.02.2020.

Statista. 2019. *Soziale Medien nach Nutzerzahl in Österreich im Jahr 2019*. https://de.statista.com/ statistik/daten/studie/528244/umfrage/anzahl-der-aktiven-nutzer-von-sozialen-netzwerken-in-oesterreich/. Zugegriffen: 07.02.2020.

Statista. 2020. *Online-Nutzung in Österreich*. https://de.statista.com/statistik/studie/id/57345/ dokument/onlinevideo-nutzung-in-oesterreich/. Zugegriffen: 07.02.2020.

Statista. 2021. *Umfrage zur Nutzung von Videoportalen in Österreich 2020*. https://de.statista. com/statistik/daten/studie/879284/umfrage/umfrage-zur-nutzung-von-videoportalen-in-oesterreich/. Zugegriffen: 19.07.2021.

Stegemann, Patrick und Sören Musyal. 2020. *Die rechte Mobilmachung: Wie radikale Netzaktivisten die Demokratie angreifen*. Berlin: Econ.

Sulzbacher, Markus. 2020. *Rechtsextreme Identitäre Bewegung offenbar am Ende: FPÖ distanziert sich von deren Nachfolgeorganisation*. DerStandard. https://www.derstandard.at/ story/2000114822616/rechtsextreme-identitaere-bewegung-offenbar-am-ende. Zugegriffen: 23.02.2020.

Thalhammer, Anna. 2016. *Das Netzwerk der Identitären mit der FPÖ*. Die Presse. https://www. diepresse.com/5012637/das-netzwerk-der-identitaren-mit-der-fpo. Zugegriffen: 18.12.2020.

Van Leeuwen, Theo. 2011. Multimodality and Multimodal Research. In: Margolies, Eric und Luc Pauwels. Hrsg. *The SAGE Handbook of Visual Research Methods*, S. 549–569. Los Angeles: Calif.

Van Leeuwen, Theo. 2015. Critical Discourse Analysis. In: Tracy, Karen. Hrsg. *The International Encyclopedia of Language and Social Interaction*, S. 1–7. Wiley. https://onlinelibrary-wiley.com/doi/ 10.1002/9781118611463.wbielsi174. Zugegriffen: 22.11.2020.

Warnke, Martin, Uwe Fleckner und Hendrik Ziegler. Hrsg. 2011. *Handbuch der politischen Ikonographie*. München: C.H.Beck.

Weiß, Volker. 2013. *Die Identitären: Nicht links, nicht rechts – nur national. Heimat, Familie, Kultur, Volk, Staat: Mit den „Identitären" entsteht eine neue Bewegung am rechten Rand.* Die Zeit. http://www.zeit.de/2013/13/Die-Identitaeren. Zugegriffen: 18.12.2020.

Wodak, Ruth. 2018. Vom Rand in die Mitte – „Schamlose Normalisierung". *PVS: Politische Vierteljahresschrift*, 59. https://link.springer.com/article/10.1007%2Fs11615-018-0079-7. Zugegriffen: 18.12.2020.

Wodak, Ruth, Rudolf de Cillia, Martin Reisigl und Karin Liebhart. 2009. *The Discursive Construction of National Identity.* Edinburgh: Edinburgh University Press.

Wodak, Ruth und Michael Krzyzanowski. 2008. *Qualitative Discourse Analysis in the Social Sciences.* Basingstoke [u. a.]: Palgrave Macmillan.

Wodak, Ruth und Martin Meyer. 2009. *Methods of Critical Discourse Analysis: Introducing Qualitative Methods Series.* London: Sage.

Zotter, Christoph. 2017. *Mittelmeerroute: Die zynische PR-Aktion der Identitären.* Profil. https://www.profil.at/ausland/mittelmeerroute-pr-aktion-identitaeren-8322224. Zugegriffen: 13.11.2020.

Anhang: Sequenzprotokoll (Auszug: 00:00–05:13)

„Radikal Feminin – Frauen gegen Genderwahn", hochgeladen von Martin Sellner am 10.09.2017 in der Reihe „Widerstand im Gespräch" des „Vlog identitär"

99.008 Aufrufe, 4.336 Likes, 346 Dislikes, 979 Kommentare (Stand 23.02.2020)

Kurzbeschreibung auf YouTube:
„F. von ‚Radikal Feminin' hat sich auf eine Melange in Wien getroffen. Sie stellt ihr Projekt vor, erklärt warum sie als Frau nichts von Feminismus hält und warum keine Männer bei ‚Radikal Feminin' mitmachen dürfen.

Folgt dem und unterstützt das junge Projekt hier: paypal.me/radikalfeminin https://radikalfeminin.wordpress.com https://www.facebook.com/radikalfeminin/"

Länge: 38:25 Min

Sequenz	Screenshots	Kurzbeschreibung des Geschehens	Kamera	Zeit
Begrüßung		Interviewpartnerin und Martin Sellner sitzen in einem Kaffeehaus Übliche Begrüßungsformel von MS: „Servus Leute…"	Statische Kamera, von vorne und etwas unterhalb der Augenhöhe Kamera etwas mehr auf Martin Sellner zentriert, er ist im Vordergrund des Bildes, F. eher ihm zugewendet Protagonist*innen sitzen nahe beieinander	00:00–00:07
Signatur von „Widerstand im Gespräch"		Sequenz vermittelt Dynamik: rasche Schnittfolge, bunte Schriften („Wir für euch", „Widerstand", „Wir für uns" und „Widerstand im Gespräch") sowie Bilder von Landschaften, aktiven jungen Männern und Frauen, Sportszenen und Outdoor-Aktivitäten, Sportaccessoires, Kleidungsstücken mit „Defend Europe"-Logo, Fackeln	Verschiedene Einstellungen und Kameraperspektiven Verschiedene Formen von Nähe und Distanz zwischen den Protagonist*innen	00:08–00:15
Begrüßung und Vorstellung F. und Blog „Radikal Feminin"		Begrüßung der Zuseher*innen und der Interviewpartnerin. Namensfrage (Martin Sellner fragt mit welchem Namen er sie ansprechen soll und legt diesen dann letztlich selbst fest). Sehr kurze Vorstellung des Projekts „Radikal Feminin" und der Interviewpartnerin	Statische Kamera, von vorne und etwas unterhalb der Augenhöhe Kamera etwas mehr auf Martin Sellner zentriert, er ist im Vordergrund des Bildes, F. eher ihm zugewendet. Geringe räumliche Distanz zwischen den Protagonist*innen Einige Einblendungen (Logo des Blogs „Radikal Feminin", Facebook-Posts von F.)	00:16–00:46

Sequenz	Screenshots	Kurzbeschreibung des Geschehens	Kamera	Zeit
F. über sich, Uni Tübingen, „Identitäre Bewegung Schwaben"		F. stellt sich vor, kurze biografische Infos Martin Sellner fragt nach „linker Uni" Tübingen und „Identitärer Bewegung Schwaben"	Statische Kamera, von vorne und etwas unterhalb der Augenhöhe Martin Sellner im Vordergrund des Bildes, Protagonist*innen wenden sich phasenweise einander zu Geringe räumliche Distanz zwischen den Protagonist*innen	00:47– 01:21
Entstehungsgeschichte des Blogs „Radikal Feminin", Persönliche Erfahrungen und Motivation der Bloggerinnen		Martin Sellner lobt F.s Facebook-Auftritt („längere Kommentare zu Beziehung, Gender, Feminismuswahn", die viele Likes bekommen haben und auch geteilt wurden und auch ihm gefallen haben) F. nennt Beweggründe (vor allem Unverständnis an der Uni gegenüber Studentinnen, die Hausfrau und Mutter sein wollen)	Statische Kamera, von vorne und etwas unterhalb der Augenhöhe Kamera etwas mehr auf Martin Sellner zentriert, er ist im Vordergrund des Bildes, F. eher ihm zugewendet Geringe räumliche Distanz zwischen den Protagonist*innen	01:22– 02:20
Kritik an „moderner Gender-Ideologie" Ideen und Ziele des Blogs „Radikal Feminin"		Martin Sellner: alles ist von „moderner Gender-Ideologie" durchtränkt, Blog „Radikal Feminin" kritisiert dies; F.: „sich Luft machen, weil verärgert", klassisches Rollenbild wieder „in normales Licht rücken", denn Identität als Mutter und Ehefrau werde zu Unrecht „extrem negativ" dargestellt	Statische Kamera, von vorne und etwas unterhalb der Augenhöhe Martin Sellner hört zu, wendet sich zur Interviewpartnerin Geringe räumliche Distanz zwischen den Protagonist*innen	02:21– 03:40

Sequenz	Screenshots	Kurzbeschreibung des Geschehens	Kamera	Zeit
Unterschied „radikal feminin" vs. „feministisch", Erklärung des Logos		F.: „Klassisches Bild rehabilitieren", eher Provokation, „konservativer Lebensstil ist nichts radikales" (Martin Sellner: vielleicht aber doch!)	Statische Kamera, von vorne und etwas unterhalb der Augenhöhe Kamera etwas mehr auf Martin Sellner zentriert, er ist im Vordergrund des Bildes, F. eher ihm zugewendet Geringe räumliche Distanz zwischen den Protagonist*innen Zweite Einblendung des Logos	03:41 – 04:34
Erörterung der Bedeutung des Wortes „radikal"		Martin Sellner kehrt seine lateinische Bildung hervor, reagiert übertrieben überrascht darauf, dass F. nicht Latein versteht, F. rechtfertigt sich, Martin Sellner zitiert kurze lateinische Phrasen und erklärt lateinischen Ursprung und Bedeutung des Wortes „radikal" Martin Sellner: „Das ist das revolutionärste, provokanteste was man als Frau in der heutigen Zeit überhaupt tun kann"	Statische Kamera, von vorne und etwas unterhalb der Augenhöhe Kamera etwas mehr auf Martin Sellner zentriert, er ist im Vordergrund des Bildes, F. eher ihm zugewendet Geringe räumliche Distanz zwischen den Protagonist*innen	04:34 – 05:13

Teil V: **Partizipative visuelle Forschung**

Bettina Kolb und Laura Lorenz

9 Photo interview and photovoice. Engaging research participants, empowering voice and generating knowledge for change

9.1 Introduction

Research and policy are usually the purview of people in positions of power. Participatory visual methods such as photo interview and photovoice challenge that power and engage community members in contributing their knowledge in respectful ways to wider community and policy conversations. In a participatory research paradigm, research photographs foster moments of empowerment (Ross 2017) in which participants exert a measure of influence over the research process and its findings. The knowledge generated through participant reflection, photo-taking, and discussions or interviews contribute in turn to empowerment of organisations as they disseminate findings to the community, the public, and policymakers and advocate for change. The photographs create opportunities to contest dominant paradigms, for example that people in poverty and people with disabilities are mere recipients of programs and policies and do not have the capacity to contribute knowledge to programs, policy discussions and decisions (Wang, Burris and Ping 1996).

For an individual, empowerment can mean reflecting on a topic, taking photos to illustrate personal experiences and feelings as well as community problems and strengths, and sharing this information with a researcher (photo interview) or with a group of peers (photovoice), as has been done by other photovoice projects (Wang and Burris 1994). For an organisation, empowerment can mean having locally embedded data, like photographs and experiences talked about, as tools to advocate for change, ideally in collaboration with participants. Locally embedded data can serve to educate local communities about clean food production, or to redo bumpy brick sidewalks and make them smoother for people with disabilities.

To illustrate empowering moments through the use of photo interview and photovoice, we focus in this chapter on two studies using participatory visual methods with vulnerable populations: women living in poverty in Mexico and older adults with disabilities from brain injuries in the United States. In both contexts the local social situation prevented our research participants from exercising their rights as 'full community members', due to their poverty or disability. We will describe our participatory visual methods and use visual analysis methods to examine four photos and related texts.

https://doi.org/10.1515/9783110613681-009

9.2 Methods

Participatory visual methods fundamentally disrupt the power imbalance endemic to traditional research as they firstly involve participants in the construction of knowledge that encompasses their experience and expertise (Wang 1999). Secondly participatory visual methods bridge the discipline gap between researchers and participants as they view and discuss the photos to create common understanding of issues, contexts, and solutions (Kolb and Lorenz 2014). Thirdly they create awareness outside the research context as findings are shared in public exhibits and peer-review papers (Wang and Burris 1994). Photo interview and photovoice produce opportunities to 'see through participants' eyes' and discuss structural inequalities that might otherwise remain unseen and unspoken (Kolb and Lorenz 2014). They allow for emotion – basic to an understanding of health and illness and difficult to convey with words alone – to enter the research conversation (Harper 2002, Kolb and Lorenz 2014) and inform translation to policy and practice (Chalfen, Sherman and Rich 2010).

An essential element of our methods involves placing cameras in the hands of research participants who as a result become visual researchers, in control of the camera. They participate not just by taking photos but also as they work with the researcher or a group of peers to interpret their photos and the personal experiences, preferences, and hopes for the future that they represent. The focus of interpretation is the participants' subjective understanding of reality, with an overarching goal of encouraging community change, in our case as to alleviate poverty and realise community integration of people with disabilities. To complete his or her understanding, the researcher and, in the case of photovoice, the group asks questions that emerge during the interview or focus group discussion processes.

The methodological underpinnings of both photo interview and photovoice are: 1) to provide insight into the life experience and perspectives of individuals or groups that are usually the subjects of research, 2) to encourage critical dialogue about important community issues, and 3) to reach policymakers (Wang and Burris 1997). Participatory visual methods go further than qualitative interviews as they ask research participants to develop a critical consciousness (Freire 1970) about their situations when they take photographs to share with an interviewer and with peers. Positivist methods treat research participants as 'data generators' and exclude them from further contact with the research project, researchers, and application of findings. Our methods instead respect the perspectives of research participants and seek to promote education and awareness among participants of the structural inequalities and structural and personal strengths of their situations (Wang and Burris 1997). With our methods we ask participants to teach us what they know, think, and feel, and encourage them to be part of any solutions to address problems or support strengths as they are interested and able (Wang and Burris 1997).

Below we present the context and methods of a photo interview study in Mexico followed by those of a photovoice study in the US. For each context we provide the pur-

pose, background, participants, and methods used. When describing our methods –
what we did for each study – we alternate our use of the word 'we' and 'researcher' to
represent the lead investigator for each study.

9.2.1 Photo Interview on poverty in Mexico

Photo interview is a method of visual sociology generating photos and interviews
(Kolb 2008) and involves three phases of work: (1) opening phase, (2) active photo
shooting, and (3) decoding or interpretation phase. The photo interview method can
also involve the use of photos taken by the researcher or archival photos (Harper 2002).
For photo interview as we practice it, the photographs are taken by research participants.

The Mexico photo interview study was intended to understand health and environmental issues of importance to members of a local women's group seeking to
support empowerment of its members and the community and improve their health
through environmental education despite their conditions of poverty. The photo interview study was embedded in the interdisciplinary European Union-funded project
"NOPOOR – Enhancing Knowledge for Renewed Policies against Poverty", which used
a multi-dimensional approach to study poverty, and generate an evidence-base of local knowledge and experience to strengthen policymaker decision-making about approaches to alleviate poverty for people in urban and peri-urban settings around the
globe (NOPOOR). The study team consisted of European and local social scientists.
They conducted photo interviews in three countries (Botswana, Mexico and Vietnam)
to learn how women perceived their situations in development projects. For this paper we focus on the case study of a local women's group in Mexico called "Mujeres
Ecologistas de la Huizachera". The women's group was developing an organic garden
for clean food production with support from the Mexican Institute for Community Development (IMDEC) that provides critical consciousness trainings based on the Paulo
Freire (1970) approach to adult education (IMDEC 2019). The research study aimed
to collect knowledge, experiences, hopes for the future, and ideas of strategies from
members and administrators of the women's group to improve the economic situation,
individual health and the environment. The women's group was located in a highly in-
dustrialised and polluted suburb of the local provincial capital.

The study's field activities took place in November 2014, and included participation in several group workshops for example, on building an oven for family and commercial use. Field activities included doing participatory observation, conducting expert interviews with representatives of the organisation and collecting documentation
(brochures, sketches, photos, videos). The researcher and participants met several
times to conduct photo interviews with three members of the women's group, aged
21 to 55 years. Participants used digital cameras, and the interviews were conducted
in Spanish by a member of the Austrian research team. She translated for the first

author of this paper from Spanish to German during the photo interview, which was recorded and transcribed. 110 photos and three interview transcripts were elicited.

In the opening phase of the photo interview, the researcher introduced each participant to the study focus and purpose, and his or her task to take photos that illustrate his or her experience and perspective. In the active photo shooting phase, participants took photos on their own time and then returned their camera to the researcher, who had photo prints made. In the third phase of decoding or interpretation, the respective participant and researcher used the photos as the basis for an interview. Before the start of the interview, the researcher began an analysis of the visuals by classifying photos from all participants into 'specific' groups, categories, or themes of photos. Then, in the photo interview or the group discussions of photovoice, participants selected from among their photos those they wished to discuss with the researcher – another step in the analysis process. In the interview the participant explained the subjective and personal meaning of the photo – the first reading of the photo – and pointed out its personal function and related values. The researcher had an interview guide in hand with questions relevant to the topic. However, each participant led the photo interview as he or she chose which photos to talk about with the interviewer in what sequential order. During the photo interview it was not possible to discuss all photos taken.

Participants took on an expert role in the study and, after choosing the photos and sequence of photos to discuss, they described and explained their photos with their own words. We encouraged each participant to speak freely about their personal values and argue for or explain their viewpoint further. New questions emerged during the interview that became more like a conversation between the researcher and participant about the photos and the community problems and strengths they illustrated. The photo interview process initiated a dialogue between each participant and researcher, a common activity in the decoding phase of the visuals. Thus, the photo interview was a major step in interpreting the visual data.

A next step in data interpretation was to analyse the transcripts. The interview text was analysed together with the photos talked about during the interview to show the perspective of the women on their personal life and future in a qualitative way. The interview data informed the final photo groups, categories and themes.

All the visual and textual material were shared with members of the hosting organisation IMDEC, with the purpose of informing their further work with the women's group. At the local level of the project, the photo interviews informed the efforts by the women's group which created, with support from IMDEC, a community organic garden for healthful food production. With IMDEC support the women's group also developed a model farm with environmentally friendly infrastructure such as composting, use of grey water, using cisterns to store rain water, and improved cooking techniques to preserve nutrients and reduce energy use. In order to learn about organic gardening and to improve their daily nutrition, members of the women's group were testing different techniques for growing and cooking an indigenous squash (*chayote*[1]) in their family gardens. An exhibit of the photos and captions, created from interview excerpts, conveyed subjective views and information of women in the community to members of the hosting organisation.

The activities of the women's group have continued to expand since completion of the photo interview study. The group has achieved its goal of establishing a school to educate the neighborhood, village, and greater peri-urban community about organic farming, which links the concept of organic food production and the indigenous philosophy of appreciation of nature and 'mother' earth (*pacha mama*). Separately, the Austrian research team published a summary document of findings from Botswana, Mexico, and Vietnam (Dumreicher, Kolb and Prokop 2016). In addition, a book of findings from the field research of the entire NOPOOR project was published (Dumreicher and Oudin 2016). The publications brought the perspectives of local women living in urban poverty into global policy conversations about evidence-based efforts to collaborate with and support local organisations working to alleviate urban poverty.

9.2.2 Photovoice on brain injury in the United States

Photovoice is a participatory research process undertaken by a group. The steps of photovoice involve 1) learning about the research topic and the ethics of being a visual researcher, 2) taking photos to answer the research questions, 3) discussing photos with the group, 4) selecting some for caption-writing, 5) categorising or grouping the photos, and 6) creating public exhibits or other outreach intended to raise awareness, and inform and motivate action (Wang 1999, Lorenz and Kolb 2009).

The purpose of the photovoice study in a town in the northeastern United States (US) was to understand and increase awareness of environmental factors impacting community integration of older adults with acquired brain injury. Community integration means participation in community life, for example shopping, volunteering, attending church services, and accessing town services such as the public library and town offices. Acquired brain injury is any injury to the brain occurring after birth and includes traumatic brain injury from a blow or jolt to the head, stroke, and brain tumor. Brain injury and older age are known to increase social isolation, which is known to impact health and wellbeing and is a rapidly growing problem in the US. The project was funded by a grant from a local foundation.

Four men and two women aged 55 to 70 agreed to participate in the study. Five were recruited from among the residents and volunteers at a government-subsidised group home for people with acquired brain injury. The sixth responded to recruitment materials posted at the local senior center. Our photovoice project involved meeting

---

1 *Chayote (Sechium edule):* Aztec fruit, spread from Mexico to other American countries.

with participants eight times, one and a half hour each, for a total of twelve hours between September and November 2014. Sessions were held at the town library and facilitated by the second author of this paper and principal investigator of the study, in collaboration with three university student interns – two occupational therapy graduate students and one undergraduate student majoring in social policy. They participated in a photovoice training before the project began and helped to facilitate the project. The study's photovoice process followed the steps described above.

First, participants learned about and discussed the project purpose, use of the project camera (Nikon Coolpix L30), the photovoice process (Lorenz and Chilingerian 2011), the ethics of being a community researcher (e.g. ask permission before taking someone's photo), and the theoretical framework of community integration underlying the project.

Secondly, participants took photos to answer the study questions and show something of importance. Study questions intended to guide photo-taking were: What in my community are barriers to my community integration? What are supports? What do I want to tell others? What are my hopes for the future? Each participant had at least two opportunities to take photos, which were discussed during project sessions. Several participants worked with an intern or the researcher to take their photos due to lack of experience, confidence, or physical ability to use the camera. All photos were taken under the direction of the participant.

Third, participants discussed their photos and perspectives with the group. The photo discussion sessions involved participants sharing a photo first with a 'partner', who might be a peer, an intern, or the facilitator. Participants with communication challenges (e.g. aphasia or challenges with verbal fluency) worked one-on-one with the interns to accomplish their tasks. Participants selected which photos to discuss. Then each participant shared their photo also with the group, explaining why they took it and what it meant, and responding to questions from others in the group. During the discussions, participants often described how each photo also related to their lives, experiences and feelings.

Fourth, participants wrote captions to explain what the photo meant to them. For caption writing, several approaches were used. Some participants wrote captions at home and brought them in to the group. Others dictated captions to a partner (an intern, the facilitator, or a peer). Some participants revised their captions based on the group discussions or feedback. The eight-session project resulted in 36 photos with captions created by participants, with no editing by interns or the facilitator.

Fifth, participants, interns and the facilitator worked together to group the photos and captions into categories or themes. They started by taping a photo to a flip chart and naming the flip chart with a theme. By the end of the session, they had eight themes each with several photos and captions. They invited guests to a project session to review their work and provide feedback. The guests said they found it confusing to have the photos grouped by themes and suggested that instead participants choose just a few photos and prepare posters that would show just one photo and caption per poster, as had been done by a prior photovoice project sponsored by a Boston university. The group decided to follow this advice.

These steps were completed within the first eight meetings out of which a draft exhibit was in hand that could be developed further into a more formal exhibit of printed posters to hang in public spaces with four additional meetings. The interns assisted participants with photo-taking, spoke with them one-on-one about their photos, supported caption writing by writing down captions as dictated by participants, and participated in group discussions of the photos and captions and selection of photos for the exhibit posters. The process to select photos for the final exhibit posters involved a voting exercise in which four participants, the facilitator and one intern each received two coloured sticky-notes and placed them on their favourite photos. At least one photo from each participant was included in the final exhibit of twelve posters, each with one study photo and caption. A final task, led by the facilitator, involved grouping the selected photos into the domains of the theoretical frame that guided the project (see Fig. 9.1). The group reviewed each photo selected one-by-one and placed it in the theoretical frame. There was consensus among group members about the placement of each photo. The theoretical frame had its own exhibit poster (see Fig. 9.1).

The exhibit was hosted at the town library and later the local senior center. Participants also presented on their photovoice findings and experiences at an annual research conference of the state's brain injury association, a non-profit group that ad-

Fig. 9.1: Exhibit poster of community integration domains and categorisation of photovoice data (photos) (2015).
Note: The participants, facilitator, and an intern grouped the photos into the framework's domains and co-wrote the caption and tagline, which reflects a 'higher level' view on fostering community integration for older adults with disabilities from brain injury.

vocates for legislation and funding to improve services for people with acquired brain injury in the state. Fig. 9.1 shows the theoretical frame used.

9.3 Findings

The photos elicited in participatory photo interviews as well as in photovoice can also be analysed by the researcher by focusing on their visual messages in connection to text from the interviews and captions given by participants. As we explore empowerment in our participatory visual research studies, we present two types of photos: one documentation photo and one symbolic photo for each study. These two basic types of photos are commonly produced in participatory visual studies (Lorenz and Kolb 2009). Documentation photos show a specific problem that the photographer wants addressed. Symbolic photos are metaphors, which become opportunities to talk about feelings. Each type is useful for the participants to show positive and negative aspects of their lives and environment. For the photos from the Mexico project, the text that accompanies them is excerpts taken from the respective photo interview. For the US project, the text was written by the photographer-participant, as described above. We first show each photo and its accompanying text, followed by a description of the photographer, the photo, the accompanying text, and the camera perspective. We describe the photographer's motivation in participating in the study and taking the photo. Finally, we provide an analysis of empowerment as seen in (or implied by) the photo and its text.

9.3.1 Documentation of problems

Photo interview and photovoice result in data that encompass both images and text and document real life situations that the photographer wants the local authorities to address. In this section of our chapter, we provide two examples of documentation photos.

9.3.1.1 Waste management in Mexico
The photographer is a 21-year-old woman who is a member of the Huizachera women's group and the daughter of the group's founder. The photographer is very much involved in the activities of the group. With the photo she is telling the story of the non-functioning waste collection in her community and her experience of it. She is documenting a problem that plagues her neighborhood.

---

2 All photos were taken by the project participants.

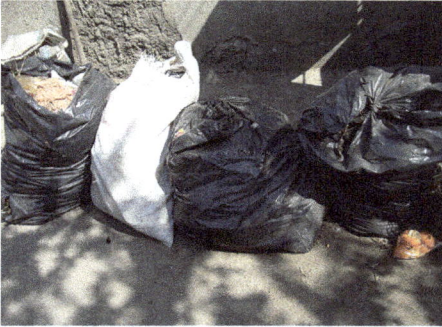

"Nobody comes to collect the waste. This is dangerous, because illnesses could come. The truck is not coming and the waste stays with us."

Fig. 9.2: Uncollected waste in a poor community (Mexico)[2]

The photo subject, which takes up two thirds of the image, shows three packed sacks waiting to be collected by the municipal waste services. Three black sacks and one white sack dominate the photo. Two sacks are tightly closed and two are untied and provide a glimpse of the waste inside. In the bottom third of the photo we see shade on the asphalt, dark and light spots, the shade of a tree. The surrounding is very clean, only from the material of the sacks and the caption is it apparent that the sacks hold waste. The place could be a public street or a private entrance of a house. The photo was taken using a top-down perspective: the photographer stood close to the sacks and aimed her camera down at them. The caption introduces the problem of uncollected waste and the potential for illness that ensues. The caption puts the blame onto the municipality whose trucks should be hauling the waste away but are not. The photographer wanted to document this problem of uncollected waste. Neither the image nor the caption shows people. Instead, people and their actions to collect the trash are implied and outside the frame of the image. The photo also implies that people are taking risks to their health to keep their community safe: Gathering waste in these bags keeps the environment clean but collecting waste as a community member can be risky without use of protective equipment such as heavy-duty gloves. In turn, waste, even in closed bags, that remains uncollected by municipal authorities can encourage proliferation flies and other pests that can threaten health.

In terms of empowerment, the photograph and caption demonstrate the photographer's ability and competence to act, as well as her motivation to advocate for change. The photographer is showing critical awareness of a community problem and is documenting the work of the people who have packed this waste in bags and thus are contributing to the health of their family and community. By showing the collected trash bags to an outsider and to the local women's group that is hosting the study, the photographer is also attempting to highlight the efforts of the women's group and the collaborating NGO so that local resources will be mobilised to address this issue. Thirdly, the photograph and interview also implicitly document the photographer's community involvement and organisational participation – another type of empowerment, as the problem can only be addressed through collective action.

Researching the presence and recognising the problem of uncollected waste shows competence in a specific domain of the life of the neighborhood and its peri-urban situation where waste is not collected as systematically as in the city center. The caption reveals critical awareness about who is responsible for this problem (*"The town does not collect the waste", "Everything is polluted", "My children are ill"*). The residents who are gathering waste in bags are playing their part in keeping their community safe and healthy; it is the municipality that is failing. The photographer is documenting a coping behavior used by the community, which is gathering the garbage in large bags to deal with the waste and to contain the problem until the next time the garbage collection takes place. The photograph alone is an insufficient documentation to understand the scope of the problem; as viewers we need both the photograph and the interview to understand the specific situation and the perspective of the photographer.

9.3.1.2 Infrastructure in the US

The participant, who is aged 70 and retired, has trouble walking due to residual effects of an acquired brain injury caused by a virus. She is a lifelong resident in the town where the photo was taken. Previously she worked as a secretary in the police department, located in the building shown in the top one third of the photo. She joined the project specifically to document this and other accessibility problems in her community.

The image is dominated by the entrance to a walkway, which takes up three-fourths of the frame. The walkway entrance is made of cement and angles down and to the left, where it bumps against a curb, whose shadow accentuates the incline. Pine needles and dry leaves have fallen into the cracks in the cement. In the photo's front right corner a stripe of yellow and white paint marks where a pedestrian crosswalk

"Imagine walking up this sidewalk alone with a walker. I have to push and hold on, so I don't roll back. Gravity keeps pulling me back. The cement is rough and bumpy. People are helpful when they are around, but I am not always so lucky."

Fig. 9.3: Infrastructure that limits access by people with disabilities (US)

touches the walkway entrance. In the top third of the image, a deep shadow and large leafy bushes obscure the rear entrance to the municipal building of the town where the photovoice project took place. The camera's perspective, low to the ground and close to the subject on which the photographer wants to focus our gaze, brings into sharp relief the steepness of the incline and reinforces a sense of helplessly sliding to the left. The caption indicates that this rough, bumpy and steep entrance is difficult for the photographer to negotiate with her walker. In the caption she describes her struggles as she tries to push the walker up the ramp while gravity pulls her backwards. The photographer thought the walkway should be made smoother and less steep, so that she and, by implication, anyone with physical disabilities affecting mobility, could better access the town's municipal offices.

In the photo we do not see any people; it is the caption that brings people into the discussion. In the caption the photographer qualifies her "criticism" of the town by noting that people help her to get up the walkway entrance when they are around. She wanted to point out this problem, while at the same time she did not want to appear to be criticising the town administrators who work in the building. Her text softens the criticism implied by the photo as she diffuses blame for this problem and acknowledges that people help her when they are around.

The photo documents efforts that the town has already made to provide access: a marked cross-walk and a ramp-like walkway entrance. At the same time, the caption documents critical understanding that it is people – in this case town administrators – who can focus attention on fixing this problem. The photograph and caption document that, from the perspective of the photographer, the town's previous efforts (ramp, walkway) have not been sufficient and that improvements are needed to ensure access to the building by people using walkers. The photographer was activated and motivated by this opportunity to show something of importance to her, an older adult with physical disabilities. The photovoice project provided an empowering opportunity for her to make the problem known. On her own, the photographer might have gained attention to the problem, but she felt uncomfortable doing so, and her lone voice might not have led to action to fix the walkway. Because of her photo, shared first with the town's Disability Commission members, who then shared it in turn with town administrators, the walkway was redone to reduce the grade and smooth out the bumps. The Disability Commission was empowered by her photo and caption, which they used to advocate effectively with the town to have the walkway fixed. This is an example of how an organisational partner can advocate for addressing problems identified by photovoice participants.

In terms of empowerment, we observe that the photographer is motivated to document the problem and has shown competency in doing so. She has demonstrated critical awareness of the problem and has taken advantage of the photovoice project as an opportunity to mobilise resources to address it. She can cope with this problem when people are around to help her get up the ramp. Her membership in the Disability

Commission as an organisational participation enabled the Commission to bring the town's attention to this problem, which impacts more than just this one individual.

9.3.2 Symbolic representation

Taking photos for our studies using participatory visual methods involved not merely documenting problems but also expressing feelings, positive and negative, motivations and fears. Within the process of photo interview, from the opening phase to active photo shooting and decoding in the interview and interpretation by the researcher, feelings and emotions were expressed visually through symbols. During the discussion phase, step three in the photovoice project, participants explained the photo and narrated its context, resulting in both visual and verbal expression of feelings and emotions. Again, we show one photo of this type from each project.

9.3.2.1 Alegria means happiness in Mexico

Again, it is the 21-year-old women who represents the younger generation of the Huizachera women's group who took this photo. The photo shows a flowering plant. In the top two-thirds of the photo we see the petals of two red flowers with long green leaves, and in the bottom third we see petals of a pink flower and two flower pots with earth. There is one flower in each horizontal third of the photo, which is taken in a top-down perspective and close to the ground. In the background we see green leaves of other flowers and a wall of red bricks. In the interview, the participant compared the flower with a fruit, and connected the caring of the flower with its beauty. She described that she has to care for the fruit and flowers when her mother is absent, that care involves planting and watering, and that flowers like the ones in the photo bring a sense of happiness.

"The flower is a little fruit. It is not about the work but also about the beauty of the flower. [...] When my mother is not here, we have to care for them, and we learn how to do it.
When you look at the plant, 'alegria' comes and we dance."

Fig. 9.4: The flower photo

This photo of a flowering plant demonstrates the competence of women who plant and care for the flowers, a perhaps daunting task in the context of industrialisation, pollution, urban expansion, and destruction of local forests and habitat, where traditional knowledge gets lost more and more. The interview excerpt explains the photographer's motivation for taking the picture: to show the importance of beauty in every-day life, also in the lives of women living in poverty in a peri-urban, polluted community. In her caption she has described women responding to the flowers and dancing their happiness in connecting with the beauty of nature. The caption also represents, we suggest, a connection with others in her community. In the local context, flowers are also used to celebrate festivals and to decorate the church. The group and community orientation of the photographer is apparent: the women who grow fruit and flowers do not work for the good of themselves alone, but for everybody in the community. Further, behind every woman stands a family, which allows the younger generation to be integrated into the ongoing poverty alleviation work of the women's group that can be seen as an example of empowerment in action. Community was also an important theme for the project in the US, as seen in the photo and caption below.

9.3.2.2 Beautiful like leaves in the US

The participant who took this photo of fall foliage was an electrical engineer who designed adaptive technology for people with disabilities before a brain tumor and related surgery and radiation treatment caused him to have an acquired brain injury whose impact on his life includes no longer being able to work as an engineer. He was 58 years old at the time of the study.

In the image we see fall leaves of green, gold, and orange on the trees and bushes that dominate more than two-thirds of the image. The colourful leaves are also seen in a reflection in the still water of a pond. When considering the trees, bushes, and reflection, the colourful leaves are present in almost every part of the image. We see them as a group, not as individual leaves. The focus is expansive and includes many trees

"Like leaves, we are all different. Yet, when viewed together we make a beautiful tapestry!"

Fig. 9.5: Fall foliage

and bushes. In the caption, the photographer has acknowledged differences among the residents in his community and notes that "when viewed together" as a whole, they make a "beautiful tapestry".

The town designated this undeveloped area close to the town center as a nature reserve, and a local resident advocated for and raised funding to have paths created that allow residents with physical disabilities and in wheelchairs to reach the pond and its vista. The photographer stood at one edge of the pond and aimed his camera across at the trees on the far side. More than half of his project photos were metaphors for his feelings and experiences related to being someone with disabilities from brain injury in his community. An engineer before his injury, the participant was unfamiliar with the use of metaphor prior to his participation in the project, which provided information and examples of metaphors during a project session.

The participant's motivation for joining the project and completing project tasks was to create awareness about community integration challenges and strengths for older adults with disabilities from brain injury on the one hand and to advocate for sidewalk improvements to increase access to the town center's local businesses and public buildings such as the town library on the other. The photographer wanted to share his perception that all community members, even those with disabilities from brain injury, contribute to the good of the community as a whole. This photo and caption became the primary symbol of the project's exhibit.

The photo and caption represent the practice of a new skill: creating visual metaphors with a camera, as been done by other adult photovoice participants living with brain injury (Lorenz 2010). The participant was critically aware that despite legislation such as the Americans with Disabilities Act (1990), people with disabilities to date have not seen by all community members as contributing to the well-being of the community as a whole. Participating in the project also contributed to empowerment as the photographer discussed his photos with the group and developed a sense of acting in concert with others. As noted by Nina Wallerstein and Edward Bernstein (1988, 380), empowerment is "the power to act with others to effect change". As a result of his participation in the photovoice project, the participant was invited to join the town's Disabilities Commission and help to advocate for renovating the town's dilapidated 1960's-era brick sidewalks whose bumpy unevenness was threatening the balance and safety of people with mobility issues, including the photographer.

9.4 Discussion

In our discussion, we focus on three topics and their associated challenges and strengths as experienced in our studies, and suggest some best practices for using an empowerment lens in participatory visual methods with individuals in difficult circumstances, for example living in urban poverty and living with disabilities.

9.4.1 Photos that empower? Documentation and symbolic approaches to photo-taking

In giving cameras to research participants and asking them to help us understand a research topic from their perspective, our methods resulted in a collection of photographs that allowed for respectful sharing of perspectives among people with differing levels of power. The images and their content became objects outside the "self" (Rose 2007) and encouraged dialogue among researchers and participants as they discussed and reflected on the photographs (Kolb and Lorenz 2014). For people living in poverty or living with disability, the act of listening to their perspectives and engaging in dialogue while viewing the photos together contribute to empowering moments for an individual. We recommend that researchers let participants take responsibility for selecting which photos to discuss in the interview or within a group setting, as this allows them to frame the situation, determine the order of topics to be discussed, and feel valued for their work.

However, the type of photos taken can make a difference vis-à-vis generating opportunities for change – or not. Documentary photographs point to specific problems and may more easily result in action to address them, particularly when policymakers are open to understanding participants' perspectives and supporting efforts to improve their situations based on their expressed needs. An example is the walkway, which was fixed by town authorities after seeing the photo and hearing the related story. Photographs that are symbolic in terms of metaphoric images, open a type of auto-ethnographic window into participants' lives. It may be difficult, however, to apply those metaphors to practice and policy. A change in attitude toward people living with disabilities in the US town where the photovoice study took place would most likely require a concerted effort by individuals and organisations. However, the photos are an important part of enhancing self-awareness through self-expression and can lead to a new perspective on the environment or the structural challenges faced by participants living with a disability. Thus, the tasks of photovoice can contribute to an enduring process of self-empowerment. The photo of fall foliage reveals a previous change in attitude and a desire to provide access to nature for people with mobility issues through establishment of the nature reserve and smooth paths for access. However, the photo and caption also reveal that more needs to be done.

A best practice for participatory visual methods from our perspective is to encourage participants to document specific problems and also capture symbols that express feelings and emotions. We suggest that this best practice will support participant empowerment as they feel heard by researchers and others, whether or not change occurs (Fendrich and Lovoy 1988, Vestergren, Drury, and Chiriac 2018).

9.4.2 Encouraging change or resistance? Dissemination and translation of the visual data

An essential aspect of participatory photo interview as well as of photovoice is to display the data (photos and text, themes and groupings) in public spaces where people can interact with them and consider what they mean for policy and program change. Dissemination of the findings in Mexico was a strength. The women's group used the study's findings to expand its program activities teaching organic gardening and clean processing techniques to local groups, realising their goal of working in several local communities. Thus, dissemination was an education process that led to empowerment of the organisation and, potentially, of the women members and those in the wider community as they participated in development activities informed by the photo interview and other data. In contrast, in the US the project's public exhibit dis--empowered the participant as local residents, antagonistic to change, challenged the broader goal of seeing everyone in the community as contributing to its health and value as a whole and the call to fix the bumpy brick sidewalks in the center of town so older adults with disabilities could walk more easily and safely. A small group of residents did not want the brick sidewalks, which were installed in the 1960's in the town's commercial center, to be changed. They felt the "old" bricks were now part of the town's identity, attracted tourism, and increased the value of their homes. They posted printed flyers around town that showed a large machine attacking the town's physical infrastructure. They organised an event to celebrate the renewal effort that established the brick sidewalks and a town center redesign 50 years prior. The actions by a small, vocal group meant that town authorities who had previously supported new sidewalks changed their minds and did not approve the needed funding for sidewalk improvement for an additional two years.

9.4.3 Empowerment through participation? Engaging participants throughout the study and beyond

It has been argued that empowerment can only arise in participatory visual research from engaging individuals who are usually the "subjects" of research in a collaborative process at all stages of the research endeavor, from identifying the topic and selecting methods to generating and interpreting data and disseminating the results (Liebenberg 2018). In our studies we identified a research topic before recruiting participants, although Caroline Wang (1999) notes that researchers who bring a topic to a photovoice study can instead involve participants in developing the questions to be explored using a camera. We suggest that our visual methods instead fostered what Karen Ross (2017, par. 2) has called "empowering moments" as participants took photos, discussed them with the researcher and their peers, and participated in exhibits and presentations. We argue that belief in one's abilities to use skills, be a competent

actor, and cope can create moments of empowerment – and, potentially a more enduring empowerment, as has been found in studies of youth involvement in community
activism projects and collective action for the environment (Fendrich and Lovoy 1988,
Vestergren, Drury and Chiriac 2018).

Participatory visual methods do not automatically empower participants, communities or organisations. Any method can disempower if used without considering
the consequences of methodological choices. Caroline Wang, Mary Ann Burris and
Xiang Yue Ping (1996) argue for using photovoice – and we argue photo interview as
well – as part of a larger process of investigation. In the photo interview study, the Mexico project was embedded in a larger, global study of poverty and local actions being
taken to alleviate it, and generated policy recommendations on approaches intended
to support empowerment processes in the context of poverty alleviation. For the photovoice study, the photos informed ongoing work of the town's Disabilities Commission, which had documented approaches throughout the region to renovate bumpy
brick sidewalks and make them smoother and more easily navigated by elderly residents and people with disabilities.

Our studies took a bottom-up approach to knowledge, change and planning.
A best practice for participatory visual methods from our perspective is to involve
participants not only during the research endeavor but also in ongoing planning and
change efforts. In the photo interview project this was accomplished as the members
of the women's group and IMDEC contributed to planning and implementation of
follow-on activities. In the photovoice study, the Disabilities Commission recruited
a study participant to join the Commission, which has continued to advocate for
positive changes for people living with disabilities in the town. For both studies, the
participatory visual methods and related data were important steps in the ongoing
work of local organisations to make a difference for – and with – people living in
difficult circumstances yet having essential expertise on their current situations and
their hopes for the future – and a desire to collaborate with local organisations to
create change.

9.4.4 Limitations

Participants create a "snapshot in time" with their photos. That exact moment or cir-
cumstance may not exist hours, days, or years later. The research studies described
in this paper were also snapshots in time. The situation of the photo, the individual,
the community does not remain stagnant. In the US, the walkway was fixed but the
problem of intentional exclusion of people with disabilities from integration into community life remains.

Still, we argue that both individuals and organisations are empowered through
the use of participatory visual methods. Future research could incorporate a quantitative measure (scale) to explore participants' perspectives on empowerment result-

ing from the use of participatory visual methods over time. Incorporating post-project interviews to learn from participants and hosting organisations about their perspectives on empowerment using a qualitative approach would provide insights as well. We have not followed our study participants over time and cannot document any long-term empowerment effects for individuals or organisations, although such effects are known to endure (Fendrich and Lovoy 1988, Vestergren, Drury, and Chiriac 2018).

And finally, as with any interview method, we acknowledge that the data are co-created by researchers and participants as they discuss photos and experience (Riessman 2008). Researchers using participatory visual methods must remain vigilant of the ways in which their experiences and perspectives may affect what they "see" and "hear" as they interview participants, and analyse study photos, transcripts, and captions (Riessman 2008, Lorenz 2011, Pink 2007).

9.5 Conclusion

Photos bring real lives into policy and practice conversations. In the research context, they empower participants to represent their point of view, contribute to wider community discussions, and make a case for change. The approach itself can empower individuals as they feel heard, listened to, and visible in their communities. However, collaboration with organisations is needed for the participatory visual data generated to result in wider community policy or practice change and realise the empowerment goals of a participatory visual methods study.

References

Chalfen, Richard, Laura Sherman, and Michael Rich. 2010. VIA's Visual Voices: The Awareness of a Dedicated Audience for Voices in Patient Video Narratives. *Visual Studies*, 25(3):201–209.
Disabilities Act. 1990. *Americans With Disabilities Act of 1990: Pub. L. No. 101–336, 104 Stat. 328.* ADA.gov. https://www.ada.gov/ada_intro.htm. Accessed: 29.10.2020.
Dumreicher, Heidi and Xavier Oudin. Ed. 2016. *Nopoor: Towards a Decent and Fair Future*. Vienna: Bibliothek der Provinz.
Dumreicher, Heidi, Bettina Kolb, and Bettina Prokop. 2016. *Development Projects and Empowerment: The View of the Beneficiaries from Three Continents*. Nopoor 4 Deliverable Oikodrom.
Fendrich, James M. and Kenneth L. Lovoy. 1988. Back to the Future: Adult Political Behavior of Former Student Activists. *American Sociological Review*, 53(5):780–784. doi:10.2307/2095823.
Freire, Paulo. 1970. *Pedagogy of the Oppressed*. New York: Continuum.
Harper, Douglas. 2002. Talking about Pictures: A Case for Photo Elicitation. *Visual Studies*, 17(1):13–26. doi:10.1080/14725860220137345.
IMDEC (Mexican Institute for Community Development). 2019. *Mujeres Ecologistas de la Huizachera, Community Salto, Province Jalisco, Mexico*. IMDEC (Instituto Mexicano para el Desarrollo Comu-

nitario). http://www.imdec.net/ser-mujer-en-la-huizachera-entre-retos-y-peligros/1.1.2019. Accessed: 22.04.2020.

Kolb, Bettina. 2008. Involving, Sharing, Analysing – Potential of the Participatory Photo Interview. *Forum: Qualitative Social Research*, 9(3). doi:10.17169/fqs-9.3.1155.

Kolb, Bettina and Laura S. Lorenz. 2014. "Let's see": Participatory Visual Methods in Practice. In: Fogel, Curtis, Elisabeth Quinlan, and Andres Quinlan. Eds. *Imaginative Inquiry: Innovative Approaches to Interdisciplinary Research*, pp. 79–92. Palo Alto: Academica Press.

Liebenberg, Linda. 2018. Thinking Critically About Photovoice: Achieving Empowerment and Social Change. *International Journal of Qualitative Methods*, 17(1):1–9. doi:10.1177/1609406918757631.

Lorenz, Laura S. 2010. Visual Metaphors of Living with Brain Injury: Exploring and Communicating Lived Experience with an Invisible Injury. *Visual Studies*, 25(3):210–223. doi:10.1080/1472586X.2010.523273.

Lorenz, Laura S. 2011. A Way into Empathy: A "Case" of Photo-Elicitation in Illness Research. *health: An Interdisciplinary Journal for the Social Study of Health, Illness and Medicine*, 15(2):259–276. doi:10.1177/1363459310397976.

Lorenz, Laura S. and Jon A. Chilingerian. 2011. Using Visual and Narrative Methods to Achieve Fair Process in Clinical Care. *Journal of Visualized Experiments*, 48(e2342). doi:10.3791/2342.

Lorenz, Laura S. and Bettina Kolb. 2009. Involving the Public through Participatory Visual Research Methods. *Health Expect*, 12(3):262–274. doi:10.1111/j.1369-7625.2009.00560.x.

NOPOOR. *Enhancing Knowledge for Renewed Policies against Poverty. European Union's Seventh Framework Programme for Research*. Technological Development and Demonstration/Nr. 290754, 2012–2017. http://www.nopoor.eu. Accessed: 23.02.2019.

Pink, Sarah. 2007. *Doing Visual Ethnography: Images, Media and Representation in Research*. London: Sage.

Riessman, Catherine Kohler. 2008. *Narrative Methods for the Human Sciences*. Los Angeles: Sage Publications.

Rose, Gillian. 2007. *Visual Methodologies: An Introduction to the Interpretation of Visual Materials*. London: Sage.

Ross, Karen. 2017. Making Empowering Choices: How Methodology Matters for Empowering Research Participants. *Forum Qualitative Social Research*, 18(3). par. 2.

Vestergren, Sara, John Drury, and Eva H. Chiriac. 2018. How Collective Action Produces Psychological Change and How that Change Endures Over Time: A Case Study of an Environmental Campaign. *British Journal of Social Psychology*, 57:855–877. doi:10.1111/bjso.12270.

Wallerstein, Nina and Edward Bernstein. 1988. Empowerment Education: Freire's Ideas Adapted to Health Education. *Health Education Quarterly*, 15(4):379–394.

Wang, Caroline. 1999. Photovoice: A Participatory Action Research Strategy Applied to Women's Health. *Journal of Women's Health*, 8(2):185–192.

Wang, Caroline and Mary Ann Burris. 1994. Empowerment through Photo Novella: Portraits of Participation. *The Health Education Quarterly*, 21(2):171–186.

Wang, Caroline and Mary Ann Burris. 1997. Photovoice: Concept, Methodology, and Use for Participatory Needs Assessment. *Health Education & Behavior*, 24(3):369–387.

Wang, Caroline, Mary Ann Burris, and Xiang Yue Ping. 1996. Chinese Village Women as Visual Anthropologists: A Participatory Approach to Reaching Policymakers. *Soc Sci Med*, 42(10):1391–1400. doi:0277953695002871 [pii].

Teil VI: **Erkundungen mittels eines Visual Essays**

Margarita Wolf

10 Auf Spurensuche. Zur Konzeption eines Visual Essays über ein ehemaliges Konzentrationslager

10.1 Einleitung

Wenn wir an Konzentrationslager denken, haben wir meist das Tor von Auschwitz-Birkenau (Auschwitz II) vor Augen, ein Bild, das dem kollektiven Bildgedächtnis[1] zu einem Ort nationalsozialistischer Verbrechen entspringt (Schönemann 2019). In unseren Vorstellungen existieren allerdings keine ikonisch gewordenen Bilder von *ehemaligen* Konzentrationslagern oder Orten nationalsozialistischer Verbrechen, die heute bewohnt und nicht als Gedenkstätten markiert sind. Das ehemalige Konzentrationslager Gusen in Oberösterreich ist ein solcher Fall: Hier wurde das ehemalige KZ nach der Befreiung im Mai 1945 in besonderer Weise nachgenutzt, nämlich als ein Wohnort. Auf dem Gelände entstand in den 1950er-Jahren eine Wohnsiedlung, die teilweise exakt an die alten Lagerstraßen und -baracken angrenzt; noch erhaltene Gebäude wurden und werden immer noch unter anderem als Wohnhäuser genutzt. Die Spuren des Konzentrationslagers sind dabei weitgehend verwischt worden, es ist über historische Bausubstanz nicht mehr eindeutig erkenn- und identifizierbar.

Während in der Ethnologie und Anthropologie visuelles Material bereits ab Mitte des 19. Jahrhunderts für die empirische Arbeit hergestellt wurde (vgl. Raab 2008, 96), standen Soziolog*innen einem solchen Vorgehen lange Zeit skeptisch gegenüber. Bilder und Fotografien wurden hier häufig als Illustrationsmedium eingesetzt und auch in der visuellen Soziologie wurden hauptsächlich bereits vorhandene Bildmaterialien zur Analyse herangezogen. Diese stützte sich dabei hauptsächlich auf Sprache und Schrift. Vor diesem Hintergrund wird in diesem Beitrag gefragt, wie Visualität im Verhältnis zu Text und Narration in die sozialwissenschaftliche Forschung und Ergebnisdarstellung methodologisch begründet und methodisch kontrolliert einbezogen werden kann. Welches Potenzial Bilder im Vergleich zu Texten in diesem Zusammenhang haben können, wird anhand des Visual Essays, einer im deutschsprachigen Raum noch relativ unbekannten Methode, ausgelotet. Damit wird versucht, visuelle Formen der Forschung mit narrativen zu verbinden. Dabei wird einerseits dem Verhältnis von

---

[1] Der Begriff des kollektiven Bildgedächtnisses ist nicht unumstritten. Spätestens seit Gerhard Pauls Publikationen zur Visual History (unter anderem 2006, 2013) existiert eine interdisziplinäre Debatte um die Entstehung und Zusammensetzung dieses Kollektivs, auf die hier aber nicht eingegangen werden kann. Mit dem Zusatz „zu einem Ort nationalsozialistischer Verbrechen" meine ich vor allem das bundesdeutsche, aber auch internationale visuelle Gedächtnis an den nationalsozialistischen Genozid.

https://doi.org/10.1515/9783110613681-010

Bild und Text, Text und Bild und andererseits auch der Frage nachgegangen, was allein über Bilder vermittelbar ist und wo textliche Erklärungen notwendig sind. Anhand eines Fallbeispiels sollen Vorteile, aber auch Herausforderungen und Grenzen dieser Methode ergründet werden.

Als Fall dient eine dreiteilige Fotoserie zum ehemaligen KZ Gusen. Die gezeigten Fotografien wurden in einem kontrollierten Herstellungsprozess im Rahmen meiner Masterarbeit angefertigt und in Form eines Visual Essays dargestellt (Wolf 2016). Anhand des Fallbeispiels wird folgenden Fragen nachgegangen:

– Welche Spuren nationalsozialistischer Gewalt lassen sich in gegenwärtigen Fotografien von einem Ort eines ehemaligen KZs durch eine sensibilisierte und methodisch kontrollierte Wahrnehmung erschließen und entschlüsseln?

– Wie können sich Wahrnehmungsprozesse und Bedeutungszuschreibungen dieser Spurensuche verändern, wenn Fotografien farblich variiert und einander gegenübergestellt werden (Farbe und Schwarz-Weiß)?

In diesem Beitrag wird eine Fotoserie vorgestellt, die zum Teil der Masterarbeit entnommen, jedoch neu zusammengestellt und in erläuternde Textsequenzen eingebettet wurde. Diese bestehen zunächst aus einer literaturbasierten Darstellung der Diskussion zu Fotografien von und aus (ehemaligen) Konzentrationslagern. Der Beitrag ermöglicht es, die in KZs und kurz nach ihrer Befreiung entstandenen und im fachlichen Diskurs thematisierten Fotografien mit jenen der von mir selbst 70 Jahre später erstellten Fotoserie ins Verhältnis zu setzen (Abschn. 2). Anschließend wird die Methode des Visual Essays erläutert (Abschn. 3), woraufhin der Fall Gusen samt Kontextinformationen vorgestellt wird (Abschn. 4). Es folgen die Fotosequenzen, die ohne textliche Kommentare präsentiert werden. Das dient dazu, zunächst eine reine Bildbetrachtung zu ermöglichen und dadurch anhand des Beispiels die anschließenden methodischen und methodologischen Fragen erläutern zu können (Abschn. 5). Danach steht die Frage im Zentrum, wie visuelles Material für die soziologische Forschung kontrolliert hergestellt werden kann und welche Herausforderungen dabei entstehen können (Abschn. 6). Schließlich werden methodologische Implikationen zur Konzeption der Fotoserie erörtert und weitere Informationen zu den Fotografien gegeben (Abschn. 7). Im Fazit wird diskutiert, was allein durch die gezeigten Fotografien vermittelbar ist und welche Kontextinformationen für die Bedeutungserschließung doch notwendig sind (Abschn. 8).

10.2 Im Kontext – Fotografien von und aus (ehemaligen) Konzentrationslagern

Es existiert eine enorme Anzahl an Fotografien von und aus (ehemaligen) Konzentrationslagern, die sich unterschiedlich kategorisieren lassen. Die SS dokumentierte in ihren Fotografien zunächst die *Errichtung und den Aufbau* von Konzentrationslagern. Diese Bilder wurden in Form von Fotoserien, die die Arbeitsroutinen in KZs ab 1933 auf beschönigende Weise bildlich veranschaulichen, auch zu Propagandazwecken genutzt (vgl. Milton 1999). Diese Praxis nahm in den darauffolgenden Jahren jedoch kontinuierlich ab.

Viele Konzentrationslager hatten ein eigenes Fotolabor und ausgebildete KZ-Häftlinge, die für die SS Fotografien anfertigen mussten. Im KZ Mauthausen hatte beispielsweise der sogenannte Erkennungsdienst die Aufgabe, sowohl die Errichtung und den Aufbau des KZs zu dokumentieren als auch SS-Angehörige zu fotografieren. Daneben wurden ankommende KZ-Häftlinge zum Zwecke anthropometrischer Bestimmungen, medizinischer Experimente und Deportationen fotografisch festgehalten (vgl. Bermejo 2007, 103). Ziel war die Dokumentation der unterschiedlichen Funktionen der Konzentrationslager, des KZ-Personals und der KZ-Häftlinge. Das Fotografieren wurde damit ein integraler Bestandteil der Lageradministration (vgl. Milton 1999). Gegen Ende des Krieges wurde versucht, diese Fotografien und andere Dokumente systematisch zu zerstören (vgl. Perz und Wimmer 2004, 59). Fotografien dieser Kategorie sind nicht Teil des kollektiven Bildgedächtnissen zu Konzentrationslagern geworden, erst jene Aufnahmen, die die Befreiung dokumentieren. Dieses fotografische und auch filmische Material[2] wurde von Fotograf*innen und Kameraleuten der Alliierten hergestellt. In drastischen Bildern werden die Verbrechen der Nationalsozialist*innen gezeigt: Die Motive sind hauptsächlich die Vernichtungslager, die Toten, aber auch das Befinden der Überlebenden. Fotografisch festgehalten wurden außerdem die von den Besatzungsmächten angeordneten Zwangsbesuche, die die anwohnende Bevölkerung in den befreiten Konzentrationslagern abzuleisten hatte. Ziel dieser Maßnahme war, der Bevölkerung das Ausmaß der nationalsozialistischen Verbrechen vor Augen zu führen.

Allerdings fotografierten auch Journalist*innen (z. B. Margret Bourke-White oder Elizabeth „Lee" Miller), oder ehemalige KZ-Häftlinge die Befreiung von Konzentrations- und Vernichtungslagern. Der Zweck dieser fotografischen Materialien bestand hauptsächlich darin, als Beweis für die nationalsozialistischen Verbrechen zu dienen, weswegen sie unter anderem auch in den Verhandlungen des Internationalen Militärgerichtshofes in Nürnberg eingesetzt wurden (vgl. Milton 1999, 307).[3]

Die Fotografien der Befreiung von Konzentrationslagern sollten die internationale Gemeinschaft über die Geschehnisse informieren und aufklären. Sie sind Beispiele für Fotografien als Evidenz der Wirklichkeit, als visuelle Zeugnisse (vgl. dazu Burke

---

2 Zu den widersprüchlichen Herstellungssituationen dieses Materials vgl. Brink (1998, 823–832).

3 Hierzu zählen unter anderem die Fotografien von Francisco Boix, der als KZ-Häftling im KZ Mauthausen für die SS fotografieren musste. Nach der Befreiung fertigte er als Journalist ebenfalls Aufnahmen an, die bei den Nürnberger Prozessen als Beweismaterial dienten. Damit beinhaltet seine Fotosammlung zwei unterschiedliche Kategorien von Bildern. Diese und seine Aussagen vor Gericht finden sich in Bermejo (2007, 187–216). Über ihn erschien 2018 der von Netflix produzierte Film „Francisco Boix – der Fotograf von Mauthausen" (Regie: Mar Targarona).

2001) und als solche sind sie zentral für unsere Vorstellungen von Orten nationalsozialistischer Verbrechen.

Weitaus prägender für das kollektive Bildgedächtnis zu Konzentrationslagern ist jedoch die dritte Kategorie von Fotografien, die sogenannten *Ikonen der Vernichtung* (Brink 1998).[4] Diese nach der Befreiung aufgenommenen Fotografien wurden meist zu Aufklärungszwecken hauptsächlich über Printmedien, aber auch Broschüren und Plakate verbreitet. Heute sind sie unter anderem in den oft reichhaltig bebilderten Berichterstattungen zu jährlichen Befreiungs- und Gedenkfeiern verschiedener ehemaliger Konzentrations- und Vernichtungslager zu sehen.[5] Diese *Ikonen der Vernichtung* sind in das kollektive Bildgedächtnis zu Orten nationalsozialistischer Verbrechen eingegangen und prägen „die Vorstellungen von Konzentrationslagern nachhaltig" (Klei 2011, 160). Ihre Bildlichkeit verweist jedoch nicht auf konkrete Orte, sondern sie stehen sinnbildlich für die in den KZs begangenen Verbrechen im Allgemeinen. Durch die Losgelöstheit von konkreten Bezügen erzeugen diese Fotografien eine generelle Vorstellung von Konzentrations- und Vernichtungslagern, sie stehen unabhängig von Zeit und Ort. Einzelne Elemente dieser Fotografien (beispielsweise Stacheldraht, Wachtürme) entwickelten sich zu Symbolen grenzenloser Gewalt und „bilden damit nicht nur eine Folie, vor der wir die heutigen Orte betrachten und die Ereignisse erinnern, sondern auch eine, vor der aktuelle Verbrechen medial präsentiert werden können" (Klei 2011, 161). In der fotografischen Ikone werden komplexe Zusammenhänge „komprimiert" dargestellt und es wird damit der Eindruck vermittelt, dass sie stellvertretend für einen historischen Augenblick stehen könne:

---

4 In der sozialwissenschaftlichen Forschung zu Bildikonen gibt es eine Reihe von Vorschlägen für die Verwendung und Bestimmung dieses Begriffs. Christoph Hamann (2007) spricht beispielsweise von „Schlüsselbild", Habbo Knoch (2001) von „Symbolbild". Marianne Hirsch (2001, 16) hat die spezifische Funktion der ikonischen Holocaustfotografien betont, indem sie diese als „tropes for Holocaust memory itself" bezeichnet. Oren Stier (2015) spricht allgemeiner von „holocaust icons", schließt aber nicht nur Fotografien, sondern unter anderem auch linguistische oder numerische Formen mit ein. Unabhängig davon wird in medien- und kommunikationswissenschaftlichen Arbeiten von „fotojournalistischen Ikonen" gesprochen (unter anderem Hariman und Lucaites 2007, 27). In diesem Zusammenhang wird immer wieder gefordert, die Bestimmung einer Bildikone im Kontext einer digitalen Kultur neu zu definieren. So schlagen Nicole Dahmen, Natalia Mielczarek und Daniel Morrison (2018, 456, 471) in Anlehnung an Perlmutter den Begriff des „Hyperikons" vor, der sich auf Fotografien bezieht, die im Internet global zirkulieren, aber im öffentlichen Bewusstsein flüchtig sind.

5 Das wohl bekannteste Beispiel ist die Fotografie des KZ Birkenau von Stanisław Mucha. Im Vordergrund sind die Gleise und die zurückgebliebenen Utensilien der Wachmannschaft im Schnee zu sehen. Im Hintergrund erhebt sich das dunkle Einfahrtsgebäude, bzw. das Torhaus (zur weiterführenden Diskussion um diese Fotografie vgl. unter anderem Hamann 2006, 2009, Schönemann 2016). Die Gleise und das Torhaus gehören, wie bestimmte andere Symbole (der Waggon oder Stacheldraht), zu den „Objekte[n], die losgelöst von ihrem Kontext zu Symbolen des Holocaust geworden sind [...]. [...] in ihrer Gesamtheit und Form zeigen sie vor allem die Semantisierung sowie Sedimentierung einer symbolischen Bildsprache im kollektiven Gedächtnis an" (Schönemann 2019, 46).

Im Foto eines Konzentrationslagers als Symbol findet eine bestimmte Deutung von Geschichte ihren Ausdruck [...] die abgebildeten Männer und Frauen stehen für *die* Opfer des NS-Regimes, [...] die Aufnahmen stehen für *den* Nationalsozialismus und seine Verbrechen schlechthin. (Brink 1998, 237, Hervorhebungen im Original)

Ehemalige Konzentrationslager wurden ab Ende der 1980er-Jahre vermehrt Gegenstand wissenschaftlicher und künstlerisch-fotografischer Arbeiten. Letztere rücken hauptsächlich die Auseinandersetzung mit baulichen Überresten und hinterbliebenen Gegenständen in den Vordergrund. Fotografisch werden in vielen Fällen ikonische Darstellungsweisen reproduziert. Im Fokus stehen besonders jene ehemaligen Konzentrationslager, die konkret markiert und in Form eines Erinnerungsareals abgegrenzt sind. Die noch vorhandenen Objekte sind dabei entscheidend für allgemeine Vorstellungen zu Konzentrationslagern (vgl. Klei 2011, 164), allerdings beziehen sich diese Vorstellungen auf Konzentrationslager während der Zeit des Nationalsozialismus und nicht darauf, wie diese *heute* aussehen.[6] Das bedeutet auch, dass wir besonders dann keine bildlichen Vorstellungen von Orten nationalsozialistischer Verbrechen haben, wenn es zum einen keine konkreten baulichen Hinweise mehr auf sie gibt und zum anderen, wenn diese Orte heute keine Gedenkstätten sind. Dass wir Fotografien von solchen ehemaligen Konzentrationslagern nicht in das kollektive Bildgedächtnis einordnen können, liegt daran, dass die Aufnahmen der Alliierten nach der Befreiung eine visuelle Vorgabe darstellten, die „gemeinsam mit den materiellen, physisch erfahrbaren Räumen – die heutigen Bilder vor[strukturieren]" (Klei 2011, 164). Zu diesen Vorgaben, die sich in aktuellen Fotografien zu Orten nationalsozialistischer Verbrechen zeigen, gehört der starke Bezug auf bauliche Objekte, die häufige Verwendung von Schwarz-Weiß-Fotografie und das Vermeiden der Abbildung von Personen. Damit wird in der Gegenwart an ein visuelles Narrativ der Vergangenheit angeschlossen, welches maßgeblich dazu beiträgt, ob wir Bilder von ehemaligen KZs heute als solche entschlüsseln können oder nicht. Gemeint ist hier eine Bild-„Sprache", die dann eine Entschlüsselung erlaubt, wenn das Gezeigte in gewohnter und erwartbarer Art und Weise zu sehen ist bzw. gezeigt wird.

---

6 Diese gegenwartsbezogene Auseinandersetzung mit ehemaligen KZs ist Gegenstand zahlreicher fotografischer Arbeiten geworden. Unter anderem beschäftigt sich Christian Herrnbeck (2011) mit der Frage, wie sich Orte nationalsozialistischer Verbrechen überhaupt lokalisieren lassen und wie uns diese Orte heute entgegentreten. Herrnbecks Fotografien sind allesamt in Farbe gehalten, Motive sind dabei nicht nur ehemalige KZs, sondern zum Teil auch angrenzende Dörfer, Landschaften und auch ehemalige Außenlager. In ähnlicher Weise arbeitet Andreas Magdanz (2003), der das ehemalige KZ Auschwitz-Birkenau in Farbfotografien portraitiert und dabei besonderes Augenmerk auf die Gegenwart lenkt, indem er beispielsweise Blumen am Wegesrand fotografiert und damit unsere Vorstellungen zu diesem Ort irritierend herausfordert.

10.3 Der Visual Essay als methodischer Zugang

Der Visual Essay gehört neben der Foto-Dokumentation und der Foto-Elicitation zu den Forschungsmethoden, die für die Herstellung von visuellem Material verwendet werden. Allen drei Methoden ist gemeinsam, dass Bildmaterialien nicht der Illustration oder der Ergänzung von Texten dienen, sondern Hauptbestandteile sowohl des Forschungsprozesses als auch des Forschungsergebnisses sind (vgl. Rose 2007a, 197 f.). Foto-Dokumentationen entstehen aus einer geplanten Fotoserienkonzeption und dienen dazu, ein bestimmtes (soziales) Phänomen zu dokumentieren und zu analysieren. Beispiele hierfür sind die sozialdokumentarischen Arbeiten unter anderem von Jacob August Riis (1957 [1890]), Walker Evans (Agee und Evans 1988 [1973]) und August Sander (1929). Bei der Foto-Elicitation hingegen werden Interviewpartner*innen gebeten, zu einer Fragestellung Fotografien anzufertigen, die dann mit Wissenschaftler*innen in einem Interview diskutiert werden (Kolb 2008, Rose 2007a). Für einen Visual Essay können methodisch kontrollierte Fotografien angefertigt werden, die dann nicht wie bei einer Sozialreportage als Beigabe, sondern als Träger wissenschaftlicher Argumentation fungieren. Der Visual Essay räumt visuellem Material einen von Texten unabhängigen Stellenwert ein.

Der Visual Essay geht auf die journalistische und dokumentarische Praxis des Foto-Essays der 1930er- und 1940er-Jahre des 20. Jahrhunderts zurück (vgl. Pauwels 2012, 1). Diese Foto-Essays wurden in wissenschaftlichen Fachzeitschriften (unter anderem *Critique of Anthropology*, *Visual Sociology*) abgedruckt (vgl. Banks 2001, 146), wobei insbesondere die spezifische Text-Bild-Kombination im Fokus stand. Heute werden Visual Essays nicht nur in (Fach)Zeitschriften, sondern auch auf Plattformen sozialer Medien, als illustrierte Artikel, ergänzende Beiträge in Ausstellungen oder Kunstinstallationen veröffentlicht. Neben der Hervorbringung wissenschaftlicher Argumente bietet der Visual Essay damit auch die Möglichkeit, Alltagserfahrungen und -beobachtungen zu präsentieren. Als die wichtigsten sozialwissenschaftlichen Vertreter des Visual Essays gelten Douglas Harper (unter anderem 1987), John Grady (unter anderem 1991) und Luc Pauwels (unter anderem 1993, 2012).

Der Visual Essay kann aufgrund seiner Entwicklung und diversen Anwendungsbereiche auf sehr unterschiedliche Weise ausgeführt werden und seine Form ist nicht endgültig bestimmbar. Pauwels (1993, 199) definiert ihn als eine „combination of images and texts that is built up to a whole [...] its major strength resides in the synergy of the distinct forms of expression that are being combined: images, words, layout and design". Der Visual Essay ist daher nicht nur eine zufällige Kombination aus Text und Bild. Ziel ist vielmehr, die verschiedenen Bestandteile sehr spezifisch miteinander zu verbinden, sodass die Einzelelemente in einer bestimmten Anordnung eine wissenschaftliche Aussage zulassen. Bildmaterialien sind daher keine Illustrationen zu einem Text und auch kein methodischer Zwischenschritt in einem Forschungsprozess, sondern eigenständige Ergebnisse (vgl. Pauwels 1993, 199 ff.).

Zu den Kennzeichen eines Visual Essays gehört, dass er niemals rein visuell sein wird, da er sowohl aus bildlichen als auch textlichen Elementen zusammengesetzt ist. Daher kommt er auch nicht ohne schriftliche Kontextualisierung aus, anders als beispielsweise die Fotoserie (vgl. Pauwels 2012, 2). Des Weiteren ist der Visual Essay von einer notwendigen visuellen Kompetenz gekennzeichnet, die unter anderem technologische, analytische, kreative und semantische Aspekte beinhaltet und auch die Fähigkeit erfordert, visuelle mit nicht-visuellen Elementen nachvollziehbar zu verknüpfen. Bei der Konzeption spielen formale Kriterien (Anordnung des Bildmaterials im Verhältnis zum Text, Größe und Position der Einzelelemente auf der Seite usw.) daher eine bedeutende Rolle.[7] Daneben muss ein Visual Essay ein Narrativ enthalten, das seine Darstellung strukturiert und zusammenhält, „to tell better and more accurate stories about human affairs" (Grady 1991, 30). Und schließlich muss wie bei jeder wissenschaftlichen Untersuchung die Vorgehensweise transparent gemacht werden. Beim Visual Essay, einer bisher noch kaum etablierten Forschungsmethode, ist dies von besonderer Bedeutung und erfordert eine profunde theoretische und methodologische Auseinandersetzung. Diese erfolgt anhand eines Fallbeispiels in den nachfolgenden Abschnitten.

10.4 Der Fall Gusen – Geschichte und Transformation des Konzentrationslagers

Das Konzentrationslager Gusen I-III bestand von 1938/1940 bis 1945 im heutigen Oberösterreich und lag ca. sechs Kilometer westlich des KZs Mauthausen. Geografisch erstreckte sich das Lager über drei Ortschaften: Gusen/Langenstein, St. Georgen und Lungitz und untergliederte sich entsprechend in die Lager I-III. Über 70.000 Deportierte aus zahllosen Ländern mussten hier Zwangsarbeit in Steinbrüchen (Gusen I), bei der Stollengrabung (Gusen II), der Rüstungsproduktion (Gusen II) und in der KZ-Häftlingsbäckerei (Gusen III) verrichten. Zeitweise waren sowohl das räumliche Ausmaß als auch die KZ-Häftlingsbelegung größer als im KZ Mauthausen (vgl. Buggeln 2012, 79). Insgesamt wurden mindestens 35.000 von mehr als 71.000 KZ-Häftlingen ermordet (vgl. Dürr 2008, 36).

---

7 Das Verhältnis von Bild und Text bestimmt den informativen Effekt bzw. die Hervorrufung von Bedeutung: Beim „cross-referencing" (Rose 2007a, 322) wird versucht, mithilfe von Bild- und Textmaterial ein Argument zu etablieren, auf das sich beide Materialien beziehen. So wird z. B. ein Bild direkt und ausführlich betitelt oder im Text findet eine unmittelbare Bezugnahme darauf statt. Bildmaterialien können aber auch auf ein textliches Argument hinweisen, ohne dass ein direkter Bezug zwischen ihnen und dem Text hergestellt wird. Mit Bildern kann aber auch, als dritte Möglichkeit der Text-Bildgestaltung, eventuell mehr zu einem Argument beigetragen werden, als es der Text vermag bzw. der Text kann eventuell auf komplexere soziale Zusammenhänge aufmerksam machen als jene, die das Bild zeigen kann.

Das Konzentrationslager Gusen I-III wurde am 5. Mai 1945 von Einheiten der US-Armee befreit, die einen Großteil der baulichen Überreste abtragen, veräußern und teilweise abbrennen ließen. Ab dem Sommer 1945 übernahm die sowjetische Besatzungsmacht die Zuständigkeit für die ehemaligen Lager Mauthausen und Gusen. Im Jahr 1949 wurde das ehemalige KZ Mauthausen an die Republik Österreich rückübergeben, nicht aber das ehemalige KZ Gusen. Die Steinbrüche wurden von den sowjetischen Behörden weiter genutzt („Granitwerke Gusen"). Das Gelände der ehemaligen KZ-Häftlingsbäckerei (Gusen III) wurde eingeebnet und für den landwirtschaftlichen Betrieb verwendet. Mitte der 1950er-Jahre erfolgte für das ehemalige Lagergelände Gusen I und II die Freigabe für den Bau von Wohnsiedlungen. Die neuerrichtete Siedlung grenzt heute teilweise direkt an die alten Lagerstraßen und -baracken. Noch bestehende Gebäude (unter anderem die ehemaligen KZ-Häftlingsblocks 6, 7/8, das ehemalige KZ-Häftlingsbordell, das ehemalige Einfahrtsgebäude (Jourhaus) werden entweder privat oder für gewerbliche Zwecke genutzt. Die Stollen in St. Georgen wurden teilweise gesprengt und zurückgelassen, um eine weitere Nutzung zu verhindern. Auf ihnen wurde eine Neubausiedlung errichtet.

Die Errichtung einer Gedenkstätte für das KZ Gusen ging maßgeblich von der Initiative ehemaliger KZ-Häftlinge aus, die sich Anfang der 1960er-Jahre darum bemühten, das Memorial Gusen als eine Gedenkstätte in Gusen zu errichten, die schließlich im Jahr 1965 eröffnet wurde. Die Republik Österreich zeigte an diesem Projekt jedoch wenig Interesse, denn bis in die 1990er-Jahre galt das ehemalige KZ Mauthausen als zentrale Gedenkstätte.[8] 2004 wurde in Gusen ein Besucher*innenzentrum eröffnet und 2005 eine Dauerausstellung über die Geschichte des KZs. Bis auf das in der Ortsmitte gelegene Memorial, das mit dem ehemaligen Krematorium baulich verbunden ist, gibt es in Gusen keine weiteren Hinweise, Schilder oder Informationstafeln, die auf das ehemalige KZ hinweisen. Die geografische Lage des ehemaligen Lagers kann jedoch mittels Audioguide, bei dem Besucher*innen mit Kopfhörern durch das Gelände des ehemaligen KZs geführt werden, „abgegangen" werden.[9] In Lungitz (Gusen III) sind keine sichtbaren Überreste mehr vorhanden. Hier wurde im Jahr 2000 ein Ge-

8 Die Grundlagen für die Gedenkstätte Mauthausen wurden bereits zwischen 1947 und 1949 beschlossen (vgl. Fiereder 2001), ihre Etablierung als Ort nationalen Gedenkens sollte jedoch noch viele Jahre dauern (vgl. Perz 2006a). Dennoch ist die Gedenkstätte Mauthausen bis heute die zentrale Gedenkstätte für das Erinnern an die NS-Verbrechen in Österreich. Für das Memorial Gusen übernahm die Republik Österreich erst 1997 die (finanzielle) Verantwortung. Im Mai 2020 beschloss die türkis-grüne Bundesregierung in Österreich jedoch, weite Teile des ehemaligen Lagergeländes Gusen anzukaufen. In einer Machbarkeitsstudie, die dem Bundesministerium für Inneres seit 2018 vorliegt, werden unterschiedliche Vorschläge für die Gestaltung eines Erinnerungsortes dargelegt. Die Studie wurde am 4. Mai 2020 von addendum.org veröffentlicht und ist unter https://www.addendum.org/content/uploads/2020/05/Machbarkeitsstudie-Gusen-Stand-Dezember-2018-1.pdf abrufbar (Zugegriffen: 22.06.2020).
9 „Das unsichtbare Lager – Audioweg Gusen", siehe www.audioweg.gusen.org (Zugegriffen: 22.06.2020).

denkstein unmittelbar angrenzend an das ehemalige Lagergelände errichtet (vgl. Perz 2006b).[10]

Dass das ehemalige KZ Gusen zu einem Wohnort umfunktioniert wurde, stellt eine sehr spezifische Form der Nachnutzung von Konzentrationslagern dar, die in Typologien der Nachnutzung meist unerwähnt bleibt[11], obwohl dies vielfach vorkam, beispielsweise betreffend die KZs Dachau, Flossenbürg oder Niederhagen (vgl. Klei, Stoll und Wienert 2011, 18). Gebäude ehemaliger KZs wurden zunächst in vielen Fällen von den Alliierten als Kasernen verwendet (z. B. das KZ Mauthausen), oder als Internierungslager für ehemalige NS-Angehörige genutzt (z. B. die KZs Dachau, Sachsenhausen, Buchenwald). Zudem fanden teilweise auch Neubebauungen statt, wie beispielsweise die Errichtung zweier Gefängnisse auf dem ehemaligen KZ-Gelände Neuengamme. Auch ehemalige Kriegsgefangenen- oder Durchgangslager wurden häufiger nachgenutzt bzw. abgerissen und überbaut. Beispiele hierfür sind unter anderem das ehemalige Durchgangslager Bozen (Venegoni 2004), oder Teile des ehemaligen Lagergeländes des KZ Flossenbürg (Skriebeleit 2009).

10.5 Auf Spurensuche – das ehemalige KZ Gusen im Bild

Wie und welche Spuren nationalsozialistischer Gewalt sich in Fotografien eines ehemaligen KZs finden lassen, das heute nicht als Gedenkstätte markiert, sondern ein Wohnort ist, sollen die folgenden Fotografien zeigen.[12] Insbesondere durch eine sich ändernde Farbgebung wird es möglich, unterschiedliche Wahrnehmungsprozesse und Bedeutungszuschreibungen dieser Spurensuche festzustellen. Mit diesem Fallbeispiel sollen die Vor- und Nachteile der Methode des Visual Essays ausgelotet und nachvollziehbar gemacht werden. Im Fokus steht die Frage, welche Erkenntnisse rein visuell vermittelbar sind und welche einer textlichen Rahmung bedürfen.

Im Folgenden werden drei Fotosequenzen, bestehend aus jeweils drei Fotografien, zum ehemaligen KZ Gusen in Oberösterreich vorgestellt, zunächst in Farbe, dann in Schwarz-Weiß und abschließend in der Gegenüberstellung von Farbe und Schwarz-Weiß (vgl. hierzu Wolf 2016). Zunächst werden keine textlichen Hinweise gegeben (z. B. Überschriften, textliche Interpretationshilfen etc.), um die Betrachter*innen da-

---

10 Im Zuge der Sanierung des Bahnhofs in Lungitz wurden 2018 Aschereste von möglichen Opfern der Konzentrationslager Mauthausen und Gusen gefunden. Ende 2019 kündigte das österreichische Bundesministerium für Inneres die Errichtung eines Gedenkortes in Lungitz an.
11 Harold Marcuse (2010, 186 Übersetzung M. W.) unterscheidet fünf Arten der Nachnutzung: „Strafpädagogik; Nutzung als medizinische Betreuungs- und Geneseeinrichtungen für die Überlebenden; Strafeinrichtungen; Bewahrung von Teilen des früheren Lagergeländes und Umwandlung in Gedenkstätten; Aufgabe und Vernachlässigung."
12 Oliver Decker, Falk Haberkorn und Frank Berger (2016) haben eine ähnliche Studie veröffentlicht, in der die abgebildeten Fotografien zu einer NS-Mustersiedlung, einer sogenannten Bereitschaftssiedlung und eines ehemaligen KZs in Sachsen-Anhalt den hier gezeigten verblüffend ähnlich sind.

zu einzuladen, sich vorerst mit wenigen Kontextinformationen auf eine Bildbetrachtung einzulassen, die keinen Rückgriff auf erklärende Textkommentare ermöglicht
(vgl. dazu auch Soeffner 2006, Tinapp 2019 und Abschn. 7). Eine etwaige Bildinterpretation aufgrund von schriftlichen Hinweisen wird damit ausgeschlossen. Die einzige Hilfe, die Betrachter*innen erhalten, ist die textlich angezeigte Gliederung der
einzelnen Sequenzen.

Fotosequenz 1[13]

Abb. 10.1

Abb. 10.2

---

13 Alle Aufnahmen in diesem Beitrag stammen von der Autorin und wurden am 8. Mai 2015 aufgenommen.

Abb. 10.3

Fotosequenz 2

Abb. 10.4

Abb. 10.5

Abb. 10.6

Fotosequenz 3

Abb. 10.7: Abb. 10.1 und Abb. 10.4

Abb. 10.8: Abb. 10.5 und Abb. 10.2

Abb. 10.9: Abb. 10.3 und Abb. 10.6

10.6 Den Ort des ehemaligen KZs abbilden – zur Herstellung des Fotomaterials

Im Folgenden wird zunächst auf die Herstellung eigenen Fotomaterials während des Forschungsprozesses und später der Ergebnispräsentation eingegangen.

10.6.1 Die kontrollierte Herstellung des Fotomaterials

Die Fotografien, die im Rahmen der Fotosequenzen im Beitrag vorgestellt werden, geben unabhängig von textlichen Interpretationen eine Antwort auf die Frage, inwiefern sich Spuren nationalsozialistischer Gewalt in ihnen finden lassen. Hierfür wurden in einem methodisch kontrollierten Prozess verdichtete Fotografien hergestellt, die im Gegensatz zu Schnappschüssen typische Augenblicke und Situationen des ehemaligen Konzentrationslagers Gusen festhalten. Die Fotografien wurden also in einem wissenschaftlichen Kontext, vor dem Hintergrund wissenschaftlicher Fragestellungen und intersubjektiv nachvollziehbarer Methoden erzeugt (vgl. Pauwels 1993, 202, Przyborski 2014, 10). Damit stehen sie Bildmaterialien gegenüber, die in nichtwissenschaftlichen Kontexten hergestellt und von Pauwels als „gesellschaftliche" Produkte bezeichnet werden. Um fotografisches Material für die sozialwissenschaftliche Forschung als wissenschaftliche Evidenz[14] brauchbar zu machen, schlägt er daher drei Kriterien für die Herstellung vor (vgl. Pauwels 1993, 203):

Erstens: Eine *Dokumentation und Vorbereitung* des Feldes, in dem fotografiert wird, und des Themas, das fotografisch abgebildet wird, soll erfolgen. Zu diesem Kriterium gehören neben dem Feldzugang die technische Vorbereitung und die Kenntnis und Auswahl des verwendeten Mediums.

Der Zugang zum Feld und die Örtlichkeiten waren bereits durch vorangegangene Forschungsarbeiten bekannt und es ergaben sich dabei grundsätzlich keine Schwierigkeiten. Die Ortschaften St. Georgen und Gusen sind bis auf wenige Straßen und Plätze frei zugänglich. Im Vorfeld legte ich eine grobe Liste mit Orten an, an denen fotografiert werden sollte. Dabei orientierte ich mich zunächst am Vorhandensein historischer Bausubstanz (Gebäude, Bahntrassen). Im Allgemeinen fertigte ich dort auch Fotografien an. Weitere Plätze erschlossen sich durch das Umherwandern und -fahren mit dem mitgebrachten Fahrrad. Die Liste stellte einen ersten Anhaltspunkt dar und strukturierte auch das fotografische Vorgehen. Ich arbeitete mit einer digitalen Spiegelreflexkamera ohne Filtereinstellungen.

Zweitens: Während des Aufenthaltes im Feld muss sich der/die Wissenschaftler*in über die *Folgen jeder fotografischen Auswahl für die (fotografische) Erkenntnis* im Klaren sein. Jede fotografische Entscheidung muss evident und transparent gemacht werden. Dies kann entweder im Visual Essay selbst geschehen oder in Form einer Ergänzung der Forschungsergebnisse in einem separaten Dokument.

Die gezeigten Fotografien wurden im Mai 2015 hergestellt. Zunächst wurde versucht, die Kameraeinstellungen und Positionierungen gegenüber dem zu fotografierenden Objekt zu kontrollieren. Eine Reflexion des eigenen methodischen Vorgehens während des Fotografierens konnte nur bedingt durchgeführt werden, weil diese zum einen den Prozess des Fotografierens aufhielt und verlängerte und zum anderen erst beim Betrachten des Bildmaterials überhaupt angeregt wurde. Es wurden viele verschiedene Aufnahmeperspektiven gewählt, um deren jeweiligen Gehalt bei der Auswahl besser beurteilen zu können.[15]

---

14 Zum Evidenzbegriff muss jedoch hinzugefügt werden, dass Bildmaterialien und Texte gleichermaßen auslegungsbedürftig sind, ihre Deutung jedoch unterschiedlichen Regeln folgt. Dieses Problem wird von unterschiedlichen Autor*innen im Kontext einer sozialwissenschaftlichen Bildauslegung diskutiert (unter anderem Breckner 2010, Müller 2016, Raab 2018).

15 Dazu gehörten Fragen wie: Was wurde bei der Wahl eines bestimmten Ausschnittes weggelassen? Was bedeutet das für die Fotografie und für die Fotoserie? Diese und ähnliche Fragen zu den Fotografien, einzeln und in der Serie, wurden auch im Rahmen einer Abschlusspräsentation am Institut für Soziologie diskutiert.

Drittens: Das Arbeiten mit der Kamera greift in das Feld und die Umgebung der dort lebenden Menschen ein und birgt Potential für *unvorhergesehene Einflüsse*.[16] Daher kann es notwendig werden, schon im Vorhinein Strategien zu entwickeln, die das Fotografieren ohne potenzielle Aufdringlichkeit gegenüber den Feldteilnehmer*innen garantieren. Sofern Personen fotografiert werden, ist es notwendig, die Tätigkeit der Forschenden zu erklären. Auf jede Reaktion von Personen (sei es die Aufforderung, zu fotografieren, Indifferenz oder Verweigerung), müssen Forscher*innen entsprechend professionell reagieren können (vgl. Banks 2001, 113).

Der Prozess des Fotografierens erstreckte sich über mehrere Stunden und wurde mit Beobachtungs- und Betrachtungszeiten abgewechselt. Zu Beginn fotografierte ich frühmorgens und allein. Hier waren kaum Personen auf der Straße. Anfang Mai war ich in Gusen und nahm auch an einer geführten Stollenbegehung („Bergkristall") sowie an der Gedenk- und Befreiungsfeier teil. Zu diesem Zeitpunkt zu fotografieren erwies sich als vorteilhaft, da viele Besucher*innen zu Gast waren und so die Verwendung der Kamera keine Ausnahme darstellte. Insgesamt wurden aber kaum Fotos hergestellt, auf denen Personen sichtbar bzw. identifizierbar sind, sondern hauptsächlich Gebäude und Landschaften fotografiert. Dies war ein bewusst gewählter Schritt, um ethische Probleme und Schwierigkeiten in Bezug auf Persönlichkeitsrechte zu vermeiden.[17] Ein dem Feld und den Personen im Feld entsprechend sensibler Kameragebrauch erfolgte zunächst durch die Beobachtung des Areals, in dem fotografiert werden sollte, wobei die Zeitspanne meist zwischen fünf bis fünfzehn Minuten betrug. Ich achtete darauf, keine Personen unabsichtlich zu fotografieren. Nach dem Fotografieren wechselte ich rasch die Position und blieb nie lange an einem bestimmten Punkt stehen. Dies sollte verhindern, dass sich Personen durch meine Anwesenheit (mit Kamera) gestört fühlten.

10.6.2 Die Auswahl des Fotomaterials

Die Auswahl von Fotografien für einen Visual Essay richtet sich zunächst danach, welche Fotografien die Ausgangsfragestellung am besten beantworten können. Hier stehen die Sicht- und Unsichtbarkeit und die Frage der visuellen Darstellbarkeit im Mittelpunkt des Interesses. Die Auswahl der Fotografien wurde anhand zweier Kriterien vorgenommen (siehe Tinapp 2019, 193 f.):

Bei der *inhaltlich informativen Ebene* geht es zunächst um die Frage, ob, inwiefern und welche Aspekte der Ausgangsfrage durch die Fotografie beantwortet werden können. Ein Kriterium kann hier auch sein, dass eine Fotografie verworfen wird, wenn

---

16 Das hier geschilderte Problem wird in der Methodenliteratur unter dem Begriff der „Reaktanz" diskutiert (vgl. z. B. Knoblauch und Schnettler 2009, Prosser und Schwartz 1998).
17 Die Gesichter der auf Abb. 10.1 aus der Ferne abgebildeten Personen wurden im Nachhinein verpixelt.

die auf dem Bild sichtbaren Phänomene nicht ohne textliche Erläuterung erschlossen werden können. Diese Frage ist nicht leicht und abschließend zu beantworten, da die Entschlüsselung von Bedeutungsgehalten weder linear noch gleichförmig verläuft und zudem mit kulturellen Praktiken verbunden ist (vgl. Rose 2007b, 7–11). Daher können solche Fotografien ausgewählt werden, die sich besser als ein Text eignen, die Ausgangsfragestellung zu beantworten. Allerdings impliziert die bloße Sichtbarkeit eines Phänomens nicht ohne Weiteres eine entsprechende Darstellbarkeit. Während die Gewährleistung der Sichtbarkeit einen schwierigen Aspekt darstellt, ist die Darstellbarkeit durch Gegebenheiten beeinflusst, die eventuell umgangen werden könnten. Hierzu zählen technische Einschränkungen (wie Perspektive und Aufnahmewinkel, Licht- und Wetterverhältnisse); Bedingungen des Feldes (z. B. bei Fotografieverbot) oder wenn ein kontrollierter Ablauf des Fotografierens nicht möglich ist (z. B. bei Interaktionssituationen oder Zeitmangel).

Im Fall des ehemaligen KZ Gusen ist die Frage nach der Sichtbarkeit umso bedeutender, da das Gelände eben hauptsächlich dadurch gekennzeichnet ist, dass vieles unsichtbar und unter der Wohnsiedlung oder dem Stollen verborgen bleibt. Auch die Darstellbarkeit ohne textliche Erläuterungen stellt sich in diesem Fall als schwieriges Unterfangen dar, da die Ortsgeschichte Gusens sehr komplex und vielschichtig ist und sich auf einzelnen Fotografien nicht in ausreichendem Umfang komprimieren lässt. Deshalb wurde die Konzeption der Fotoserie notwendig (vgl. Abschn. 7).

Das zweite Auswahlkriterium bezieht sich auf die *ästhetische* Ebene. Hier sind unter anderem allgemeine Qualitäten der Fotografie gemeint (Schärfe, Lichtverhältnisse usw.) aber auch kompositorische Aspekte (Perspektiven, Ausschnitt usw.) (vgl. dazu auch Przyborski 2014, 9). Im Idealfall „treffen [dann] sowohl eine optimale inhaltliche Informationsvermittlung als auch optimale ästhetische Komponenten in einem Bild zusammen" (Tinapp 2019, 194).

10.7 Den Ort des ehemaligen KZs abbilden – methodologische Implikationen

Im folgenden Abschnitt wird auf die methodologischen Implikationen bei der Darstellung bzw. Ergebnispräsentation selbst hergestellten Fotomaterials eingegangen. Ziel dieses Abschnittes ist, plausibel darzulegen, wie Spuren nationalsozialistischer Gewalt in den Fotografien visuell evident werden. Das Konzept der Spur als spezifische Form der Einschreibung spielt bei Georges Didi-Huberman eine wesentliche Rolle, die er in seiner Theorie des Abdrucks darlegt (1999). Zentral dafür ist das „Wechselspiel von Berührung und Entfernung" (Didi-Huberman 1999, 190), denn der Abdruck bedarf eines Objektes, welches eine Spur hinterlässt; damit die Spur aber sichtbar werden kann, muss sich das Objekt entfernt haben. In „Bilder trotz allem" diskutiert Didi-Huberman vier Fotografien, die im Sommer 1944 von einem Mitglied des

Sonderkommandos unter höchster Lebensgefahr im KZ Auschwitz-Birkenau aufgenommen wurden. Sie zeigen die Einäscherung vergaster KZ-Häftlinge und Frauen auf dem Weg zur Gaskammer. Diese vier Fotografien sind selbst die Spur, sie geben – insbesondere durch ihre Lückenhaftigkeit und Uneindeutigkeit – Zeugnis über ihre Entstehungssituation. Sie zeigen nicht unmittelbar was passiert ist, sondern sind Spuren einer unvorstellbaren Situation: „Etwas bleibt zurück, aber es ist nicht die Sache selbst, sondern ein Fetzen ihrer Ähnlichkeit. Etwas – sehr wenig, ein Filmstreifen – bleibt zurück von einem Vorgang der Vernichtung. Dieses Etwas bezeugt also ein Verschwinden, dem es sich zugleich aber auch widersetzt, in dem es eine Möglichkeit des Erinnerns schafft." (Didi-Huberman 2006, 234 f.)

Im Gegensatz dazu machen die hier gezeigten Fotografien verwischte bzw. nicht mehr wahrgenommene Spuren wieder sichtbar. Dies lässt sich anhand dreier Merkmale beschreiben, die ich während der Konzeption des Visual Essays herausgearbeitet habe:

1. Anhand der zeitlichen Distanz, die die *Farbgebung* (Farbe/Schwarz-Weiß) evoziert,
2. durch die *Darstellung der Fotografien in Form einer Fotoserie* und
3. durch die *Anordnung der Fotografien* in einer bestimmten Reihenfolge.

1. Die Farbgebung der Fotografien erzeugt eine zeitliche Distanz, die sich insbesondere durch die Gegenüberstellung von Farb- und Schwarz-Weiß-Fotografien ergibt. Die Farbfotografien lassen einen aktuellen Blick auf die Situation zu, sie stiften Nähe und Direktheit, verweisen auf die Aktualität und Verlebendigung der abgebildeten Situation (vgl. Polte 2011, 10). Die Schwarz-Weiß-Fotografien weisen hingegen eine historische Konnotation und einen höheren Abstraktions- und Distanzierungsgrad auf. Die Schwarz-Weiß-Kontraste reduzieren die Fotografien nicht nur auf „Strukturen, Linien und Licht" (Tinapp 2019, 192), sondern deuten auch auf die Vergangenheit hin; im Allgemeinen, aber im Besonderen auch auf die 1920er-Jahre und die Zeit des Nationalsozialismus: „So erscheinen die zwölf Jahre der nationalsozialistischen Herrschaft gerade für diejenigen, die diese Zeit nicht selbst erlebt haben, sondern sie nur über erzählte und gesehene Bilder kennen, als ein erratischer Abschnitt in der Geschichte, der visuell höchst spezifisch, nämlich Schwarz-Weiß, konnotiert ist." (Welzer 1995, 166)[18]

Diesen beiden Aspekten wurde zunächst in getrennten Fotosequenzen (zuerst Farbe, dann Schwarz-Weiß) nachgegangen. Bei der Kombination aus Farb- und

---

18 Ich danke einer Gutachterin für den Hinweis auf die ZDF-Dokumentation „Wir im Krieg – Privatfilme aus der NS-Zeit." Siehe https://www.zdf.de/dokumentation/zdfzeit/zdfzeit-wir-im-krieg-privatfilme-aus-der-ns-zeit-100.html (Zugegriffen: 22.06.2020). Die Farbaufnahmen, die selten und unter hohem finanziellem Aufwand gedreht wurden, lösen beim Betrachten eine Irritation aus, weil die Farbgebung einen starken Gegenwartsbezug herstellt. Gleichzeitig können Schwarz-Weiß-Bilder als Mittel historischer Distanzierung fungieren, etwa bei der Retrovisierung, also der Reduktion von fiktiven Farbfilmen auf Schwarz-Weiß. Ein Beispiel hierfür ist Michael Hanekes „Das weiße Band" aus dem Jahr 2009.

Schwarz-Weiß-Fotografien wurden dann aber beide Zeitlichkeiten mit- und zuein-ander in Beziehung gesetzt und kontrastiert. Bei der Gegenüberstellung kann also entweder aus der „Gegenwart in die Vergangenheit", oder von der „Vergangenheit in die Gegenwart" geblickt werden. In welcher Reihenfolge, bzw. an welcher Stelle welche Temporalität evident wird (z. B. zuerst Schwarz-Weiß, dann Farbe oder umge-kehrt) spielt dabei keine Rolle – der Effekt ist derselbe. Die zeitliche Distanz zwischen den Farb- und Schwarz-Weiß-Fotografien wird beim Betrachten besonders deutlich, nicht zuletzt, weil es sich um dieselben Motive handelt. Damit wird es möglich, die Gleichzeitigkeit von Vergangenheit und Gegenwart bildlich als solche zu zeigen, ohne auf Sprache angewiesen zu sein. Sprache kann zwar auch Gleichzeitigkeit begrün-den; durch ihre sukzessive Strukturiertheit ist sie aber nicht unmittelbar darstellbar. Fotografien vermögen jedoch genau das, weil ihr simultaner Charakter die Gleichzei-tigkeit – auch von Widersprüchlichem – ohne Rücksicht auf zeitliche Abfolgen zeigen kann. Gerade ihre Fähigkeit, Raum und Zeit zusammenzuballen, macht ihre besonde-re Qualität aus (Imdahl 1994). Der Visual Essay ermöglicht es wiederum, durch seine spezifische Text-Bild/Bild-Text-Verbindung, Bild und Sprache nicht gegeneinander zu positionieren, sondern ihr Verhältnis besser verstehen zu können.

2. Auch die Art der Darstellung, nämlich die Fotoserie, verdeutlicht Spuren na-tionalsozialistischer Gewalt in den Fotografien. Methodologisch-methodisch habe ich mich hierbei an dem von Hans-Georg Soeffner (2006) und Sybilla Tinapp (2019) entwi-ckelten Ansatz der visuellen Verdichtung und der Methode der Bild-durch-Bild-Inter-pretation orientiert. Hierbei geht es um den Versuch, Bildarrangements (z. B. Serien) sequenziell zu deuten: „mehrere Ansichten eines oder verschiedener Motive sind in Bildfolgen festgehalten und dargestellt, die dann vom Bildbetrachter ebenso sequen-ziell, das heißt vergleichend bzw. kontrastierend interpretativ erschlossen werden – eben Bild-durch-Bild, ohne dass umfassende Textinformationen die Deutungen vor-strukturieren" (Raab 2008, 106). Der Serie kommt also eine besondere methodische Bedeutung zu, weil sie, auch wenn sie hier jeweils nur aus drei Fotografien besteht, die bildlichen Bedeutungen der Einzelbilder aus ihrer Singularität herauslöst und damit eine vielschichtige Gesamtwirkung erzeugt. Die Bilder können so ohne geschriebenen Text oder Sprache sequenziell gedeutet und daher durch sich selbst verständlich und interpretierbar gemacht werden. Der Vorteil von Fotoserien besteht daher auch dar-in, „dass sie die Komplexität der Welt umfassender darstellen können – insbesondere kann die Serialität die Statik und Kontextlosigkeit des Einzelbildes ein Stück weit kom-pensieren" (Baur und Budenz 2017, 88). So können auch Zeitverläufe über die Serie sichtbar gemacht werden, die im Einzelbild so nicht erkennbar würden. Neben techni-schen Auswahlkriterien und der Berücksichtigung des Rezeptions- und Produktions-kontextes, ist bei der Konzeption der Zweck der Serie und ihre angestrebte inhaltliche Aussage zu berücksichtigen (vgl. dazu Abschn. 10.6.2).

Die komplexe Ortsgeschichte von Gusen als Ort eines ehemaligen Konzentrations-lagers mit verschiedenen Standorten verlangt eine Serienkonzeption. Bei der Zusam-menstellung muss die Serialität Verbindungslinien zwischen verschiedenen Einzelteilen sichtbar machen, z. B. zwischen der historischen Bausubstanz, die an ikonische Darstellungsweisen erinnert, und ganz gegenteiligen Elementen wie moderner Architektur oder Natur. Durch die Fotoserie kann sichergestellt werden, dass das bloße Abfotografieren historischer Bausubstanz und damit die Reproduktion von gängigen Darstellungsweisen vermieden wird. Gerade die Kombination, so meine These, aus historischen und gegenwärtigen Elementen, die Sichtbarmachung von Bruchstücken und Fragmenten und die Widersprüchlichkeiten und Dissonanzen, die damit zusammenhängen, fordert die Auseinandersetzung mit dem durch historische Aufnahmen geprägten Bildgedächtnis zu Orten nationalsozialistischer Verbrechen heraus. Gleichzeitig deuten die Bilder auch auf all das hin, was *nicht* zu sehen, abwesend ist. Didi-Huberman (2006, 57) beschreibt diese Diskrepanz mit der Schwierigkeit, Bildern etwas „zuzutrauen". Man verlange entweder zu viel – nämlich die „ganze Wahrheit" über die Shoah zu zeigen – oder zu wenig, nämlich, dass sie reine Dokumente seien, die beweisen, dass die Shoah bildlich undarstellbar sei. Die vier Bilder vom Sommer 1944 aus Auschwitz-Birkenau, auf die sich Didi-Huberman bezieht, stellen selbstverständlich einen gänzlich anderen Typus von Fotografien dar als die hier gezeigten. Auf letztere ist jedoch ebenfalls die Idee anwendbar, dass sie Spuren nationalsozialistischer Gewalt zeigen, selbst oder sogar, weil sie kaum etwas davon direkt zeigen. Die Fotografien machen die überaus komplexe Realität von Gusen als Ort eines ehemaligen Konzentrationslagers, der heute bewohnt wird, sichtbar, weil sie aufgrund der Farbgebung zeitliche Bezüge zwischen der Vergangenheit und der Gegenwart herstellen. Dieses Narrativ durchzieht die Fotoserie und strukturiert die Betrachtung.

Schließlich ist 3. auch die Anordnung der Fotografien bzw. ihre Reihenfolge für die Prozesse der Bedeutungszuschreibung entscheidend. Die Reihenfolge folgt zum einen der *Chronologie des Forschungsprozesses*, das heißt die Fotografien wurden teilweise zu unterschiedlichen Zeitpunkten im Laufe der Erhebung erstellt. Die Reihenfolge folgt zum anderen auch einer *Chronologie des Ortes*, das heißt als Betrachter*in wird man von der Ortsmitte durch den Ort hindurch und aus ihm hinausgeführt. Fotografie 1 (Abb. 10.1 und 10.4) zeigt die Gedenkstätte, das Memorial Gusen, das zusammen mit dem Besucher*innenzentrum um das Krematorium herum gebaut ist. Fotografie 2 (Abb. 10.2 und 10.5) zeigt ein Wohnhaus, das auf dem ehemaligen Stollen „Bergkristall" gebaut ist, der etwa eine Größe von 49.300m^2 aufweist und am Rande des Dorfes St. Georgen liegt. Dieser Stollen war der Grund dafür, dass 1944 in St. Georgen der Lagerbereich Gusen II an das bestehende Konzentrationslager Gusen I angebaut wurde. Mehr als 8.600 Menschen verloren in Gusen II und während der Stollengrabungen ihr Leben (Perz 2010, 21). Nach der Befreiung wurden die Stollen nach teilweise erfolglosen Sprengungen zurückgelassen und dienten zeitweise als Ort für eine Champignonzucht, als Abenteuerspielplatz für ortsansässige Jugendliche oder wurden „von Rechtsextremisten als schaurige und nostalgisch verbrämte Treffpunkte" genutzt (Perz 2007, 66). Der Stollen wurde 2001 von der Bundesimmobiliengesellschaft übernommen und es erfolgte die Errichtung von Wohnhäusern. Diese waren Anfang der 2000er-Jahre akut einsturzgefährdet, weshalb ein Großteil der Anlage mit

Beton verfüllt wurde (vgl. Perz 2007, 67).[19] Teile dieser Verfüllung sind auf Fotografie 3 (Abb. 10.3 und 10.6) sichtbar.

Die Reihenfolge der Fotografien in der Chronologie des Ortes bedeutet also, dass Betrachter*innen das ehemalige Lagergelände visuell „abwandern" können – einerseits horizontal durch den Ort hindurch, andererseits vertikal von der Oberfläche in den ehemaligen Stollen hinein.

10.8 Fazit

Ausgangspunkt dieses Beitrages war, anhand eines Fallbeispiels zu fragen, wie Visualität im Verhältnis zu Text und Narration in die sozialwissenschaftliche Forschung und Ergebnisdarstellung methodologisch begründet und methodisch kontrolliert einbezogen werden kann. Anhand der gezeigten Fotoserien wurde gefragt, was über Bilder allein vermittelbar ist und an welchen Stellen textliche Erläuterungen notwendig sind. Die Methode des Visual Essays, die hierfür verwendet wurde, hat die Annäherung an diese Fragen erleichtert, da sie einen Rahmen für die Anordnung visueller und textlicher Forschungsergebnisse bietet. Bilder und Texte stehen so nicht in einem hierarchischen Verhältnis, stattdessen können die unterschiedlichen Prozesse der Wahrnehmung und Bedeutungszuschreibung beim Betrachten und Lesen gleichzeitig nachvollziehbar werden. Allerdings gibt es wenige Anhaltspunkte zur konkreten Konzeption eines Visual Essays. Hinzu kommt das Problem der kontrollierten Herstellung eigener Fotografien, die besondere methodisch-methodologische Herausforderungen – z. B. bei der Auswahl der Bilder und ihrer Einbettung in schriftliche Elemente – beinhaltet. Aus visuellen und nicht-visuellen Materialien ein nachvollziehbares, wissenschaftliches Ergebnis zu erzeugen erfordert die Entwicklung von Strategien, um die unterschiedlichen Aufgaben – vom Fotografieren bis zur Text-Bild-Verhältnisbestimmung – kontrolliert ausführen zu können. Diese Betonung ist deshalb wichtig, da es kaum Regeln für die Zusammenstellung eines Visual Essays gibt und eine prozesshafte Auseinandersetzung und Weiterentwicklung mit dem Forschungsgegenstand daher unabdingbar ist. Gerade die kontinuierliche Reflexion über die Herstellung des Visual Essays konnte wichtige Erkenntnisse zum ehemaligen KZ Gusen sowie dessen Sicht- und Unsichtbarkeit ermöglichen.

Die Grenzen bildlicher und textlicher Ergebnisdarstellung wurden anhand des Fallbeispiels Gusen ausgelotet. Gusen stellt ein besonderes Beispiel der Nachnutzung eines ehemaligen Konzentrationslagers dar, da auf dem ehemaligen Lagerge-

---

19 Die Stollensysteme in St. Georgen, aber auch in Melk, Ebensee oder Leibnitz, blieben lange Zeit nach der Befreiung verborgen; sie wurden der Natur überlassen oder zu privaten Zwecken genutzt. Bertrand Perz (2007, 58) konstatiert: „Das nach wie vor geringe öffentliche Wissen um diese Bauwerke korrespondiert mit ihrer Unsichtbarkeit in der Landschaft, aber auch mit der spezifischen Nachgeschichte dieser Anlagen."

lände eine Wohnsiedlung erbaut wurde. Die unmittelbaren Spuren der NS-Zeit sind bis auf einige Ausnahmen weitgehend unsichtbar geworden. Auch das heutige Erscheinungsbild von Gusen gehört nicht zu den geläufigen Bildern des gesellschaftlich dominanten Bildgedächtnisses zu (ehemaligen) Konzentrationslagern. Diese gängigen Vorstellungen, die maßgeblich durch die sogenannten *Ikonen der Vernichtung* geprägt sind, werden in den Fotosequenzen durch die Farbgebung herausgefordert und möglicherweise auch irritiert.

Die hier gezeigten Fotosequenzen wurden in Rahmen eines sich erst etablierenden methodischen Zuganges mit der Idee diskutiert, das Bildmaterial für sich als eigenständiges Ergebnis sprechen zu lassen. So lassen sich auf den ersten Blick gerade an den Stellen, an denen historische Bausubstanz gezeigt wird (Abb. 10.1–10.6), Spuren des ehemaligen KZs insbesondere in der farblichen Gegenüberstellung erkennen. Dies ist möglich, obwohl die erhaltenen Objekte nicht in eine konzipierte Gedenkstätte integriert sind. Gleichsam sind es diese Objekte, die unsere Vorstellungen zu Konzentrationslagern aktivieren. Die zeitlichen Bezüge, die in den Fotografien durch die Farbgebung evident werden, zeigen sich aber auch an den Gegenständen der Vergangenheit (z. B. das Krematorium oder der Stollen), die hinter Gegenständen der Gegenwart – wie etwa Wohnhäuser oder gelbe Helme – hervortreten. Die Manifestationen der nationalsozialistischen Vergangenheit fügen sich nur scheinbar übergangslos und gleichmäßig in die Umgebung ein. Das ehemalige Konzentrationslager ist, obwohl als solches kaum sichtbar, dennoch „stumme Präsenz" (Wolf 2016, 131–134) und seine Spuren werden visuell erahnbar. Es kann daher angenommen werden, dass sich durch eine methodisch kontrollierte, sensibilisierte Wahrnehmung und die Herstellung gegenwärtiger Fotografien Spuren nationalsozialistischer Gewalt erschließen und entschlüsseln lassen. Allerdings sind die gezeigten Fotografien und damit auch die komplexe Ortsgeschichte von Gusen ohne zusätzliche textliche Erläuterungen bzw. verfügbare Wissensbestände nur schwer zu deuten. Und auch wenn beispielweise die Bausubstanz auf der Fotografie des Memorials (Abb. 10.1) unsere Vorstellungen zu Konzentrationslagern aktiviert, so ist es doch der Schriftzug „MEMORIAL", der uns dieser Ahnung gewiss sein lässt. Auch die Reihenfolge der Fotografien erschließt sich ohne zusätzliche historisch-geografische Informationen nicht und ihre Aussage lässt sich ohne diese Kenntnisse nur spärlich entschlüsseln.

Damit hat sich gezeigt, dass Fotografien durchaus eigenständig Träger wissenschaftlicher Erkenntnis sein können, in diesem Beispiel allerdings nur unter der Voraussetzung, dass sie in textliche Kontextualisierungen eingebunden sind. Dass das ehemalige KZ, wenn auch nicht in seiner vergangenen Form, dennoch visuell präsent ist, dürfte in den Fotosequenzen deutlich geworden sein. Dennoch benötigt die Sichtbarmachung der Spuren nationalsozialistischer Gewalt Interpretation. Gleichzeitig zeigte sich auch, dass die „Sprache" des kollektiven Bildgedächtnisses Wahrnehmungen von Dingen verschließen kann, schlicht, weil sie nicht in der erwarteten und gewohnten Weise zu sehen sind bzw. gezeigt werden. Damit drängt sich eine Reihe von Fragen auf, z. B. wie selbst hergestelltes Fotomaterial abseits einer illustrativen

Verwendung für die Soziologie noch brauchbar gemacht werden kann. Mit Blick auf das ehemalige KZ Gusen und die heutige Wohnsiedlung bleibt offen, welche Rolle die visuelle Präsenz ehemaliger Konzentrationslager überhaupt in gegenwärtigen Gesellschaften spielt. Dies ist im Kontext einer zunehmenden Berücksichtigung solcher und ähnlicher Orte zu sehen. Was mit ihnen im zeitlichen Verlauf geschieht, bedarf ebenso einer Adressierung wie die Frage, wie sie visuell (re)präsentiert werden.

Literatur

Agee, James und Walker Evans. 1988 [1973]. *Let Us Now Praise Famous Men: Three Tenant Families.* Boston: Houghton Mifflin.
Banks, Marcus. 2001. *Visual Methods in Social Research.* London: Sage.
Baur, Nina und Patrik Budenz. 2017. Fotografisches Handeln: Subjektive Überformung von fotografischen Repräsentationen der Wirklichkeit. In: Eberle, Thomas. Hrsg. *Fotografie und Gesellschaft: Phänomenologische und wissenssoziologische Perspektiven*, S. 73–96. Bielefeld: transcript.
Bermejo, Benito. 2007. *Francisco Boix, der Fotograf von Mauthausen.* Wien: Mandelbaum.
Breckner, Roswitha. 2010. *Sozialtheorie des Bildes: Zur interpretativen Analyse von Bildern und Fotografien.* Bielefeld: transcript.
Brink, Cornelia. 1998. *Ikonen der Vernichtung: Öffentlicher Gebrauch von Fotografien aus nationalsozialistischen Konzentrationslagern nach 1945.* Berlin: Akademie Verlag.
Buggeln, Marc. 2012. Das System der KZ-Außenlager: Krieg, Sklavenarbeit und Massengewalt. *Gesprächskreis Geschichte*, 59:1–171.
Burke, Peter. 2001. *Eyewitnessing: The Uses of Images as Historical Evidence.* London: Reaktion Books.
Dahmen, Nicole Smith, Natalia Mielczarek und Daniel D. Morrison. 2018. The (In)disputable „Power" of Images of Outrage: Public Acknowledgement, Emotional Reaction, and Image Recognition. *Visual Communication*, 18(4):453–474.
Decker, Oliver, Falk Haberkorn und Frank Berger. 2016. *Vom KZ zum Eigenheim: Bilder einer Mustersiedlung.* Springe: zu Klampen Verlag.
Didi-Huberman, Georges. 1999. *Ähnlichkeit und Berührung: Archäologie, Anachronismus und Modernität des Abdrucks.* Köln: DuMont.
Didi-Huberman, Georges. 2006. *Bilder trotz allem.* München: Fink.
Dürr, Christian. 2008. Konzentrationslager Gusen: Ehemaliges Zweiglager des KZ Mauthausen und erinnerungspolitisches Konfliktfeld. In: *Forschung – Dokumentation – Information. KZ Gedenkstätte Mauthausen 2007*, S. 36–41. Wien: Mauthausen Memorial.
Fiereder, Helmut. 2001. Zur Geschichte der KZ-Gedenkstätte Mauthausen. In: Mayrhofer, Fritz und Walter Schuster. Hrsg. *Nationalsozialismus in Linz*, S. 1563–1590. Linz: Archiv der Stadt Linz.
Grady, John. 1991. The Visual Essay and Sociology. *Visual Studies*, 6(2):23–38.
Hamann, Christoph. 2006. Fluchtpunkt Birkenau: Das Foto vom Torhaus Auschwitz-Birkenau 1945. In: Paul, Gerhard. Hrsg. *Visual History: Ein Studienbuch*, S. 292–311. Göttingen: Vandenhoeck & Ruprecht.
Hamann, Christoph. 2007. *Visual History und Geschichtsdidaktik: Bildkompetenz in der historisch-politischen Bildung.* Herbolzheim: Centaurus.
Hamann, Christoph. 2009. Torhaus Auschwitz-Birkenau: Ein Bild macht Geschichte. In: Paul, Gerhard. Hrsg. *Das Jahrhundert der Bilder: 1900–1949*, S. 682–690. Göttingen: Vandenhoeck & Ruprecht.
Hariman, Robert und John Louis Lucaites. 2007. *No Caption Needed: Iconic Photographs, Public Culture, and Liberal Democracy.* Chicago: University of Chicago Press.

Harper, Douglas. 1987. *Working Knowledge: Skill and Community in a Small Shop*. Chicago: University of Chicago Press.

Herrnbeck, Christian. 2011. Niemands Orte: Ein fotografisches Projekt über das europaweite System nationalsozialistischen Terrors. In: Klei, Alexandra, Katrin Stoll und Annika Wienert. Hrsg. *Die Transformation der Lager: Annäherungen an die Orte nationalsozialistischer Verbrechen*, S. 175–186. Bielefeld: transcript.

Hirsch, Marianne. 2001. Surviving Images: Holocaust Photographs and the Work of Postmemory. *The Yale Journal of Criticism*, 14(1):5–37.

Imdahl, Max. 1994. Ikonik: Bilder und ihre Anschauung. In: Boehm, Gottfried. Hrsg. *Was ist ein Bild?*, S. 301–324. München: Fink.

Klei, Alexandra. 2011. Einen Ort abbilden: Die Präsentationen der Gelände ehemaliger Konzentrations- und Vernichtungslager in den Fotografien von Christian Herrnbeck. In: Klei, Alexandra, Katrin Stoll und Annika Wienert. Hrsg. *Die Transformation der Lager: Annäherungen an die Orte nationalsozialistischer Verbrechen*, S. 155–174. Bielefeld: transcript.

Klei, Alexandra, Katrin Stoll und Annika Wienert. 2011. Einleitung. In: Klei, Alexandra, Katrin Stoll und Annika Wienert. Hrsg. *Die Transformation der Lager: Annäherungen an die Orte nationalsozialistischer Verbrechen*, S. 9–22. Bielefeld: transcript.

Knoblauch, Hubert und Bernt Schnettler. 2009. Videographie: Erhebung und Analyse qualitativer Videodaten. In: Buber, Renate und Hartmut Holzmüller. Hrsg. *Qualitative Marktforschung: Konzepte – Methoden – Analysen*, S. 582–599. Wiesbaden: Gabler.

Knoch, Habbo. 2001. *Die Tat als Bild: Fotografien des Holocaust in der deutschen Erinnerungskultur*. Hamburg: Hamburger Edition.

Kolb, Bettina. 2008. Involving, Sharing, Analysing – Potential of the Participatory Photo Interview. *Forum Qualitative Social Research*, 9(3). Art. 12.

Magdanz, Andreas. 2003. *Auschwitz-Birkenau: Hommage à Marceline Loridan-Ivens*. Aachen: Magdanz.

Marcuse, Harold. 2010. The Afterlife of the Camps. In: Caplan, Jane und Nikolaus Wachsmann. Hrsg. *Concentration Camps in Nazi Germany*, S. 186–211. London: Routledge.

Milton, Sybil. 1999. Photography as Evidence of the Holocaust. *History of Photography*, 23(4):303–312.

Müller, Michael R. 2016. Bildcluster: Zur Hermeneutik einer veränderten sozialen Gebrauchsweise der Fotografie. *Sozialer Sinn: Zeitschrift für hermeneutische Sozialforschung*, 17(1):95–142.

Paul, Gerhard. Hrsg. 2006. *Visual History: Ein Studienbuch*. Göttingen: Vandenhoeck & Ruprecht.

Paul, Gerhard. 2013. *BilderMACHT: Studien zur Visual History des 20. und 21. Jahrhunderts*. Göttingen: Wallstein.

Pauwels, Luc. 1993. The Visual Essay: Affinities and Divergences Between the Social Scientific and the Social Documentary Modes. *Visual Anthropology*, 6(2):199–210.

Pauwels, Luc. 2012. Conceptualising the „Visual" Essay as a Way of Generating and Imparting Sociological Insight: Issues, Formats and Realisations. *Sociological Research Online*, 17(1):1–11.

Perz, Bertrand. 2006a. *Die KZ-Gedenkstätte Mauthausen 1945 bis zur Gegenwart*. Innsbruck: Studienverlag.

Perz, Bertrand. 2006b. Gusen III. In: Benz, Wolfgang und Barbara Distel. Hrsg. *Flossenbürg, Mauthausen, Ravensbrück*, Der Ort des Terrors: Geschichte der nationalsozialistischen Konzentrationslager, Band 4, S. 380–382. München: C. H. Beck.

Perz, Bertrand. 2007. Unsichtbare NS-Architektur: Unterirdische Rüstungsfabriken auf österreichischem Gebiet. *Österreichische Zeitschrift für Kunst und Denkmalpflege LXI*, 1:58–67.

Perz, Bertrand. 2010. „Wir haben in der Nähe von Linz unter Benutzung von KZ-Männern ein Vorhaben": Zur Genese des Projektes Bergkristall. In: *Forschung – Dokumentation – Information: KZ Gedenkstätte Mauthausen*, S. 11–32. Wien: Mauthausen Memorial.

Perz, Bertrand und Mario Wimmer. 2004. Geschichte der Gedenkstätte. In: Perz, Bertrand. Hrsg. *Das Gedächtnis von Mauthausen*, S. 58–73. Wien: Mauthausen Memorial.

Polte, Maren. 2011. Schwarz-Weiß-versus Farbfotografie: Zu einem Experiment von Bernd und Hilla Becher. *Bildwelten des Wissens: Graustufen*, 8(2):7–18.

Prosser, Jon und Dona Schwartz. 1998. Photographs Within the Sociological. In: Prosser, Jon. Hrsg. *Image-Based Research: A Sourcebook for Qualitative Researchers*, S. 101–115. London/Bristol: Falmer Press.

Przyborski, Aglaja. 2014. Zur Erhebung von visuellem Datenmaterial. In: *Przyborski, Aglaja, und Monika Wohlrab-Sahr. Qualitative Sozialforschung: Ein Arbeitsbuch*, S. 147–162. München: Oldenbourg.

Raab, Jürgen. 2008. *Visuelle Wissenssoziologie: Theoretische Konzeption und materiale Analysen*. Konstanz: UVK.

Raab, Jürgen. 2018. Visuelle Sinnkonstellationen: Zur Methodologie der sozialwissenschaftlichen Interpretation von Fotografien. In: Müller, Michael R. und Hans-Georg Soeffner. Hrsg. *Das Bild als soziologisches Problem: Herausforderungen einer Theorie visueller Sozialkommunikation*, S. 210–231. Weinheim: Beltz Juventa.

Riis, Jacob August. 1957 [1890]. *How the Other Half Lives: Studies Among the Tenements of New York*. New York: Sagamore Press.

Rose, Gillian. 2007a. Making Photographs as Part of a Research Project: Photo-Documentation, Photo-Elicitation and Photo-Essays. In: Rose, Gillian. Hrsg. *Visual Methodologies: An Introduction to the Interpretation of Visual Materials*, S. 297–327. London: Sage.

Rose, Gillian. 2007b. *Visual Methodologies: An Introduction to the Interpretation of Visual Materials*. London: Sage.

Sander, August. 1929. *Antlitz der Zeit: Sechzig Aufnahmen deutscher Menschen des 20. Jahrhunderts*. München: Transmare Verlag.

Schönemann, Sebastian. 2016. Repräsentation der Abwesenheit: Visualisierungen des Holocaust im sozialen Gedächtnis am Beispiel des Fotos vom Torhaus Auschwitz-Birkenau. *Zeitschrift für Qualitative Forschung*, 17(1–2):41–57.

Schönemann, Sebastian. 2019. *Symbolbilder des Holocaust: Fotografien der Vernichtung im sozialen Gedächtnis*. Frankfurt am Main/New York: Campus.

Skriebeleit, Jörg. 2009. *Erinnerungsort Flossenbürg: Akteure, Zäsuren, Geschichtsbilder*. Göttingen: Wallstein Verlag.

Soeffner, Hans-Georg. 2006. Visual Sociology on the Basis of „Visual Concentration". In: Knoblauch, Hubert, Bernt Schnettler, Jürgen Raab und Hans-Georg Soeffner. Hrsg. *Video Analysis: Methodology and Methods: Qualitative Audiovisual Data Analysis in Sociology*, S. 209–217. Frankfurt am Main: Peter Lang.

Stier, Oren Baruch. 2015. *Holocaust Icons: Symbolizing the Shoah in History and Memory*. New Brunswick: Rutgers University Press.

Tinapp, Sybilla. 2019. *Eine fotografische Ethnografie zu Veränderungen im kubanischen Alltagsleben*. Weinheim: Beltz Juventa.

Venegoni, Dario. 2004. *Männer, Frauen und Kinder im Durchgangslager Bozen: Eine italienische Tragödie in 7.800 persönlichen Geschichten*. Bolzano: Fondazione Memoria della Deportazione.

Welzer, Harald. 1995. Die Bilder der Macht und die Ohnmacht der Bilder: Über Besetzung und Auslöschung von Erinnerung. In: Welzer, Harald. Hrsg. *Das Gedächtnis der Bilder: Ästhetik und Nationalsozialismus*, S. 156–194. Tübingen: Edition Diskord.

Wolf, Margarita. 2016. Leben auf dem ehemaligen Konzentrationslagergelände. Ein Visual Essay. Masterarbeit, Universität Wien.

Abbildungsverzeichnis

https://doi.org/10.1515/9783110613681-011

Abstracts

1 *Iconic Mental Spaces* in Social Media. A methodological approach to analysing visual biographies

Roswitha Breckner

Based on the theoretical concepts of Aby Warburg and Erving Goffman, and on biographical research, this article aims to explore different dimensions of meaning that are considered essential for acting with images especially in Social Media. Using a case study from research projects on the creation of visual biographies in Social Media, a methodological approach is shown that combines the analysis of self-curated image collections in Facebook photo albums through Image Cluster Analysis and Figurative Hermeneutics and significant individual photos through in-depth Visual Segment Analysis. Finally, in order to understand the differences and similarities of the visual biographies compared to the narrated ones, all image analyses are triangulated with the results of a biographical case reconstruction based on narrative interviews. All triangulated approaches are grounded in interpretive sociology and hermeneutics. The case reconstruction reveals how the imagery in the Facebook photo albums corresponds with a biographical turning point, and how the creating of photo albums is part of tackling it.

2 Symbolic ordering. Reassuring the imagined community of the nation through images of the refugee other

Johannes Marent

Since the so-called European 'refugee crisis', dealing with refugees is one of the most contested political issues in Europe. The fundamental question underlying political and public debates on the right of asylum is nothing less than: Who are we as a nation, as a union or as western democratic states? Media images of the arrival of refugees have highly influenced public opinion and the political agenda. This article analyses images on German and Austrian newspaper covers that accompanied the influx of refugees to Europe between April 2015 and March 2016. Addressing the nexus of otherization and self-depiction, it asks how national identities are negotiated and reaffirmed by images of arriving refugees. Empirically, the article starts with an overview of the images that appeared in six daily newspapers during April 1, 2015 and March 30, 2016. It is pointed out that images were used unevenly, and at certain 'symbolic moments' the use of images was noticeably higher. The analysis focuses on the period with the densest use of images of refugees on the front pages of national newspapers.

https://doi.org/10.1515/9783110613681-012

This was the period from September 5, 2015 to September 7, 2015, when a high number of refugees crossed the borders to Germany and Austria. Using Visual Segment Analysis, the set of cultural representations that are employed in these images is reconstructed. The analysis suggests that the imagery addresses its readership as 'the people' and constitutes a strong contrast between them and the political leadership. At the same time, the communicated images reinforce a hierarchy between 'us' (the national community) and the 'other' (the refugee). They do not support the idea of universal human rights but particularize the right of entry and link it to the goodwill of the national community. The 'virtue of generosity' is celebrated, while the legal obligation to grant asylum to recognized refugees is framed as an unfair burden inflicted by Angela Merkel.

3 Digitale Ambivalenz? Übergegensätzlichkeiten in Bildkommunikation auf Social Media

Digital ambivalence? Supra-dichotomy in image communication on social media

Maria Schreiber

The proliferation of smartphones and social media has increased the quantity and intensity of image communication. The proposed article deals with the question of how specific iconic characteristics, such as the simultaneity and polysemy of the image, emerge within the media logic of Social Media platforms, or to what extent they are particularly forced. The underlying thesis is that the negotiation of image meanings in these spaces makes one potential of visuality particularly clear – namely, to make social and/or individual tensions or ambivalences or oppositions visible and thus potentially open to being commented on and negotiable.

The starting point is two empirical case studies, selfies of a 14-year-old girl and a 78-year-old woman. On the one hand, the pictures contrast maximally due to the different ages of their protagonists, and on the other hand minimally in the sense of using the same genre and the same design as a selfie in grey tones. It will be reconstructed to what extent a "complexity of meaning of supra-dichotomy" (Imdahl 1996) is revealed in the pictures through their specific design. Both pictures show ambivalences that relate to the life-stage-specific physical processes of growing up or growing old. The comments that refer directly to the pictures are also empirically relevant for reconstructing the negotiation of the meaning of the pictures.

Another example is used to explore how meanings of postings, images, links, etc. are negotiated in a visibly collaborative way on social media, for example when image comments set frames and interpretations of different kinds that reinforce or contradict each other, or remain unrelated to each other. Digital media, and especially Social Media communication, push this media logic, and at the same time make the processuality and volatility of negotiation visible. While meaning and significance have always been socially produced, in the context of online communication the production processes become more visible. In this way, iconic and media logics together reinforce a digital ambivalence.

4 "You can tell that we all like each other, right?" Perspectives of togetherness in adolescents' photographs in urban Austria, Malaysia and Vietnam

Gerit Götzenbrucker and Margarita Köhl

Socio-cultural frames and technological affordances of group photography in adolescence enable specific expressions of togetherness – as imagined or physical closeness. Such visualizations seem to be less determined by cultural scripts than by technological ones. Explorations in three cultural spaces provide examples of similarities such as the poses, gestures and facial expressions of the protagonists, or perspectives and arrangements within the images. Using Documentary Image Analysis, Gesture and Position analysis, and photo narrations, nine photo examples are analysed based on their formality, rituals, body positions and gestures.

5 Kultur- und Sozialanthropologische Perspektiven auf digital-visuelle Praktiken. Das Fallbeispiel einer indigenen Online-Umgebung im nordwestlichen Ontario, Kanada

Anthropological perspectives on digital-visual practices. The case study of an indigenous online environment in Northwestern Ontario, Canada

Philipp Budka

In times of increasing digitalisation, it is of particular interest for anthropology to understand how people in different societies integrate digital media and technologies, internet-based devices and services or software, and digital platforms, into their lives. The digital practices observed here are closely related to emergent forms of visual communication and representation, which need to be described and interpreted through ethnographic analysis, careful contextualisation, and systematic comparison. This paper discusses aspects of digital-visual culture through a case study of the online environment MyKnet.org, operated exclusively for First Nations between 1998 and 2019 in the remote communities of Northwestern Ontario, Canada, by the Indigenous internet organisation Keewaytinook Okimakanak Kuhkenah Network (KO-KNET). The analytical framework is a practice theory approach linked to ethnographic fieldwork, historical contextualisation, and cultural and diachronic comparison. The creation, distribution and sharing of digital images, collages and layouts for websites in MyKnet.org can thus be described, analysed and interpreted in relation to the phenomenon of hip hop and the associated fan art, as well as the digital biographies of users. These digital-visual practices are closely connected to individual and collective forms of representation, as well as the maintenance of social relationships across larger distances, and thus also to the construction, negotiation and change of digital identity. They point not only to the global significance of visual communication, representation and culture, but also to the locally specific relationships that people maintain with online environments and digital platforms.

6 Wenn Bilder tanzen. Performative Dimensionen von visuellen Medienpraktiken

Images in motion. Performative dimensions of visual media practices

Hanna Klien-Thomas and Petra Hirzer

Based on a comparative perspective, this chapter presents the methodological approaches of two ethnographic studies documenting media practices in the context of Bollywood audiences in the Caribbean (Trinidad) and in Latin America (Peru). Both studies draw on media anthropological and practice theory approaches which allow to conceptualise the dialogical relationship between text and local reception context. The focus is on the method of participant observation in online and offline settings, as well as how performative dimensions of visual media practices can be made tangible through ethnographic research strategies. The basis for comparison is dance performances which, through clothing, music and choreography, create an association with globally circulating images, and at the same time embed them in local forms of expression and realities. Selected examples of performances serve to demonstrate how this methodological framework can be used to examine the transcultural processes of meaning making. By highlighting specific analytical steps, the discussion shows the role of relating online and offline sites to each other as well as of the embodied knowledge of the researcher gained in long-term ethnographic research. Thus, the structures of meaning of images and the agency of actors is considered, as well as the social and global conditions in which they are embedded.

7 Soziologisches Filmlesen. Methodologische Konzeption und Praxisanleitung anhand der Beispielstudie „Sexarbeit in ausgewählten österreichischen Kino-Spielfilmen"

Sociological film reading. Methodological conception and practical guide based on the case study "Sex work in selected Austrian feature films"

Irene Zehenthofer and Eva Flicker

Sociological film reading (SFL) is a qualitative method for analysing the content of large film samples and TV series. The aim of SFL is to reflect on cross-film audiovisual constructions of meaning focusing on sociologically interesting topics. As a representational and viscourse analysis of cinematic artefacts, it represents a challenging concept that requires a sound background in two fields of knowledge: sociological theory and film studies. This article explains the theoretical foundations of the SFL method, and presents a miniature case study to illustrate how it can be applied in practice. The concrete work steps demonstrate the intertwining of the theoretical specification of the research topic with the appropriate systematization of the film analysis, up to the final cross-film interpretation. The text is centred around the conceptional part of the method – the path from the theoretical research interest to the development of guidelines for analysis – and the presentation of the results. To check the plausibility of the results, a link to a digital cloud can be used to see documents of the practical analysis of single films (list of sequences including stills and notes on the analysis guideline).

8 „Radikal Feminin". Eine multimodale Analyse des YouTube Videos „Frauen gegen Genderwahn"

"Radically feminine". A multimodal analysis of the YouTube video "Women against gender madness"

Karin Liebhart

In the metapolitical strategy of the "Identitarian Movement", YouTube plays an important role as a platform for the strategic political communication of extreme right-wing ideas and models of society, and as a means of creating a counter-public. This article analyses a video from the series "Vlog Identitär" dating from 2017. The video presents heteronormative, traditional constructions of femininity and masculinity in connection with nationalistic and culturally racist ideas. These notions are communicated through text and through images. Analysing a multimodal form of communication that involves the interplay of image, text and sound requires a multi-method approach. This reconstruction of central aspects of the strategic political communication of the "Identitarian Movement" is based on a combination of approaches from discourse analysis, semiotics and video sequence analysis. This allows for uncovering the diverse messages and discursive strategies that are represented in this video. By interweaving the textual and the visual levels, a narrative is constructed in respect of gender relations based on dichotomous images of femininity and masculinity and their specific function in the racist worldview of the "Identitarian Movement".

9 Photo Interview and Photovoice. Engaging research participants, empowering voice and generating knowledge for change

Bettina Kolb and Laura Lorenz

The article presents two visual methods, photo interview and photovoice, working with an empowerment approach. Photovoice and photo interviews engage people with limited power in their communities in contributing their knowledge to wider community conversations. The research process activates mind and voice as participants and researchers reflect on a topic of interest, express lived experience through photos and interviews or group discussions, participate in visual analysis, and take action individually or in collaboration with non-profit organisations. We provide a model for using participatory visual methods in ways that empower participants as partners in the research endeavour. And finally, we explore challenges and strengths related to using photo interview and photovoice with two vulnerable populations: women living in poverty in Mexico and older adults with brain injury in the United States.

10 Auf Spurensuche. Zur Konzeption eines Visual Essays über ein ehemaliges Konzentrationslager

In search of traces. On the concept of a visual essay on a former concentration camp

Margarita Wolf

If we think of concentration camps, we usually have the gate of Auschwitz in mind. In our imaginations, however, there are no iconic images of former concentration camps or places of National Socialist crimes that are inhabited today and not marked as memorials. The former concentration camp of Gusen in Upper Austria is such a case, because here large parts of the former camp grounds were converted into a housing estate after liberation.

This article aims to show to what extent traces of National Socialist violence can be found in contemporary photographs of the former Gusen concentration camp, and what specific role colour plays in this respect. The method of the visual essay will be used to pursue the question of how visuality in relation to text and narration can be included in social science research and the presentation of results in a methodologically justified and controlled manner. What can be conveyed through images alone and where are textual explanations necessary?

Three self-produced photo series relating to the former concentration camp at Gusen serve as a case study. Although the photographs show the same motifs, there seems to be a temporal distance between colour and black-and-white photographs. Thus, on the one hand, the past and the present are shown simultaneously, while on the other hand, the existence of traces of National Socialist violence can be followed from the past to the present. It becomes apparent that photographs can certainly be independent carriers of knowledge, but in this example only under the condition of a textual contextualisation.

Über die Autor(inn)en

Prof.ⁱⁿ Dr.ⁱⁿ Roswitha Breckner, Soziologin, Institut für Soziologie an der Universität Wien, Kontakt: **roswitha.breckner@univie.ac.at**, http://www.soz.univie.ac.at/roswitha-breckner.

Dr. Philipp Budka, Kultur- und Sozialanthropologe, Institut für Kultur- und Sozialanthropologie an der Universität Wien, Kontakt: **ph.budka@philbu.net**, https://www.philbu.net/.

Prof.ⁱⁿ Dr.ⁱⁿ Eva Flicker, Soziologin, Institut für Soziologie an der Universität Wien, Kontakt: **eva.flicker@univie.ac.at**, http://www.soz.univie.ac.at/eva-flicker.

Prof.ⁱⁿ Dr.ⁱⁿ Gerit Götzenbrucker, Kommunikationswissenschaftlerin, Institut für Publizistik und Kommunikationswissenschaft der Universität Wien, Kontakt: **gerit.goetzenbrucker@univie.ac.at**, https://publizistik.univie.ac.at/goetzenbrucker-gerit/.

Dr.ⁱⁿ Petra Hirzer, Medienanthropologin, Institut für Kultur- und Sozialanthropologie an der Universität Wien, Kontakt: **petra.hirzer@univie.ac.at**.

Dr.ⁱⁿ Hanna Klien-Thomas, Medienanthropologin, Oxford Brookes University. Kontakt: **hklien-thomas@brookes.ac.uk**.

Dr.ⁱⁿ Bettina Kolb, Soziologin, Institut für Soziologie an der Universität Wien, Kontakt: **bettina.kolb@univie.ac.at**.

Dr.ⁱⁿ Margarita Köhl, Publizistik- und Kommunikationswissenschaftlerin, FH Vorarlberg, Kontakt: **margarita.koehl@fhv.at**.

Dr.ⁱⁿ Karin Liebhart, PD, Politikwissenschaftlerin, Institut für Politikwissenschaft an der Universität Wien, Kontakt: **karin.liebhart@univie.ac.at**, https://politikwissenschaft.univie.ac.at/ueber-uns/mitarbeiterinnen/liebhart/.

Laura Lorenz, MEd, PhD, Visiting Research Scholar, Brandeis University, Kontakt: **llorenz@brandeis.edu**, www.lslorenz.com.

Dr. Johannes Marent, Soziologe, Institut für Soziologie an der Universität Wien, Kontakt: **johannes.marent@univie.ac.at**.

Prof.ⁱⁿ Dr.ⁱⁿ Maria Pohn-Lauggas, Soziologin, Methodenzentrum Sozialwissenschaften an der Georg-August-Universität Göttingen, Kontakt: **maria.pohn-lauggas@uni-goettingen.de**, https://www.uni-goettingen.de/de/587671.html.

Dr.ⁱⁿ Maria Schreiber, Kommunikationswissenschaftlerin, Universität Salzburg/Fachbereich Kommunikationswissenschaft, Kontakt: **maria.schreiber@sbg.ac.at**, https://kowi.uni-salzburg.at/ma/schreiber-maria/.

Margarita Wolf, BA MA, Soziologin, ÖAW-Doc Stipendiatin am Institut für Soziologie an der Universität Wien, Kontakt: **margarita.wolf@univie.ac.at**, http://www.soz.univie.ac.at/margarita-wolf.

Mag.^a Irene Zehenthofer, Theater- Film- und Medienwissenschaftlerin und Soziologin, Institut für Soziologie an der Universität Wien, Kontakt: **irene.zehenthofer@univie.ac.at**.

https://doi.org/10.1515/9783110613681-013

www.ingramcontent.com/pod-product-compliance
Lightning Source LLC
Chambersburg PA
CBHW080550270326
41929CB00019B/3249